Klabund
Sämtliche Werke

Klabund
Sämtliche Werke

Band III
Dramen und Szenen

Erster Teil: Dramen

Herausgegeben von
Henning Niemeyer-Lemke

Amsterdam/Atlanta, GA   1998   Würzburg

Die Ausgabe wird mit Unterstützung des FB Germanistik im Rahmen des Editionsprogramms des Studiengebiets Editionswissenschaft, Freie Universität Berlin, erstellt.
Leitung der Edition: Prof.Dr. Dr.h.c. Hans-Gert Roloff

∞ The paper on which this book is printed meets the requirements of "ISO 9706:1994, Information and documentation - Paper for documents - Requirements for permanence".

ISBN: 90-420-0523-8 (Gesamt)
ISBN: 90-420-0563-7
©Editions Rodopi B.V., Amsterdam - Atlanta, GA 1998

ISBN: 3-8260-1600-7 (Gesamt)
ISBN: 3-8260-1608-4
©Königshausen und Neumann
Printed in The Netherlands

DRAMEN

DIE NACHTWANDLER

Ein Schauspiel

Dem aufgehenden Vollmond.

So hinan denn: Hell und heller,
Reiner Bahn in voller Pracht!
Schlägt mein Herz auch schmerzlich schneller,
Überselig ist die Nacht.

(Goethe)

Personen:

Apollo.
Erste ⎫
Zweite ⎬ Nymphe und Dryade.
Dritte ⎪
Vierte ⎭
Cornelia, ein Mädchen.
Silvius, ein junger Mann.
Der Herr in Gelb.
Leierkastenmann.
Buben und Mädchen.
Polizist.
Zimmerkellner.
Matrose.
Der geheime Regierungsrat, Cornelia's Vater.
Die geheime Regierungsrätin, Cornelia's Mutter.
Dienstmädchen.
Passant.
Elegantes und halbelegantes Publikum.
Schreibmaschinenfräulein.
Herr.
Erster ⎫
Zweiter ⎬ Börsenmann.
Kunstkritiker.
Kunstkenner.
Bruder ⎫
Schwester ⎬ im Zwischenspiel.
Jemand ⎭
Ein Herr und eine Dame auf dem Heimweg.
Der Corpsstudent, Cornelia's Bruder.
Der Tod als Kind.
Hebamme.
Invalide.
Arzt.
Erster Dienstmann.
Zweiter Dienstmann.
Bahnbeamter.
Schaffner.
Herr in Grau.
Erscheinung einer Dame.
Herr in Pelerine.

Erste Szene.

(Waldwiese)

APOLLO:

(tritt auf) Ha, der Sturm, durch den ich lief ... Wolken hingen an meinen Flanken ... Ich schüttelte sie mit Gelächter ab ... Sterne riß ich vom Himmel ... Ich warf sie durch die Nacht ... Der Himmel blutete ... Mondherz zersprang ... Die Menschen wünschten beim Sternfall ihr Liebstes ... Der Regen rann ... Wie Strähnen vom Haare der Cornelia floß er hernieder ... mir sanft um meine Stirne hängend ... Frauen! Die Götter sehnen nach Eurem Tod sich oft, damit sie fester Euch halten: fester die Toten denn die Lebenden ... Der Lebende entgleitet selbst einem Gott ... Gott hält den Bergbach nicht, der über Felsen rauscht: er rauscht auch über ihn, zerschmettert am Abgrund selbst unsterblich scheinende. Aber die Toten: bleiben. In den Armen der Götter liegen sie, ewige Kinder mit den wächsernen Totengesichtern. Wir schaukeln sie an unserm Busen: sie hängen wie Früchte daran: Trauben am Rebstock: ewig reifend unter den dunklen Fittichen der Vollkommenheit.

Mein Mantel klatscht mir am bloßen Leib. Zeus weichte mich weidlich ein. Regen tropfte selbst in meine Flöte. (Er bläst einige Töne auf seiner Flöte) Selbst im Donner des Gewitters tönt Apollos Flöte noch. Zeus hört sie singen, wenn er schreit ...

Ich tu den Mantel ab. Häng ihn an dies Gesträuch. Wind mag ihn trocknen, wenn er des Weges kommt. Ich schreite nackt in den Schlaf ... (Er entschläft)

(Nymphen herbeieilend und Dryaden)

ERSTE NYMPHE:

Ein Mann ... ganz nackt ... kommt näher ihn zu beschauen ... Er schläft ... (Ihre Gefährtinnen huschen herbei, beugen sich im Kreise über ihn)

ZWEITE NYMPHE:

Wie süß sein Atem ... Wie Lorbeerblüten im Herbst ...

DRITTE NYMPHE:

Die Brust fällt und steigt wie die Woge des Meeres ...

VIERTE NYMPHE:

Seine Hand streichelt den Bruder Traum.

ERSTE NYMPHE:

Sie ist schlank ... ungeübt in mühseligen und harten Werken ... zart ...

ZWEITE NYMPHE:

Seine Füße pflegen nur leicht zu gehen ... zu tanzen oder im Chor zu schreiten ... vielleicht zur Jagd zu hüpfen ...

DRITTE NYMPHE:
Sähe ich seine Augen: ich wüßte, welche Mutter ihn gebar, welcher Vater ihn zeugte ...
VIERTE NYMPHE:
(hüllt sich in Apollos Mantel) Hu, wie naß ... ich friere ...
ERSTE NYMPHE:
Seht diese Flöte ... wozu mag sie dienen ... (Sie bläst darauf) Ah ... welch holder Ton ... aus meiner eigenen Brust ... mir reißt's das Herz entzwei ... die Brüste wirft's mir auseinander ... sie rollen ... Bälle ... klingend zum Mond ...
APOLLO:
(erwachend) Wer spielt mein Spiel? Wer singt meinen Gesang? Und stört des Gottes Schlaf ... der heilig wie der Schlaf der Menschen ... (entreißt der Dryade die Flöte und schlägt sie damit. Sie erstarrt zum Baum) Goldenes Gesindel. Ich will Euch lehren, wie Papageien die Stimmen der Götter nachzuahmen in leichtfertigen Mondnächten.
(Die Nymphen verwundert)
ZWEITE NYMPHE:
Ein Gott ... Wer ist's?
DRITTE NYMPHE:
Barmherzigkeit ...
VIERTE NYMPHE:
Apollo ...
ZWEITE NYMPHE:
Gnade ...
DRITTE NYMPHE:
Vergib ...
VIERTE NYMPHE:
(ihr Ohr an den Boden legend) Ich höre Menschenschritt ...
ZWEITE NYMPHE:
Ich höre Frauenschritt ...
DRITTE NYMPHE:
Schmerz schlurft ihr Gang ...
VIERTE NYMPHE:
Kummer kriecht Schnecken gleich ...
ZWEITE NYMPHE:
Träne auf Träne tropft hart wie Stein zu Boden ...
DRITTE NYMPHE:
Sie legt die Hände vors Gesicht: wie der besiegte Krieger den Schild nach der Schlacht ...

VIERTE NYMPHE:
Sie sucht die Einsamkeit ...

ZWEITE NYMPHE:
Sucht einen Gott ...

APOLLO:
S u c h t m i c h! (Schwingt die Flöte) Entschwindet: Baum- und Blumenmädchen! Wasserkinder! Ich will allein mit einem Menschen sein ... (Gelächter der Nymphen, die entschwinden. Verklingend:) Mit einer Frau ... mit einer Frau ...

Zweite Szene.

(Kirchhof. Dämmerung)

CORNELIA:
(mit Blumen an einem Grab beschäftigt) Mein Geliebter, ich bringe dir Feldblumen, Mohn, Hahnenfuß, Pechnelke und Kornrade. Ich habe sie selbst gepflückt. Es sind einige Ähren darunter. Ich habe sie mit den Wurzeln ausgerissen und will sie in dein Grab pflanzen. Vielleicht, daß sie Körner tragen und ich Brot von deinem Leib esse. (Sie weint)

SILVIUS:
(Ist näher getreten, zieht den Hut) Sie weinen, mein Fräulein. Lassen Sie mich mit Ihnen weinen. Ich habe niemand, der meine Tränen ehrt. Stoßen Sie mich nicht zurück. (Er weint)

CORNELIA:
Mein Herr –

SILVIUS:
Nennen Sie mich Silvius, denn dies ist mein Name.

CORNELIA:
Ich werde nach dem Friedhofswächter rufen.

SILVIUS:
Tun Sie es immerhin. Das Gebüsch fängt Ihre Schreie auf. Klingelzüge sind an Grabsteinen und Kreuzen nicht angebracht.

CORNELIA:
Sie sind ein Tier. Hilfe!

SILVIUS:
Ich bin ein Mensch wie Sie. Ja: grad wie Sie, und wie der, der hier unter dem Moose liegt.

CORNELIA:
O! Er war gut!

SILVIUS:
Sie haben ihn geliebt – und darum war er gut.

CORNELIA:
Sie schänden sein Gedächtnis, wenn Sie nur von ihm sprechen.

SILVIUS:
Ich habe ihn gut gekannt. Wir besuchten zusammen die Universität und zogen an Sommerabenden oft zusammen in die benachbarten Dörfer. Dort tranken wir Braunbier und tanzten mit den Bauernmädchen. Und dann sangen wir uns durch den Vollmond in die giebelige Stadt zurück.

CORNELIA:
Er tanzte mit Bauernmädchen? Das ist nicht wahr.

SILVIUS:
Weinen Sie, Kleine, weinen Sie! Es wird Ihnen, mir, uns allen besser, wenn Sie weinen.

CORNELIA:
Sie lügen. Er war mir niemals untreu!

SILVIUS:
(Streichelt ihr über das Haar) Nein, gewiß nicht. Er blieb Ihnen treu. Aber so ein harmloses Tänzchen – was tats? Wollten Sie's ihm verwehren? Mit Ihnen, der Tochter des geheimen Regierungsrates durfte er doch nicht an Sommerabenden in den Schenken tanzen, Braunbier trinken, und Sie um Ihre süßen, sanften Brüste fassen.

CORNELIA:
Sie sind entsetzlich! Ich fürchte Sie!

SILVIUS:
Ich bin so entsetzlich anzusehen, weil ich mich heute nicht habe rasieren lassen können. Mir fehlt es zur Zeit an Geld. Haben Sie vielleicht zufällig 5 Mark bei sich? die Sie mir bis übermorgen leihen können?

CORNELIA:
Aber Sie sind ja ein Räuber! O pfui! Da: nehmen Sie meine ganze Börse. Denn deshalb haben Sie mich ja nur angesprochen: um mir im geeigneten Augenblick das Portemonnaie zu stehlen. (schluchzt)

SILVIUS:
(umschlingt sie) Mädchen! Liebes Mädchen! Wie Sie in Ihrem Innersten wissen, daß Ihre schönen Lippen lügen. Aus Liebe – lügen ...

CORNELIA:
Wie – aus Liebe? Was soll das heißen? Glauben Sie etwa, daß ich Sie liebe?

SILVIUS:
Das eben glaube ich. Und was mich betrifft, so weiß ich: daß ich Sie liebe (er küßt sie).
CORNELIA:
Ich kenne Sie ja gar nicht –
SILVIUS:
Sie werden mich kennen lernen.
CORNELIA:
Wollen Sie sich nicht wenigstens vorstellen? Ich finde, das sind Sie einer jungen Dame der Gesellschaft schuldig.
SILVIUS:
(verneigt sich) Silvius, ein junger Mann.
CORNELIA:
(knixend) Cornelia, ein Mädchen.
SILVIUS:
Mein Mädchen! (Küßt sie)
CORNELIA:
Sind Sie satisfaktionsfähig? Sind Sie in einer Studentenverbindung?
SILVIUS:
Nein.
CORNELIA:
Um Gotteswillen! Wir müssen sehr vorsichtig sein. Mein Bruder darf nicht hinter unser Verhältnis kommen. Er würde Sie ohrfeigen.
SILVIUS:
Und ich würde ihn totschlagen wie einen tollen Hund.
CORNELIA:
Sie haben Mut! Zeigen Sie (prüft seinen Arm): Haben Sie Muskeln?
SILVIUS:
Nein – ich habe überhaupt nichts. Nicht einmal mich. Und noch nicht einmal Sie.
CORNELIA:
(Küßt ihn) Und rasiert sind Sie auch nicht. Ihr Schnurrbart zerritzt mir das ganze Gesicht. Ich will keinen Wald küssen, sondern Mondwange oder Sonnenlippen. Wenn ich Sie das nächste mal treffe, haben Sie rasiert zu sein. Das müssen Sie mir versprechen!
SILVIUS:
Ich verspreche es Ihnen – bei der Liebe, die ich zu diesem Toten empfinde, da Sie ihn einmal geliebt.
CORNELIA:
Schweigen wir von ihm. Er hat es leicht. Er braucht nicht mehr darüber

nachzudenken, wo ich mich mit ihm treffen könnte. Das Nachdenken ist nun an Ihnen. Wann wollen wir uns das nächste Mal treffen?

SILVIUS:
Das nächste Mal? Morgen!

CORNELIA:
Also morgen! Aber wo?

SILVIUS:
In der Vorstadt, draußen hinter den letzten Häusern – dort.

CORNELIA:
Gut.

SILVIUS:
Mein süßes Mädchen!

CORNELIA:
Mein Silvius!

(Umarmung aus der sich Cornelia löst und leicht entläuft. Silvius bleibt auf dem Grabhügel des toten Liebhabers nachdenklich sitzen. Es wird Nacht. Ein paar Glühwürmchen leuchten. Eine Sternschnuppe fällt)

Dritte Szene.

(Dachkammer des Silvius. Offenes Fenster. Vollmond)

SILVIUS:
Ich habe kein Petroleum mehr. Aber der Mond scheint so hell, ich werde meine Gedichte bei himmlischer Beleuchtung schreiben. (Er setzt sich auf das Fensterbrett. Schreibt:)

>   Wenn ich der holden Seligkeiten denke,
>   Die mir, Cornelia, dein Anblick schafft,
>   Bin ich von einem rauschenden Getränke
>   Benommen ganz und ganz dahingerafft.

Das dünkt mich vortrefflich gelungen – bis auf das „rauschende Getränk". Es müßte natürlich „berauschend" heißen. Aber dann ist's ein Versfuß zu viel. Lassen wirs stehen: das rauschende Getränk: es zaubert Gedanken wie Meer, Gießbach, Sturmwind – und also ists gut.

(Ein Herr in gelbem Mantel, gelben Hosen, gelben Stiefeln, gelben Handschuhen, gelbem Zylinder, gelbem Spazierstock ist links durch die Tür getreten. Das Zimmer ist plötzlich ganz hell. Der Mond draußen verfinstert)

HERR:
Sie lesen ein poetisches Colloquium – wem? Ihrer Einbildung? Glauben Sie ein Dichter zu sein?

SILVIUS:
Wen geht das etwas an? Und wer sind Sie eigentlich? Und wie kommen Sie hier in mein Zimmer?
HERR:
Gestatten Sie: Mond ist mein Name.
SILVIUS:
Der meine kann Ihnen gleichgültig sein; da Sie mir die Fähigkeiten und das Talent eines Dichters abzusprechen gesonnen sind, haben Sie ja doch die Absicht, selbst wenn ich Ihnen meinen Namen nenne, ihn möglichst rasch zu – vergessen.
HERR:
Warum so bitter? Warum meine Worte böse deuten? Warum jemand vor den Kopf stoßen, der Ihnen diesen seinen Kopf sozusagen zu Füßen legen möchte? Der gekommen ist, Ihnen zu helfen?
SILVIUS:
Verzeihen Sie, ich bin ein wenig gereizt die letzten Tage. Eine heftige Leidenschaft – genährt allein durch dünnen Tee – das geht über meine Kräfte.
HERR:
Sie lieben?
SILVIUS:
Ewig, seit Ewigkeiten schon, und ich werde ewig lieben –
HERR:
Wen?
SILVIUS:
Cornelia, mein Mädchen!
HERR:
Ah! Die Tochter des geheimen Regierungsrates! Sie haben Geschmack. Ein hübsches Kind!
SILVIUS:
Und jung wie die Jugend! 17 Jahr!
HERR:
Das heißt: grade so alt wie Sie!
SILVIUS:
Bitte: ich bin 17¾!
HERR:
Da sind freilich 9 Monate ... Spielraum zwischen Ihnen! Grade soviel wie genügen, um ein Kind in die Welt zu setzen.
SILVIUS:
Daran habe ich noch nicht gedacht.

HERR:
Wenn Cornelia nun ein Kind bekäme?
SILVIUS:
(entsetzt) Wie?
HERR:
Verstehen Sie mich nicht? Ich sagte: wenn Cornelia nun ein Kind bekommt?
SILVIUS:
Aber ist denn das möglich?
HERR:
Natürlich ist das möglich! Sie lieben Cornelia doch?
SILVIUS:
Gewiß ... gewiß ...
HERR:
Möchten Sie kein Kind haben ... einen Buben, einen Sohn, der Ihnen gleicht, mit blauen Augen, blonden Haaren – oder ein zweites Mädchen – ganz wie Cornelia?
SILVIUS:
(Breitet die Arme) Ein Kind! Ein Kind!
HERR:
Freilich dürften Sie Cornelia nicht zur unehelichen Mutter machen. Sie stammt aus einer sehr vornehmen Familie, wo das nicht üblich. Sie müßten sie heiraten.
SILVIUS:
Heiraten? Aber ich bin noch nicht volljährig und habe keinen Pfennig Geld.
HERR:
Ich werde Ihnen soviel vorstrecken, wie Sie brauchen, um mit Cornelia nach England zu fahren. Dort bedarf man zur Eheschließung die Volljährigkeit der 21 Jahre nicht, und außerdem legt kein Mensch dort auf gültige Ausweispapiere irgend einen besonderen Wert. Sie lassen sich in London trauen und kehren dann als Mann und Frau zurück. Die Familie steht vor einer vollendeten Tatsache. Sie wird sich damit abfinden müssen. Sie können Cornelia ewig lieben und dürfen ungestraft hundert Kinder haben.
SILVIUS:
(Exaltiert) Mein Herr – woher kommen Sie?
HERR:
Vom Himmel – wie Ihnen mein Name schon andeutete. Hier haben Sie tausend Mark und auf Wiedersehen!
SILVIUS:
Wie soll ich Ihnen danken!

HERR:
Durch die Tat! Immer tun, was man denkt! Hören Sie! Durch ungetane Tat sich nicht das Hirn vergiften! Guten Abend, mein Junge! (Durch die Tür links ab)
(Es wird wieder halbdunkel im Zimmer. Draußen der Mond tritt aus den Wolken)
SILVIUS:
(Auf dem Fensterbrett)
>   Wenn ich der holden Seligkeiten denke,
>   Die mir, Cornelia, dein Anblick schafft,
>   Bin ich von einem rauschenden Getränke
>   Benommen ganz und ganz dahingerafft.

>   Der Mond ist unser freundlichster Genosse:
>   Er wünscht uns Diener und Prophet zu sein
>   Und führt auf seinem goldnen Zauberrosse
>   Uns in das Paradies der Seufzer ein.

Vierte Szene.

(Vor den letzten Häusern der Vorstadt. Links große weiße Hinterwände. Rechts im Hintergrund Wald.
Wenn der Vorhang hochgeht, spielt der Leierkastenmann, ein klappriges Gestell mit Totenkopf und einem Holzbein, einen Militärmarsch. Invalide. Viele Denkmünzen. Kinder: Buben und Mädchen umtanzen ihn. Der Leierkastenmann hört auf zu spielen. Er zieht den Hut. Von den Küchenbalkons der Hinterhäuser fliegen Kupferstücke in seinen Hut. Er verbeugt sich)
EIN KIND:
Spiel weiter, Mann ...

LEIERKASTENMANN:
Habe genug gespielt ... mit mir ... mit Euch ...

KIND:
Bitte, Mann.

LEIERKASTENMANN:
Mich ekelt mein Handwerk, du weißt es nicht. Bist zu klein.

KIND:
Auch kleine Menschen ... sind Menschen ...

LEIERKASTENMANN:
Immer spielen ... damit Kinder tanzen ... immer den Kasten drehen, damit Dienstmädchen singen ... Es wäre etwas, wenn ich mit meiner Musik zaubern könnte. Die Sonne hervor. Oder daß sie stille stände. Daß Nacht nicht

17

würde. Sieh, ich habe gespielt, und die Dämmerung hängt schon wie schmutzige Wäsche zwischen den Häusern.
KIND:
Wenn unsre Augen glänzen, weil du spielst: ist das kein Zauber? Freut dich das nicht?
LEIERKASTENMANN:
Nein, es erbittert mich ...
KIND:
Es ärgert dich? Bist du ein böser Mann?
LEIERKASTENMANN:
Es ... schmerzt mich ...
KIND:
Schmerzt dich?
LEIERKASTENMANN:
Schmerzt mich, daß ihr mir Gefolgschaft leistet ... und wißt nicht wohin ... Ich führe und verführe euch.
KIND:
Wozu? Wohin?
LEIERKASTENMANN:
Zum dunklen Tod, der dort im Walde wohnt, Einsiedler heißt, und bärtige Güte scheint.
KIND:
Mutter erzählte von ihm: nannte ihn heilig und fromm.
LEIERKASTENMANN:
Mütter lügen ... Es ist ihr Hand- und Seelenwerk. Wozu gebären sie euch unter kindischen Schmerzen? Sie surren: zum Licht, zur Luft, zum Leben. Ich sage dir: Glaube deiner Mutter nicht. Sie hat einen Pakt mit dem Einsiedler im Walde dort. Alle Mütter haben einen Pakt mit ihm. Er schenkt ihnen Gold und Eitelkot und eine viehische Lüsternheit der doppelbrüstigen Leiber. Dafür gebären sie ihm Kinder. Er reißt euch das Herz aus dem Bauch und trinkt euer Blut. Er redet euch vor, es sei groß, einen heldischen Tod zu sterben: und ihr bietet die Brust jauchzend seinem Messer, vermeinend, die Unsterblichkeit zu ernten, wenn er goldne Gier in eure Wunden sät ...
KIND:
Ich begreife dich, Mann ... Auch ich muß in den Krieg, wenn ich groß bin ... dann marschiere ich unter der Fahne und töte den Feind ...
LEIERKASTENMANN:
Du tötest dich ... und deine unverständige Mutter ... Ei wer sagt dir denn, daß du in den Krieg mußt? Wer heißt dich denn, mir zu folgen, wenn ich auf der Drehorgel die wilden Märsche spiele? Wahre dein Blut, daß es an un-

reiner Flamme sich nicht entzünde! Mein Leben ... und meinen Tod zu verdienen, bin ich gezwungen, diesen schwarzen Kasten zu drehen ... hütet euch! Ich kenne den Krieg! Er tönt Vernichtung. Er tönt Gewinsel. Er tönt Taubheit, Trägheit, Trübsal, Untreue, Feigheit, Tücke, Mord, Raub, Blutschande und jedes Laster. Seht meine Medaillen hier: jede das prahlerisch blinkende Bildnis einer Schlacht. Einer verlorenen Schlacht ... der Geister. Einer gewonnenen Schlacht ... der Götzen. Hütet euch ... und eure Mütter!
(Er beginnt auf der Drehorgel den Radetzkymarsch zu spielen. Cornelia und Silvius kommen des Weges, Hand in Hand)

SILVIUS:
(Wirft ihm eine Münze zu) Spiel uns ein Hochzeitslied, Leierkastenmann.

LEIERKASTENMANN:
Zu Diensten, gnädiger Herr ... (Spielt: Schön ist die Jugend bei frohen Zeiten, schön ist die Jugend, sie kommt nicht mehr)
(Die Kinder tanzen um Silvius und Cornelia einen Reigen. Silvius und Cornelia stehen ganz still, Cornelia den Kopf auf seine Schulter gelehnt. Der Reigen löst sich. Der Leierkastenmann dudelnd ab, ihm nach in einer bunten Schlange die Kinder)

CORNELIA:
Da stehen wir nun: allein und ganz verlassen.

SILVIUS:
Sind wir uns nicht selbst genug?

CORNELIA:
(Schaudernd) Doch, Liebster.

SILVIUS:
Siehst du den Wald überm Horizont?

CORNELIA:
Ja: er droht so dunkel wie unsere Zukunft.

SILVIUS:
Wir müssen durch ihn hindurch.

CORNELIA:
Ich habe nur Halbschuhe ... und ein Seidenkleid ... die Dornen werden es zerreißen ... die Schuhe im Sumpfe steckenbleiben ...

SILVIUS:
Ich trage dich. Ich fühle mich so stark wie Christoforus, als er Christus über den Strom trug ...

CORNELIA:
Bin ich dein Christus?

SILVIUS:
Meine Christine! Meine Cornelia!

CORNELIA:
Was wird Mama sagen, wenn ich heute Abend nicht nach Hause komme? Sie

wird weinen und Papa wird noch nachts auf die Polizeiwache gehen. Sie werden die Teiche absuchen, ob ich mich ertränkt, die Wälder, ob ich mich verlaufen habe ...

SILVIUS:
In den Herzen der Menschen können sie nicht suchen. Sonst würden sie dich finden – bei mir.

CORNELIA:
Wir schicken Papa und Mama ein Telegramm – aus England – meinst du nicht? Einfach so: Als Vermählte empfehlen sich: Cornelia und Silvius. Herzlichen Gruß. Auf Wiedersehen! (Lachen beide)

SILVIUS:
Mein Engel! Ich heb dich in den Himmel, wohin du gehörst!

CORNELIA:
Hast du das Geld noch, welches dir der fremde Herr gab? Sieh einmal nach!

SILVIUS:
(Kramt in der Tasche, zieht einen zerknitterten Tausendmarkschein heraus) Da ...

CORNELIA:
Du ... wir schlafen heute Nacht in einem ganz erstklassigen Hotel mit Himmelbetten, eigenem Bad, fließendem warmen und kalten Wasser, Lichtsignalen, Doppeltüren, einer rot befrackten Musikkapelle, einem kleinen Mohren als Liftboy. Wir lassen uns das Souper auf dem Zimmer servieren: Salm, Truthahn, Eis mit Früchten. Und wir trinken soviel Sekt, bis wir einschlafen. Wir lassen uns Sekt noch ans Bett stellen und trinken im Bett noch weiter, bis wir einfach nicht mehr können.

SILVIUS:
Maßlose! Grenzenlose!

CORNELIA:
Wir spielen Mann und Frau und schlafen in einem Bett und schreiben uns ins Fremdenbuch: Silvius und Frau. Liebster! (Küßt ihn)

SILVIUS:
Freust du dich auf das Schiff, Mädchen? Wir werden das Meer sehen! Das Meer, das an keine Ufer schlägt.

CORNELIA:
Die Sonne, die nicht versinkt.

SILVIUS:
Den Wind, der nicht verweht.

CORNELIA:
Den Leuchtturm, der besteht ... und ewig leuchtet.

(Ein Polizist kommt)

POLIZIST:
Es ist schon halbe Nacht. Was haben Sie sich hier auf den Wiesen noch herumzutreiben? Sind Sie obdachlos?

CORNELIA:
Was will der blaue Teufel?

SILVIUS:
Sei ruhig, Liebste ... wir sind weder obdachlos, Wachtmeister, noch treiben wir uns hier herum. Wir werden herumgetrieben auf dieser mathematischen Konstruktion, Erde genannt, in dieser Luftbewegung, welche Leben heißt. Verstehen Sie?

POLIZIST:
Schwatzen Sie nicht und machen Sie, daß Sie in die Stadt kommen, sonst bringe ich Sie zur Wache.

SILVIUS:
Dazu haben Sie keine Berechtigung.

POLIZIST:
Sieh mal einer an: keine Berechtigung. Die Polizei hat zu allem Berechtigung.

SILVIUS:
Sie nimmt sich die Berechtigung, aber sie hat nicht das Recht, sondern nur die Macht, und das ist etwas schimpfliches. Menschen erniedrigen: nichts ist niedriger.

POLIZIST:
Ich wittere Widerstand gegen die Staatsgewalt. Leider begreife ich Sie nicht.

CORNELIA:
Gute Nacht, blauer Mann. Ich hoffe, Sie werden uns ebensoviel Glück bringen, wie ein Schornsteinfeger oder wie ein Schimmel, der einem von links über den Weg läuft. Schimmel, die einem von links über den Weg laufen, sind sehr selten. Aber noch seltener ist ein freundlicher Schutzmann. Wachen Sie so gut, wie wir schlafen werden im Bette unseres Himmels, in unserem Himmelbett ... (Beide lachend ab)

Fünfte Szene.

(Komfortabel eingerichtetes Zimmer in einem erstklassigen Hotel)

ZIMMERKELLNER:
(mit den polizeilichen Anmeldungsformularen) Wollen Sie sich bitte einschreiben –

CORNELIA:
(An Silvius geschmiegt, welcher schreibt: Silvius und Frau. Sie klatscht in die Hände)

ZIMMERKELLNER:
Haben die Herrschaften noch Gepäck?
SILVIUS:
Das Gepäck trifft morgen ein. Es ist mit dem Zug nicht mehr mitgekommen.
ZIMMERKELLNER:
(Zieht die Stirn kraus) Gut – gut – haben die Herrschaften noch einen Befehl?
SILVIUS:
Ich befehle nie etwas, wünsche aber auch nichts mehr. Sie können gehen.
(Kellner ab)
SILVIUS:
(Zündet sich eine Zigarette an)
CORNELIA:
(Auf und nieder tanzend) Wir wohnen in einem Schloß! Wir sind Grafen! Königliche Hoheiten! Welch ein Abstand von dem Kirchhof, da wir uns kennen lernten! Dort Epheu über feuchtem Moos! Hier seidene Decken über weißem Daunen! Dort der ewig unverwandelt scheinende Mond, hier das elektrische Licht, das man auf- und abstellen kann, nach Belieben (macht mehrmals hell und dunkel).
SILVIUS:
(Stehen bleibend) Schilt mir den Mond nicht! Kind des Monds!
CORNELIA:
Einst mußten wir auf Grabsteinen sitzen. Hier nehmen Ledersessel willig unsere Glieder auf. Ein marmorner Knabe, Abbild des Todes, die Fackel im Sande verlöschend, schien ehemals der Inbegriff, Aus- und Eindruck der Kunst. Sieh hier an den Wänden diese heiteren Bilder: Venus schwebt auf der Kugel des Glückes, von den gepanzerten Liebhabern auf schnaubenden Rappen verfolgt ... Hier, braune Haremsfrauen, von Opium, Näscherei und Liebe träge ganz betäubt ... und hier: nur Farbe und Linie: violette, rote, grüne, silberne Dreiecke, aus Papierschnitzeln übereinandergeklebt, Kreise, sich schneidende Ellipsen ... Parallelen, die sich in der Unendlichkeit treffen ...
SILVIUS:
In unserem Herzen ...
CORNELIA:
(tritt links an eine Tür, knipst ein Licht an) Silvius! Ein Badezimmer – ganz in weiß und blau! Meer und Sonne in eins.
SILVIUS:
(Küßt sie) Liebes Mädchen – laß uns zusammen baden – gemeinsam uns von dem Staube reinigen, der von jener andern Welt ... der Friedhöfe, der Familienblattromane und der Warenhäuser noch an uns zurückblieb. (Er geht in das Badezimmer und läßt das Wasser anlaufen)

CORNELIA:
Silvius ... du sahst mich noch niemals nackt ... Glaubst du, daß ich schön bin?

SILVIUS:
Schön wie die Statue der Artemis in ihrem Tempel zu Corinth ... schön wie die Nike von Samothrake ... schön wie ein Holzschnitt eines chinesischen Meisters ... schöner, Mädchen, schöner – denn du lebst!

CORNELIA:
Silvius ... ich schäme mich nicht vor dir ...

SILVIUS:
Die wahre Liebe kennt keine Scham mehr. Sie ist über alle Tugenden und Laster hinaus; über die Erde hinaus, in den dünnen Äther gelangt, wo gewöhnliche Sterbliche nicht mehr atmen können.

CORNELIA:
(Kniet vor ihm nieder) Laß mich dir die Schuhriemen lösen und dir die Schuhe ausziehen – bitte –

SILVIUS:
Ich bins nicht wert –

CORNELIA:
Laß mich Maria Magdalena sein! (Sie knüpft an seinen Schnürsenkeln. Der Vorhang fällt)

Sechste Szene.

(Auf dem Schiff. Silvius und Cornelia im Bug)

SILVIUS:
Mir ist, ich wäre Columbus und entdeckte Amerika ... Es schrie heute Nacht im Traum: Heimat ... Jemand schrie Heimat ... Er soll die Heimat sehen ... Oben vom Heck ... Zieht ihn am Mastbaum hoch ...

CORNELIA:
Silvius ... du fieberst ...

SILVIUS:
Mein Blut hinter der Stirne donnert. Eine Palme sprießt aus meinem Scheitel. Ein Affenpärchen schaukelt sich drin.

CORNELIA:
Silvius: Du weilst in fremden Ländern, die ich nicht kenne. Wo bist du? Hole mich! Nimm mich mit!

(Silvius auf und abschreitend, bleibt dann stehn, die Hand über den Augen)

SILVIUS:
Ich sehe einen schwarzen Streifen am Horizont ...
MATROSE:
(ist näher getreten) Sie leiden an Kurzsichtigkeit. Bedürften eine Brille. Es ist ein Delphin.
SILVIUS:
Ich sehe eine grüne Insel uns entgegenschwimmen –
MATROSE:
Tang und Algen –
SILVIUS:
Ein Vogel, naher Küste entflogen, schwirrt über's Deck.
MATROSE:
Es ist ein fliegender Fisch ...
SILVIUS:
(aufstampfend) Was wollen Sie? Haben Sie das perpetuum mobile entdeckt? Beschäftigt Sie die Quadratur des Zirkels? Habe ich Sie um die Korrektur meiner Sehschärfe gebeten? Ich will mit m e i n e n Augen sehen – nicht mit den Ihren. –
MATROSE:
Entschuldigen Sie, wenn ich die Wahrheit sagte ...
(entschwindet)
CORNELIA:
Was wollte der Mann?
SILVIUS:
Dich wollte er mir rauben ... dich, den Herrn im gelben Mantel, meinen Glauben, meinen Glanz, mein blondes Glück!
CORNELIA:
Hörst du? Die Schiffsmusik spielt. Wollen wir tanzen gehn?
SILVIUS:
Tanzen am hellen Tag?
CORNELIA:
Nachts schweben wir mit den Sternen, tags mit den Möwen. Komm. Das Schiff schwankt.
SILVIUS:
Das Schiff – unser heiliges Bett – komm lieben, Cornelia ...

Siebente Szene.

(Bürgerliches Wohnzimmer beim geheimen Regierungsrat)

REGIERUNGSRAT:
Ich habe alles versucht, auf die Spur von Cornelia zu kommen. Wie ein Jagdhund durchschoß ich die Stadt. Ich kann mir keine Vorwürfe machen. Die Polizei, die öffentliche und die geheime, ward alarmiert. Ausrufer klingelten in den Straßen. Radfahrer stoben nach allen Seiten. Plakate an den Anschlagsäulen schrieen spinatgrün und protzig: Kehre zurück, Cornelia, es ist alles vergeben. – Ich tat, was sich tun ließ. (reibt sich die Hände) Es ist kalt im Zimmer. Du hast nicht genug eingeheizt. Peinlich, diese Sparsamkeit. Ich werde mir Influenza holen, und der Arzt wird kommen müssen. Arzt kostet mehr als Kohlen. Bedenke dies! Laß heizen!

REGIERUNGSRÄTIN:
Ich bitte dich, Paul, reg dich nicht auf. Danke Gott, daß du mich hast. Von deinen sechstausend Mark Gehalt kann man keine Känguruhsprünge machen. Zur dürftigen Eleganz, zum sonntäglichen Kalbsbraten, zum Skatabend mit Punsch und Glühwein, aus chemischen Würfeln bereitet, reichts allenfalls. Die Kohlen sind unerschwinglich im Preise gestiegen ...

REGIERUNGSRAT:
Verschone mich mit deiner Haushaltung. Ich friere. Dies sei konstatiert. Nichts weiter. Basta.

REGIERUNGSRÄTIN:
Männchen!

REGIERUNGSRAT:
Nun ja. –

REGIERUNGSRÄTIN:
Denk an Cornelia!

REGIERUNGSRAT:
Denk ich nicht immer an sie? Bin ich vielleicht kein Vater?

REGIERUNGSRÄTIN:
Mädchenhändler werden sie entführt haben ... in ein Freudenhaus ... nach Südamerika ... man hat das jetzt viel. Man liest es täglich in der Zeitung. Ach, mein armes Kind ...

REGIERUNGSRAT:
Weiber flennen. Der Mann schätzt die Tat. Mehr als tun – kann man nicht. Ich tat.

REGIERUNGSRÄTIN:
Telegrafiere doch mal nach Hamburg ... sie sollen den Hafen absperren ...

REGIERUNGSRAT:
Mädchenhandel geht via Marseille ...
REGIERUNGSRÄTIN:
Ach Gott, ach Gott ...
REGIERUNGSRAT:
Geh in die Kirche beten. Zuweilen gibt es Gott. Man sei getrost Atheist, doch glaube man im richtigen Augenblicke an ihn ... Das wirkt ... Wunder.
REGIERUNGSRÄTIN:
Du bist bedeutend! Verzeih, wenn ich dich manchmal nicht begreife. Bin dumm. Habe Nachsicht mit mir.
REGIERUNGSRAT:
Schon gut – aber was nun?
REGIERUNGSRÄTIN:
In acht Tagen sind wir 25 Jahre verheiratet. Silberne Hochzeit ohne unser Kind? Unser Goldenes?
REGIERUNGSRAT:
Die Feier wird abgesagt. Wir legen Trauer an.
REGIERUNGSRÄTIN:
(aufschreiend) Du glaubst?
REGIERUNGSRAT:
Gewiß nicht, beruhige dich, Mathilde –
REGIERUNGSRÄTIN:
Du weißt? Hast Anhalte?
REGIERUNGSRAT:
Man muß auf alles gefaßt sein: nichts sonst. Schwarz eignet der Würde unseres Zustandes am besten. Laß dir ein schwarzes Seidenkleid machen.
REGIERUNGSRÄTIN:
Wo schweifst du hin? Die Schneiderin stundet nicht mehr. Das Letzte ist noch nicht bezahlt.
REGIERUNGSRAT:
So wechsle die Schneiderin! Ich bin ein königlicher Beamter! Wer darf es wagen, an meiner Kreditwürdigkeit zu zweifeln?
REGIERUNGSRÄTIN:
(schnurrend) Zum schwarzen Kleid gehört ein schwarzer Hut.
REGIERUNGSRAT:
Er werde, erträumt kaum, Wirklichkeit!
REGIERUNGSRÄTIN:
Schatzi!
(Es klingelt)

REGIERUNGSRAT:
   Besuch um diese Stunde? Wer mag es sein?
REGIERUNGSRÄTIN:
   Tante Linchen?
REGIERUNGSRAT:
   (strafft sich) Meldung von der Polizei?
   (Das Dienstmädchen tritt auf)
DIENSTMÄDCHEN:
   (verlegen mit der Schürze spielend) Herr Regierungsrat …
REGIERUNGSRAT:
   Nun … heraus mit der Sprache …
DIENSTMÄDCHEN:
   Herr Regierungsrat ..
REGIERUNGSRAT:
   Nun … wirds bald?
REGIERUNGSRÄTIN:
   Was ist mit Ihnen, Emma?
   (Die Tür geht auf: darin erscheinen Silvius und Cornelia. Dienstmädchen ab)
REGIERUNGSRÄTIN:
   Nellychen!
   (fliegt ihr entgegen. Umarmung)
   (Silvius steht, ein wenig verlegen, im Hintergrunde)
REGIERUNGSRAT:
   Was wünschen Sie, junger Mann?
SILVIUS:
   Ich habe Ihre Tochter begleitet.
REGIERUNGSRAT:
   Fräulein Tochter!
SILVIUS:
   Frau Tochter!
REGIERUNGSRAT:
   Widersprechen Sie nicht!
SILVIUS:
   Doch!
REGIERUNGSRAT:
   Moderne Jugend!
SILVIUS:
   Ja!

REGIERUNGSRAT:
(stampft mit dem Fuß auf) Unerhört!
SILVIUS:
Wahr ...
REGIERUNGSRAT:
Haben Sie mein Fräulein Tochter gefunden? Wollen Sie Finderlohn?
SILVIUS:
Lohn? Nein. Ich habe meinen Lohn dahin. Gefunden? Ja, ich habe sie gefunden! Bei den Toten! und habe sie zum Leben erweckt!
REGIERUNGSRAT:
Reden Sie klar und deutlich, präzis und bestimmt. Wer sind Sie?
SILVIUS:
Der Gatte Ihrer Tochter!
CORNELIA:
Papa!
REGIERUNGSRAT:
Was soll das heißen? Unterlassen Sie es, mit unangebrachten Späßen und Clownerien das Elternherz zu kränken und zu höhnen!
SILVIUS:
Ich habe weder die Absicht, Sie zu kränken oder zu beleidigen, noch Sie zu höhnen. Ich habe Mitleid mit Ihnen, Greis ...
REGIERUNGSRAT:
Ich verbitte mir ein für allemal diese rüpelhaften Respektswidrigkeiten!
CORNELIA:
Mama ... Papa ... Silvius sagt die Wahrheit ... er ist mein Gatte, mir rechtlich angetraut ... in London ...
REGIERUNGSRÄTIN:
Komm zu dir, Nellychen, du bist verwirrt ...
SILVIUS:
Cornelia spricht die Wahrheit ...
REGIERUNGSRÄTIN:
Mein Gott ... Die Schande! ... Es kann nicht sein! –
REGIERUNGSRAT:
Wie alt sind Sie?
SILVIUS:
Siebzehndreiviertel.
REGIERUNGSRAT:
Vermögen?

SILVIUS:
Keins.

REGIERUNGSRAT:
Einkommen?

SILVIUS:
Ebensowenig.

REGIERUNGSRAT:
Wovon wollen Sie leben?

SILVIUS:
Von Ihnen. Sie sind reich.

REGIERUNGSRAT:
Reich? Ich? Erpressung! Ich kenne das. Bedachte es schon. Sie erhalten keinen Pfennig. Verlassen Sie das Haus!

SILVIUS:
Nicht ohne meine Gattin –

REGIERUNGSRAT:
Bursche! Verbrecher! Mörder! Untergraben maulwurfsgleich den fest gestampften Boden der Familie ...

SILVIUS:
Festgestampft von Ochsen und Eseln. Jawohl.

REGIERUNGSRAT:
Sie wagen es –?

SILVIUS:
Wahr zu sein!

REGIERUNGSRÄTIN:
Nellychen!

REGIERUNGSRAT:
Hinaus!

SILVIUS:
Komm, Cornelia.

(Cornelia löst sich aus der Umarmung ihrer Mutter)

CORNELIA:
Ich bleibe bei dir, Silvius.

REGIERUNGSRÄTIN:
Nellychen, geh nicht von mir ...

CORNELIA:
Ich kann nicht anders, Mama. Ich liebe Silvius, wie du Papa liebst. Wenn man dir sagte: Verlaß Papa – würdest du es tun? Würdest du Papa verlassen?

REGIERUNGSRÄTIN:
Was wird Arwed, dein Bruder sagen? Er ist Korpsstudent ...
REGIERUNGSRAT:
Auch ich war Korpsstudent. Bin alter Herr der Saxo-Thuringia. Entartete! Aus dem Haus!
REGIERUNGSRÄTIN:
Mann! Sei barmherzig.
REGIERUNGSRAT:
Bin's. Oft heißt barmherzig, hart sein.
REGIERUNGSRÄTIN:
Gott mit dir, Cornelia ...
(schluchzend)
SILVIUS:
(zieht Cornelia an sich) Gott wird mit uns sein, weil er mit den Schwachen ist. Aber die Mächtigen wird er zertrümmern in ihrer eingebildeten Größe und tönernen Hoffart.

Achte Szene.

(Straßenecke)
SILVIUS:
(ausrufend) Nationalzeitung – Abendblatt – großes Grubenunglück in Schlesien – dreihundert Verschüttete – Nationalzeitung – Abendblatt –
CORNELIA:
Kaufen Sie Streichhölzer – kaufen Sie Streichhölzer –
EIN ELEGANTER PASSANT:
Eine nette Kleine. Da. (Kauft ihr eine Schachtel ab) Ich möchte mein Streichholz an Ihnen entzünden ... Wann und wo kann ich Sie treffen?
CORNELIA:
An dieser Ecke ... sonst nirgends ... Ich bin verheiratet ...
PASSANT:
Verheiratet? Das macht nichts. Ist Ihr Mann auch eifersüchtig, wenn man ihm einen Grog und ein warmes Abendbrot spendiert? Wie?
CORNELIA:
Sie quälen mich ... Lassen Sie mich zufrieden ...
PASSANT:
Hier ... zwanzig Mark. Ich kaufe Ihnen alle Streichhölzer ab – wenn Sie heute Abend mit mir kommen.

CORNELIA:
So gehn Sie doch weiter ...

SILVIUS:
Nationalzeitung – Abendblatt – großes Grubenunglück in Schlesien – dreihundert Verschüttete – Raubmord in Schlachtensee – der Täter verhaftet –

PASSANT:
Wer ist denn der hübsche Junge, der hier neben Ihnen Zeitungen ausruft?

CORNELIA:
Mein ... Mann ...

PASSANT:
Aber das ist ja nicht möglich ... Sie sind ja zwei Kinder ... das ist ja noch ein Knabe ...

CORNELIA:
Dieser Knabe – ist mein Mann ...

PASSANT:
Behalten Sie die zwanzig Mark – und die Streichhölzer dazu. Guten Abend!
(ab)

CORNELIA:
Silvius ...

SILVIUS:
Hast du gut verkauft? Du hast ja fast alle Streichhölzer noch ... Cornelia ... wir werden heute Abend wieder nichts zu essen bekommen ...

CORNELIA:
Doch, Silvius, sieh hier ... zwanzig Mark ...

SILVIUS:
Wie kamst du zu dem Reichtum?

CORNELIA:
Ein vornehmer Herr hat sie mir geschenkt ... Erst sann er mir an, mich zu verkaufen ... Dann rührte ich ihn ... er wurde gut – und gab sie so.

SILVIUS:
(zornig) Gib her ... (Cornelia gibt ihm den Zwanzigmarkschein. Er zerreißt ihn in kleine Fetzen). Da ... Da ... dieses Geld stinkt nach Kloake ... es faßt sich schleimig an wie Gallert ... Da ... wie die Fetzen auf den feuchten Asphalt klatschen ... lauter kleine Kakerlaken ... andere laufen wie Wanzen davon ...

CORNELIA:
(dem Weinen nahe) Was tust du, Silvius ... wir hätten Holz und Kohle kaufen können ... und Brot und Fleisch ... und eine Woche zu leben gehabt ...

SILVIUS:
Ich will nicht von dem Kot der andern leben ... Bin kein Kakophage. Will

Früchte essen, die ich selber zog am Spalier, und ernten, wo ich säte. Will in meinem Zimmer leben, in meinem Bette schlafen, mit meinem Weib. – (rufend) Nationalzeitung – großes Grubenunglück in Schlesien – dreihundert Verschüttete – Raubmord in Schlachtensee – der Täter verhaftet – in Treptow auf der Sternwarte ein Mondsüchtiger abgestürzt –

(Ein Herr in gelbem Mantel, gelbem Zylinder, gelben Hosen, gelben Stiefeln, gelben Handschuhen, einen gelben Spazierstock in der Hand, bleibt stehen)

HERR:
Die Nationalzeitung bitte!

SILVIUS:
Bitte sehr, mein Herr ... Danke, mein Herr ...

HERR:
Kommen Sie hier unter die Laterne! Kenne ich Sie nicht? Kennen Sie mich nicht?

SILVIUS:
(erkennend) Mein Wohltäter!

HERR:
Finde ich Sie so wieder? Ich bin betrübt, Sie in diesen Umständen zu sehen. Sie erzählten mir bei unserer ersten Begegnung von Ihrem Mädchen. Wie geht es ihr?

SILVIUS:
Dieses Mädchen ist jetzt meine Frau. Dort am Rinnstein steht sie und verkauft Streichhölzer.

HERR:
– verkauft Streichhölzer? Die Tochter des wohlhabenden Regierungsrates? verkauft Streichhölzer?

SILVIUS:
Der Regierungsrat hat uns die Tür gewiesen, als wir aus England kamen und verheiratet vor ihn traten. Wir sind zu stolz und unserer gerechten Sache zu gewiß, um seine Zustimmung oder sein Wohlwollen von ihm – zu erbetteln.

HERR:
Und die Dichtkunst, mein junger Freund, wie steht es damit? Schreiben Sie noch Gedichte?

SILVIUS:
(den Kopf senkend) Seit unsrer Rückkehr aus dem Inselland habe ich kein Gedicht mehr geschrieben. Ich muß nur immer daran denken, das Notwendigste an Kleidung und Unterhalt herbeizuschaffen. Da bleibt keine Zeit zu Gedichten. Und selbst – zur Liebe – ist die Zeit so kurz bemessen –

HERR:
Sie spielen irgend ein Musikinstrument? Geige? Flöte?

SILVIUS:
Ich spiele Klavier.
HERR:
Ausgezeichnet. Cornelia singt? Hat Befähigung zur Aktrice? Tanzt?
SILVIUS:
Wie ein Stern. Wie eine Libelle. Wie eine Möwe.
HERR:
Vortrefflich. Ich leite zur Zeit ein kleines Cabaret in einem exzentrischen Weinhaus. Folgen Sie mir. Ich engagiere Sie als Klavierspieler! Cornelia als Sängerin ... Schauspielerin ... Tänzerin ... als die hüpfende, schluchzende, singende, leibhaftige Dreieinigkeit.
CORNELIA:
(ruft) Streichhölzer ... Streichhölzer ... kaufen Sie Streichhölzer ...
SILVIUS:
Cornelia ...
CORNELIA:
Mein Silvius!
SILVIUS:
Darf ich dir unsern Wohltäter vorstellen. Verzeihen Sie, ich habe ihren Namen vergessen, aber es klang wie Himmel oder Licht ...
HERR:
Name tut nichts zur Sache. Nichts zur Idee. Ich bin entzückt, gnädige Frau, Ihre Bekanntschaft zu machen. Ihr Gatte, den vor Ihrer Hochzeit zu kennen ich schon das Vergnügen hatte, hat mir in einsamer Mondnacht viel von Ihnen vorgeschwärmt. Ja: geschwärmt wie ein Nachtschmetterling, der in einem fort um dieselbe Flamme schwirrt. Sie haben bezaubernde Beine, gnädige Frau, einen heitern Gang, melancholische Augen! Eine äußerst schmackhafte Mischung aus Rotwein, Sekt und kandierten Früchten. Das Publikum wird rasen. Wir können einen Einakter von Ihnen spielen, Silvius. Ein expressionistisches Volkslied – gleichsam als Sketch dargestellt. Wir werden donnernden Applaus ernten. Wir werden Erfolg haben. Kommen Sie, meine Kinder ...

Neunte Szene.

(Exzentrisches Cabaret. Schräg rechts kleine Bühne mit Vorhang. Links Zuschauerraum; an Tischen und in Logen viel elegantes und halbelegantes Publikum)

CORNELIA:
(auf der Bühne, im Flitterröckchen, singend, Silvius am Klavier)
Guter Mond, Du stehst so stille
Zwischen Wolken auf der Wacht.
Deines Schöpfers weiser Wille
Stellte Dich in unsre Nacht.
Leuchte freundlich jedem Müden
Ins gequälte Herz hinein.
Und Dein Schimmer gieße Frieden
Über Feld und Wald und Rain.

Guter Mond, Du wandelst leise
An dem blauen Himmelszelt,
Wo Dich Gott zu seinem Preise
Hat als Leuchte hingestellt.
Blicke traulich zu uns nieder
Durch die Nacht aufs Erdenrund.
Als ein treuer Menschenhüter
Tust Du Gottes Liebe kund.

Guter Mond, so sanft und milde
Glänzest du im Sternenmeer,
Wallest in dem Lichtgefilde
Hehr und feierlich einher.
Menschentröster, Gottesbote,
Der auf Friedenswolken thront,
Zu dem schönsten Morgenrote
Führe uns, Du guter Mond ...

(Bravo und Händeklatschen des Publikums. Selbst der Herr in Gelb ist sichtbar gerührt. Er fährt sich mit einem gelben Taschentuch über die erhitzte Stirn. Cornelia tanzt als Zugabe einen Walzer von Chopin. Erneute Beifälle. Als er sich gelegt, springt der)

HERR IN GELB:
(auf die Bühne und conferiert) Meine verehrten Damen und Herren! Nachdem Sie Fräulein Cornelia, der Star unseres Ensembles, mit ihren Gesangs- und Tanzkünsten erfreut hat, folgt ein dramatischer Einakter neusten Stils – wir bringen stets nur das Neueste – betitelt: Die Drei, verfaßt von Silvius Lang, einem aufstrebenden Talent: Erheben Sie sich, Silvius! (Zum Publikum) Es ist der junge Mann am Klavier. (Händeklatschen) Die Rolle der Schwester wird von Cornelia, dem Stern unserer Truppe, die des Bruders

von meiner Wenigkeit, die des Fremden vom Autor selber – dargestellt. Ich
bitte um größte Ruhe und Aufmerksamkeit. Die freundlichst geladenen Herren von der Presse sind um ihre besondere Teilnahme gebeten. Fünf Minuten
Pause zur Vorbereitung des stilistischen Ausstattungsstückes. Die Einleitungsmusik ist von Mozart. (Er springt von der Bühne)
(Unterhaltung im Publikum, aus der folgende Gesprächsfetzen vernehmlich aufklingen):
SCHREIBMASCHINENFRÄULEIN:
Seine Gedichte sind überhaupt von mir ... Ich <*habe*> sie getippt, und er
hat eine Nacht bei mir geschlafen ...

HERR:
Tippen Sie sich lieber mal an die Stirn, Fräulein!

1. BÖRSENMANN:
Werfen Sie sich auf Granatenfabrikation. Das ist eine Bombensache! Ein
Bombengeschäft! Ich rate Ihnen gut.

2. BÖRSENMANN:
Ich bitte Sie, wer will noch was mit dem Kriege zu tun haben. Friedensware
muß geliefert werden!

1. BÖRSENMANN:
Sie sind gut: Friedensware! Woher nehmen, wenn nicht stehlen?

2. BÖRSENMANN:
Also stehlen ...

KUNSTKRITIKER:
Die Malerei wird auch immer verrückter. Jetzt nageln sie einfach Bretter
übereinander und photographieren sie. Das ist dann ein Gemälde.

KUNSTKENNER:
Ich bitte Sie, warum soll das keine Kunst sein – wo viele Leute Bretter vor
dem Kopf haben, die sie nicht einmal photographieren – und sich dennoch
Künstler titulieren ...

CORNELIA:
(bietet im Zuschauerraum Ansichtskarten feil) Kaufen Sie eine Ansichtskarte von
mir? Mit Autogramm eine Mark ...

PASSANT:
Ich kenne Sie, schönes Kind. –

CORNELIA:
Nicht daß ich wüßte. –

PASSANT:
Erinnern Sie sich der Straßenecke, an der Sie Streichhölzer verkauften. Haben Sie Ihren Sinn jetzt geändert? Fünfzig Mark?

CORNELIA:
Sie irren sich. Mit so billigen Mitteln, um so billiges Geld betrüge ich meinen Schmerz nicht ...
PASSANT:
Schmerz also heißt Ihr Anbeter? Ihr Gatte?
CORNELIA:
Träne meine Schwester, Seufzer mein Bruder ... (entschwindet in die Garderobe)
(Die Kapelle spielt einige Takte der Titusouverture von Mozart. Dann Klingelzeichen)

Zehnte Szene.

(Der Bruder mit dem Fischnetz kommt den Gartenweg herauf)
BRUDER:
Ich fischte nichts. Zu viel Himmel lag im Wasser. Wolken hingen über den Karpfen und Hechten. Ein einsamer Stern strahlte im Auge des Stichlings. Fliegende Wasserkäfer deuchten sich Adler. Meine Stirn stieg aus der Tiefe wie ein versunkener Mond.
JEMAND:
(Hat sich über den Gartenzaun gebeugt) Sie angeln?
BRUDER:
Man sieht es.
JEMAND:
Locken zum Tod?
BRUDER:
Tat will Tod.
JEMAND:
Geist will Glück.
BRUDER:
Faust packt Ferne.
JEMAND:
Liebe will Leben.
BRUDER:
Sie reden von Liebe?
JEMAND:
Ich schaffe Liebe.
BRUDER:
Sind Sie ein Götze?

JEMAND:
   Gottes Geschöpf.
BRUDER:
   Treten Sie näher.
5 JEMAND:
   Nähe verwandelt.
BRUDER:
   Nähe bezaubert.
JEMAND:
10   Brüderlichkeit.
BRUDER:
   Sie erinnern mich ...
JEMAND:
   An wen?
15 BRUDER:
   Sie sagen nicht: was. Lächeln: wen ...
JEMAND:
   Erkenntnis beglückt.
BRUDER:
20   Erkannt werden: schmerzt ...
JEMAND:
   Öffne dein Herz! Brich auf die Scheuer! Blühe Gebüsch!
BRUDER:
   Sehn Sie dort auf dem See –?
25 JEMAND:
   Das Weiße?
BRUDER:
   Den Glanz?
JEMAND:
30   Ein Schwan?
BRUDER:
   Eine Libelle?
JEMAND:
   Sie höhnen!
35 BRUDER:
   Strahlendes Kleid im Boot!
JEMAND:
   Ein Wesen! Ein Weib!

BRUDER:
　Die Ruder singen.
JEMAND:
　Im Takte der Sonne.
BRUDER:
　Die Bucht liegt im Schatten.
JEMAND:
　Ihr Haar weiß noch: Licht.
BRUDER:
　Jetzt naht eine Wolke.
JEMAND:
　Sie fröstelt in Feindschaft.
BRUDER:
　Der greuliche Geier –
JEMAND:
　Frißt Funken. Pickt Tag.
BRUDER:
　Komm, Schwester, es dunkelt –
　Der Diener entzündet,
　Im traulichen Hause
　Den goldnen Kamin.
JEMAND:
　Ich warte verdüstert.
　Das Weiße wird Weisheit.
　Der Tag ist zerronnen,
　Die Nacht nicht begonnen,
　So zwischen den Zeiten
　Erharr ich die Heimat
　Und finde wohl ... heim.
　(Das Boot hat angelegt. Ihm entspringt die)
SCHWESTER:
　Mein Bruder! Da bin ich!
　Umarme die Kleine
　Du Großer!
　Du Guter!
　Ich schwebe, ich lebe,
　Ich lache, ich wache,
　Ich träume, ich bin.
BRUDER:
　Schon leuchtet die Venus –
　Dich hungert –?

SCHWESTER:
                    Nach Liebe –
Nach Lampe im Abend,
Nach Mutter im Traum.
Du fischtest –

BRUDER:
                    Vergebens.

SCHWESTER:
Es sei dir vergeben –
Die Fische auch freu'n sich
Der hüpfenden Flut.

BRUDER:
Gestatte – ein Fremdling –

JEMAND:
So fremd ich nur scheine –
Bart hindert das Lächeln
Maskiert mich als Mönchlein.
Ich sah Sie von weitem –
Und wünschte Sie nah!

SCHWESTER:
Ein Mann – wie mein Bruder.
Doch zarter der Anklang.
Ein Herr – wie mein Bruder,
Doch milder bedient.
Sie sind mir willkommen.
Sebastian, der Alte
Wird rüsten die Kammer,
Wird decken für drei.

BRUDER:
Zu dicht, süße Schwalbe
Schwirrst über dem Boden –
Schwalbe am Boden
Deutet auf Sturm –

SCHWESTER:
Laß, lieber Bruder –
Der Fremde ist freundlich.
Du hast ihn geladen.

BRUDER:
Er lud sich von selbst –

JEMAND:
Ich kam – weil ich mußte.
Das Haus stand am Wege

Der Flieder stand brennend
Und duftete – weit.
Bis hinter die Wälder dort
Roch ich den Garten –
Dieses japanische
Blumengebet
Einte mit meiner
Bitte im Licht sich,
Und die Katze
Schrie am Staket.
Und die Birnen
Klangen wie Glocken,
Und die Grillen
Geigten am Strahl.
Jenes Boot dort
Bot sich mir eigen.
Dieses Wesen –
Eignet mir zu –

SCHWESTER:
Bruder – ich rief ihn –
Daß ich's gestehe –
Durch die Nächte
Rief ich zu ihm.
Geier vergehe,
Schleier verwehe,
Blick ich sein Auge,
Herz ich sein Herz.

BRUDER:
Gaukler und Räuber:
Mir aus dem Auge,
Mir aus dem Wege
Oder ich hetze die
Hunde auf dich.

SCHWESTER:
Bruder: er füllt in
Leere Schalen
Blut und Erfüllung,
Glück und Gesang.
Laß uns zu dreien
Schlagen die Harfe
Stimmen himmlischen
Dreigesang.

JEMAND:
Laß uns zu dreien

Leuchten im Ather,
Leuchten himmlisches
Dreigestirn.

BRUDER:
Bin ich verraten?
Bebt nicht der Boden?
Zuckt nicht die Erde?
Bellt nicht der Hund?
Langhin heult er –
Gilt's einem Toten –?
Bin ich der Tote?
Gaukler – du seists!

SCHWESTER:
Bruder, sag: Bruder
Ich begreife,
Seit ich ihn greife
Besser auch dich.

JEMAND:
Hab ich die Schwester?
Halt ich den Bruder?
Durch die Wälder –
Ging ich umsonst?
Ich gewann in
Geißlung und Güte
Die Vollendung.
Bin ich am Ende –?
Bin ich zu end?

SCHWESTER:
Bruder – wir lieben.

JEMAND:
Bruder – wir leben.

SCHWESTER:
Laß uns am Leben!

JEMAND:
Laß uns am Licht!

BRUDER:
Nacht ist gekommen.
Fisch ist verschwommen.
Totenwurm pickt schon
Sonn fiel vom Dach
Wie ein Bündel
Brennendes Stroh.

Kröte schleicht durch
Küche und Keller,
Und die Eule
Jubelt so.

SCHWESTER:
Armer Bruder – du redest im Fieber.
Nachtluft schadet der schwächlichen Lunge.
Komm ins Haus – der Teekessel summt.
Auf dem Tisch stehn Eier und Schinken,
Post liegt unter der Serviette.
Asien und China
Senden dir Märchen,
Senden dir Abenteuer und Gruß.

JEMAND:
Gerne helf ich bei Ihrer Arbeit –
Falter stechen und Käfer ordnen,
Die verpuppten Raupen behüten
Und die Molche füttern im Glas.

SCHWESTER:
Gerne hilft er dir – hilf auch du ihm –
Er ist besser als jeglicher Mensch.
W o l l e ihn lieben! Wolle den Willen!
Und die Götter segnen uns drei!

BRUDER:
Zwei bleibt zwei und werden nicht Dreiheit.

JEMAND:
Gott ist drei und eines zugleich.

BRUDER:
Meine Liebe fühl ich verraten.

SCHWESTER:
Deine Liebe – liebt nur dich selbst.

BRUDER:
Ha: Ich hasse – (ein Echo: Ich liebe ...)
Welches Echo! Welche Verfälschung!
Gott erniedrigt zum Wunder sich!

JEMAND:
Bist du selbst nicht ewiges Wunder?
Wunderlicher fiebriger Herr –

BRUDER:
Taschenspieler! Taschendieb! Dich
Sandte Gott, der ewige Stümper,

Mich zu reizen.
Doch er reizt mich – nur zum Gelächter.
(Lacht)
Fahre zum Himmel, der dich gebar. (Stürzt auf ihn zu und erwürgt ihn mit seinen Händen)
SCHWESTER:
Bruder Mörder! Brudermörder! (Stürzt an der Leiche nieder)
BRUDER:
(Nimmt seine Angel zurück) Ich gehe jetzt ... Fische angeln ... Es ist Vollmond ... Da beißen die Fische gut an ... wenn sie den Köder ... so gut sehen ... Ich werde das Boot nehmen ... und ein wenig auf den See hinausfahren ... Ich werde mir die Augen aus dem Kopfe reißen – und damit angeln. Denn wozu habe ich es noch nötig, zu sehen? Ich werde mir das Herz aus dem Leibe schneiden. Denn wozu brauche ich noch zu leben? Guter Mond – bist du auch wirklich gut? Und bist du auch ... wirklich?

Elfte Szene.

(Straße im Mondschein)
SILVIUS:
(Mondsüchtig auf dem Dache tanzend) Sehr geehrter Herr ... Was heißt das: Sehr geehrter Herr? Ich verstehe euere Anrede nicht ganz. Wenn ich so wäre, wie ihr mich darstellt ... auseinandergefallen und eurer selbst nicht mächtig: es wäre nicht viel an mir zu ehren, und ihr hättet, da ihr mich nun einmal als Theaterbösewicht seht, gleich: Schurke! drüber schreiben sollen. Diese ein wenig leicht gesagten Worte mögen euch nicht darüber wegtäuschen, daß ich mich als der fühle, an dem es wäre zu verachten ... Es steht Schwankenden und Taumelnden nicht zu, einen, der mit beiden Beinen auf der Erde steht, einen Haltlosen zu nennen. Cornelia ... wenn es dir möglich wäre, einen schlechten Menschen zu lieben – wie schlecht müßtest du selber sein. Warum bist du mir in diesem Augenblick so weltenfern wie der Sirius? Du bist eines jener Gestirne, deren Strahlen wir armen Menschen noch immer sehen – obgleich sie schon Jahrtausende erkaltet ... Cornelia: schließe die Augen! Erinnere dich jedes meiner Worte ... jedes meiner Blicke ... aller unserer Umarmungen ... aller meiner Gedichte ... Und dann dies! ... Ich bin außer mir ... und mir scheint, als ob ich niemals in mir war ... Ich habe nie eine Frau geschlagen. Würdest du es aber wagen, mir dies ins Gesicht zu sagen: daß ich dich nicht geliebt – es könnte mir beikommen, dir mit einem Schlage meiner Hand die Fratze zu zerspalten ... Richtet nicht, auf daß ihr nicht gerichtet werdet. Ich bin es, der, falls er euch einmal begegnen sollte, das Richterschwert schwingen wird.

(Ein Herr und eine Dame auf dem Heimweg)
HERR:
Da oben wandelt ein Mondsüchtiger.
DAME:
Wo?
HERR:
Da – über dem Giebel dort –
DAME:
Um Gotteswillen nicht so laut, sonst fällt er herunter ...
HERR:
Gott bewahre ...
DAME:
Ja: Gott bewahre ihn ...
HERR:
Heda: Du: Goldener Kranich! Lichttrunkenbold! Mittelsmann zwischen Erd und Mond, lallender Engel, Kometenschwanz, Kugelblitz, fixer Ideenstern – wach auf!
(Silvius entschwebt in den Kulissen)
DAME:
Er fällt nicht ...
HERR:
Geht grade aus wie ein Rekrut auf dem Exerzierplatz.
DAME:
Wie ein enthusiastischer Freier, der um die Hand seiner Dame anhält.
HERR:
Er hat eine gute Konstitution ...

Zwölfte Szene.

(Dachkammer)
CORNELIA:
(im Bett) Ich träume jede Nacht von zuhause. Mama trägt ein neues schwarzes Seidenkleid, auf dem lauter Tränen eingestickt sind. Papa geht immer im Zylinder umher. Arwed, der Bruder fordert in einem fort Satisfaktion von dir.
SILVIUS:
Erträgst du mich nicht mehr? Elend zerfranst das Herz. Zermürbt den Felsen. Die Hände werden zittrig. Ich glaube, mir fallen schon Haare aus.

CORNELIA:
Trage ich dich nicht immer mit mir herum – unter dem Herzen – ach, ich spüre, jetzt hüpft das Kind wieder wie ein Tänzer. Wird es ein Bube oder ein Mädchen werden?

SILVIUS:
Das ist Tragik: wenn man fliegen will – und man wird von seiner eigenen Schwere zu Boden gedrückt. Wenn man, sobald man in die Sonne sieht, erblindet.

CORNELIA:
(faßt mit beiden Händen seinen Kopf) Ich sehe dich – und bin geblendet, aber – Gott wills – erblindet nicht.

SILVIUS:
(Heftig sich losreißend) Sage die Wahrheit, Mädchen.

CORNELIA:
Stets sage und bin ich Wahrheit.

SILVIUS:
Sage die Wahrheit (tippt auf die Bettdecke): Ist dieses Kind wahrhaftig von mir? O, ich begreife, was es heißt, Vater zu werden. Ich hämmere mir manchmal den Schädel mit meinen Fäusten entzwei und schreie zum Himmel: Hilf, daß das Kind von mir ist ...

CORNELIA:
(Hat sich aufgerichtet) Silvius – habe ich je einen anderen geliebt als dich?

SILVIUS:
(Brüllend) Der Tote! Der Tote! Du hast den Toten geliebt! Kann das Kind nicht von dem Toten sein? Jede Nacht steigt er aus dem Grabe mit seinen klappernden Knochen, die wie Kastagnetten klingen, und legt sich schamlos zwischen dir und mir ins Bett. Sein Kiefer klappt auf und nieder – er schwört dir ewige Treue – übers Grab hinaus – erst wenn der Morgen grün durch die Scheiben glotzt wie das übernächtige Gesicht eines Trunkenboldes, geht er von dannen – und nimmt einen Seufzer von dir – einen Fluch von mir mit auf den Weg. Wie ich ihn hasse: den Toten: seit du dich Mutter fühlst (er schüttelt sie). Sprich: Ist das Kind von dem Toten? Wie grauenvoll, daß man die Toten nicht noch einmal tot schlagen kann. Sie leben, die Toten, immer und ewig. Sie gehen durch einen hindurch, als sei man Glas, und sie wären Strahlen. Man kann sie nicht packen, man kann sie nicht halten: sind schwebender Rauch und roter Schmetterling.
Ich liebe dich, weil ich vom Monde komme – und du meine Sonne bist. Warum müssen wir beide es dulden, daß schwarze Wolken uns verfinstern. Sprich: Wirst du einen Jupiter gebären? Wird es mein Sohn sein?

CORNELIA:
Es ist dein Kind, so wahr ich lebe.

SILVIUS:
(schreiend) Du lügst! Du lebst nicht mehr! Du stirbst! Ich seh dich sterben, ich fühle dich sterben. Gesteigerte Qual, sich verdoppelt, ja verdreifacht zu haben und jeden Schmerz dreifach zu erdulden. Durch dich, durch mich, durch das Kind. – Aber du weißt nicht, ob es mein Kind ist. Kann die Mutter, die offenkundig zwei Liebhaber hatte, einen lebenden und einen toten, wissen, von welchem von beiden das Kind ist? Sie kann es nicht wissen ... Sie kann nur hoffen, daß es – vom lebenden sei ...

CORNELIA:
Es klopft an der Tür.

SILVIUS:
Es ist der Totenwurm, der im Holze pocht.

CORNELIA:
(schaudernd) Wach auf, es steht jemand an der Tür. Ich sehe seinen Schatten.

SILVIUS:
Der Tote ... (geht an die Tür, öffnet, herein tritt ein Korpsstudent, sehr elegant gekleidet, angetan mit seinen Farben)

STUDENT:
Gestatten – Rebbach.

SILVIUS:
Und –? Sie wünschen?

CORNELIA:
Arwed! Bruder!

STUDENT:
Ich komme im Auftrage meiner Familie, um mit Ihnen über meine von Ihnen entführte Schwester Cornelia zu verhandeln.

SILVIUS:
Was wollen Sie damit sagen: Verhandeln? Bin ich ein Delikateßwarenhändler?

STUDENT:
Sie sind nicht satisfaktionsfähig. Wir bieten Ihnen deshalb zehntausend Mark in bar auf den Tisch gezahlt, wenn Sie sich eidlich verpflichten – ein Ehrenwort steht Ihnen nicht zu – sich Ihres Einflusses auf Cornelia völlig zu begeben, Cornelia unangefochten nach Hause zurückkehren zu lassen, und niemals wieder auch nur den geringsten Versuch zu machen, sich ihr zu nähern. Die sogenannte Ehe wird für ungültig erklärt.

SILVIUS:
Sie sind ein amüsanter junger Mann und könnten, wie Sie da sind, auf dem Drahtseil auftreten. Aber ich will Sie nicht beleidigen. Ich bin ja nicht satisfaktionsfähig. Ich will Ihnen auch nicht – seelisch – vorausgesetzt, daß Sie eine Seele haben – wehe tun. Die Frage ist nur: ob in dem von Ihnen ange-

schnittenen – nicht: Schinken, obgleich dies logisch bildlich gedacht wäre –
sondern: Falle, will sagen: ob Cornelia nicht vielleicht auch – satisfaktionsunfähig ist.
STUDENT:
Ich bitte um Erläuterung. Ersuche um Klärung der Lage.
SILVIUS:
Die Lage Cornelias ist, je nachdem man sie betrachtet: horizontal oder vertikal. Darin liegt auch der Zwiespalt ihres und meines Wesens begründet. Wir können eben von oben und von unten betrachtet werden. Wir kranken am Parallelismus aller menschlichen und irdischen Erscheinung. Daß niemals einer da ist, sondern immer zwei, oder gar drei. Verstehen Sie?
STUDENT:
Ich habe bei Professor Dessauer Logik belegt und zuweilen auch besucht. Ich verstehe Sie nicht. Sie scheinen irrsinnig.
SILVIUS:
Ich s c h e i n e irrsinnig. Legen Sie die Betonung auf das erste Wort: auf das S c h e i n e n, Flimmern, Funkeln, Leuchten.
STUDENT:
Wir kommen vom Wesentlichen ab –
SILVIUS:
Nein: wir kommen zum Wesentlichen hin –
STUDENT:
Also kurz: meine Zeit drängt, ich muß zum Frühschoppen – Was wollen Sie damit sagen, daß meine Schwester – nicht satisfaktionsfähig sei? Und welchen Bescheid soll ich dem Familienrate überbringen?
CORNELIA:
Arwed! Sei gut zu mir ...
SILVIUS:
Ich will damit sagen, daß Ihre Schwester einer Niederkunft entgegensieht ...
STUDENT:
(zuckt zusammen) Das ändert die Sachlage bedeutend ... Wir werden also erst auf offizielle staatliche Trauung im deutschen Stil dringen müssen ... um dann sofort die Scheidung einzuleiten.
SILVIUS:
Wie aber, wenn dieses Kind, das Cornelia bekommt – nicht von mir ist?
CORNELIA:
(schreit auf)
STUDENT:
Ich – verstehe – Sie – wohl – nicht – recht?

SILVIUS:
Doch: Sie verstehen mich ganz recht. Das Kind, das Cornelia bekommt, ist nicht von mir ...
STUDENT:
Sondern –?
SILVIUS:
Von ihrem zweiten Liebhaber –
STUDENT:
(korrekt) Cornelia hat noch einen zweiten Liebhaber?
SILVIUS:
So wahr ich hier stehe ...
CORNELIA:
Liebster – du tötest mich –
SILVIUS:
So wirst du nur um so eher mit deinem Liebhaber ganz vereinigt sein ...
STUDENT:
Ich habe hier nichts mehr zu suchen. Meine Mission ist erfüllt. (tritt an das Bett Cornelias) Dirne! (verneigt sich kurz vor Silvius) Mein Herr! (ab)

Dreizehnte Szene.

(Unter einem Brückenbogen. Berlin. Früh gegen 5 Uhr. Leichte rosa und gelbe Wolken, die auch die Spree ein wenig mit Licht bestreuen. Häuser in der Ferne)
SILVIUS:
(sitzt am Bollwerk, angelt)
Ein neuer Tag steigt über die Berge der Häuser. Wie Nachtigallen zwitschern die ersten Straßenbahnen. Vom gestrigen Regen liegen an allen Ecken faule Pfützen. Teiche der Wehmut. Schwarze Augen im Pflaster. Ach ... ich bin müde, 18 Jahre machen müde. Kaum bin ich aus den Betten, überfällt mich der Wunsch nach Vergangenheit. Nach Gestrigem. Nach Gestern. Nach der Dämmerung eines Abends, den ich nicht mehr zu verlassen brauche, um meine armen Arme auseinandergerissen vor dem Gefühl der Gottheit, dunkel in ein neues Licht zu stürzen. Mich schmerzt der Atem, wenn ich Frühluft atme. Der graue Tau wie Ruß einen befällt. Warum bin ich nicht, hirn- und stadtlos, ein treues Tier, im Walde geboren, mit dem einzigen Gedanken der Sterne nachts im offnen Auge? Ein metallischer Käfer, sich an den Grashalm ehrlich klammernd? Befähigt und gewillt, mein eigenes Grab zu graben, und ohne Leid und Mitleid einsam wie eine Wolke am blauen, sonst wolkenlosen Himmel zu vergehen?

Ich Mensch. Ich schwacher Mensch. Ruft mich die Einsamkeit gleich mit donnernder Trompete: ich habe Furcht vor ihr. Sie schreckt mich.
Ich bin ein Mensch. Es ist kein Weg so weit, wie zwischen Augenblick und Augenblick. Firmamente drehen sich zwischen zwei Augen, die sich zu finden trachten. Eine Mauer von Himmeln ragt zwischen ihnen. Ein lichter undurchdringbarer goldener Schleier von Gestirnen verhüllt eines jeden Gemach vor dem anderen. Gepanzerte Lügen stehen an ihren Pforten. Türhüter ist die Unvollkommenheit. Die Mäuse der Niedertracht unterwühlen den Boden. Die Adler des Hochmutes nisten auf den Zinnen.
Wo ist ein Mensch, daß ich in seiner Brust versinke. Im Strome seines Herzens ertrinke? Heilig brüderlich seine Hände ergreife? 18 Jahre bin ich alt geworden und weiß so wenig von der Welt, daß die Morgenröte mir jedesmal wie Scham über die Wangen läuft. Flog ich nicht viele Jahre mit einem Schiff, „Möwe" genannt, über tausend Flüsse? Ich rollte die Trossen. Ich band die Segel. Ich kochte das kärgliche Mahl, das ewig aus toten Fischen bestand. Dann gab man mir das Steuer in die Hand. Tressen zierten meine blauen Ärmel, und ich wurde genannt: Herr Steuermann. Ich lenkte das Schiff, an großen und kleinen Städten vorbei, Wiesen wogten am Ufer, Dörfer liefen bunt ein Stück des Weges wie Kinder, Mädchen winkten mit blutroten Tüchern, Tücher die sie in ihrem Blut gebadet – ich sah sie nahen, stehen und entschwinden, und noch heute weiß ich nicht, wohin ich das Schiff lenkte.

(Die Sonne ist aufgegangen. Im Moment, wo sie zu strahlen beginnt, geht langsamen Schrittes eine schöne weibliche Erscheinung über die Brücke: in einem violetten Gewand, das gegen den blaßblauen Hintergrund des Himmels funkelt. Sie ähnelt Cornelia. Sie bleibt einen Augenblick stehen, beugt sich über das Geländer der Brücke hinab und betrachtet Silvius. Dann entführt ein Gedanke sie, plötzlich: Silvius blickt empor, sieht sie im letzten Augenblick, ehe sie entschwindet)

SILVIUS:
Cornelia!
(Von rechts tritt hastig ein eleganter junger Herr auf. Zylinder. Abendpelerine. Ein wenig überrascht. Er sieht aufmerksam über die Brücke. Bemerkt Silvius zu seinen Füßen:)

DER JUNGE HERR:
Haben Sie nicht soeben eine Dame bemerkt?

SILVIUS:
Die Sonne ist eben aufgegangen.

HERR:
Ich fragte nach einer Dame, verstehen Sie schlecht?

SILVIUS:
Ich verstehe nichts. Mich selbst am wenigsten.

HERR:
So hören Sie mich doch an: ich suche eine Frau –

SILVIUS:
Wer suchte sie nicht!

HERR:
Die vielleicht über diese Brücke gegangen ist – –

SILVIUS:
Wir alle müssen über diese Brücke. Sie führt nach einem andern Ufer, dort soll selbst der Epheu tellergroße Blüten tragen. Die Myrthe und der Lorbeer wird um das geringste Haupt gewunden. Einem ewigen Schmerz gebührt wohl ewiger Ruhm. Und welcher Mensch litte nicht immer und immerdar?

HERR:
Ich leide, daß Sie mir nicht Antwort geben.

SILVIUS:
So fragten Sie falsch. Zu möglicher Auskunft bin ich herzlich bereit. Fragen Sie!

HERR:
Die Dame?

SILVIUS:
Kam von Osten und ging nach Westen.

HERR:
Über die Brücke?

SILVIUS:
Über die Brücke!

HERR:
So kenne ich den Weg. Er führt zu ihr. Ich folge ihm (will sich entfernen).

SILVIUS:
Bleiben Sie. Ich gab Ihnen Auskunft. Helfen Sie nun mir. Ich frage. Stelle die Fragen wie Vogelruten. Sie antworten, wenn es Ihnen beliebt.

HERR:
Was wollen Sie?

SILVIUS:
Ihre Hilfe. Woher kommen Sie?

HERR:
Aus der Nacht. Vergnügen bestrahlte mich elektrisch. Künstliches Licht floß in meine Augen. Aufgeblasene Gummipuppen saßen an meinen Seiten. Ihre falschen Haare aus Seegras rochen nach faulen Fischen. Ihre Hände klebten wie Quallen. Eine nur lächelte – menschlich bewegte sie sich unter Instrumenten. Sie trug ein violettes Kleid. Und ihre Blondheit schien vorweggenommene Sonne. Sie tanzte mit niemand. Ich schickte ihr durch den Kellner ein Glas Champagner. Sie berührte es nicht. Aber sie lächelte – Vergebung. Ich fiel im Ballsaal in die Kniee. Alles lachte. Wie im Theater ein Gewitter aus Blech gemacht wird. Aber ich schämte mich nicht.

SILVIUS:
Wohin gehen Sie?
HERR:
In den Tag. In den Traum. Über die Brücke des verlangenden Herzens.
SILVIUS:
Sie schreiten ins Leben?
HERR:
Ins Leben. Ich bin erwacht.
SILVIUS:
Was ist dies: Leben? Ein Fisch, der sich nicht fangen läßt, weil man keine Köder kennt, auf die er anbeißt.
HERR:
Leben heißt: Die Sonne erkennen.
SILVIUS:
Ich habe eine Bitte an Sie.
HERR:
Reden Sie.
SILVIUS:
Nehmen Sie mich mit.
HERR:
Wohin?
SILVIUS:
In Ihr Leben. Ich packe meine Angelgeräte zusammen. Schon pfeifen die Fabriken. Arbeiter eilen gespenstisch durch die noch öden kalten Gassen. Wie Mohn sprießen die Ladenmädchen aus dem Asphalt. Verheißend wölbt sich die Brücke. Lassen Sie uns die Dame suchen: vielleicht, daß sie Ihre Geliebte, daß sie die meine sei ...
(Beide langsam über die Brücke ab)

Vierzehnte Szene.

(Dachkammer)
CORNELIA:
(allein) Blau blüht ein Blümelein ... das heißt vergiß nicht mein ... Wie süß das Lied, das die Dienstmädchen sangen. Der Brunnen im Hofe rauscht. Fliegen summen über meinem Haupt. Ich muß immer an den Mond denken. Guter Mond! Silvius, streichle meine Stirn ... ach ... ich habe keine Stirn mehr. Wo meine Stirn war, steht eine Stadt im Abendrot – und brennt.

Warum verließ ich unsre fest gefügte Wohnung und ging in ein Haus, das keine Wände hat? Wo der Wind überall hineinpfeift? Kein Schattendach vor praller Mittagssonne schützt? Jemand spielt auf meinen Rippen Harfe. Ich töne sanft. War immer fromm. Ging immer in die Kirche. Kniete vor der hölzernen Madonna. Beichtete jährlich zu Ostern so kleine Sünden, daß der Priester lächelte, und sagte: mein liebes Kind, dir sei vergeben ... Wollte Gott, es gäbe nichts Schlimmeres zu beichten, als Spottwort auf der Gasse ... Trotzkopf gegen Mutter ... Neckerei der schwarzen Katze (hat sich aufgerichtet). Mich schauderts. Ich höre eine Eule schreien. Die Luft zittert. Ich atme fremden Geruch. Es ist jemand im Zimmer. Es geht auf mich zu. Auf leisen Sohlen. Jetzt steht es an meinem Bett. Wer bist du? Ach, ein kleines Kind? Wer bist du, Bub?

KIND:
Ich bin dein Kind ... der Tod ...

CORNELIA:
Wo kommst du her?

KIND:
Vom Himmel ... von Gott ...

CORNELIA:
Du bist schön, wie ich nie ein Kind sah. Laß mich deinen Blondkopf küssen. Wie wird Silvius sich freuen, wenn er dich sieht ...

KIND:
Er wird mich niemals sehen ... denn er ist blind gegen mich ...

CORNELIA:
Was schwätzest du da, Kind? Silvius, dein Vater, sollte blind gegen sein Kind sein! Er wird dich lieben und dich küssen. Er wird dich Hoppereiter machen lassen und wird dir Spielzeug kaufen: ein Schaukelpferd, eine Armbrust und eine Dampfmaschine, die richtigen Dampf macht ...

KIND:
... Ich höre ihn stöhnen – draußen vor der Tür ...

CORNELIA:
Er träumt von dir ... von deiner Zukunft Donnergang ... Sprich gut von ihm! Bleibe bei mir! Mich fröstelt ... Zieh mir die Decke etwas hinauf ... ich friere ...

Fünfzehnte Szene.

(Treppenhaus vor Silvius Kammer. Silvius sitzt auf einer Treppenstufe. Durch eine Bodenluke pfeift der Wind)

SILVIUS:
Mich fröstelt. Der Wind fährt einen an heiß wie der Atem der Hölle. Es ist Föhn ... Mir tut der Magen weh wie einem Kinde, das zu viel Griesbrei gefressen hat. Ich muß mit den Händen den Kopf festhalten, sonst fällt er mir noch herunter und kugelt die Treppe herab wie eine Kartoffel, die aus der übervollen Kiepe der Marktfrau fällt. Du lieber Gott: es gibt so viel Kartoffeln. So viel Köpfe. Aber der Instinkt sagt einem: nur nicht den Kopf verlieren! Nur nicht kopflos werden! Ha! Der Wind! Er versengt einem fast die Haare (ein Schrei aus der Kammer). Warum habe ich sie nicht vergiftet, sie und mich von unsern Qualen zu erlösen? (Holt ein kleines Fläschchen aus der Tasche, streichelt es) Liebes Gift! (steckt es wieder ein)

(Die Tür geht auf. Es erscheint die)

HEBAMME:
Bst ... junger Mann ...

SILVIUS:
(fährt erschreckt herum) Was solls?

HEBAMME:
Na man nicht so miesepetrig! Kopf hoch! Nur nicht den Kopf verlieren!

SILVIUS:
Sie denken mit meinen Gedanken, liebe Frau, Sie sind eine Philosophin, man sollte Ihnen einen Lehrstuhl anbieten, um Ihren Klienten den Stuhlgang zu erleichtern.

HEBAMME:
Quasseln Sie nicht! Reißen Sie sich zusammen.

SILVIUS:
Ihr Gesicht ähnelt ein wenig dem abnehmenden Mond. Der sagte mir auch einmal: Sich nicht das Hirn mit ungetaner Tat vergiften! Wie recht Sie haben, fette Parze!

HEBAMME:
Haben Sie Geld, einen Arzt herzuzuziehen? Allein schaff ichs kaum mehr. Ihr Weibchen leidet schwer. Ich habe noch nie eine so junge Mutter gesehen, die zugleich auch verheiratet ist. Es ist eine Schande –

SILVIUS:
Wie?

HEBAMME:
So jung zu heiraten ... wenn man kein Geld hat. Lieber uneheliche Kinder.

Immer noch praktischer. Immer noch billiger. Kostet in Ihrem Stande 20 Mark den Monat.

SILVIUS:
Sehen Sie, das wäre eine Idee – könnte man das eheliche Kind nicht künstlich – unehelich machen? Es gleichsam außerhalb der Ehe, ganz für sich bestehend, erklären? Unbefleckte Empfängnis? Von einem Toten? (Ein Schrei in der Kammer)

HEBAMME:
Ich komm schon ... Sie sind übermüdet! Schlafen Sie! Ich habe Leute schon auf härterem Holz schlafen sehen als das auf der Treppe hier!

SILVIUS:
Ja ... im Sarge.

HEBAMME:
Warum legen Sie sich nicht drin auf den Divan?

SILVIUS:
(Schüttelt fanatisch den Kopf) Ich kann Leute sterben sehen – aber wie Kinder auf die Welt kommen – das mitanzusehen, geht über meine Kraft ... (Langgezogene Schreie in der Kammer. Die Hebamme hinein. Nach einer kleinen Weile wieder heraus, aufgeregt)

HEBAMME:
Sie müssen den Arzt holen ... Es hilft nichts ... Es geht um Leben und Tod ...

SILVIUS:
Das wußte ich längst, daß es auf der Welt ... um Leben und Tod geht.

HEBAMME:
(schüttelt ihn) So hören Sie ... Waschlappen ... Wie ein Bündel alter Kleider fällt er in sich zusammen ... Gleich hier um die Ecke wohnt der Arzt ... Laufen Sie, laufen Sie.

SILVIUS:
(Weinerlich) Ich kann nicht ... ich kann nicht ... meine Füße sind mit Blei ausgegossen. Durch meine Arme laufen Holzstangen wie bei einer Vogelscheuche. Mein Herz schlägt Hammer und Amboß.

HEBAMME:
(Verächtlich) Und so etwas will ein Mann sein – (Läuft die Treppe hinunter) Ich bin in zwei Sekunden wieder da – ich hole den Arzt selbst ... (ab)

SILVIUS:
Ich will ja gar kein Mann sein ... (Strafft sich plötzlich zusammen, sieht die Treppe hinunter, lauscht, greift nach dem Giftfläschchen in seiner Tasche und stürzt in die Kammer. Nach einer kleinen Weile stürmt er wieder heraus und fällt in seiner früheren Stellung an der Treppe zusammen)
Sie hatte Durst ... Ich habe ihr einen Schluck Wasser zu trinken gegeben ...

(Jemand stapft die Treppe herauf. Es ist ein Invalide mit einem Holzbein und einer Handharmonika)

INVALIDE:
Ein armer im Kriege für Kaiser und Reich zusammengeschossener Vaterlandsverteidiger bittet um eine milde Gabe.

SILVIUS:
(Auffahrend) Was heißt das: Vaterlandsverteidiger? Was haben Sie verteidigt? Das Vaterland? War es überhaupt in Gefahr: das Vaterland – und bedurfte es Ihrer Verteidigung?

INVALIDE:
Ich habe nie darüber nachgedacht, denn ich bin ein Patriot.

SILVIUS:
Ein Patriot ist ein Mensch, der sein Vaterland ohne Besinnung liebt, nicht wahr?

INVALIDE:
Sie haben Recht Herr.

SILVIUS:
Dann bin ich kein Patriot, denn ich denke erst darüber nach, ob mein Vaterland eine gute Sache zu verteidigen hat – und dann verteidige ich diese gute Sache. Gesetzt, mein Vaterland diente und opferte nach meiner Überzeugung einer schlechten Idee – so würde ich meinem Vaterland die Gefolgschaft verweigern, desertieren, sogenannten Landesverrat verüben und gegen mein eigenes Vaterland kämpfen – der guten Idee zu liebe.

INVALIDE:
Ich weiß nicht was das ist, eine gute Idee, das Vaterland ist so gut zu mir, als es wohl sein kann. Es zahlt mir eine kleine monatliche Pension und es gibt mir mit einem Gewerbeschein die Erlaubnis, in den Häusern Harmonika zu spielen.

SILVIUS:
So spielen Sie ... hier mein letztes Markstück ... (aus dem Zimmer Schreie)

INVALIDE:
(Spielt: Schön ist die Jugend bei frohen Zeiten ...)

(Die Hebamme und der Arzt stürzen die Treppe herauf)

ARZT:
Was soll dieses Gedudel? Hier liegt jemand sterbenskrank.

SILVIUS:
Lebenskrank meinen Sie, Herr, lebenskrank.

ARZT:
Sind Sie der Mann?

SILVIUS:
Jawohl, Herr Doktor.

ARZT:
Feigling! (Zur Hebamme) Kommen Sie! (beide ab ins Zimmer)
INVALIDE:
(Hat die Handharmonika erstaunt abgesetzt) Das ist mal ein energischer Herr.
(Der Herr in Gelb erscheint plötzlich auf der Treppe)
HERR:
Hier finde ich Sie endlich ... Seit vorgestern Abend haben Sie sich im Cabaret nicht blicken lassen. Ist dies Ihre Dankbarkeit gegen mich? Bewahren Sie so Prinzipien? Sie sind kontraktbrüchig geworden. Man erfüllt die einmal eingegangenen Verpflichtungen bis zum Äußersten – unter der Gefahr selbst des Zusammenbruchs. Das heißt: Pflicht, Ethik, Standpunkt. Fragen Sie den Vaterlandsverteidiger hier. Er mußte solange im feindlichen Feuer ausharren, bis der Befehl zum Abbruch des Feuers oder zum Rückzug erteilt war.
INVALIDE:
Jawohl.
HERR:
Habe ich Ihnen den Befehl zum Rückzug gegeben?
SILVIUS:
(Aufspringend) Ich war Wachs in Ihrer Hand. Sie wollten mich kneten. Aber nun bin ich erstarrt zu Stein, – in einer entsetzlichen Pose – und nicht mehr zu formen. Ewig muß ich dieses steinerne Lächeln, diese marmornen Tränen, diese Korallenaugen durch die Welt tragen. Ich wollte, selbst noch ein Kind, in meinem Kinde unsterblich sein. Dieses Kind sollte wieder ein Kind haben! Großvater! Urgroßvater wollte ich sein! Nun hat der Tod aus Rache, wegen meiner Widersetzlichkeit gegen ihn, wegen meines erbitterten Ringens mit ihm – mit meinem Mädchen ein Kind erzeugt. (Letzter Schrei aus der Kammer) Oh ich weiß, man braucht es mir nicht erst zu sagen: das Kind, das meine Frau eben gebärt, ist ein totes Kind. Und dieses tote Kind ist nicht mein Kind. Denn wäre es mein Kind – es wäre am Leben! (Bricht zusammen)
(Der Arzt tritt, Ärmel aufgekrempelt, im Operationsrock aus dem Zimmer)
ARZT:
Ich muß Ihnen die bedauerliche Mitteilung machen – nach Gottes unerforschlichem Ratschluß – (Der Herr in Gelb und der Invalide nahmen die Hüte ab) – wo steckt der Mann – (erblickt ihn am Boden) – zusammengeklappt – Nervenchok – moderne Jugend – (die Hebamme kommt. Zur Hebamme:) Schon gut – ich schreibe sofort den Totenschein für Mutter und Kind.

Sechzehnte Szene.

(Dachkammer. Silvius steht am Fenster und sieht in den trüben Tag. Der Regen klatscht an die Scheiben. Zwei Dienstmänner sind in der Mitte des Zimmers damit beschäftigt, die ärmlichen Särge – Armensärge – von Cornelia und ihrem Kinde zuzunageln)

ERSTER DIENSTMANN:
(Schlägt einen Nagel ein) So ... jetzt haben sie gegenseitig Ruhe voreinander ... Die kommt Ihnen nicht mehr raus ... Der Nagel hält ... Der Sarg ist wasserdicht ... Das kann ich Ihnen versichern ... Wenns auch bloß ein Armensarg ist ... Lumpen läßt sich unsere Stadtverwaltung nicht.

ZWEITER DIENSTMANN:
Es hat nicht jeder arme Mann das Glück, daß ihm Weib und Kind gleichzeitig an einem Tage sterben. Seien Sie froh, jetzt brauchen Sie bloß noch für sich zu sorgen. Es sind schwere Zeiten. Das Pfund Rindfleisch kostet vier Mark. Wo soll unsereiner vier Mark hernehmen. Sogar Leichen vernageln und transportieren muß man schon auf Kredit. Es sind schwere Zeiten.

ERSTER DIENSTMANN:
Ein Glück, daß wir diese schweren Zeiten nicht auch auf unsern Handwagen verladen müssen. So eine schwere Zeit wiegt gut ihre tausend Kilo, denke ich mir.

ZWEITER DIENSTMANN:
Fünf Treppen! Alle Achtung! Sie wohnen ziemlich weit oben! Lieben die freie Aussicht, was? Sind ein ziemlich hoch–mütiger Herr, wie?

ERSTER DIENSTMANN:
Keine Bange, wir werdens schon schaffen ... Welche Leiche nehmen wir nun zuerst?

ZWEITER DIENSTMANN:
Mach die Tür auf ... So ... ich schnalle die kleine Leiche auf den Rücken ... Hilf mir einmal ... Hupp ... so gehts schon ... so ... Und nun packen wir zusammen die große ... sachte ... so ... nicht anstoßen ... daß sie sich nicht weh tut in der harten Kommode ... Immer langsam, Achtung Glas ... nicht stürzen ... nur nicht übereilen ... Wir kommen noch früh genug auf den Kirchhof ... in die Leichenhalle ... Es eilt nicht so mit dem begraben werden. (Sind draußen)

(Die Tür fällt zu. Silvius ist allein im Zimmer. Er wendet sich um. Reibt sich die Augen)

SILVIUS:
Meine Augen sind entzündet ... Ich habe sieben Nächte nicht geschlafen ... Ich glaube, ich kann überhaupt nicht mehr schlafen ... (Tritt an den Spiegel, der in der Mitte des Hintergrundes steht) Wie sehe ich aus? Ist dies ein Menschen- antlitz? Widerliche Pickel wuchern auf der Stirn. Läuse beherbergt mein verfilzter Kopf. Wenn ich atme – wie das schmerzt! Wenn ich schlucke –

rollt eine eiserne Kugel im Schlunde. Ich scheine mit Kehlkopftuberkulose behaftet. Ich huste wie ein Rabe und winsele mit der Sprachtechnik eines Schmierenschauspielers. Laß sehen, ob ich weinen kann, wenn ich will. (Künstliches Weinen, das stoßweise in echte Tränen mündet) Ein wie schlechter Schauspieler bin ich, daß mich meine Rolle ergreift ... und künstliche Tränen – echte Tränen zeugen ... Was bleibt noch zu tun? (Greift in die Tasche, zieht einen Revolver heraus) Aha ... das Objekt aus dem gestrigen Einbruche in das Waffengeschäft. Ich drückte die Scheibe der Auslage ein ... wie ein gelernter schwerer Junge ... Ist nicht allen Substantiven heutzutage das Adjektiv „schwer" zugeordnet? Schwerer Junge ... schwere Zeit ... schwere Not ... Mir ist so schwer ums Herz ... Wie eine alltägliche Phrase einen zuweilen ... tätlich ... mit Fäusten packt ... Wie das Wort Tat wird ... die Sehnsucht Handlung ... der Rausch ... Ruhe ... Ruhe haben ... schlafen können. Friede haben ... (Packt sich an den Kopf, reißt sich an den Haaren) Könnte man sich seinen Kopf herunterreißen – es wäre eine Wohltat, sein eigenes Blut aus dem Halse schießen zu sehen ... ewig müßte es fließen ... und die ganze Welt sollte darin ersäufen ... in meinem Blut ... das wäre eine rote Sintflut ... Über der sollte schweben Cornelia, meine Taube ... (lauscht) Was ist das für ein Geräusch? Ach es regnet. Es regnet Tag und Nacht, Nacht und Tag. Seitdem Cornelia ... fort ist, habe ich die Sonne nicht mehr gesehen am Tage, und nachts nicht mehr den Mond ... Ob ich meinen Eltern die Nachricht von meinem Ableben mitteile? Telegraphisch vielleicht? Es ist ihnen wohl gleichgültig. Es ist besser, sie nicht an mein Dasein zu erinnern, in dem Augenblick, wo ich aufhöre da zu sein. Sie haben mich verstoßen. Es war ihr gutes Recht, wie es mein gutes Recht war, sie zu verachten. – (Legt den Revolver an die Stirn) Mein stählerner Freund ... Dein Mund ruht kalt an meiner Stirn, noch der heißen Küsse Cornelia's eingedenk. (Legt den Revolver ab. Blickt in den Spiegel) Wer bist du? Ich erkenne dich, mein wilder Widerpart, mein taumelnder Doppelgänger! Schwanke ich, so schwankest du. Grinse ich, so grinsest du! Ich umarmte Cornelia. Und alsobald erhobst auch du die schillernden Arme. Ich stieg auf den Berg. Du keuchtest – unhörbar – neben mir. Ich sah in den Mond – und sah mein eigenes zerfurchtes Ackergesicht. Ich Männchen der Erde! Ich Mann im Mond! Verflucht zu beiderseitigem Sein. Ich schrieb ein Gedicht. Da fand ich in deinen Werken es schon gedruckt. Ich liebte Cornelia. Da hattest du sie schon befruchtet. Ich wollte ein Kind – da ward es dein Sohn. Der einzige Unterschied zwischen uns ist, daß du in der Fläche lebst – und ich im Raum. Du bist der Tote. Ich bin der Lebende. Das ist alles. Und nichts. Ich will zu mir selber kommen. Hebe ich die Waffe – (tut es) so hebst du sie auch. Wir wollen uns gegenseitig vernichten, denn mich beseelt ein maßloser Haß gegen dich. Schieß zu! (Drückt den Revolver ab. Knall. Die Scherben des Spiegels zersplittern)

(Der Herr in Gelb ist von links eingetreten, mit einem Kranz, an dem eine gelbe Schleife hängt. Er legt Silvius die Hand auf die Schulter. Ein exaltiertes Gesicht wendet sich ihm zu)

HERR:
Kommen Sie zu sich! Knabe! Irdischer! Ich liebe Sie und glänze Ihnen ewig mild! Sehen Sie: Sie können nicht sterben (nimmt ihm den Revolver aus der Hand). Wie sehr Sie auch gegen sich und Ihre Bestimmung wüten! Wie sehr Sie bemüht sind, sich zu erniedrigen. Wie sehr Sie Ihre Seele in den Staub ziehen: sehen Sie: sie erhöht sich, sie schwebt dahin wie ein silberner Vogel zu den Gestirnen, ihren Geschwistern.

SILVIUS:
Cornelia ist tot ... Ich tat, was ich dachte – ich dachte, sie solle nicht leiden ... wie ich ... War dieser Gedanke ... schlecht?

HERR:
Ich weihe Cornelia diesen Kranz.

SILVIUS:
Das Kind ... ist tot ...

HERR:
Lassen Sie's mich Ihnen sagen – und glauben Sie mir: es war Ihr Kind – und nicht das Kind des andern.

SILVIUS:
(Schluchzt)

HERR:
Aber Sie waren ... Ihres Kindes ... der Unsterblichkeit ... noch nicht wert ... und deshalb starb das Kind, weil Sie der Tote übermannte. Sie haben gekämpft – unrühmlich nicht ... und sind dem Tode, dem Toten unterlegen. Kämpfen Sie jetzt um Ihr Leben! Legen Sie ab den Trotz des Knaben: werden Sie demütig – wie ein Mann. Wer so gehaßt sich selbst, wie Sie – wie muß der lieben können!

SILVIUS:
Ich liebte Cornelia ...

HERR:
Aber Ihre Liebe war dumpf – und tötete sie ... Werden Sie klar ... wie der Mond in blauen Herbstnächten ... werden Sie bewußt ... unterwerfen Sie sich der Gemeinschaft! Schelten Sie den Invaliden nicht: er fühlte sich als Glied in einer Reihe, als Stein in einem Gebäude – und diente. Lernen Sie dienen – nicht als Soldat mit der Waffe, sondern dienen Sie als Mensch mit dem Herzen.

SILVIUS:
Was soll ich tun?

HERR:
Ihr buntes Treiben sei beendet. Sie werden dem Cabaret und dem flammenden Elend den Rücken kehren. Ich habe eine Stelle als Diener für Sie – auf einem herrschaftlichen Gute der Umgegend. Untergeordnet dem Prinzip mö-

gen Sie duldend den Widerglanz des Glückes empfangen. Sie werden um 5 Uhr aufstehen, die Rolladen empor ziehen, wenn die Sonne aufging, Licht und Luft den Weg bereiten, das Arbeitszimmer des gnädigen Herrn aufräumen, seine Bibliothek, seine Bücher, seine kostbaren Vasen abstauben. Um 6 Uhr ihm das Frühstück ans Bett bringen. Um 7 das Pferd zum Morgenritt zäumen. Mittags bei Tisch die silbernen Platten servieren. Nach Tisch die Livree ausbessern, die Reitstiefel bürsten. Am Nachmittag neben dem Kutscher auf dem Wagenbock sitzen, dann: die Mütze in der Hand, den Schlag aufreißen, dem gnädigen Herrn, der gnädigen Frau beim Aussteigen behilflich sein. Abends wieder servieren und um 10 Uhr traumlos und tief in den seligen Schlaf der erfüllten Pflicht sinken. Haben Sie dieses Wort bisher gekannt: Pflicht? Sie haben eine Mission. Es genügt nicht, Mensch zu sein. Sie müssen es sich verdienen. Das Werk, nicht der Traum, ist des Menschen Ziel, bestimmt seinen Wert. Vielleicht sollte ich Sie erst in eine Dienerakademie stecken. Aber ich hoffe, Sie werden sich meiner Empfehlung nicht unwert zeigen. Packen Sie das Notwendigste in einem kleinen Koffer zusammen. Kommen Sie.

Letzte Szene.

(Vorortbahnhof. Patrouillierender Bahnbeamter. Silvius mit einem kleinen Koffer und der Herr in Gelb auf- und abschreitend)

HERR:

(Zieht seine Uhr) Der Zug wird gleich einlaufen. Hier haben Sie Ihr Billet. Verlieren Sie es nicht!

SILVIUS:

Wie soll ich Ihnen danken!

HERR:

Durch ein gutes Dienst- und Leumundszeugnis, das Sie von Ihrer ersten Stelle heimbringen.

SILVIUS:

Ich werde mich sehr ungeschickt aufführen.

HERR:

Sie werden sich die größte Mühe geben, und der Graf wird mit Ihnen zufrieden sein.

SILVIUS:

(Sieht den Schienenstrang entlang) Hier vorn will es einem scheinen, als müßten diese schimmernden Schienen ewig neben einander herlaufen, immer im gleichen Abstand. Dort hinten aber, vor der Krümmung, an der Kurve treffen sie sich flammend und vereinigen sich zu einem Strahl. (Halb für sich) Ich werde

Cornelia wieder sehen. Ich werde wieder ein Kind haben und es wird – ich weiß es, ahne es jubelnd – am Leben bleiben.

HERR:
In jener Richtung fahren Sie – dorthin – wo sich die beiden Parallelen treffen ... in die Unendlichkeit.

SILVIUS:
(In die Ferne blickend) Ja ... die Unendlichkeit liegt vor mir, die große Ebene ... Meer und Erde in eins.

HERR:
In einer Stunde werden Sie am Ziel sein. Der Kutscher des Grafen wird Sie an der Bahn erwarten. Empfehlen Sie mich dem Grafen. Wir verbrachten einen entzückenden Winter zusammen in Kopenhagen. Seine Tochter kannte ich schon, als sie noch in den Windeln lag. Später, bei einem kurzen Besuch durfte ich die Fünfzehnjährige, die halb Erwachsene bewundern. Ich habe mich fast in sie verliebt. Sie hat sich gewiß zu einem bezaubernden Geschöpf entwickelt. Wie alt wird sie jetzt sein? – Warten Sie – etwa 18 Jahr.

SILVIUS:
(Den Atem anhaltend) Und wie ist ihr Name?

HERR:
(Einfach) Cornelia.

SILVIUS:
(Tief aufatmend) Ich wußte es.

HERR:
Achtung ... Aufpassen ... nicht zu nah an die Gleise heran ... Ihr Zug läuft ein'...

(Der Zug läuft ein: nur ein gespensterhafter Schatten. Niemand steigt aus)

SCHAFFNER:
Einsteigen ... bitte Einsteigen ... eine Minute Aufenthalt ...

SILVIUS:
(Hat den Koffer nieder gestellt, umarmt den Herrn in Gelb) Mein väterlicher Freund!

(Aus der Unterführung stürzen eilig ein Herr in grauem Anzug und ein Polizist in Uniform herauf)

GRAUER HERR:
(Zum Schaffner) Halt ... nicht abfahren lassen. Der Zug hat zu warten, bis ich das Zeichen gebe ... Dienstlicher Befehl des Polizeikommissärs (tritt auf Silvius zu). Sind Sie Silvius Lang?

SILVIUS:
Jawohl.

GRAUER HERR:
Auf Antrag des geheimen Regierungsrates Rebbach wurde der Sarg seiner

verschiedenen Tochter Cornelia, Ihrer ehemaligen Frau, von Amts wegen geöffnet. Die gerichtsärztliche Untersuchung der Leiche ergab die Feststellung, daß Ihre Frau bei der Entbindung nicht eines natürlichen Todes verstorben ist. In ihrem Körper wurden die Reste eines tödlich wirkenden Giftes vorgefunden. Ich erkläre Sie, als des Giftmordes an Ihrer Frau dringend verdächtig, für verhaftet.

GELBER HERR:
(Tritt auf den grauen Herrn zu) Sie irren sich. Dieser junge Mann ist unschuldig. Er ist das Opfer meiner Experimente. Ich ersuche Sie, mir Handschellen anzulegen. Ich bin es gewesen, der Cornelia ... vergiftet hat. Führen Sie mich ab!

GRAUER HERR:
Ihr Name?

GELBER HERR:
Sie werden ihn auf der Wache zu Protokoll nehmen.

GRAUER HERR:
(Zu Silvius) So lasse ich Sie frei ... Fahren Sie wohin Sie wollen ...

SILVIUS:
(Erschüttert) Sie opfern sich ... für mich ...

HERR IN GELB:
Ich opfere mich weder für Sie, noch für mich. Ich will nur Gerechtigkeit! Gehen Sie mit Gott!

SILVIUS:
Man beraubt Sie Ihrer Freiheit!

GELBER HERR:
Meiner Freiheit kann mich niemand berauben. Ich trage sie in mir. Aber Sie sollen sich die Ihre erst noch erobern. Dazu – ebne ich Ihnen den Weg. Räume Ihnen die Steine ... des Gefängnisses aus dem Weg. Fürchten Sie nichts! Sie werden mir auf Ihrer Wanderung wieder begegnen!

SCHAFFNER:
Einsteigen ... einsteigen ...

SILVIUS:
(Küßt dem gelben Herrn die Hand) Ich werde danach trachten, Ihrer wert zu werden! Leben Sie wohl!

GELBER HERR:
Werden Sie Ihres eigenen Daseins wert! Leben Sie wohl! Und sterben Sie wohl! Mondsüchtiger! Nachtwandler! Auf! In den Tag! In die Sonne!

(Silvius stürzt ab, steigt ein, der Zug setzt sich in Bewegung. Der graue Herr und der Polizist führen den Herrn in Gelb ab)

Das Erwachen

Schützengraben

FELDWEBEL:
Ein Vogel singt ...

LEUTNANT:
Der Morgen ...

FELDWEBEL:
Du schliefst?

LEUTNANT:
Schlecht ...

FELDWEBEL:
Warst du allein ... im Traum?

LEUTNANT:
Unendlich einsam und allein ... kein Mensch mehr auf der Welt ... nur ich ... die Erde verwüstet: keine Städte, Dörfer, Wälder, Obstbäume, Kathedralen mehr ... nur Granatlöcher und Schützengräben ... Tausende von Schützengräben ... einer hinter dem anderen angelegt ... immer dichter, immer dichter ... wie Ringe eines Mondkraters ... und kein Soldat in ihnen: nur leere Uniformröcke mit Stöcken und Gewehren wie Vogelscheuchen aufgeputzt. Die Artillerie: wie zur Täuschung der feindlichen Flieger aufgestellt: nur alte Ofenröhren, auf Bauernkarren gelegt. Die Kanoniere: spaßige Gespenster. In der Etappe: Vogelscheuchen. Auf dem Divisionsstab: Vogelscheuchen. Im Stab der Armeegruppe die Generäle: Vogelscheuchen. Vogelscheuchen, vor denen kein Spatz sich mehr fürchtete. In ihren Helmen, die ja kopflos waren, nisteten die Meisen. Die Generalstabskarten waren von den jungen Vögeln beschmutzt und verunstaltet, aber dadurch nicht eigentlich unwahrscheinlicher oder anders geworden. Hier bedeuteten die Exkremente einer Schwalbe eine Festung mit ihren Forts, dort die eines Finken: ein Truppenlager. Ich schritt von der Front in die Etappe, von der Etappe dachte ich in die Heimat zu gelangen: ich kam an eine neue Front, dann in eine neue Etappe, in eine dritte Front, eine dritte Etappe. Überall diese Vogelscheuchen. Und ich, unendlich einsam und allein: der einzige Mensch ... Kannst du mir diesen Traum deuten?

FELDWEBEL:
Ich wage es: denn er erschüttert mich. Der Traum: ist unser Leben. Die Vogelscheuchen: sind wir. Aber der Mensch, der einzige lebende Mensch – er fehlt ...

(Schweigen. Nach einer Weile)

LEUTNANT:
Du glaubst, daß drüben dieselben Menschen leben wie wir?

FELDWEBEL:
Ja.
LEUTNANT:
Mit Knochen, Sehnsucht und Geschwüren, Nervositäten, Lächeln, Darmkatarrh – wie wir?
FELDWEBEL:
Ja.
LEUTNANT:
Sie stehen bis übers Knie im Dreck ...
FELDWEBEL:
Wie du ...
LEUTNANT:
Sie haben Läuse im Pelz ...
FELDWEBEL:
Wie du ...
LEUTNANT:
Sie haben Angst –
FELDWEBEL:
Wovor?
LEUTNANT:
Angst vor der Ewigkeit –
FELDWEBEL:
Angst vor der Ewigkeit ... wie wir ...
LEUTNANT:
Sie geben dem feindlichen Flieger, der die Linien überfliegt, Grüße mit in die Heimat ...
FELDWEBEL:
Wie du ...
LEUTNANT:
Sie haben Weiber, Kinder – wie wir. Und drüben ist einer – o ich weiß, er heißt: Marcel Canquoi – ein komischer Name, nicht wahr? Der ist genau auf den Tag und die Stunde so alt wie ich ... 29 Jahre ... der verkauft Filz- und Haar- und Strohhüte: neueste Fasson, hohe Form, schmales schwarzes Band – verkauft Hüte: ganz wie du ... der hat wie ich einen Hosenmatz, der grad die ersten Hosen kriegte ... und sie stolz seinen Kameraden auf der Straße zeigt ...
FELDWEBEL:
Die erste Hose, mein Lieber, ist eine imitierte Soldatenhose ...
LEUTNANT:
O daß es einmal gelänge, den bunten Rock von unsern Kindern fern zu hal-

ten, den bunten, in Blut getauchten Rock – er ist nur deshalb so bunt ...
Kinder sollen mit Blumen und Salamandern, Fischen und Schmetterlingen
spielen: nicht mehr mit falschen Fahnen, hölzernen Gewehren, unechtem
Heldentum. Statt mit französischen Zinnsoldaten, sollen sie mit Franzosenkäfern spielen. Die haben auch rote Hosen ... und leben ...

FELDWEBEL:
Du hast recht: die Zinnsoldaten sind schuld am Kriege. Sie müssen ausgerottet werden. Wenn ich wieder nach Deutschland komme, werde ich sämtliche Zinn- und Bleisoldatenfabriken in Nürnberg anzünden. Hei, wird das flackern, wenn Millionen ... Zinnsoldaten ... schmelzen ... schmelzen in der Flamme der neuen Zeit.

LEUTNANT:
Die Kinder hegen in ihren kleinen Herzen den Mord. Sie sind vergiftet durch die Tradition des „Heldischen". In der Schule lernen sie immer: erster punischer Krieg, zweiter punischer Krieg ... erster Koalitionskrieg, zweiter Koalitionskrieg ... Sie sollen nie und nimmer lernen: erster Weltkrieg ... zweiter Weltkrieg ... dieser Krieg wäre der organisierte Wahnsinn, wenn man ihn nicht den letzten nennen würde.

FELDWEBEL:
Mit den Menschen fielen in diesem Kriege auch die Begriffe. Mit den Begriffen fiel die Vernunft und wurde eine Dirne, die jeder ... und noch dazu um ihr Schandgeld betrügt.

LEUTNANT:
Schlagworte, die an Stelle der alten Schlagbäume, auf den Straßen des Landes tönend – schrill tönend – errichtet sind, machen's ... Deutschland in der Welt voran ... Kampf gegen den Zarismus ... England, der Krämer ... Italien, der Verräter ... Siegfried-Linie, U-Bootfrieden ...

FELDWEBEL:
Glaubst du an einen Durchbruch der Front?

LEUTNANT:
Welcher Front? Ich kenne keine Front ... Ich kenne nur einen 800 Meter langen verschlammten Graben. Drahthindernisse davor. Spanische Reiter. Horchlöcher. Drüben die sogenannte Front, denke ich mir, wird auch nicht länger sein als 800 Meter.

FELDWEBEL:
Wer liegt uns gegenüber – weißt du das?

LEUTNANT:
Gestern kam ein Überläufer. Es sind Territorial-Familienväter wie wir. Wir tun uns am liebsten gegenseitig nichts und sind froh, wenn die obern uns in Ruhe lassen.

FELDWEBEL:
Ja, wenn „die oben" nicht wären. Da kommt von der Armeeleitung auf ein-

mal die Anfrage: warum passiert im Abschnitt seit Wochen nichts? Warum ist es im Abschnitt C. so still? Befehl: Gefechtsaufklärung ... Na, wir schießen, die drüben schießen zurück. Man schießt sich gegenseitig ein paar gute Freunde tot. Man wird böse aufeinander. Die Franzosen heben nachts einen Posten aus. In der nächsten Nacht machen wir dasselbe. Wir kommen in den Tagesbericht. Der Hauptmann kriegt das Eiserne erster ... Dann spielen wir wieder acht Tage Tarock oder Skat ...

LEUTNANT:
Aber nach acht Tagen kommt jemand auf den Gedanken, einer Katze eine leere Konservenbüchse an den Schwanz zu binden. Gesagt, getan ... Gelächter ... und Glanz in den Augen. Die Katze rast mit der Konservenbüchse scheppernd in den Drahthindernissen herum. Als ob plötzlich ein Kavallerieleutnant verrückt geworden wäre und mit seinem nachschleifenden Säbel da herumtanzte ... die Franzosen denken weiß Gott was los ist ... Sie schießen wie von Sinnen. Die Artillerie beginnt zu funken ... Immer näher streut sie ... verdammt, jetzt kommen Granaten: das ist schon das reinste Gardinenfeuer ... Wo sollen wir heute Abend von hinten die Menage herkriegen: Hering und Brot ... Mir wird schlecht, wenn ich an diese kalten Bratheringe nur denke ... Ein Hammelkotlett mit grünen Bohnen: das wäre noch was vorm Tode ... Wir liegen, todmüde, in den Unterständen. Die in den Gräben zurückgebliebenen Posten passen auf, ob sie kommen ... Im Morgengrauen knackt was in den Drahthindernissen ... Das sind die feindlichen Pioniere, die wie Hirschkäfer mit ihren Scheren den Draht durchschneiden ... Handgranaten fliegen ihnen wie Knallbonbons an die Schädel ... Die Metallknöpfe der feindlichen Sturmtruppen hüpfen aus den jenseitigen Gräben ... Maschinengewehrfeuer 200 Meter ... taktaktak ... Bis an unsere Gräben kommt keiner ... Ein paar französische Pioniere hängen wie Fliegen im Spinngewebe der Drahthindernisse ... Einer schreit: Soif ... soif ... Wir werfen ihm eine Bierflasche hinüber ... Sie fällt, drei Meter von ihm entfernt, nieder ... Seine Augen werden Hände, lange Polypenarme, die die Bierflasche zu sich heranziehen ... Ich glaube es ist Marcel Canquoi ... 29 Jahre alt ... genau so alt wie ich ... Chapellier aus Toulouse ...
(Schweigen)

FELDWEBEL:
Wo hast du dein Eisernes Kreuz?

LEUTNANT:
Ich habe es lang genug getragen – wie Jesus das seine. Ich habe es einem toten Franzosen angehängt.

FELDWEBEL:
Warum?

LEUTNANT:
Ihm erweise ich damit noch eine Ehre ... Mir war es keine mehr: damit zu prahlen oder zu protzen. Ich war hinten in Ruhestellung. Jeder Koch an der

Gulaschkanone hatte es. Jede Ordonnanz, die im Offizierskasino bediente. Gestern kam ein Brief von meinem Vater. Der hat dem Faß den Boden ausgeschlagen. Der hat mir das Eiserne Kreuz direkt aus dem Knopfloch gerissen. Ich konnte, ich wollte es nicht mehr tragen.

FELDWEBEL:
Was hat deines Vaters Brief mit deinem Eisernen Kreuz zu tun?

LEUTNANT:
Mein Vater hat das Eiserne erster erhalten.

FELDWEBEL:
Gratuliere. Hast du ihm deinen Glückwunsch telegraphieren lassen?

LEUTNANT:
Glückwunsch? Wozu ihm Glück wünschen. Er hat das seine dahin. Ich belächle seine Eitelkeit ... sein papageienhaftes Greisentum ... seine Ohnmacht ...

FELDWEBEL:
Was ist dein Vater?

LEUTNANT:
Oberst ...

FELDWEBEL:
Wo steht er ... im Westen ... im Osten ... im Balkan?

LEUTNANT:
Er steht nirgendwo ... nicht einmal fest auf seinen zwei Beinen. Es ist die alte Zeit, die in ihm wankt.

FELDWEBEL:
Aber das Eiserne erster?

LEUTNANT:
Er ist Platzkommandant in W.: ... Kennst du den neuesten Ordenserlaß? Alle Offiziere vom Major aufwärts, die das Eiserne erster noch nicht besitzen, sind tunlichst bald zum Eisernen erster einzureichen. Das Eiserne Kreuz ist zur Schützenfest- oder Sängerbundsmedaille degradiert. Wir Frontkämpfer brauchen kein äußeres Zeichen: eine hohe Flamme brennt auf unserer Stirne. Das heilige Feuer der grenzen-losen Bruderliebe, die keine Grenzpfähle mehr kennt, senkte sich wie der heilige Geist auf uns nieder, uns feurig zu beflügeln.

FELDWEBEL:
Ich bin längst geheilt von dem Wahne, als könne man mit dem Lande auch das Herz des Landes annektieren. Liebe ... gewinnt man liebend. Man erpreßt sie nicht.

LEUTNANT:
Wir alle an der Front, an allen Fronten, wollen das Hemd aufreißen, das dreckige, zerlauste, und einander die blutende, zernarbte Brust weisen. Wir

werden weinend dann einander in die Arme sinken, zu spät erkennend, daß des andern Wunde auch die unsere ...

Zimmer im Stabsquartier der xten Armee

ADJUTANT:
Das Telephon, Exzellenz.
GENERAL:
Was gibt's?
ADJUTANT:
Gefechtsstand der Division Z.
GENERAL:
Nun?
ADJUTANT:
Die Division hat, wie befohlen, angegriffen.
GENERAL:
Wann?
ADJUTANT:
Punkt 7 Uhr 15.
GENERAL:
Jetzt ist es?
ADJUTANT:
9 Uhr 30.
GENERAL:
Sie hat erreicht?
ADJUTANT:
Den Wald von C. Einige Gebäude von N. sind in ihrer Hand.
GENERAL:
Gebäude von N.? Wer hat sie geheißen, N. zu nehmen?
ADJUTANT:
Niemand, Exzellenz. Ein ausdrücklicher Befehl stand dem sogar entgegen.
GENERAL:
Die Division gerät in Flankenfeuer. Sie opfert unnötig mindestens ein Bataillon. Wer ist der renitente Divisionär?
ADJUTANT:
General Z. Exzellenz ... ich darf frei reden, Exzellenz.

GENERAL:
Sie dürfen ... Sprechen Sie ...

ADJUTANT:
General Z. ist ehrgeizig.

GENERAL:
Gewiß ... Gewiß ...

ADJUTANT:
Er weiß, daß Ungehorsam höherer Führer, wenn er Erfolge im Gefolge hat, ihnen auf der Plusseite gebucht wird.

GENERAL:
General Z. kann in N. nichts erreichen. N. wird sofort flankiert.

ADJUTANT:
General Z., Exzellenz, ist der einzige Divisionär der 10. Armee, dem man bisher den Pour le mérite vorenthalten. Es käme ihm nicht darauf an, seine ganze Division ... dem Pour le mérite zu opfern ... Ich durfte frei sprechen, Exzellenz ...

GENERAL:
Telephonieren Sie: die Division Z. biegt sofort den linken Flügel zurück. Das Regiment von F. der Brigade D. ist ihr behilflich. – Ich werde bei seiner Majestät den Pour le mérite für General Z. beantragen. Der Herr reitet uns sonst noch mal in die Tinte ... trotz all seiner Fähigkeiten. Den höheren Offizieren sollten bei Beginn eines Krieges alle höheren Orden, Eisernes erster, Pour le mérite usw. **sofort** verliehen werden, damit ihr Ordensehrgeiz ihnen keine dummen und ... unmoralischen Streiche spielt. Was meinen Sie, Adjutant?

ADJUTANT:
Gehorsamst einverstanden, Exzellenz. Ich darf frei reden, Exzellenz?

GENERAL:
Reden Sie!

ADJUTANT:
Müßte man solche Offiziere nach dem Kriegsgesetz nicht aufhängen?

GENERAL:
Man müßte ... aber uns fehlt die nötige Anzahl Galgen ... wir sind alle ... Schurken. Man müßte uns alle aufhängen.

ADJUTANT:
Gehorsamst einverstanden, Exzellenz ... ich durfte – frei sprechen, Exzellenz ...

Eine Straße in Lille

LEUTNANT D. R.:
Guten Tag, Mademoiselle.
FRÄULEIN AUS LILLE:
Guten Tag, mein Herr.
LEUTNANT:
Wohin geht der Weg?
FRÄULEIN:
In die Welt.
LEUTNANT:
Das ist nicht weit – eine Meile nach allen Seiten, und sie hat ein Ende.
FRÄULEIN:
Sie reden in Rätseln, mein Herr.
LEUTNANT:
Sie schweigen in Arabesken, Mademoiselle. Nur Ihr Sonnenschirm schreibt sonderbare Zeichen in die Luft.
FRÄULEIN:
Ich begreife Sie nicht.
LEUTNANT:
Nun: Haben Sie einen besonderen Paß, daß Sie das Weichbild von Lille verlassen dürfen?
FRÄULEIN:
Nein, mein Herr.
LEUTNANT:
Sehen Sie: die Welt ist eine Scheibe für Sie – auf die man noch dazu schießt, eine Schießscheibe, die Engländer treffen nur Gott sei Dank nicht mit jedem Schuß.
FRÄULEIN:
Lille ist mein Herz. Wäre es unfehlbar! Wie gern verblutete ich!
LEUTNANT:
Der Marktplatz von Lille ist das Zentrum der Scheibe. Von dort: zehn Kilometer – und Sie stoßen an eine eiserne Wand.
FRÄULEIN:
Ich bin nicht so unklug, mir meinen kleinen Kopf an einer eisernen Wand einzurennen.
LEUTNANT:
Sie sind klug, Mademoiselle.

FRÄULEIN:
Nicht so klug als ich scheine, nicht so klug als die Sonne scheint. Sie bescheint eine Unscheinbare.
LEUTNANT:
Philosophin!
FRÄULEIN:
Philosophin und Landsknecht ... eine hübsche Idylle.
LEUTNANT:
Sagen Sie, Mädchen und Mann – eine reinere!
FRÄULEIN:
Ein grauer Rock – und schwärmt?
LEUTNANT:
Ein grauer Rock – und schwebt!
FRÄULEIN:
Ich schäme mich.
LEUTNANT:
Warum?
FRÄULEIN:
Bin gar so schwer ...
LEUTNANT:
So leicht! Sie hängen ja in der Luft wie eine Libelle!
FRÄULEIN:
Ich bin feige ...
LEUTNANT:
Feige?
FRÄULEIN:
Ja ich habe keinen Mut – und leider auch kein Talent zur Spionin. Es wäre wohl meine Pflicht, für mein Vaterland Spionage zu treiben ...
LEUTNANT:
Sie sind ehrlich, Mademoiselle ... Woher wissen Sie, daß ich nicht denunziere?
FRÄULEIN:
Sie sind ein Offizier. Ein Offizier ist ein Kavalier. Ein Kavalier denunziert nicht ...
LEUTNANT:
Mademoiselle wohnen in dieser Straße?
FRÄULEIN:
Ja, das drittnächste Haus um die Ecke. Zwei Treppen hoch; wollen Sie mich auf mein Zimmer begleiten?

LEUTNANT:
Gern, Mademoiselle.
FRÄULEIN:
Es ist etwas dunkel im Hausflur. Sie müssen entschuldigen. Man muß mit dem Gas sparen, weil man mit den Kohlen haushalten muß.
(Das Zimmer des Mädchens)
FRÄULEIN:
So: legen Sie ab, machen Sie sich's bequem. Gefällt es Ihnen bei mir?
LEUTNANT:
Ein nettes Zimmer haben Sie, ganz weiß in Gold, allerliebst.
FRÄULEIN:
Eigentlich hätten Sie gar nicht mit heraufkommen dürfen ... in Uniform ... nicht wahr? ... ist der Besuch ... bei unsereinem ... verboten?
LEUTNANT:
So vieles ist verboten, was uns Gott gebot. Aber der Krieg ist leider noch nicht verboten.
FRÄULEIN:
Er verbietet sich selbst ...
LEUTNANT:
Aber man will es nicht wahr haben.
FRÄULEIN:
Oh lalà: Sie, ein preußischer Offizier, entpuppen sich, indem Sie bei einer galanten Dame sich den Waffenrock ausziehen: als Antimilitarist. Sie tragen Ihr Herz unter der Uniform verborgen ... wie ein Medaillon.
LEUTNANT:
Meinen Sie, wir hätten verlernt, Menschen zu sein?
FRÄULEIN:
Manchmal möchte man's glauben: man hat in Belgien in einer Stadt an einem Tage 123 Zivilisten erschossen ... 123 Zivilisten. In e i n e r Stadt. An e i - n e m Tage. Wissen Sie das?
LEUTNANT:
Ich weiß es nicht. Das dünkt mich sensationell aufgebauscht.
FRÄULEIN:
Aufgebauscht ... ja ... von den Winden der Verzweiflung ...
LEUTNANT:
Mademoiselle ...
FRÄULEIN:
Herr Leutnant?
LEUTNANT:
Sie haben Tränen an den Wimpern ... darf ich sie Ihnen wegküssen?

FRÄULEIN:
Küssen Sie ... küssen Sie ... ich will die Augen schließen und meinen: die Reue küsse die Verzweiflung. Liebe nahe der Schwäche ... Demut stark ...

LEUTNANT:
Mein ... Mädchen ... wie lange küßte ich kein Mädchen ...

FRÄULEIN:
Blauweißrot ... schwarzweißrot ... die Farben gehen ineinander über ... Mensch, mein Mensch ... ich liebe Sie ... sehen Sie den Regenbogen über uns!

Schützengraben

(Ein Fremdenlegionär ist übergelaufen. Er schwenkt das französische Käppi, schreit:)

FREMDENLEGIONÄR:
Deutschland! Deutschland!

FELDWEBEL:
Schrei nicht, sonst schießen die drüben. Du kannst Deutschland auch leise lobpreisen. Wir haben sowieso immer zu laut: Deutschland! Deutschland! geschrien und uns die ganze Welt mit diesem unsinnigen Gebrüll auf den Hals gelockt.

LEGIONÄR:
Mein Herz ist so voll ... ich bin bei Euch, Kameraden ... spreche deutsch, höre deutsch ... Wie Nachtigallenschlagen klingt die deutsche Sprache.

SOLDAT:
Du wirst Durst haben ...

ANDERER:
Da trink ...

LEGIONÄR:
Dank! Dank!

FELDWEBEL:
Du bist ein Fremdenlegionär?

LEGIONÄR:
Vom Regiment Sidi-bel-Abbès. Diene schon sieben Jahre. War kein Mensch mehr. Bin Korporal geworden. Einzige Sehnsucht: ein Viertel Roten nach dem Dienst ... Jetzt bricht der Felsen auf ... die Quelle springt ... Deutschland! Mein Herz strömt nieder ... strömt ... rauschend wie der Rhein ... ich muß lachen ... vor Jubel ... lachen ... lachen ...

FELDWEBEL:
Du lachst gut ... wie eine Lachtaube ... so schwärmend. Wir lachen nur

noch wie Papageien: ein imitiertes Gelächter, das uns von früherer Zeit in den Ohren hängen blieb. Wir können nicht so lachen wie du ... Wir können nicht überlaufen ... wohin sollten wir laufen ... höchstens rückwärts ... denn rückwärts liegt Deutschland ...

LEGIONÄR:
Ich bin nach vorn gelaufen ... vor mir glänzte der Stern von Bethlehem, Deutschland: die Kuppel des Kölner Domes.

FELDWEBEL:
Deutschland: wir lieben es rasend, wir lägen nicht hier im Dreck. Aber, Kamerad, du bist hoffentlich nicht gekommen, um an unserer Seite gegen deine früheren Freunde zu kämpfen. Bleib ihnen verbunden. Wie mit einer Nabelschnur. Sieben Jahre sind eine lange Zeit. Gedenke der afrikanischen Genossenschaft ein wenig, auch in Dankbarkeit. Es wird nicht jeder Korporal in der Fremdenlegion. Wir werden dich in die Heimat, in irgendeine Schreibstube schicken. Da bist du in Deutschland. Hier vorn im vordersten Graben darfst du nicht bleiben. Fällst du in die Hände der offiziellen Franzosen: sie werden dich als Deserteur und Überläufer hängen. Sei kein wirklicher Verräter. Du stehst zwischen den Völkern: verrate die Seele der Menschheit nicht. Kämpfe gegen niemand mehr als gegen dich. Zieh dir den Frack aus ... hier hast du eine feldgraue Jacke ... Du wirst dich beim Bataillonsstab erst noch zu verantworten haben ... grüße Deutschland ... es liegt weit ... weit hinter uns ... weiter als du glaubst ... Ich möchte wieder einmal den Regen im Thüringer Wald hören ... oder die Autobusse in der Berliner Friedrichstraße ... oder die Glocken der Frauenkirche in München ... nicht immer diesen ewigen Fliegeralarm ... leb wohl, Kamerad ...

Lazarett

ERSTER VERWUNDETER:
Wie heißt Du?
ZWEITER VERWUNDETER:
Namenlos. *[...]* Du?
<*ERSTER:*>
Irgendwer.
<*ZWEITER:*>
Dein Vater?
<*ERSTER:*>
Niemand.
<*ZWEITER:*>
Deine Mutter?

<ERSTER:>
Ein Weib.
<ZWEITER:>
Was für ein Schuß?
<ERSTER:>
Bauchschuß. [...] Du?
ZWEITER:
Lunge.
ERSTER:
Granate?
ZWEITER:
Schrapnell – – [...] Du?
<ERSTER:>
Maschinengewehr.
<ZWEITER:>
Du lebst?
<ERSTER:>
Ein wenig ...
<ZWEITER:>
Fürchtest du den Tod?
<ERSTER:>
Nur den Arzt.
<ZWEITER:>
Den Arzt?
<ERSTER:>
Ist böse. Hat Messer und Zangen. Grobe Hände, wie ein Metzger.
<ZWEITER:>
Aber die Schwester?
<ERSTER:>
Lächelt süß.
<ZWEITER:>
Wie eine Statue.
<ERSTER:>
Wie ein Fliederstrauch. Sie ist ein Reh. Schreitet so schlank durch den Wald unserer Betten.
<ZWEITER:>
Wo fielst du?
<ERSTER:>
Beim Sturme auf Bixschoote ... Wir gingen ohne Artillerie vor. Der Gene-

ral wollte es ... wir stürmten ... stürmten ... Meerwind überm Ozean ... die Artillerie kam nicht nach ... wollte und wollte nicht kommen ... Ich sprang und sprang ... hoppelte wie ein Hase übers Feld ... Schließlich waren nur noch vier Mann neben mir ... Drauf, schrie ich, Kameraden, drauf ... auf die Ferme ... wir müssen sie haben ... Wir pirschen uns ran ... da stehen die Unsern, stehen die Sachsen ... sie hatten unser ganzes Regiment zusammengeschossen ... lauter Freiwillige ... blutjunge Studenten ... wir vier waren die einzigen Überlebenden ... Ich stürzte zwei Schritte vor den Sachsen in mich zusammen ... mit einem Bauchschuß ... meine Gedärme mußte ich halten ... daß sie nicht herausfielen ... Mein leiblicher Bruder war bei dem Regiment der Sachsen. Er hat mich in den Bauch geschossen ... ich bin's gewiß.

Bordell in Leipzig

(Drei Mädchen sitzen in dünnen Gazekleidchen im Empfangsraum)

ROSA:
So ein Geschäft wie in den ersten Tagen des Krieges ... wie in den Tagen der dutzend Kriegserklärungen ... haben wir seitdem nicht mehr gemacht.

ERNA:
Ja, damals ging's hoch her ... die jungen Leute brauchten ein Ventil für ihre Begeisterung ... für ihre Draufgängerstimmung ... An uns konnten sie sich relativ billig austoben.

ROSA:
Bei uns war die Attaque auch nicht mit Lebensgefahr verbunden.

PAULA:
Im Gegenteil, manchem haben wir mit einem Tripper das Leben gerettet. Er konnte monatelang nicht ins Feld rücken und wurde vielleicht gar untauglich geschrieben, wenn die Sache zu lange dauerte.

ROSA:
Ach ... die ersten Kriegstage ... ich träumte manchmal davon, wenn ich gut gegessen habe, was selten genug passiert; man muß schon aufs Dorf hamstern gehen ...

ERNA:
Damals waren alle unsere Zimmer mit schwarz-weiß-roten Fahnen dekoriert ... in den Bettüchern war das Eiserne Kreuz eingestickt ... in jedem Zimmer hing in Goldrahmen ein Bild des Kaisers ...

ROSA:
Während wir mit unseren Freunden und Freiern, den jungen Soldaten und Kriegsfreiwilligen tanzten oder gegen das entsprechende Entgelt die Künste

unseres Leibes trieben, spielten die Grammophone: Deutschland, Deutschland über alles ... und: Es braust ein Ruf wie Donnerhall ...

PAULA:
Damals ... als Österreich an unsere Seite trat ... bin ich mit in der Masse marschiert, es war schon ziemlich spät nachts – zum österreichischen Konsulat. Ein betrunkener Bäckergeselle marschierte an unserer Spitze, in der Hand eine schnell improvisierte österreichische Fahne schwenkend. Wir brüllten: Haltet aus in Sturmgebraus und gebärdeten uns wie verrückt. In dieser Nacht habe ich einen jungen Arbeiter umsonst geliebt, ohne daß er etwas zu zahlen brauchte. Ich ärgere mich heute noch darüber. Ich war von Sinnen ...

ROSA:
Einsam ist es bei uns geworden ... die letzte Zeit ... ich habe so lange keinen Mann mehr gehabt, daß ich mich beinah in den ersten besten verlieben könnte, der käme. Und mir ist doch, weiß Gott, die sogenannte Liebe egal ...

ERNA:
Die Männer bekommen zu wenig zu essen. Und müssen zu viel arbeiten. Füttere einen Mann mit Beefsteak und Eiern und lasse ihn drei Tage nichts tun: ich garantiere, er findet schon am zweiten Tag den Weg zu uns.

PAULA:
Beefsteaks und Eier: Du bist ja lächerlich: Beefsteak und Eier: jetzt im dritten Kriegsjahr!

(Die Klingel tönt. Die Mädchen fahren nervös auf, zupfen an ihren Bändern und Röcken)

ALLE DREI:
Ein Mann!

(Der junge Arbeiter betritt, von der Bordellmutter geführt, ein wenig verstört, das Bordell)

BORDELLMUTTER:
Suchen Sie sich nur eine aus, suchen Sie sich nur ungeniert eine aus ... (zieht sich wieder zurück)

JUNGER ARBEITER:
Guten Abend, meine Damen ... ist es gestattet, näher zu treten?

ROSA:
Guten Abend, mein Herr.

PAULA:
Nehmen Sie nur bitte Platz.

ERNA:
Trinkt der Herr etwas?

JUNGER ARBEITER:
Ja, bitte Wein.

ROSA:
Vielleicht Sekt?

JUNGER ARBEITER:
Ja, bitte Sekt.
PAULA:
Dürfen wir uns je ein Glas ...
JUNGER ARBEITER:
Ja, bitte.
(Rosa ab, um den Sekt zu holen. Bald mit Sekt und vier Gläsern zurück)
ERNA:
(hat sich dem jungen Arbeiter aufs Knie gesetzt) Sie sind ein hübscher Junge ...
JUNGER ARBEITER:
Finden Sie? Die Mädchen in der Fabrik haben es auch gesagt ...
PAULA:
Sie scheinen mir ja ein Schlimmer! Sie haben wohl schon mancherlei angestellt ... mit den Fabrikmädels, wie?
JUNGER ARBEITER:
O nein ... nicht viel ... ich habe eine Braut!
ROSA:
Eine Braut? Und die betrügen Sie so einfach mir nichts dir nichts mit uns?
JUNGER ARBEITER:
Ich betrüge sie ja gar nicht ... ich konnte heute nur nicht mit ihr zusammen sein ... sie ... weint den ganzen Tag ...
PAULA:
Oh ... das arme Ding ... aber Sie trinken ja gar nicht ...
JUNGER ARBEITER:
Prost, zum Wohl, meine Damen ...
PAULA:
Weshalb weint sie denn ... die arme Kleine ... gewiß weil Sie böse zu ihr waren?
JUNGER ARBEITER:
Ich bin immer gut zu ihr gewesen ...
ROSA:
Aber grundlos weint ein Mädchen doch nicht?
JUNGER ARBEITER:
(trinkt) Zum Wohl, meine Damen ... o nein, grundlos weint sie nicht. Sie weint, weil Krieg ist ...
PAULA:
Weil ... Krieg ist? Sieh mal an: da müßten wir ja alle weinen ...
JUNGER ARBEITER:
(ernsthaft) Das müßten wir auch ... wir müßten alle weinen, denn wir sind alle Schuld daran ...

ROSA:
Schuld – am Kriege?
JUNGER ARBEITER:
Ja ... Schuld am Krieg ...
ERNA:
Ich kann mich nicht besinnen, daß ich schuld am Kriege bin ...
PAULA:
Er hat recht ... damals als ich mit der Menge vor das österreichische Konsulat marschierte und „hoch der Krieg", „hoch der Krieg" brüllte – da machte ich mich mitschuldig an allem Elend ...
JUNGER ARBEITER:
(streichelt sie) Sie sind ein guter Mensch, Fräulein ... ein besserer, als Sie vielleicht meinen ...
PAULA:
Schweigen Sie ... ich bin ein Tier ...
JUNGER ARBEITER:
Tiere sind wir alle, Fräulein.
ROSA:
Weshalb kommen Sie denn zu uns ... Prost ... trinken Sie doch?
JUNGER ARBEITER:
Ich bin heute ausgehoben worden ... und für tauglich befunden ... und deshalb weint meine Braut ... und ich konnte es nicht mehr mit ansehen ... aber alle Frauen auf der Straße trugen dasselbe Gesicht wie meine Braut ... da ging ich hierher ... weil ich dachte, hier kennt man den Krieg gewiß noch nicht ... hier haben die Frauen keine Brüder, keine Seele, keine Männer ... hier werden sie vielleicht noch lachen können ... (zu Paula) Aber ich sehe, ich habe mich getäuscht ... Auch hier weiß man vom Krieg ...
PAULA:
(breitet die Arme) Kommen Sie mit mir herauf ... ich will Sie lieben ... wahrhaft lieben ... wie ich nie einen Mann geliebt habe ... Ja ... ich vermochte bis heute nicht zu lieben ... Sie haben mich die Reue ... und die Liebe gelehrt ... Kommen Sie. Kommen Sie ... ich will aus meinem Gelde bei Madame für Sie bezahlen ... auch den Sekt ... Sie dürfen mir kein Geld geben ... (exaltiert) Kommen Sie ... kommen Sie!
(Beide umschlungen ab)

Im Erholungsheim der Invaliden

(Garten. Bäume. Sonne. Viel Grün.
Taubstummer spielt die Handharmonika. Ein Blinder und ein Lahmer mit einem Holzbein tanzen dazu)

LAHMER:
Mehr Schwung ... (brüllend) mehr Schwung ...

TAUBSTUMMER:
(verständnislos lächelnd spielt weiter)

BLINDER:
Hopsassa ... Hopsassa ... wozu ist denn das Leben da?

LAHMER:
(stampft mit dem Holzbein auf) Rhythmus, Rhythmus, ich war früher Holzhacker, da kriegt man Rhythmus in die Glieder ... da ist Musik ... Holzhacken ... eine andere Musik als dieser Taubstumme aus seinem Marterkasten quetscht (brüllt) Schwung ... mehr Schwung ...

BLINDER:
Ich habe es viel lieber, wenn man leiser tanzt, sich einmal so ... (tanzt allein) N...tata...n...ta...ta...n...ta...ta... (stößt an einen Baum) hoppla ...

LAHMER:
(Gelächter) Du sollst dich einmal sehen, wie du so herumhopst ... wie ein Kranich im Ölsalat ... (macht ihn nach) n...ta...ta n...ta. Nee, das Butterweiche ist nichts für mich. Mark muß der Mensch haben, sage ich dir, Mark und Pfennige ...

BLINDER:
(hängt sich in den Lahmen ein) Sag einmal, was siehst du heute ...

LAHMER:
Was ich sehe ... dich ... den Taubstummen ... die Bäume ... das Haus ... Was meinst du damit?

BLINDER:
Ich meine, ist heute nicht ein schöner Tag? Ich rieche die Sonne bis hier in den Schatten. Sie muß ganz Gold heute sein, wie die gute Fee in den Kindermärchenbüchern ... Gib mir mal etwas Sonne in die Hand ... So ... nur, daß ich die Hand in der Sonne habe. Weißt du, weil ich blind bin, sehe ich mit den Händen ... Liebe Sonne!

Hotelhalle in Genf

(Madame de G. schreitet die Freitreppe herunter)

MADAME:
Ein Telegramm für mich da?

CONCIERGE:
Bitte, Madame.

MADAME:
(erbricht das Telegramm, liest es flüchtig, geht nach vorn links an einen Tisch, läßt sich im Klubsessel nieder. Sie zieht ein Zigarettenetui. Ein Boy bietet ihr Feuer. Sie bläst den Rauch zur Decke. Sie bemerkt, ihr gegenüber am Tisch rechts einen eleganten jungen Herrn, beginnt mit ihm zu kokettieren ... Am Tisch hinter dem jungen Herrn sitzt ein älterer weißhaariger Herr, der die „Frankfurter Zeitung" liest)

JUNGER HERR:
Garçon!

GARÇON:
Mein Herr!

JUNGER HERR:
Es ist sehr heiß heute. Ein Mineralwasser, bitte!

GARÇON:
Was belieben Monsieur: Fachinger, Harzer Sauerbrunnen, Gießhübler ...

JUNGER HERR:
Das ist alles boche ... Ich trinke kein Bochesoda ...

GARÇON:
Vielleicht Passuger? Schweizer Quelle. Schweizer Füllung.

DER ALTE HERR:
(ist aufgesprungen) Das ist ja unerhört! Bin ich hier in einem neutralen Lande oder nicht? Wollen Sie sofort die Beschimpfung Deutschlands zurücknehmen? Wollen Sie sofort Boche zurücknehmen?

JUNGER HERR:
Ihnen gegenüber, mein Herr, sehr gerne. Ich höre an Ihrer Aussprache, Sie sind Deutscher. Ich nehme Ihnen gegenüber den Boche zurück, mit dem ich die Mineralwasser beschimpfte. Im allgemeinen aber bleibt der Boche als Gattung für mich bestehen.

ALTER HERR:
Sie beleidigen Deutschland von neuem! Das ist ja unerhört! In einem neutralen Hotel muß man sich das bieten lassen! Direktor!

DIREKTOR:
Mein Herr, ich bitte Sie, das kleine Vorkommnis nicht tragisch zu nehmen.

ALTER HERR:
Meine Rechnung! Sofort! Ich ziehe auf der Stelle aus. Wo ist mein Diener?
DIREKTOR:
Er speist im Bedientenzimmer zu Nacht.
ALTER HERR:
Sie werden ihn rufen lassen. Er soll sofort packen.
DIREKTOR:
Mein Herr, ich bedaure vielmals. Ich bitte Sie um Verzeihung im Namen des Hotels. Darf ich Ihnen, vielleicht im Grand Hotel Beau sejour, telephonisch ein Appartement bestellen? Es ist schon spät am Abend.
ALTER HERR:
Wann geht der Nachtzug nach Montreux?
DIREKTOR:
(zieht die Uhr) In einer Stunde mein Herr ...
ALTER HERR:
Ich fahre nach Montreux ...
DIREKTOR:
(verbeugt sich, geht zu dem jüngern Herrn rechts) Ich begreife nicht, mein Herr. Das Taktgefühl sollte Ihnen verbieten, derartige Äußerungen ... so laut zu tun, daß man sie am Nebentisch hören kann. Wissen Sie, wer der alte Herr ist? Der alte Herr ist der Inhaber der renommiertesten deutschen Sektfirma Bratt & Co.
JUNGER HERR:
(verneigt sich) Ich danke Ihnen, das wollte ich nur wissen (geht lächelnd die Freitreppe empor).
DIREKTOR:
(sieht ihm verblüfft nach, entfernt sich)
MADAME:
(hat die ganze Szene aufmerksam beobachtet) Garçon ...
GARÇON:
Madame?
MADAME:
Ein Eiscreme soda ...
GARÇON:
Sehr wohl, Madame ...
(Ein sehr eleganter junger Herr betritt die Hotelhalle, eilt ein wenig exaltiert auf Madame zu; es ist ein deutscher Geheimagent)
AGENT:
Ich bin entzückt, meine Freundin, Sie so bald in Genf wieder zu treffen. (Gibt einem Boy Hut und Stock. Setzt sich)

MADAME:
Sie sind auffallend hübsch, mein Junge. Heute wie immer. Meine Lippen haben die Ihren nicht vergessen.

AGENT:
(küßt ihr die Hand)

MADAME:
Für Ihren ... Beruf würde es allerdings genügen, wenn Sie hübsch wären. Das Auffallende ... dürfte fehlen.

AGENT:
Ich falle nur den Frauen auf ... und das ist für meinen ... Beruf unbedingt notwendig ...

GARÇON:
Sie befehlen, mein Herr?

AGENT:
Whisky.

GARÇON:
Mit Soda?

AGENT:
Mit Eiswasser.

GARÇON:
Sehr wohl.

AGENT:
Madame ...

MADAME:
Mein Herr?

AGENT:
Was bringen Sie uns Neues aus Paris?

MADAME:
Neues ... Neuestes ... Gutes ... Bestes ...

AGENT:
Lassen Sie hören ...

MADAME:
Seit dem 15ten, das ist seit vier Tagen ... erscheint eine neue Zeitung in Paris ... die endlich einmal ... einen anständigen menschlichen Ton anschlägt ...

AGENT:
Wem gehört die Zeitung?

MADAME:
Dem ... Patron ...

85

AGENT:
Ach ... aber natürlich nicht öffentlich ...

MADAME:
Natürlich nicht ... Sein Einfluß ist beständig im Wachsen begriffen ... er hat eine große Partei hinter sich, gesammelt unter der Parole des „Verständigungsfriedens" und der „inneren Erneuerung Frankreichs" ...

AGENT:
Ich ziehe die Parallele zu Deutschland ... Mein Auftraggeber ... ich gab Ihnen darüber bindende Erklärung ... sucht die Verständigung mit Frankreich. Es werden ihm durch die Militärkaste nur immer wieder Fallen gestellt ... und künstliche Hindernisse in den Weg geräumt ...

MADAME:
Ihr Vaterland leidet ...

AGENT:
Und das Ihre, Madame?

MADAME:
Ist ein unglückliches Kind ...

AGENT:
Madame, auch ein eigensinniges Kind: es denkt zu sehr an sich ... niemals, auch im größten Schmerze nicht, vergißt Frankreich die Pose seines Schmerzes. Es schluchzt um des Mitleides willen, das ganz Europa, auch Deutschland, bereitwillig spendet, wenn es Elend posiert, das es wirklich empfindet ...

MADAME:
Der Patron ist durchaus für ein Weltfriedensbündnis ... für eine Weltkonvention ... für die vereinigten Staaten der Welt ... Sein Herz schlägt wie eine Nachtigall der Morgenröte entgegen ...

AGENT:
Er gewinnt an Macht? Und Einfluß?

MADAME:
Täglich mehr ... die diktatorische Haltung der Regierung gegenüber den Sozialisten ... ihre hochmütige Abweisung des russischen Programms „Ohne Annexionen" ... haben verstimmt ... verbittert ... empört ... Seine Partei gewinnt ständig Anhänger ... bald wird man seinen Namen nennen dürfen ... das Volk wird ihn auf seinen Schultern jubelnd zur Tribüne tragen ... Er wird sprechen. – Sie kennen seine Stirne, seine bezaubernden Gesten, das Feuer seiner schönen Menschlichkeit ... Frankreich wird in die Knie sinken, wie im Gebet ... Man wird ihn zum Präsidenten wählen ... Wir werden den Frieden haben ...

AGENT:
Wenn dies nur kein futuristisches Gemälde, das keine Zukunft verwirklicht?

MADAME:
Es ist die nahe Zukunft! Glauben Sie mir!

AGENT:
(küßt ihr die Hand) Wie sollte ich Ihnen nicht glauben! – (Kleine Pause): Ich habe Vollmacht, einer rein privaten Zusammenkunft in der Schweiz zwischen dem Patron und dem Grafen T., den Sie mir im Namen des Patrons als erwünschten Unterhändler bezeichneten, zuzustimmen. Wir werden eine Villa am Thunersee mieten ... ganz privat an einer einsamen Stelle ... die Herren werden sich der Kantonspolizei nicht anzumelden brauchen, damit sie keine Aufmerksamkeit auf sich lenken ... dafür lassen Sie mich sorgen ... jedem der Herren wird ein Auto zur Verfügung gestellt werden ... die Herren werden sich ... wieder privatim und ohne Zeugen über die Fragen, denen sie Interesse entgegenbringen, unterhalten dürfen ... Ich hoffe, die Zusammenkunft wird nicht ergebnislos verlaufen ... Bringen Sie unsere Vorschläge dem Patron ...

MADAME:
Sie sprechen?

AGENT:
Im Namen meines Amtes, das gegen die Militärdiktatur rebelliert. Wir werden ... so oder so ... ein neues Deutschland schaffen ...

MADAME:
Ich werde auch diese leider ein wenig dunkle Andeutung dem Patron berichten.

AGENT:
Ich bitte Sie darum.

(Musik beginnt zu tönen – One-step)

MADAME:
Musik!

AGENT:
Ein Inhalt unseres künftigen Lebens ...

MADAME:
Es findet eine kleine Abendunterhaltung mit Tanz statt. Tanzen Sie?

AGENT:
Mit dem größten Vergnügen.

MADAME:
(erhebt sich, legt ihren Arm in den seinen) So kommen Sie!

Gymnasium (Prima)

PRIMANER:
In der nächsten Woche ist Abiturium. So Gott und der Direx will, werden wir es alle bestehen. Hört, Jungs, es sind einige unter Euch, die wollen sich, jetzt im vierten Kriegsjahr, nachdem sich die Kriegsgöttin längst als alte Hure entschleiert hat, noch als Kriegsfreiwillige melden. Beschluß des Chargiertenrates der geheimen Schülerverbindung Markomannia, der Ihr alle angehört: wer sich im vierten Kriegsjahr als Kriegsfreiwilliger meldet, begeht Verrat am Vaterlande. Ihr alle werdet gebraucht als die Freiwilligen des Friedens. Wir haben in unserem literarischen Lesezirkel letzthin die politischen Bemerkungen von Lichtenberg, einem deutschen Schriftsteller des achtzehnten Jahrhunderts gelesen. Erinnert Euch, was er sagte: Ich möchte was drum geben, genau zu wissen, für wen eigentlich die Taten getan worden sind, von denen man öffentlich sagt, sie wären für d a s V a t e r l a n d getan worden ...
(Donnerndes Getrampel)
Wir lieben unser Vaterland aus heißem Herzen. (Donnerndes Getrampel) Aber wir sehen es in Ketten geschmiedet vor den Tribunen einer ehrsüchtigen Militärpartei und eines herrischen Fürstentums. Deutschland ist unter dem ungesetzlichen Gesetz über den Belagerungszustand mundtot gemacht. Uns allen sind Knebel ins Maul gestoßen. Wir dürfen nur lallen. Unsere Arme sind nicht frei: wir dürfen sie wie im Turnunterricht nur nach gewissen Regeln gebrauchen. Wir dürfen selbst nur sehen, was uns erlaubt ist: rosenrote Brillen zwingt uns die Tyrannei auf die Nasen, damit wir die Welt im rosenrotesten Lichte sehen. Aber das Rosenrot wird zum Blutrot werden.
Wir werden die Welt blutrot sehen ... wie sie ist.
Freunde! Wir haben heute abend eine geheime Sitzung in der Kneipe Grüner Weg 1. Punkt neun Uhr. Daß niemand fehle! Von unseren Freundinnen werden Lilli, Margrit und Iris zugegen sein.
(Es klingelt)
Der Pedell läutet. Die Homerstunde beginnt sofort. Vergeßt Euren Lichtenberg nicht! Ich kann freilich nicht sagen, ob es besser werden wird, wenn es anders wird; aber soviel kann ich sagen, e s m u ß a n d e r s w e r d e n, w e n n e s g u t w e r d e n s o l l ...
(Donnerndes Getrampel)

Schlachtfeld

ERSTER TOTER:
Es wird Frühling. Riechst du's?
ZWEITER TOTER:
Veilchen.

ERSTER TOTER:
Und Blut. Die Frühlingsoffensiven beginnen.
ZWEITER TOTER:
Eine Konservenbüchse ... mit jungem Grün.
ERSTER TOTER:
Junge Erbsen und Karotten wären mir lieber gewesen – wenn ich noch lebte ...
ZWEITER TOTER:
Ich bin froh, daß ich keinen Hunger mehr habe ... es war immer ein fatales Gefühl zwischen den Rippen ...
ERSTER TOTER:
Ich bin froh, daß ich nicht mehr philosophisch denken muß. Mein Kopf ist leer wie eine Trommel. Wind und Mond diskutieren hinter meinen Augenhöhlen. Der Mond brennt wie eine Kerze in meinem Schädel. Der Wind will sie auspusten. Das nennt man eine angenehme Konversation.
ZWEITER TOTER:
So ein leichter luftiger Schädel – eine Annehmlichkeit, die ich nicht mehr entbehren möchte. Er schwebt auf einem wie ein Kinderballon. Das Gehirn hat uns hernieder in den Dreck gezogen. Seit wir es verloren haben – und wir werden uns hüten, es wiederzusuchen – sind wir erst so recht glücklich ... das heißt: tot ...
ERSTER TOTER:
Möchtest du noch einmal ins Leben zurück?
ZWEITER TOTER:
Beileibe nicht ... ich bin nicht neugierig ...
ERSTER TOTER:
Was war dein Beruf?
ZWEITER TOTER:
Aviatiker ... glaube mir, von oben machte sich die Erde nicht besser als von hier unten. Eine ausgekochte Lazarettpflaume ... Dörrobst ...
ERSTER TOTER:
Du warst der Sonne näher!
ZWEITER TOTER:
Und den Wolken ...
ERSTER TOTER:
Du umfaßtest Millionen mit einem Blick ...
ZWEITER TOTER:
Liebend ... gramvoll gepeinigt ... ich sah Millionen: ein zuckendes Herz ... von einem Polypen umkrallt ... da wurde mir schwarz vor den Augen ... da verlor ich die Steuerung ... ich stürzte ab ... und da bin ich ...

ERSTER TOTER:
Ich war Richtkanonier in einem Unterseeboot ... Ich torpedierte einige Handelsschiffe, einige Weizenkähne ... es machte mir Spaß ... aber dann kam der verschärfte Unterseebootkrieg ... ich richtete das Rohr auf einen Passagierdampfer ... es war nachts ... von drüben drang Gelächter, Tanz und Rausch ... ich hörte ein kleines Kind im Schlaf weinen ... ein größeres nach der Bonne rufen ... zwei Liebende standen umschlungen am Reeling ... in einer Feuergarbe fuhren sie in den Himmel ihrer Liebe ... ich wurde ohnmächtig ... ich beantragte Versetzung zur Matroseninfanterie. Da bin ich. Ein Indier hat mich erstochen. In demselben Augenblick, als ich ihn traf. Er hielt sich bis vor einiger Zeit noch hier in der Nähe auf: Ich glaube, die Engländer haben ihn begraben. Schade, es war ein gentiler Bursche. Ein witziger Kopf. Trotzdem ihm der Unterkiefer fehlte.

ZWEITER TOTER:
Pst ... still ...

ERSTER TOTER:
Was gibt's?

ZWEITER TOTER:
Ein Sanitätshund bellte ... gute Nacht ... der Mond steht hoch ... Wir wollen schlafen ...

Gefangenenlager in Afrika

(Ein schwarzer Wachtposten geht im Hintergrund auf und ab)

HUSAR:
Anderthalb Jahre hocke ich jetzt schon auf dieser selben Stelle mit an der Erde angewachsenem Arsch wie ein Termitenweibchen.

INFANTERIST:
Wieviele Male habe ich schon die Uniformknöpfe an meiner Jacke gezählt! Und die einzelnen Bretter des Zaunes! Und die Minuten einer Stunde – sie sind unzählbar ...

HUSAR:
Die Schwarze neulich war nicht übel ... Augen wie Achat ... Brüste wie Regenwürmer ... Zähne wie die Zacken eines Sägefisches ... Ich habe mit fünfundzwanzig Stockhieben den Genuß quittiert ... Ich habe mich leidenschaftlich gerne prügeln lassen ... Wenn der Kerl nur nicht aufhört, dachte ich, fünfundzwanzig ist eine kurze Zahl ...

INFANTERIST:
Ich wüßte nicht, was ich machen sollte, hätte ich mir nicht voriges Jahr bei solch einem Biest die Syphilis geholt. Ich bin dem kleinen Frettchen direkt

dankbar für ihre freundliche Ansteckung. Ich würde sterben vor Langeweile, wenn ich nicht die Lues hätte. Sie schafft mir einige Unbequemlichkeiten, mit denen ich wenigstens etwas zu tun habe. So ein kleines Geschwür läßt sich hätscheln bis es groß wird wie eine Haselnuß. Dann platzt es ... und die Langeweile kriecht wieder mit Spinnenfüßen ekelhaft zu spüren über die Brust.

HUSAR:
Ich bin froh, daß wir ein schwarzes Wachkommando haben ... nur ein paar weiße Unteroffiziere ... die Weißen ... sind Barbaren ...

INFANTERIST:
Die Schwarzen machen mit uns zusammen Obstruktion gegen die weißen Unteroffiziere. Sie helfen uns, wo sie können. Sie haben ein helles Herz in der schwarzen Brust. Man sollte vielleicht eine Negerin heiraten, um der weißen Rasse endgültig zu entgehen ...

HUSAR:
Erinnerst du dich an Lyon? Ein Truppentransport, der an die Front ging, stach mit Bajonetten zum Scherz in die Viehwagen hinein, in denen die Wehrlosen, Hilflosen wie Kaninchen kauerten.

INFANTERIST:
Ich verachte dieses Volk!

HUSAR:
Wie ich sie bemitleide, die Armen, die uns weh zu tun glaubten, und sich haßerfüllt selber marterten.

INFANTERIST:
Weiber und Kinder haben mit Steinen nach uns geworfen und uns bespuckt.

HUSAR:
Als ich im Lazarett lag, hat die Schwester mir mit Jod die Worte: Vive la France! auf die Brust gepinselt ...

INFANTERIST:
Ich hungerte, da warfen mir französische Offiziere Brot vom Pferde herab in den Dreck, auf den ich mich gierig stürzte ...

HUSAR:
Herr, vergib ihnen, denn sie wissen nicht, was sie tun ...

INFANTERIST:
Zum Teufel mit der Vergebung! Ich wünsche ihnen allen die Pest oder die Cholera an den Hals.

HUSAR:
Kannst du noch lesen?

INFANTERIST:
Keine Zeile. Kaum noch die Briefe von daheim. Das scheint dir merkwürdig, nicht wahr? Seit ich im Feld war, weiß ich: es ist alles Schwindel: das Ge-

druckte und das Geschriebene, das Gedichtete, das Geträumte so gut wie das als wirklich Offenbarte. Es ekelt mich, denn es ist alles Schwindel. Das einzig Wirkliche ist: Fressen, saufen, huren und töten ...

HUSAR:
Ich gebe dir fünf Franken, wenn du mir einmal erlaubst, in deinem Bett zu schlafen. Du kannst dafür in meinem schlafen.

INFANTERIST:
Warum willst du in meinem Bett schlafen? Es hat abscheulich viel Ungeziefer.

HUSAR:
Darüber bin ich froh: ich werde sie dir alle abfangen ...

INFANTERIST:
Was schwenkst du in der Luft wie eine Fahne?

HUSAR:
Es ist ein Kinderhemd ... Ich habe es in einem Schloß in Nordfrankreich gefunden und glücklich durch alle Fährnisse gerettet. Ich kann mich nicht mehr von ihm trennen. Sieh einmal, eine Grafenkrone ist darein gestickt, es muß einem vornehmen Kind gehört haben ...

INFANTERIST:
Komm ... laß die Albernheiten ... Du machst mit einem schmutzigen Kinderhemd dein totes Kind nicht mehr lebendig ...

HUSAR:
Ich will es auch nicht lebendig machen. Ich bin froh, daß es tot ist. So kann man es wenigstens nicht totschießen.

INFANTERIST:
Oder lebendig zu Tode quälen ...

HUSAR:
Lustig, Bruder, lustig, hast du Würfel? (Tränen in den Augen) Wir wollen lustige Sieben spielen ...

INFANTERIST:
Traurige Sieben, mein Junge, traurige Sieben ...

Vor dem Rathaus einer Großstadt

(Eine tumultierende Menge. Arbeiter, Weiber und Kinder)

WEIBER:
Brot für unsere Kinder! Brot für unsere Kinder!

KINDER:
Brot! Brot!

WEIBER:
Ihr habt uns belogen.
ANDERE:
Belogen und betrogen.
WEIBER:
Ihr habt versprochen, die Brotration nicht mehr herabzusetzen. Ihr habt sie herabgesetzt. Ihr habt uns Kartoffeln versprochen. Wir haben keine bekommen. Ihr habt uns Kohlrüben aufgehängt. Aber sie waren ungenießbar. Wir würden unsere Kinder mit Muttermilch ernähren. Aber unsere schlaffen, ausgetrockneten Brüste geben keine Milch mehr.
ANDERE:
Gebt uns Brot! Was nützen uns die Brotkarten, gebt uns Brot!
ARBEITER:
Ihr habt gesagt: Nur ein klein wenig Geduld noch. Wir müssen durchhalten.
ANDERE:
Wir halten schon drei Jahre durch ...
ARBEITER:
Ihr habt gesagt: Nur zwei Monate noch. In zwei Monaten ist England durch den U-Bootkrieg auf die Knie gezwungen. In zwei Monaten muß es um Frieden bitten ...
ANDERE:
Die zwei Monate sind um. England kann hungern wie wir. Wo ist der Friede?
WEIBER:
Wo ist der Friede?
ALLE:
Wo ist der Friede?
EIN WEIB:
Ich habe sieben Kinder. Mein Mann ist tot.
EIN ANDERES:
Mein Vater ist tot. Meine zwei Brüder sind tot. Ich hure mit den Offizieren. Es ist schon alles egal.
WEIBER:
Unsere Männer sind tot! Unsere Brüder sind tot!
KINDER:
Unsere Väter sind tot!
ANDERE WEIBER:
Ihr habt sie gemordet ... wofür?
ALLE:
Wofür? Wofür?

ARBEITER:
Wir dachten unsere Heimat zu verteidigen – und wir verteidigten Euch, ihr Herren da oben: ihr Herren Großgrundbesitzer, ihr Herren Munitionsfabrikanten, ihr Herren Fürsten ...
Wir haben Euch verteidigt, dumm, stolz und elend. Wir sind zu Gerippen abgemagert. Jeder von uns ist ein leibhaftiger Tod. Aber ihr habt Euch an unserem rinnenden Blut gemästet. Ihr seid fetter und gewaltiger geworden denn zuvor. Die Gesetze sind Euch wie Warnungstafeln um den Bauch gehängt. „Nicht berühren", „Unantastbar", „Reichsunmittelbar", „Selbstherrlich", „Von Gottes Gnaden". Alles ist uns verboten. Euch: alles erlaubt.
Ihr seid ... gesetzlich geschützt. Aber wir werden Euch das Patent schon abnehmen. Ihr habt nur Rechte. Wir nur Pflichten. Gebt uns Gerechtigkeit!

ALLE:
Gebt uns Gerechtigkeit! Gerechtigkeit!

ARBEITER:
Wir wollen selber darüber zu entscheiden haben, ob wir leben oder sterben dürfen.

ALLE:
Das Volk soll abstimmen, ob es Krieg oder Frieden will ...

ARBEITER:
Der Kaiser darf nicht mehr die Minister selbstherrlich ernennen. Der Volkswille muß Geltung gewinnen ...

ALLE:
Unser Wille soll herrschen ...

ARBEITER:
Des Volkes Wille gilt absolut ... Vor dem Volke sind die Minister verantwortlich. Wir sind es satt, Lakaien zu Ministern zu haben. Es lebe das neue deutsche Volk!

ALLE:
Es lebe das deutsche Volk!

ARBEITER:
Nieder mit der Regierung!

ALLE:
Nieder mit der Regierung!

(Exaltierte junge Arbeiter ziehen eine Strohpuppe mit Helm, martialischem Schnurrbart, weißem Kürassierrock an einem Strick an eine Laterne empor)

ALLE:
Nieder mit dem Kaiser! Nieder mit dem Kaiser!

ANDERE:
(wiehernd) Hoch mit dem Kaiser! Hoch mit dem Kaiser! An die Laterne mit ihm.

RUFE:
Die Polizei kommt! Soldaten kommen! Stehen geblieben! Die Weiber und Kinder in die Mitte! Daß keiner vom Fleck weicht!

ANDERE:
Reißt das Straßenpflaster auf! Steine her! Wir lassen uns nicht zusammenknallen ...

(Ein Pikett Soldaten, von einem Leutnant geführt, marschiert mit aufgepflanztem Bajonett auf)

LEUTNANT D. R.:
Abteilung – halt. Rührt Euch.
(Tritt mit gezogenem Degen vor das Volk)
Leute! Ich habe die Aufgabe, die gestörte Ruhe wiederherzustellen. Ich bitte Euch, mich in meiner schweren Pflicht zu unterstützen. Geht auseinander und in Ruhe nach Hause. In fünf Minuten muß der Platz geräumt sein. In fünf Minuten darf kein Zivilist auf dem Platze mehr angetroffen werden. Wer sich meinem Befehle widersetzt, macht sich des Aufruhrs schuldig. Aufruhr wird unter dem Kriegsgesetze mit dem Tode durch den Strang bestraft. Seid vernünftig, Leute. Ich sehe nach der Uhr (zieht die Uhr): ist in fünf Minuten der Platz nicht geräumt, lasse ich feuern.
(Drohendes Gemurmel. Niemand weicht von der Stelle. Der Leutnant steht mit der Uhr in der Hand. Er steckt die Uhr ein)
Stillgestanden ...
(Lastende Stille. Kein Laut)
Ladet die Gewehre ...
(Das Pikett ladet die Gewehre)
Legt an ...
(Das Pikett legt an. In derselben Sekunde tritt der älteste Unteroffizier vor das Pikett)

UNTEROFFIZIER:
Legt – ab.
(Das Pikett legt ab)
Rührt Euch ...
(Das Pikett rührt sich. Der Unteroffizier tritt vor den Leutnant)

UNTEROFFIZIER:
Herr Leutnant, wir schießen nicht auf unsere Brüder und Schwestern, auf unsere Weiber und Kinder ...

LEUTNANT:
Sie gehorchen nicht?

UNTEROFFIZIER:
Zu Befehl, mein Herr Leutnant.

LEUTNANT:
Soldaten, Ihr gehorcht mir nicht?

DAS PIKETT:
Zu Befehl, mein Herr Leutnant.

LEUTNANT:
(zerbricht seinen Degen) Ich reiche meinen Abschied ein. Ich ... danke Euch, daß Ihr mir nicht gehorchtet ... Ihr habt mir den rechten Weg gezeigt ...
(Jubel im Volke. Die Soldaten entladen die Gewehre. Die Patronen rollen aufs Pflaster. Die Bajonette werden in die Scheide gesteckt. Gewehre und Waffen auf einen Haufen zusammengeworfen. Das Volk trägt die Soldaten jauchzend auf seinen Schultern)

HANNIBALS BRAUTFAHRT

Ein Schwank
in drei Aufzügen und einem Nachspiel

Personen:

Der alte Eisermann.
Hannibal, sein Sohn.
Plüddecke, Schneidermeister.
Die Miß.
Liddy, ein stummes Faktotum.
A. Schulz, Kommandant der Freiw. Feuerwehr.
<*B. Schultz, Major der Schützengilde.*>
C. Schulze, <*Präsident des Kegel- und Skatklubs „Harmonie".*>
Fräulein Pompe.
Maxl Beerbaum, Realgymnasiast.
Der schöne Oskar.
Mädele, seine Tochter.
Lisa.
Ein Kellner.
Ein Bürgermeister.
Ein junger Mann mit Photographenapparat.

Zeit: Vor dem Krieg. – Ort: Kleine Stadt.

Geschrieben 1912.

Erster Akt.

(Bürgerlich behaglich eingerichtetes Wohnzimmer. Hannibal sitzt am Frühstückstisch und frühstückt, neben sich die Zeitung. Er ist sehr gut und geschmackvoll gekleidet, mit einem auffallend grellgrünen Seidenschlips, sehr blonde Haare, Scheitel links sorgfältig gezogen, Monokel)

HANNIBAL:
(liest in der Zeitung) Die Millionärin Miß Mary Eleonore Tunderstam, durch verwandtschaftliche Bande unserer Stadt verknüpft – wie ist denn hier die Konstruktion – Dativ? Wem? Wodurch? – es gibt doch noch Probleme auf der Welt ... Ihre verstorbene hiesigen Ortes bestattete Mutter war die Tochter des Heringshändlers Herrn Goegle hierselbst – beehrt unsere Stadt mit einem der Pietät geweihten Besuche und ist im Hotel „Drei Kronen" abgestiegen. Wir wünschen der jungen, entzückenden Dame – Schmock hat keinen schlechten Geschmack – die übrigens, wovon sich unser F.F. Berichterstatter durch persönliches Interview überzeugte, ein perfektes, mit leisem englischem Akzent gemischtes Deutsch spricht – einen angenehmen, genußreichen Aufenthalt in unserem in diesen lauen Herbsttagen so überaus traulichen Städtchen und möchten nur zum Schluß nicht verfehlen, darauf hinzuweisen, daß unsere Gasanstalt, deren vortrefflichem Dezernenten im Magistrat, Herrn Eisermann, wir übrigens durchaus nicht nahetreten wollen, noch immer des zweiten Gasometers enträt. – Wie fein ausgedrückt! Wie zart!
(Er klingelt. Das Dienstmädchen erscheint)

LISA:
Der junge Herr wünschen?

HANNIBAL:
Die Eier sind wieder hart, steinhart wie Backziegel und kalt, man kann sie überhaupt nur aufgeschnitten essen.

LISA:
Aber der Herr Papa ...

HANNIBAL:
Der Herr Papa! Dann lassen Sie eben für mich extraweiche Eier kochen. Pflaumenweich. Drei Minuten. Sagen Sie das der Köchin.

LISA:
Ich hab's ihr schon öfter gesagt, aber der junge Herr wissen ja, die Marie, wenn ich ihr was sage, sie meint, ich wollt sie sekkieren.

HANNIBAL:
Ich liebe diese kalten, aufgeschnittenen, mit Sardellen belegten Eier nicht. Ich liebe auch ein kalt aufgeschnittenes, mit Sardellen belegtes Leben nicht.

LISA:
...?

HANNIBAL:
(kneift sie in die Brust) Pflaumenweich, verstehen Sie mich?
LISA:
(kichert verlegen)
HANNIBAL:
Ist mein Zimmer oben geheizt?
LISA:
Elf Briketts. Ich hab's schon vor 'ner halben Stunde hineingetan. Wie's der junge Herr wünschten.
HANNIBAL:
Recht so.
LISA:
Es wäre eigentlich nicht nötig gewesen, so viel, es ist Tauwetter ... und der Herr Papa, wenn er's erführ, tät mich wieder anfahren, daß ich so verschwenderisch umging mit die Briketts.
HANNIBAL:
Es ist gut. Sie können gehen. Räumen Sie den Kaffeetisch ab. (Lisa räumt ab und geht. Hannibal zündet sich eine Zigarre an. Sieht Lisa nach. Ruft ihr:) Lisa ...?
LISA:
(dreht sich verlegen um)
HANNIBAL:
Du hast mir ja heute noch nicht deinen Tribut gezahlt ...?
LISA:
(kommt langsam näher)
HANNIBAL:
Na, wird's bald?
LISA:
(ergreift seine Hand. Küßt sie)
HANNIBAL:
Du kommst heut nacht. Ich laß die Tür offen ...
LISA:
(nickt scheu)
HANNIBAL:
(klopft sie auf den Nacken)
(Lisa geht hinaus, trifft in der Tür auf Eisermann, erschreckt hinaus)
EISERMANN:
Meine Bouillon ... dalli (zu Hannibal): Ah ... der gnädige Herr beliebten noch zu frühstücken (sieht auf die Uhr). Es ist halb zwölf. Unsereiner plagt sich seit acht Uhr im Geschäft, um das bißchen tägliche Brot zusammenzuscharren und du ...

HANNIBAL:
Warum schreist du eigentlich so?
EISERMANN:
Hast du bis jetzt geschlafen?
HANNIBAL:
(schweigt)
EISERMANN:
(schreiend) Ob du bis jetzt geschlafen hast, will ich wissen.
HANNIBAL:
Natürlich.
EISERMANN:
Natürlich ... so ... natürlich ...
HANNIBAL:
Und jedenfalls besser geschlafen als Du.
EISERMANN:
Den ganzen Tag nichts als faulenzen.
HANNIBAL:
Ich kann mir jedenfalls nichts Schöneres denken.
EISERMANN:
Du bist frech, du bist frivol, Du bist unmoralisch.
HANNIBAL:
Amoralisch ... a ... a ... man kann das auch animalisch nennen.
(Lisa bringt die Bouillon, dann ab)
EISERMANN:
(trinkt im Stehen) Selbstverständlich wieder nicht zu trinken, so heiß (trinkt die Tasse in drei Schlücken aus).
HANNIBAL:
Warum gießt du denn die Bouillon nicht auf die Untertasse, sie zu kühlen. Wie das sonst üblich ist.
EISERMANN:
Was soll das heißen? Willst du dich vielleicht über die Manieren deines alten Vaters lustig machen? Es sähe dir ähnlich. Vor nichts hast du Respekt. Ohrfeigen möchte ich dich manchmal.
HANNIBAL:
Warum tust du es dann nicht?
EISERMANN:
(tritt an ihn heran) ... Weil ... weil eben ... weil (schreiend) weil ich hoffe, du wirst noch einmal vernünftig werden.

HANNIBAL:
Optimist ... vernünftig ... nie ... nie ... lieber ins Irrenhaus.
EISERMANN:
Hinausschmeißen möchte ich dich.
HANNIBAL:
Aber du wagst es ja nicht! Du hast ja Angst!
EISERMANN:
Angst? Lachhaft! Wovor? Daß du nicht längst auf dem Pflaster liegst, verdankst du deiner Mutter, deiner guten Mutter, die, Gott hab sie selig, verrückt genug war ...
HANNIBAL:
Ja, sie war sehr unvernünftig. Das zeigt sich schon darin, daß sie d i c h heiratete ...
EISERMANN:
Ich verbitte mir deine Impertinenzen. Sie war verrückt genug, einen Narren an dir zu fressen. Fünfzehn Jahre warst du damals ... und ich habe ihr auf dem Sterbebette schwören müssen ... immer für dich zu sorgen ... Da du dich in der Welt doch nie zurecht finden würdest ... so sanft seist du ... so ideal veranlagt, so gut ... Und wir hätten doch die Mittel und ich soll dich zu keinem dir widerwärtigen Beruf zwingen. Ja, so war deine Mutter.
HANNIBAL:
Es ist mir unbegreiflich, wie Ihr beide ausgekommen seid ... freilich noch unbegreiflicher, wie i c h da herausgekommen bin.
EISERMANN:
Und die Mittel hätten wir? Ja Kuchen! Wir haben einen schweren Stand, wir kleinen Fabrikanten in den kleinen Städten ... gegen die Großindustriellen. Wir haben x-mal soviel Betriebsunkosten. Und wir können die Abfälle nicht richtig verwerten. Und dann muß man noch so einen ... Kerl wie dich durch die Welt füttern.
HANNIBAL:
Du kannst eben die ... Abfälle nicht richtig verwerten. – Du hast doch erst neulich zehntausend Mark der Arbeiterstiftung und dreitausend Mark dem Hospital überwiesen und fünftausend Mark der städtischen Waisenanstalt. Wofür bitte?
EISERMANN:
Es ist mir schwer genug angekommen ...
HANNIBAL:
(überzeugt) Das glaube ich!
EISERMANN:
Wie? Ja! Aber man ist es schließlich sich schuldig.

HANNIBAL:
Sich? d. h.: dem Kommerzienratstitel!

EISERMANN:
Nun ja, die Welt sieht nun mal aufs Äußere.

HANNIBAL:
Und seitdem Tuchfabrikant John den Kronenorden vierter Klasse ... ich habe dich übrigens schon längst gefragt ... nicht gerade gebeten: warum gibst du mir nicht einmal fünftausend Mark zu einer Reise nach Italien?

EISERMANN:
(schlägt auf den Tisch) Das ist unerhört ... Der Bengel, der froh sein kann, daß ich ihn nicht hinauswerfe ... das ist das allerselbstverständlichste, nicht wahr? Ich muß, ich bin gezwungen, ich bin geradezu verpflichtet, dir fünftausend Mark für solche Kinkerlitzchen in den Rachen zu schmeißen. Nein, mein Sohn, du hast dein übliches Taschengeld, das ist schon reichlich genug.

HANNIBAL:
Du verschwendest oft genug, immer, prinzipiell, dein Geld an Phantome, warum willst du's nicht mal dem Lebendigen opfern? Ich sehe nicht ein, wie fünftausend Mark besser verwendet werden können, als für mich.

EISERMANN:
Also, du bist wahrhaftig dem Blödsinn nahe. So spricht kein vernünftiger Mensch.

HANNIBAL:
Wieder dieses entsetzliche Wort: Vernunft, womit Ihr wie mit Spielmarken, die das Geld ersetzen sollen, zahlt. Du bist doch sonst für echtes Geld ... du ... Falschmünzer.

EISERMANN:
Nicht so laut ... die Mädchen, man könnte es hören – ... was sollen denn die glauben.

HANNIBAL:
O, die Wahrheit kann man noch so laut brüllen, niemand hört sie. Um sie den Leuten verständlich zu machen, muß man sie flüstern. Ach, wenn du doch ein Falschmünzer wärst, aber ein richtiger.

EISERMANN:
Albern ... Quatsch ... (greift zur Zeitung). Was steht denn drin? So, so ... die Miß und die Gasanstalt. Sehr fein haben wir das eingefädelt.

HANNIBAL:
Es könnte nämlich sein, daß du mich für immer los bist, mit jenen fünftausend Mark. Es könnte sein, daß ich mir eine Begräbnisstätte da unten in Italien aussuche ... (sieht auf seine Fingernägel) ...

EISERMANN:
Du? Quatsch!

HANNIBAL:
Eine Begräbnisstätte für mich und meine ungeborenen Kinder. – Da fällt mir eben ein: Hast du an Fanny nach Leipzig die Alimentengelder geschickt ... es ist heut schon der vierte.

EISERMANN:
Ja, doch ja ... Gott sei dank, daß man hier in der Stadt nur über den kleinsten Teil deiner Schandtaten unterrichtet ist. Ich möchte dich ersuchen, mich nicht zu kompromittieren. Den Schein haben wir ja Gott sei dank noch aufrecht erhalten können, daß du in meinem Kontor – – arbeitest ... in meinem Privatkontor ... da kann's wenigstens niemand kontrollieren. Aber wenn du das geringste anstellst, so wirst du die Stadt verlassen müssen. Ich hoffe immer, du wirst eines Tages doch arbeiten lernen.

HANNIBAL:
Arbeiten! Das ist für die Stümper.

EISERMANN:
Hannibal! Mein ganzes Leben ist angefüllt von schwerer mühevoller Arbeit. Ich habe nie

HANNIBAL:
gerastet noch geruht und mir keine Erholung gegönnt.

EISERMANN:
Ich verachte dich!

HANNIBAL:
Und ich dich nicht minder. Ich liebe dich nicht: Du gibst mir Geld, das ist alles. Ich erkenne das an ... weiter nichts. Aber du gibst es nur gezwungen, gezwungen von meiner toten Mutter ... weil du ihren Dämon fürchtest ...

EISERMANN:
Du wirfst mir Feigheit vor, der ich es gewagt habe, den früheren Stadtverordnetenvorsteher öffentlich einen Trottel zu nennen? Ha ha ... Aber du? Hast du dich nicht beinah bis ins zwanzigste Jahr nachts vor der Dunkelheit gefürchtet?

HANNIBAL:
Ich hatte auch Grund, die Dunkelheit zu fürchten. Denn meine Gespenster sind echt.

EISERMANN:
Du bist nicht mehr wert, als der schöne Oskar, der Stadtlump.

HANNIBAL:
Gewiß nicht ... da ich überzeugt bin, daß dieser Stadtlump der einzige Ehrenmann der ganzen Stadt ist. Er hat Leidenschaft, Lebenssinn, Humor ... Humor ... und das besonders fehlt Euch insgesamt. Ihr nehmt Euch ernst,

bluternst, das macht Euch so unendlich komisch. Übrigens arbeitet der schöne Oskar ebenfalls nicht, aus Prinzip, um Euer Lexikon zu zitieren.

EISERMANN:
Haltlosigkeit, Nichtigkeit, Nichtsnutzigkeit, Faulheit: das sind deine Ideale.

HANNIBAL:
Faulheit, ja, denn die Arbeit ist nur von denen erfunden, die mit dem Leben sonst nichts anzufangen wußten. Um ihre innerliche Leere und Unfähigkeit zum beschaulichen Dasein, dem einzigen Dasein, das wert ist, gelebt zu werden, zu betäuben und Rhythmus hineinzubringen, wurden sie Steinklopfer und Philologen. Schließlich ist auch die Kunst nicht viel mehr wert. Kunst ist ja nur die Wut, daß man nichts Festes hat, alles in unseren Händen zerrinnt. Und damit man nicht verzweifelt, muß man eben so tun, als hätte man irgend etwas vom Leben fest, als hielte man es gepackt, in Quintessenz. In Wirklichkeit ist Kunst Verdünnung.

EISERMANN:
Rede mir nicht von Kunst! Das ist das einzige, wovon ich nichts verstehe.

HANNIBAL:
Ja, es ist dein einziger Vorzug, um den ich dich beneiden könnte. (Steht am Fenster) Da unten kommt der Hausbursche mit der Mittagspost. Du mußt wohl herunter.

EISERMANN:
Hat noch Zeit. Bist du übrigens heute früh um neun Uhr von ihm geweckt worden, wie ich ihm befahl?

HANNIBAL:
Von wem?

EISERMANN:
Vom Hausburschen.

HANNIBAL:
Natürlich nicht. Der weiß mehr, was sich schickt, als Du.

EISERMANN:
Alles, was ich heute geredet habe, habe ich wieder in den Wind gesprochen.

HANNIBAL:
Ja, ich bin der Wind. Du weißt nicht, von wannen er kommt, noch wohin er fährt.

EISERMANN:
Wenn's so weiter geht, zur Hölle.

HANNIBAL:
(nach einer kleinen Pause) Ich gebe dir einen süßen Trost: ich gedenke heute noch mich zu bessern, zu verbessern, wie man sagt.

EISERMANN:
Gott gebe. Ich glaub's nicht. Willst du endlich an deine Doktorarbeit gehen, die du schon seit drei Jahren planst?

HANNIBAL:
Nein, ich gedenke ernstlich zu arbeiten.

EISERMANN:
Arbeiten?

HANNIBAL:
Jawohl, arbeiten. Übrigens ist jedermann heutzutage Doktor phil. Es ist direkt unfein. Wenn ich Wert darauf legte, den Doktortitel zu führen, würde ich ihn eben einfach führen.

EISERMANN:
... ohne vorher das Doktorexamen gemacht zu haben?

HANNIBAL:
Natürlich.

EISERMANN:
Dann säßest du übermorgen im Zuchthaus.

HANNIBAL:
Aber Papa! Du kennst die Strafgesetze nicht. Ich bekäme höchstens einen Monat Gefängnis. Und auch der ließe sich wohl in Geldstrafe umwandeln.

EISERMANN:
Und wer sollte die bezahlen?

HANNIBAL:
Du, Papa. Jedoch – das ist jetzt nebensächlich. Du weißt natürlich, daß Miß Mary Eleonore Tunderstam gestern hier eingetroffen ist und im Hotel „Drei Kronen" Wohnung genommen hat.

EISERMANN:
Sie ist eine der reichsten Frauen der Welt. Man spricht von einem Vermögen von neunhundert Millionen Dollar.

HANNIBAL:
Siebenhundertsiebenunddreißig, lieber Papa, aber das genügt auch.

EISERMANN:
Woher weißt du das?

HANNIBAL:
Ich habe meine Informationen eingeholt.

EISERMANN:
Was soll das alles?

HANNIBAL:
Ich habe dir doch gesagt, ich würde mich ernstlich an eine ernste Arbeit machen.

EISERMANN:
Nun?

HANNIBAL:
Ich werde heiraten.

EISERMANN:
Ach! So?! Wen denn, wenn man fragen darf?

HANNIBAL:
Miß Mary Eleonore Tunderstam.

EISERMANN:
Du ... Du ... bist verrückt!

HANNIBAL:
Durchaus nicht! Wenn ich schon heirate, muß es die reichste Frau der Welt sein, oder wenigstens annähernd die reichste.

EISERMANN:
Du bist ganz und gar übergeschnappt.

HANNIBAL:
(langsam jedes Wort betonend) Ich bitte dich, Papa, ich werde sie heiraten!

EISERMANN:
Ein Taugenichts wie du, ohne Vermögen ...

HANNIBAL:
Sie hat Geld genug für zwei.

EISERMANN:
Ohne Titel ...

HANNIBAL:
Sie ist im Besitz des Dr. phil. et jur. Sie hat ihn in München summa cum laude gemacht. Über die Statistik der unehelichen Kinder. München erscheint hier als das durchaus geeignete Feld. Vielleicht hat sie selber eins.

EISERMANN:
Was?

HANNIBAL:
Ein uneheliches Kind! Mein Gott, Papa, bist du schwer von Begriffen.

EISERMANN:
Hannibal!!!!!

HANNIBAL:
Ich möchte dich bitten, über meine Pläne noch absolutes Stillschweigen zu bewahren.

EISERMANN:
Darauf kannst du dich verlassen. Man sperrte mich postwendend ins Irrenhaus ... wenn ich sie verlauten lassen würde ... (es klingelt). Was ist denn das für ein ewiges Gebimmel heute morgen? Die Ohren zerreißt's einem förmlich ... (es klopft).

HANNIBAL:
Herein!

LISA:
(in der Tür) Gnädiger Herr ... der Schneider.

EISERMANN:
Der Schneider?

HANNIBAL:
Lassen Sie ihn nur herein.

(Schneider Plüddecke, einen in schwarzes Tuch gehüllten Anzug überm Arm, tritt ein. Lisa ab)

PLÜDDECKE:
Gehorsamster Diener, meine Herren, gehorsamster Diener, Herr Eisermann, habe die Ehre, Herr Doktor.

HANNIBAL:
Da siehst du's, Papa ... Herr Plüddecke verleiht mir huldvoll seinen Ehrendoktor.

PLÜDDECKE:
Oh, alle Welt Verzeihung, Pardon, wenn ich mich irgendwie ungeschickt ausdrückte ...

HANNIBAL:
Ganz und gar nicht, lieber Plüddecke ...

EISERMANN:
Was wollen Sie eigentlich?

PLÜDDECKE:
Der Herr Doktor ... um alle Welt ...

HANNIBAL:
Nennen Sie mich ruhig Hannibal, lieber Plüddecke, und wenn's Ihnen Spaß macht, können Sie mich auch duzen.

EISERMANN:
Ich verbitte mir diese Art Scherze ... was soll das, Plüddecke?

PLÜDDECKE:
Man gab mir die Ehre und machte mir das Vergnügen, einen ... ein ... eine ... sozusagen ... einen Frack bei mir zu bestellen ...

EISERMANN:
Frack?

PLÜDDECKE:
Frack!!
EISERMANN:
Wer?
PLÜDDECKE:
O, um alle Welt ... (verlegene Gebärden, zeigt mit dem Kopf auf Hannibal).
EISERMANN:
Du?
HANNIBAL:
Jawohl, Papa ...
EISERMANN:
Wer gab dir die Erlaubnis?
HANNIBAL:
Aber Papa ... hier vor Herrn Plüddecke, der selber Familienvater ist, nicht wahr, Herr Plüddecke?
PLÜDDECKE:
Gott sei's geklagt ... o um alle Welt Verzeihung, Pardon.
HANNIBAL:
eine Familienszene aufzuführen. Ich könnte sagen: der schöne Tag draußen oder die Butterfrau oder der Schirmständer ... oder du! Darauf kommt's ja nicht an. Ich bedurfte eines Frackes, ich hatte einen Frack nötig, und sehr folgerichtig, nicht wahr, Herr Plüddecke ...
PLÜDDECKE:
O um alle Welt, Pardon, allerdings, Verzeihung, jawohl.
EISERMANN:
Das ist doch unerhört ...
HANNIBAL:
Packen Sie ruhig aus, lieber Plüddecke.
(Plüddecke nimmt das Tuch ab und ein hellgrüner Frack kommt zum Vorschein)
EISERMANN:
Aber er ist ja grün!
HANNIBAL:
Gott sei dank!
PLÜDDECKE:
Allerdings, Pardon, jawohl.
HANNIBAL:
Durchaus meinen Intentionen entsprechend!
PLÜDDECKE:
Der gnädige Herr hat einen, mit Verlaub zu sagen, originellen Geschmack. Aber, es ist immerhin ... ein

HANNIBAL:
Geschmack wollen Sie sagen, lieber Plüddecke.
EISERMANN:
Was bedeutet diese Hanswurstiade?
HANNIBAL:
Die Welt muß wieder grüner werden, Papa ... Probieren wir mal an, lieber Plüddecke ... (Plüddecke ist ihm beim Probieren behilflich)
HANNIBAL:
Nun, wie sitzt er?
PLÜDDECKE:
O um alle Welt ... ausgezeichnet ... wenn ich mich so ausdrücken darf.
EISERMANN:
Ich bezahle ihn nicht ... meinetwegen leiste den Offenbarungseid.
HANNIBAL:
O, das fiel mir gar nicht schwer. Aber Meister Plüddecke geht seines Lohnes nicht verlustig. Jemand anders zahlt ihn.
EISERMANN:
Da bin ich doch neugierig, wer ...
HANNIBAL:
(Langsam, jedes Wort betonend) Miß Mary Eleonore Tunderstam.
PLÜDDECKE:
(Sperrt den Mund auf)
EISERMANN:
Du ... Du.
HANNIBAL:
bist verrückt. Nämlich ich. Weiß schon. Laß, Papa. Ich habe mir den Frack extra bauen lassen, um darin um ihre Hand anzuhalten.
EISERMANN:
Wessen Hand?
HANNIBAL:
Miß Mary Eleonore Tunderstam's Hand!
EISERMANN:
Ich habe kein Geld, um noch die teuren Kosten einer Kaltwasserheilanstalt für dich zu bezahlen (ist in einen Sessel gesunken).
HANNIBAL:
O, das wird alles Miß Tunderstam bezahlen. Vorausgesetzt, daß du dich der Kaltwasserkur unterziehen willst. Ich werde bei ihr ein gutes Wort für dich einlegen. (Er klingelt)

EISERMANN:
Was willst du?

(Lisa erscheint)

HANNIBAL:
Hat der Gärtner schon die Orchidee für das Knopfloch geschickt?

LISA:
Nein, junger Herr.

HANNIBAL:
Schicken Sie sofort zu ihm herüber. Und bezahlen Sie gleich, sie kostet zwanzig Mark. Papa, vielleicht bist Du so freundlich und legst die kleine Summe aus?

EISERMANN:
(stößt einen schweren Seufzer aus) Ich will dich nicht blamieren. Wert bist du's nicht. (Gibt dem Mädchen zwanzig Mark. Lisa ab)

HANNIBAL:
Wo haben Sie die Rechnung, Plüddecke?

PLÜDDECKE:
Bitte sehr, Pardon, Verzeihung, mir gehorsamst zu gestatten, sie steckt hier in der Brusttasche.

HANNIBAL:
(zieht die Rechnung aus der Tasche, liest) Dreihundertfünfzig Mark? Das ist nicht zu teuer. Man wird die Rechnung spätestens übermorgen begleichen. – Sie können gehen, Plüddecke. (Plüddecke ab) Heute noch halte ich um ihre Hand an.

EISERMANN:
Um wessen Hand?

HANNIBAL:
Um Miß Mary Eleonore Tunderstams Hand.

EISERMANN:
Wenn das Mama noch erlebt hätte!!!!

HANNIBAL:
Sie hätte gelächelt und in ihrem Gedächtnis nachgeforscht – und gefunden, das vielleicht doch ... ein anderer mein ... Vater sein könnte ... und nicht ... du!

EISERMANN:
Hannibal!

HANNIBAL:
Eisermann?!?
(Verächtlich)

(Vorhang)

111

Zweiter Akt.

(Hotelzimmer der Miß. Die Miß klingelt mit einer Schelle, die auf dem Tisch steht. Liddy erscheint aus dem Nebenzimmer)

MISS:

Sag dem Oberkellner, er möchte das Diner auf meinem Zimmer servieren lassen. Ich habe keine Lust, Konfektionsreisende und Referendare bei der Table d'hôte anzustarren. Wer ist denn noch draußen?

LIDDY:

(neigt den Kopf und geht hinaus, kommt im Moment zurück, gibt durch Mienenspiel und Handbewegung zu erkennen, daß draußen jemand wartet)

MISS:

So, so ... eine Dame ist da ... hat sie ihren Namen genannt?

LIDDY:

(schüttelt den Kopf)

MISS:

Hat sie dir keine Karte gegeben?

LIDDY:

(schüttelt den Kopf)

MISS:

Sollte sie etwa mütterlicherseits mit mir verwandt sein?

LIDDY:

(zuckt mit den Achseln)

MISS:

Bitte sie herein!

(Liddy ab, läßt gleich darauf Fräulein Pompe eintreten. Fräulein Pompe ist siebenunddreißig Jahre alt, dürr, Kneifer mit schwarzem Rand und Band, spärliche Haare. Sie tritt unter vielen Knixen näher)

MISS:

Du kannst gehen, Liddy. (Liddy ab) Womit kann ich Ihnen dienen, mein Fräulein?

POMPE:

Mein Name ist Pompe ... Fräulein Pompe ...

MISS:

Sehr erfreut, bitte, wollen Sie nicht Platz nehmen?

POMPE:

O danke, Sie sind zu gütig.

MISS:

Was führt Sie zu mir?

POMPE:
Ich bin Handarbeitslehrerin an der hiesigen Mädchenmittelschule. Diese Tätigkeit ... ein so reiches Wirken mir darin auch beschieden ist ... füllt ... mein seelisches Leben ... sozusagen ... doch nicht ganz aus. Ein Plätzchen darin ist immer noch frei ...
MISS:
Die Handarbeitslehrerinnen werden wohl sehr schlecht bezahlt?
POMPE:
Ach, wenn Sie wüßten, mein gnädigstes Fräulein! Dreihundert Taler!
MISS:
Im Monat?
POMPE:
Sie machen sich über mich lustig. Das sollten Sie nicht tun. – Im Jahre natürlich.
MISS:
Das ist allerdings nicht viel. Soviel bekommt Papas Chauffeur im Monat. Aber wir kommen von unserem Thema ab. Sie wollten erzählen von dem Plätzchen, das in Ihrer Seele sozusagen noch frei ist. Haben Sie die Absicht, zu heiraten? Brauchen Sie eine Mitgift? Wieviel? Liddy wird sie Ihnen auszahlen!
POMPE:
Mein gnädigstes Fräulein, Sie sind zu gütig. Mit der Ehe hängt mein Besuch allerdings zusammen, wenn ich mich auch nicht zu verehelichen gedenke. Die Männer sind so roh heutzutage.
MISS:
Entsetzlich roh.
POMPE:
Nehmen Sie mir die starken Worte nicht übel, gnädiges Fräulein ... aber: ich kenne die Männer. Man kann ihnen nicht energisch genug gegenübertreten.
MISS:
Ganz meine Meinung.
POMPE:
Auch ich habe einmal geliebt ... schweigen wir davon. Ich wollte Sie ergebenst auffordern, dem allgemeinen internationalen Jungfrauenbund, dessen Vorsitzende für Schlesien und die Mark Brandenburg vor Ihnen steht, als Ehrenmitglied beizutreten. Die Urkunde habe ich gleich mitgebracht.
MISS:
Wieviel kostet denn die Ehrenmitgliedschaft?
POMPE:
Das steht ganz in Ihrem Belieben, mein gnädigstes Fräulein. Nicht unter zehntausend Mark. Sie erhalten damit den Titel Ehrenjungfrau.

MISS:
Woher wissen Sie denn, ob ich noch Jungfrau bin?
POMPE:
(erschrocken) Mein gnädigstes Fräulein ... Sie belieben zu scherzen ... das versteht sich doch von selbst. Wenn man nicht verheiratet ist, dann ist man doch Jungfrau!
MISS:
Vielleicht ... aber was sind denn nun die Tendenzen Ihres Bundes? Keuschheit?
POMPE:
Auch ... nebenbei ... In der Hauptsache handelt es sich um eine wirtschaftliche Organisation, die bestimmt ist, bahnbrechend die soziale Frauenfrage zu befruchten.
MISS:
Das ist mir noch nicht ganz klar. Die Mitglieder Ihres Bundes verpflichten sich, ewig Jungfrauen zu bleiben und niemals zu heiraten?
POMPE:
Absolut nicht, mein gnädigstes Fräulein, absolut nicht: sondern wer heiratet, darf nur einen Mann heiraten, der imstande ist, eine Frau auch vollständig zu unterhalten. Die schmachvolle Mitgift fällt gänzlich weg. In der letzten Zeit haben die Männer ihre sozialen Pflichten immer mehr mißachtet und vernachlässigt. Wer nur ein einigermaßen hübsches Gesicht hatte und nicht auf den Kopf gefallen war, heiratete ein reiches Mädchen, um sich dann einem faulen und weichlichen Lotterleben hinzugeben.
MISS:
Es gibt sehr viele reiche Mädchen?
POMPE:
Ich glaube.
MISS:
Sind an dieser Vernachlässigung der sozialen Pflichten durch die Männer nicht die Mädchen schuld?
POMPE:
Ich bitte Sie, mein gnädigstes Fräulein! Wie können Sie so Ursache und Wirkung verwechseln. Wer, wie ich, au fond nationalökonomisch geschult ist ...
MISS:
Auch ich habe Nationalökonomie studiert, aber ich finde, ich habe zuviel Geld, um die Armut ganz zu begreifen oder die Dummheit zu verachten. Sie ist nur lächerlich und als Phänomen und Stimulanz unserm Leben einzuordnen.

POMPE:
Ihrem Leben.
MISS:
Ja ... meinem Leben. Für mich gibt's nur zweierlei Menschen ... solche, die mir sympathisch und solche, die mir unsympathisch sind.
POMPE:
Das ist eine sehr vereinfachte Stellung zum Leben. Fühlen Sie sich glücklich dabei?
MISS:
Ich denke.
POMPE:
Und zu welcher Kategorie von Menschen gehöre ich?
MISS:
Natürlich zu der ersteren, mein liebes Fräulein.
Also, ich trete natürlich Ihrem Bunde mit Vergnügen bei und zahle zwanzigtausend Mark.
(Sie klingelt, Liddy kommt)
Liddy, bitte sei so gut und gib der Dame zwanzigtausend Mark. Ich glaube, im Nachttisch liegen noch ein paar Dutzend Tausendmarkscheine. Oder hast du noch ein paar in deiner Schürzentasche?
LIDDY:
(holt aus ihrer Schürze einen Hunderttausendmarkschein und macht durch Gebärden verständlich, daß sie kein Kleingeld habe)
MISS:
Vielleicht läufst du mal hinüber in den Bäckerladen, vielleicht kann der wechseln. Oder laß ... ich will mal in meiner Tasche nachsehen, vielleicht habe ich doch noch Kleingeld drin. (Öffnet ihre Krokodillledertasche)
POMPE:
Bemühen Sie sich nicht, mein gnädigstes Fräulein.
MISS:
Es stimmt ... hier sind zwanzigtausend Mark.
POMPE:
(erhebt sich) Im Namen des Allgemeinen Internationalen Jungfrauenbundes zur Bekämpfung der Mitgift händige ich Ihnen, mein gnädigstes Fräulein, hiermit unsere Ehrenurkunde ein. Unterschrieben ist sie schon (küßt ihr die Hand). Meinen herzlichsten Dank im Namen der gesamten Weiblichkeit.
MISS:
Schon gut. Adieu! Liddy, geleite die Dame hinaus.
(Fräulein Pompe unter vielen Verbeugungen ab. Im Abgehen):
POMPE:
Soll ich Ihnen vielleicht unsere Broschüren und Prospekte zugehen lassen ... per Nachnahme ...?

MISS:
Bitte schön, nach Ihrem Belieben. Adieu.
(Pompe und Liddy ab)
MISS:
(vor sich hin) ... Diese Menschen ... nein, diese Menschen ...
(Liddy zurück, Mienenspiel)
MISS:
So - - ? Ein Herr wünscht mich zu sprechen? Nun, meinetwegen, ich bin einmal im Zuge, heute Cour zu halten ... führe ihn herein.
(Liddy öffnet die Türe. A. Schulz tritt in der Uniform eines Feuerwehrhauptmanns salutierend herein)
MISS:
Mein Herr?
SCHULZ:
Schulz ist mein Name, Schulz, ganz einfach A. Schulz, nicht zu verwechseln mit B. Schultz und C. Schulze ...
MISS:
O bitte, nein, Sie sind gar nicht zu verwechseln ... wollen Sie nicht Platz nehmen? Haben Sie Zahnschmerzen?
SCHULZ:
O bitte, nein ... das ist nur eine Angewohnheit von mir, mit dem linken Mundwinkel zu zucken. Das ist bei uns sozusagen erblich in der Familie. Seit meinem Urgroßvater Hyronimus Schulz. Es ist eine sehr unangenehme Geschichte. Besonders bei feierlichen Anlässen, z.B. Begräbnissen oder bei der Kaisergeburtstagfeier. Es sieht aus, als lache man immerzu. Aber dabei lacht man gar nicht. Ich versichere Ihnen, mein gnädiges Fräulein, ich bin eine sehr ernst veranlagte Natur und im Privatberuf Kohlenhändler.
MISS:
Wieviel brauchen Sie denn?
SCHULZ:
Ich ... ich weiß nicht ... verstehe nicht, wie meinen Sie das ... ergebenst zu fragen?
MISS:
Wieviel Geld brauchen Sie?
SCHULZ:
Bitte sehr ... (erhebt sich) ich bin Hofkohlenhändler des Fürsten von Hohenzollern-Sigmaringen, der in hiesiger Gegend große Jagden besitzt.
MISS:
Und Sie liefern ihm die Kohlen für die Kaninchenjagd?

SCHULZ:
Ich stehe vor Ihnen in meiner Eigenschaft als Kommandant der Freiwilligen Feuerwehr hiesigen Ortes.
MISS:
Sehr erfreut. Aber hier brennt es nicht. Was ist also der Zweck Ihres Besuches?
SCHULZ:
Mir ergebenst die Andeutung zu gestatten, Ihre Frau Mutter war hiesigen Ortes gebürtig und da wollte ich Sie ergebenst im Auftrage der Freiwilligen Feuerwehr bitten, es nicht übelnehmen zu wollen, wenn Sie uns eine Fahne schenken täten.
· MISS:
Wofür?
SCHULZ:
Für die Freiwillige Feuerwehr.
MISS:
Wozu braucht denn die Feuerwehr eine Fahne? Damit kann man doch nicht spritzen?
SCHULZ:
Die Freiwilligen Feuerwehren unserer Nachbarstädte Schwiebus, Züllichau, Spremberg, Reppen, Drossen, sogar das kleine Bobersberg, welches nur neunhundert Einwohner hat, aber eine Tuchfabrik ist da, sind längst im Besitze einer Fahne. Da ist es schmerzlich für uns, bei festlichen Aufzügen zurückstehen zu müssen. Unsere Kasse ...
MISS:
Bewilligt. (Miß klingelt. Liddy kommt) Liddy, bitt schön, gib dem Herrn aus dem Nachttisch ein paar hundert Mark.
(Liddy steckt Schulz verächtlich einen Hundertmarkschein in die Hand)
SCHULZ:
(räuspert sich) Mein gnädiges Fräulein ... hiermit ernennt die Freiwillige Feuerwehr hiesigen Ortes Sie untertänigst zu ihrem Ehrenmitglied. Zur Fahnenweihe sind Sie freundlichst geladen. Gut Schlauch! (Liddy läßt ihn heraus, Schulz ab, Liddy zurück, Mienenspiel)
MISS:
So ...? Noch ein Herr ist draußen ... Herein mit ihm. (Liddy öffnet die Tür: B. Schultz in der Uniform eines Schützenmajors salutierend hereintretend)
MISS:
Mein Herr?
B. SCHULTZ:
Schultz ist mein Name, B. Schultz ... ganz einfach B. Schultz ... nicht zu verwechseln mit A. Schulz und C. Schulze. Ich komme in meiner Eigenschaft

als Major der Schützengilde hiesigen Ortes. Während die Schützengilden unserer Nachbarstädte Schwiebus, Züllichau, Spremberg, Reppen, Drossen, sogar das kleine Bobersberg, welches nur neunhundert Einwohner hat, aber eine Tuchfabrik ist da, längst im Besitze einer Vereinsfahne sind, muß die Schützengilde Krossen a. O. dieselbe noch entbehren. Da Ihre Frau Mutter hiesigen Ortes gebürtig ist, pardon, ich weiß, sie liegt auch hier begraben, und da Sie uns die Ehre Ihrer Anwesenheit geben, mein innigstes Beileid (verheddert sich).

MISS:
(klingelt. Liddy kommt) Liddy, bitte, gib dem Herrn ein paar hundert Mark.
(Liddy steckt B. Schultz verächtlich ein paar Hundertmarkscheine in die Hand)

B. SCHULTZ:
(räuspert sich) Meinen aufrichtigen Dank. Mein gnädigstes Fräulein ... Hiermit ernennt die Schützengilde Krossen a. O. Sie, mein gnädiges Fräulein, zur lebenslänglichen Ehrenschützin. Zur Fahnenweihe sind Sie freundlichst geladen. Halali.
(Ab mit Liddy. Liddy zurück, spricht mit einem andern Herrn)

MISS:
Mein Herr?

C. SCHULZE:
(in Frack und Zylinder) Schulze ist mein Name ... C. Schulze, ganz einfach C. Schulze ... nicht zu verwechseln mit A. Schulz und B. Schultz. Ich erlaube mir, vor Ihnen zu stehen in meiner Eigenschaft als Präsident des Kegel- und Skatklubs „Harmonie". Während die Kegel- und Skatklubs unserer Nachbarstädte Schwiebus, Züllichau, Spremberg, Reppen, Drossen, sogar das kleine Bobersberg, welches nur neunhundert Einwohner hat, aber eine Tuchfabrik ist da, längst im Besitze einer Vereinsfahne sind, muß der Kegel- und Skatklub „Harmonie" dieses Zierats noch entbehren. Gestatten Sie mir daher untertänigst ...

MISS:
(winkt Liddy mit den Augenbrauen. Liddy steckt C. Schulze verächtlich ein paar Hundertmarkscheine aus dem Nachtkästchen in die Hand)

C. SCHULZE:
(räuspert sich) Hochverehrtes Fräulein! Hiermit ernenne ich Sie zum Ehrenmitglied des Kegel- und Skatklubs „Harmonie". Zur Fahnenweihe sind Sie freundlichst geladen. Es gibt Bockwurst mit Salat. Das Diplom lasse ich gleich hier. Gut Holz!
(Liddy mit C. Schulze ab. Liddy zurück: schubst verächtlich Maxl Beerbaum vor sich her. Liddy ab)

MAXL:
(klappt die Hacken zusammen – er ist ungefähr 16 Jahre, Kneifer, Konfirmandengehrock, eckige Bewegungen, Schülermütze) Maxl Beerbaum.

MISS:
Sehr angenehm.
MAXL:
Mein ... mein gnädiges Fräulein (überreicht ihr einen Rosenstrauß).
MISS:
Danke sehr, aber danke vielmals – ist das für mich? Die schönen Rosen? und rote sind es sogar!
MAXL:
Jawohl, es sind rote.
MISS:
Also Maxl heißt du, ein hübscher Name. In welcher Klasse bist du denn?
MAXL:
Wenn ... wenn Sie auch viel Geld haben (aufgeregt) und Millionärin sind, und deshalb komme ich ja zu Ihnen, so dürfen Sie mich doch nicht du nennen. In Untersekunda siezt man uns bereits!
MISS:
Ach, Sie sind Untersekundaner, entschuldigen Sie vielmals, daß ich das außer acht ließ. Die hiesige Anstalt geht ja wohl nur bis Untersekunda.
MAXL:
Jawohl, bis zum Einjährigen. Wir sind hier die erste Klasse.
MISS:
Da spielen Sie natürlich die erste Rolle in der hiesigen Gesellschaft ...
MAXL:
Allerdings ... die Tanzstunde beherrschen wir!
MISS:
Erlauben denn die Lehrer diese Ausschweifungen?
MAXL:
O, die Lehrer! Wenn man immer danach ginge, was die Schule einem erlaubt. Man fragt sie eben nicht – und läßt sich nicht erwischen.
MISS:
So? Also Sie fröhnen verbotenen Genüssen?
MAXL:
(stolz) Jawohl!!! Wir haben eine Verbindung.
MISS:
Was haben Sie?
MAXL:
Eine Verbindung. Aber Sie dürfen uns nicht verraten.
MISS:
Nein, niemals!

MAXL:
Marchia ist ihr Panier und ihr Erstchargierter (verbeugt sich) heißt Maxl Beerbaum.
MISS:
Gratuliere!
MAXL:
Danke sehr!
MISS:
Was tun Sie denn da hauptsächlich in der Verbindung? Trinken?
MAXL:
Ja, vor allen Dingen trinken.
MISS:
Hat das irgend einen Zweck?
MAXL:
Natürlich! Die Studenten tun's ja auch. Der Bierkrug ist das Zeichen der Männlichkeit, und der Freiheit von der Schule. Denn es ist verboten. Und darauf kommts an.
MISS:
So?
MAXL:
Man soll nur das tun, was verboten ist, dann tut man schon das Richtige, sagt Hannibal.
MISS:
Wer sagt das?
MAXL:
Hannibal! Kennen Sie ihn nicht?
MISS:
Keine Spur.
MAXL:
Der ist unser alter Herr honoris causa. Und hat uns überhaupt erst Mut gemacht, daß die Marchia mich hierher schickte zu Ihnen. Und hat auch gesagt, ich soll Sie schön grüßen von ihm.
MISS:
Danke sehr. – Aber, was wollen Sie eigentlich?
MAXL:
Wir wollten Sie bitten, ob Sie unserer Korpskasse für das Stiftungsfest nicht einen kleinen Beitrag überweisen könnten. Sie haben's doch dazu.
MISS:
Ach?

MAXL:
Wissen Sie, unsere Finanzen stehen nämlich sehr mau!
MISS:
Das ist auf der ganzen Welt so – wieviel brauchen Sie denn?
-MAXL:
Wenn wir Sie vielleicht um ein Darlehen von fünf Mark bitten dürften – auf neunundneunzig Jahre.
MISS:
Neunundneunzig Jahre? Wer hat Ihnen denn das gesagt?
MAXL:
Hannibal! Der sagt, das wäre chinesisches Recht. Ein anständiger Mensch könnte sich überhaupt nur nach dem chinesischen Recht richten.
MISS:
Das chinesische Recht verleiht aber den Gaunern und Narren hölzerne Halskrausen – weiß das Hannibal auch?
MAXL:
Ich glaub schon. Hannibal weiß alles.
MISS:
Das muß ja ein genialer Mensch sein.
MAXL:
Das ist das richtige Wort: er ist ein genialer Hund, verzeihen Sie, wie wir in unserer Korpssprache sagen.
MISS:
Also, auf seine – ... auf Hannibals Fürsprache will ich, trotzdem es eigentlich unmoralisch ist –
MAXL:
Unmoralisch? Wieso? Hannibal sagt, so was gibts überhaupt nicht.
MISS:
Will ich also Ihre Korpskasse mit einem Fünfzigmarkschein bereichern. Bitte schön (gibt ihm den Schein).
MAXL:
Herzlichsten Dank. Damit ist meine Mission erledigt. Wir werden uns erlauben, auf der nächsten Kneipe einen Ehrensalamander auf Sie, mein gnädiges Fräulein, zu reiben. Marchia vivat crescat floreat in aeternum (verbeugt sich, ab).
(Es klingelt, die Miß betrachtet amüsiert den Rosenstrauß. Liddy hinaus, zurück, strahlt über das ganze Gesicht)
MISS:
Was hast du, Liddy? Was ist passiert? Hat er dich in den Arm gekniffen?

LIDDY:
(lacht noch immer, macht allerlei Zeichen)
MISS:
Großer Gott, noch ein Herr ist draußen ... und ein komischer Herr? Es geht in eins. Laß ihn herein!
(Liddy hinaus, läßt Hannibal eintreten. Hannibal drückt ihr nachlässig ein Fünfmarkstück in die Hand. Liddy wird plötzlich ernst und verschwindet. Hannibal ist im grünen Frack, Kniehosen, schwarzen Seidenstrümpfen. Chapeau Claque. Eine Orchidee im Knopfloch)
MISS:
(sieht ihn an, will lächeln, begegnet seinem Blick, hält das Lächeln zurück, ernst, ein wenig unruhig) Mein Herr, womit kann ich Ihnen dienen?
HANNIBAL:
Ich heiße Hannibal.
MISS:
Hannibal?
HANNIBAL:
Hannibal! Ein Name der außerordentlich gut zu mir steht.
MISS:
Ein Name, der Ihnen außerordentlich gut steht.
HANNIBAL:
Bitte sehr, ich habe gesagt, zu mir steht. Das andere findet man heutzutage in jedem Schwank. Kein Mensch lacht mehr darüber. Dieses zu heißt pro, lateinisch für, zum Schutze, zum Schilde, da er, nämlich der Name, wie ein Schild vor mir steht, daß niemand zu mir herankann.
MISS:
Wie heißen Sie – mit Nachnamen?
HANNIBAL:
Der Nachname ist gleichgültig. So heißt mein Vater auch. Ich habe mit ihm sonst nichts gemein.
MISS:
Sie heißen also bloß ... Hannibal?
HANNIBAL:
Wenigstens für Sie. Meine Mutter gab mir den Namen. Sie muß mit Ihnen große Ähnlichkeit gehabt haben.
MISS:
(lächelnd) Woher wissen Sie das?
HANNIBAL:
Wenn ich das nicht gewußt hätte, wäre ich gar nicht hergekommen. – Ich habe Sie gestern auf der Straße gehen sehen. Ihr Gang bezauberte mich und ich dachte, wenn ich meine Mutter einmal hätte gehen sehen, ihr Gang wäre gewesen wie der Ihre.

MISS:
Haben Sie Ihre Mutter denn nie gehen sehen? Das ist doch seltsam.
HANNIBAL:
O ... nicht so sehr! Sie war gelähmt, als sie mich gebar.
MISS:
(schweigt – dann) Hannibal ... ist das nicht der Feldherr, von dem es heißt: er kam, er sah, er siegte?
HANNIBAL:
Ich weiß das nicht genau, denn ich habe nie Historie getrieben. Aber es wird wohl so sein.
MISS:
Was suchen Sie eigentlich bei mir?
HANNIBAL:
Das, was all die andern, die schon bei Ihnen waren, und die, die noch kommen werden, suchen werden: Geld. Und vielleicht noch ein wenig mehr ...
MISS:
Sie sind in Geldverlegenheiten? Haben Sie Schulden? Wenn Sie sich nur nicht in mir täuschen. Ich borge Ihnen nichts.
HANNIBAL:
Ich will nichts geborgt.
MISS:
Sondern?
HANNIBAL:
Geschenkt ... Ganz freiwillig ... Selbstverständlich ...
MISS:
So ... das versteht sich also von selbst?
HANNIBAL:
Ja!
MISS:
Einem solchen Menschen wie Ihnen bin ich noch nicht begegnet.
HANNIBAL:
Das glaube ich gern. Aber es ist gut so. Wenn es noch mehr Leute gäbe, wie ich, stände ich nicht so hoch im Kurse. – Und das wäre schade. Ich stehe mindestens auf fünfhundertneunundzwanzig. Dann könnte ich mich Ihnen gegenüber auch nicht so hoch einschätzen.
MISS:
Sie sind ja sehr ... einge...bildet, sehr ... stolz.
HANNIBAL:
Ich denke, ich habe das Recht dazu. Jedenfalls ebensoviel Recht wie die an-

dern zu ihrer sogenannten Demut. Aber wollen Sie nicht Platz nehmen? (Setzt sich. Die Miß setzt sich. Hannibal zieht sein Zigarettenetui) Rauchen Sie?

MISS:
Bitte ... (nimmt eine Zigarette).

HANNIBAL:
Haben Sie Feuer?

MISS:
(klingelt. Liddy kommt) Liddy, eine Kerze! (Liddy ab, sofort zurück mit einer Kerze, hält sie Hannibal zuerst hin, man fühlt die Hochachtung, die sie plötzlich für Hannibal empfindet. Liddy ab)

HANNIBAL:
Ich rauche nur amerikanische Zigaretten. Das ist am ehrlichsten.

MISS:
Schwärmen Sie so für die Ehrlichkeit?

HANNIBAL:
O! Nicht im geringsten! Aber in diesem Falle schon.

MISS:
Ich verstehe nicht, soll das ein Kompliment für mich sein, weil ich Amerikanerin bin – wenigstens der Nationalität nach – daß Sie amerikanische Zigaretten rauchen?

HANNIBAL:
Gewiß! Es ist auch ein Kompliment an den amerikanischen Geist, der sich in Ihnen so liebenswürdig verkörpert. Ich huldige ihm, indem ich offen amerikanische Zigaretten rauche, Zigaretten, die unter amerikanischer Flagge segeln. Während der gute Deutsche gemeinhin amerikanische Zigaretten raucht, die unter guter deutscher Firma gehen, und wohinter doch bloß der amerikanische Zigarettentrust steckt.

MISS:
Sie scheinen sich intensiv mit nationalökonomischen Fragen zu beschäftigen. Sind Sie etwa ein (mit Blick auf Hannibals Frack) verkappter Regierungsassessor?

HANNIBAL:
Mein gnädiges Fräulein, Sie unterschätzen mich, was die nationalökonomischen Fragen anbetrifft. Übrigens könnte ich Regierungsassessor sein. Es wirkt ziemlich dekorativ. Wenigstens im Wort.

MISS:
Und was sind Sie?

HANNIBAL:
Warum so neugierig? Neugier gestatte ich nur mir, niemals Anderen.

MISS:
Also so eine Art ... Moralphilosoph?
HANNIBAL:
Zum Moralisieren tendiere ich leider. Aber ich bekämpfe diese fatale Neigung auf das energischste.
MISS:
Ich kämpfe erst gar nicht dagegen an, ich gebe mich allen meinen ... Neigungen hin. Was ist Ihr Beruf?
HANNIBAL:
Ich bin Lyriker ...
MISS:
· Ah, Sie machen Gedichte?
HANNIBAL:
Um Gottes Willen! Ich habe nie ein lyrisches Gedicht gemacht und werde nie eines machen – das ist mein Stolz, ich bin Lyriker, weil ich das ganze Leben lyrisch und gefühlslogisch lebe. – Ich habe mich noch nie so nachdenksam über mich selbst geäußert – daran sind nur Sie schuld!
MISS:
Aber was wollen Sie eigentlich von mir?
HANNIBAL:
Heiraten!
MISS:
Heiraten?
HANNIBAL:
Heiraten!
MISS:
Und dazu soll ich Ihnen erstens Ihre Schulden bezahlen und zweitens womöglich noch die Mitgift.
HANNIBAL
So ungefähr.
MISS:
Denn das Mädchen ist sicher sehr unbemittelt? Lyriker lieben immer sehr unbemittelte Frauen.
HANNIBAL:
Das kann ich von mir nicht behaupten.
MISS:
Wen wollen Sie denn eigentlich heiraten?
HANNIBAL:
Sie!!!

MISS:
    Wen?
HANNIBAL:
    Sie!!!!!
MISS:
    (Ist aufgesprungen) Mich???
HANNIBAL:
    Ja! Natürlich!
MISS:
    Natürlich?
HANNIBAL:
    Scheint Ihnen das so erstaunlich?
MISS:
    Immerhin ...
HANNIBAL:
    Das finde ich gar nicht. Ich halte das für die selbstverständlichste Sache von der Welt. Wenn Sie mich lieben, warum sollen Sie mich nicht heiraten?
MISS:
    Ich ... l i e b e Sie???????
HANNIBAL:
    Ich denke schon!
MISS:
    Sie sind ein entzückender Mensch!
HANNIBAL:
    Sehen Sie!
MISS:
    Aber lieben!
HANNIBAL:
    Warum nicht?
MISS:
    Und heiraten?!!
HANNIBAL:
    Ja, die Ehe wird sich wohl nicht umgehen lassen!!
MISS:
    Wieso?
HANNIBAL:
    Denn ich liebe wirklich n i c h t n u r Ihr Geld.

MISS:
Ach?? Wie liebenswürdig!

HANNIBAL:
Sondern auch Ihre Person ...

MISS:
Warum versuchen Sie dann nicht, mich zu verführen und mich zu Ihrer Geliebten zu machen?

HANNIBAL:
Aber das tue ich ja schon, seit ich hier vor Ihnen stehe!

MISS:
Erlauben Sie ... Hannibal ... einen Mann mit solchen Prinzipien kann ich nicht heiraten, geschweige denn ... lieben. Haben Sie überhaupt einen Beruf, in dem man arbeitet?

HANNIBAL:
Nein! Nie! Wie käme ich dazu?

MISS:
Und dann wollen Sie mich, die Tochter Tunderstams, heiraten, der man von früher Kindheit an in die Ohren schrie: Arbeit! Arbeit! Arbeiten muß der Mensch! Sieh deinen Vater! Im Winter um sechs, im Sommer um fünf Uhr morgens steht er auf und arbeitet mit geringer Unterbrechung bis in den grauen Abend. Unwirsch ist er geworden und verbittert und nervös und ein Menschenhasser, so nervös, daß er nachts nicht mehr allein schlafen kann – aber reich ist er geworden und in allen Schullesebüchern findet man seinen Aufsatz: „Die Arbeit, des Lebens Zierde." Er hat ein Vermögen von achthundert Millionen Dollars zusammengebracht.

HANNIBAL:
Siebenhundertsiebenunddreißig, bitte schön. Ich habe mich im Auskunftsbüro erkundigt. Aber dieser Reichtum ist von ihm nur aufgehäuft worden, damit ein vernünftiger Mensch – in meinem Sinne vernünftig – einmal den rechten Gebrauch davon mache. Dieser vernünftige Mensch bin ich!

MISS:
Das wissen Sie ganz genau?

HANNIBAL:
Ja, allerdings.

MISS:
Sie irren sich vielleicht! Ich bin in die Fußstapfen meines Vaters getreten. Ich habe arbeiten gelernt ... Als Studentin auf den Universitäten beider Erdteile. Ich besitze den juristischen und den philosophischen Doktor.

HANNIBAL:
(melancholisch) Ich nicht ...

MISS:
Ich habe besonders die Menschen studiert und suche jetzt einen Menschen, dem ich mein Vermögen schenken könnte ... einen Menschen, einem armen Teufel ... nein, keiner humanitären Einrichtung für errettete Selbstmörder oder Impfgegner oder freie Universitäten. Diese Humanität ekelt mich an. Einem Menschen, einem Menschen will ich alles schenken. Das scheint mir die wahre Humanität!

HANNIBAL:
Vortrefflich, gnädiges Fräulein! Wir stimmen glänzend überein.

MISS:
Wenn ich nun einem Menschen, einem Menschen, der etwas damit anzufangen wüßte, die siebenhundertsiebenunddreißig Millionen Dollars schenkte und nur das notdürftigste für mich behielte – würden Sie mich dann auch noch heiraten wollen?

HANNIBAL:
Aber nein! Niemals! Ohne Geld niemals! Ich kann ohne Geld ja gar nicht leben.

MISS:
Das können die anderen Menschen bekanntlich auch nicht.

HANNIBAL:
Aber ich kann ohne sehr viel Geld nicht leben.

MISS:
Schaffen Sie sich das Geld, was Sie brauchen, produzieren Sie, ist denn Produktivität nicht das Höchste?!

HANNIBAL:
Falsch! Da irren Sie eben, das höchste, oder wenn Sie wollen tiefste Leben führt das, ich möchte es so nennen, passive Genie, das alle Lebenskräfte in sich sammelt zum eigenen Gebrauch, zum Privatgebrauch und sie nicht altruistisch in die Winde streut, wo sie doch eben dem Wind verfallen sind, und wie die Blütensamen gerade nur zufällig mal von dem Richtigen genutzt werden. Die Fabel von dem einzigen Wert des produktiven Genies haben ja nur die eitlen Künstler und Dichter und Literaten aufgebracht. Sie leben davon in der Schätzung der Leute. Es ist auch so eine Art Priesterlüge. Das Publikum im Parkett klatscht, wenn es einen seiner Götter oder Tenöre oder Tänzer oder Dichter über die Bühne hupfen sieht. Mich widert es an, den Hansnarren für andere zu spielen. Ich spiel' ihn höchstens für mich selber.

MISS:
(sieht auf seine Kleidung) Bunt genug sehen Sie aus zum Bajazzo.

HANNIBAL:
Grün ist die Farbe meiner Seele. Wenn ich in diesem grünen Frack in einem Schwank auftreten würde, wäre das ein erschütternder Witz für das genügsame Publikum. Er allein würde genügen, drei Akte zu füllen. Seht, würden

sie schreien, und ihre Bäuche würden vor Lachen auf- und niedergehen wie
die Glaskugeln in den Wasserkünsten, seht den grünen Jungen. Ist das nicht
famos? Ist das nicht zum Quieken? Ist das nicht zum Bersten?
MISS:
Wovon leben Sie also? Sie ... passives Genie?
HANNIBAL:
Von mir selber! Es gibt ein Wort, das hat ein anderer aus mir heraus gesagt:
Ein wenig Geist erwirbt man durch die Pflege der Phantasie und viel Adel
durch den Anblick schöner Dinge.
MISS:
Und danach leben Sie?
HANNIBAL:
Ja ... auch in diesem Augenblick, da ich Sie ansehe, vermehre ich mein
Kapital an Adel wieder – um in der vermutlichen Sprache Ihres hoffentlich
verewigten Vaters zu reden.
MISS:
Warum?
HANNIBAL:
Sie sind schön!
MISS:
Es nützt Ihnen alles nichts ... ich heirate Sie doch nicht ... Ich kenne, abgesehen von Ihrer Frau Mutter, ja Ihre Familie gar nicht.
HANNIBAL:
Sie ist nicht sehenswert. Mit einer Ausnahme.
MISS:
Wer ist das?
HANNIBAL:
Meine Schwester.
MISS:
Kann ich sie nicht kennen lernen, ... Ihre Schwester?
HANNIBAL:
Wenn Sie es wünschen.
MISS:
Ist sie lieb ... Ihre Schwester? ... Sie muß sehr lieb sein!
HANNIBAL:
Ja, sehr ... Aber, wenn sie Ihnen gefällt ... dann willigen Sie in die Ehe ...
MISS:
In welche Ehe?!

HANNIBAL:
In unsere Ehe!!
MISS:
Ach so, daran dachte ich schon nicht mehr.
HANNIBAL:
Das ist betrüblich.
MISS:
Ich dachte immer nur, ... daß Sie eine Schwester hätten.
HANNIBAL:
Die Sie kennen lernen möchten. Seien Sie also bitte heute um vier Uhr zum Kaffee Prangerstraße elf.
MISS:
Dort wohnen Sie? Welche Gegend! Dort ist doch auch das Restaurant „Vater Rhein"?
HANNIBAL:
Woher kennen Sie dieses einzig schätzenswerte Lokal hiesigen Ortes?
MISS:
Man sprach gestern an der Table d'hôte nicht allzu leise davon ... Man, das heißt einige Zahnbürsten- und Wollwarenreisende. – Also dort wohnen Sie, in der Prangergasse?
HANNIBAL:
Ich nicht. Aber meine Schwester. Bei der werden wir das Verlobungsfest feiern.
MISS:
Ich denke nein!
HANNIBAL:
Ich hoffe ja!
MISS:
Das ist verwunderlich, daß Sie mit Ihrer Schwester nicht zusammen wohnen. Ist sie verheiratet?
HANNIBAL:
Nein. Das ist ganz natürlich bei Leuten wie <mir und meiner> Schwester, daß sie nicht zusammen wohnen.
MISS:
Ist sie in Stellung?
HANNIBAL:
Als Dienstmädchen meinen Sie? Ja! Sie ist Köchin bei dem schönen Oskar.
MISS:
Wer ist das?

HANNIBAL:
Mein Vater! Darf ich mich jetzt verabschieden?
MISS:
Bitte sehr ... was legen Sie da auf den Tisch?
HANNIBAL:
O ... eine Kleinigkeit ... eine unbezahlte Rechnung ... für den Frack, den ich anhabe ... ich habe ihn besonders für Sie anfertigen lassen. Nur für Sie! Innerhalb vierundzwanzig Stunden.
MISS:
Es ist gut. Auf Wiedersehen um vier Uhr bei Ihrer Schwester.
HANNIBAL:
Sie kommen?
MISS:
Bestimmt!
HANNIBAL:
(küßt ihr die Hand) Ich dürfte schon ... mehr küssen, aber ich kann warten.
(Verbeugt sich, ab)
MISS:
(sieht ihm nach, betrachtet die Rechnung, lächelt, wird ernst, Liddy erscheint) Wie gefällt dir der Herr, der eben ging?
LIDDY:
(Mienenspiel: Vortrefflich!)
MISS:
Du hast eigentlich keinen schlechten Geschmack. Aber ich weiß nicht ...
(Es klingelt)
Sieh nach, Liddy.
(Liddy ab, mit einer Karte zurück, die sie der Miß überreicht)
MISS:
Eisermann? Eisermann? Was ist denn das? Hoffentlich der letzte für heute morgen. Hannibals Besuch hat mich doch sehr angegriffen. Ich habe ordentlich Hunger bekommen. – Hol ihn herein.
(Liddy ab, mit Eisermann zurück, Liddy ab ins Nebenzimmer)
EISERMANN:
Eisermann ist mein Name ... Eisermann ... Entschuldigen Sie, gnädiges Fräulein, wenn ich unvermutet und unerwartet hier einbreche ... Aber es ist eine wichtige Angelegenheit. Ich komme zum Teil wegen des neuen Gasometers unserer Gasanstalt ...
MISS:
Gasometer?

EISERMANN:
Ja, haben Sie denn die Zeitung nicht gelesen?
MISS:
Ich lese nur Skandalblätter, wissen Sie die „Wahrheit" z. B., aber keine Zeitung.
EISERMANN:
Dann sollten Sie aber, solange Sie hier verweilen, hin und wieder einen Blick in unser hiesiges Blatt werfen. Es ist ausgezeichnet redigiert.
MISS:
Ich werde Ihren Rat befolgen.
EISERMANN:
Aber zweitens bin ich gekommen um, hoffentlich noch früh genug, einen dummen Streich zu verhindern.
MISS:
Was für eine Dummheit hab ich denn gemacht?
EISERMANN:
(lachend) O nein! Ich meine einen dummen Streich, den man Ihnen spielen will ... War mein Sohn schon hier?
MISS:
Verzeihung: Wie heißt Ihr Herr Sohn? Schulze vielleicht oder Maxl?
EISERMANN:
Hannibal heißt mein Sohn ... Hannibal Eisermann.
MISS:
Ein junger Mann namens Hannibal war allerdings eben bei mir.
EISERMANN:
(läßt sich in einen Sessel fallen) Dann ist es zu spät ... o, tragen Sie mir unglücklichem Vater nicht nach, was er verfehlte.
MISS:
Dann sind Sie ja ... Verzeihung, Ihr Herr Sohn nannte Sie so, der schöne Oskar?
EISERMANN:
(auffahrend) Der schöne Oskar? Der schöne Oskar? (zuckt konvulsivisch mit den Lippen) Der schöne Oskar ... ich? ich? Dieser Stadtlump, ich, ich? Mein Fräulein ... wollen Sie mich beleidigen?
MISS:
Pardon, wenn ich Ihnen unrecht tat. – Übrigens ... Ihr Herr Sohn hat nichts übles getan und mir auch keinen schlechten Streich gespielt. Er wollte mich nur heiraten!
EISERMANN:
Der Narr! Der unverschämte ...

MISS:
O, ich finde das sehr vernünftig und, da er ein reizender Mensch ist, gar nicht unverschämt.
(Es klopft)
Herein! Herein!
(Ein Kellner tritt ein)
KELLNER:
Ich wollte zum Diner decken. Gnädiges Fräulein hatten befohlen, es auf Ihrem Zimmer servieren zu lassen.
MISS:
Ja, bitte, decken Sie. Und bringen Sie zwei Gedecke. Herr Eisermann ist mein Gast. Nicht wahr, Sie machen mir doch das Vergnügen? Über den Gasometer reden wir noch!
EISERMANN:
Ich habe zwar schon einmal gegessen ... aber wenn ich die Frechheit meines Sohnes ein wenig gut machen kann, von Herzen gern ... Es würde mich freuen, über den Gasometer der Stadtverordneten-Versammlung günstigen Bescheid heimbringen zu können.
MISS:
Wir werden sehen ... Als Hors d'Œuvre: Kaviar auf Toast ... Es ist Ihnen doch angenehm, Herr Eisermann?
EISERMANN:
Sie haben meinen Geschmack aufs beste getroffen. Mit Kaviar kann man mich mitternachts aus den Betten holen.
(Der Kellner verbeugt sich, ab)
MISS:
Was ist denn das? Auf dem Tische lag doch noch eben meine Börse? (hält inne) Ach so ... Hannibal war bei mir ...
EISERMANN:
(bestürzt) Hannibal hat die Börse ... ich wage das Wort nicht auszusprechen, gest... stohlen?
MISS:
O nein ... nur mitgenommen. Ohne meine Erlaubnis. Aber ich gebe sie ihm noch nachträglich ...
(Vorhang)

Dritter Akt.

(Dürftige und ärmliche Wohnung des schönen Oskar in der Prangerstraße. Mädele am Fenster, einen Glasscherben in der Hand. Der schöne Oskar mit Reparatur einer Uhr beschäftigt)

OSKAR:
Ich ... kann den Nordhäuser ... nicht mehr vertragen ... ich vertrag ihn nicht mehr, er zwickt einen immer wie ein Krebs im Magen. Ich muß zum Kottbuser übergehen ... oder zu kaltem Grog ...

MÄDELE:
Vater, ich habe einen neuen Scherben gefunden ...

OSKAR:
Zeig, wie sieht er denn aus?

MÄDELE:
(hält ihm, ohne sich vom Fenster zu wenden, den Scherben entgegen) Von einer Weinflasche ist er, von der Farbe hatt ich noch keinen, Vater.

OSKAR:
Potz-Blitz sieht die Welt darin wie ein brauner Brei aus.

MÄDELE:
(sieht hindurch) Ganz verrostet sieht der Himmel darin aus, Vater. – Wenn man den Scherben sich dicht an die Augen drückt, dann sieht man nichts als diesen Rost an allen Dingen, an den Häusern, an den Bäumen, an den Menschen – und die Menschen haben so rote Augen wie Kaninchen. Oder haben sie soviel geweint? Ich könnt' mein ganzes Leben immer durch Scherben sehen.

OSKAR:
Der liebe Gott hat uns genug Scherben beschert, brauchtest sie nicht zu sammeln, Mädele.

MÄDELE:
Natürlich nicht immer durch denselben Scherben: bald blau, bald grün, mal gelb, mal violett, aber am liebsten hab ich rot. Dann brennt alles, die Straßen und die Bäume und die Türme und die Wolken und die Wälder, alles brennt lichterloh. Und alles, was sonst nicht brennt, brennt lichterloh. Die Wolken und die Wälder und die Menschen, die doch sonst nicht brennen, brennen lichterloh. – Vater, ich sehe zu gern, wenn es brennt.

OSKAR:
Deine Mutter, Mädele, hat sich, Gott sei's geklagt, versehen. Im neunten Monat, da ist drüben ein Dachstuhlbrand gewesen in der Nacht, und die Mutter hat's durch den Vorhang leuchten sehen.

MÄDELE:
Vater, ich möchte einmal was anzünden, einen Heuschober auf'm Feld, wenn der Mond scheint.

OSKAR:
Kommt die Polizei, Mädele, schmeißt dich ins Gefängnis.
MÄDELE:
Aber gar nicht mit Streichhölzern mag ich's anzünden. Mit den Augen, du,
Vater, bloß mit den Augen.
OSKAR:
Werden dir die Augen aus'n Kopf reißen, Mädele.
MÄDELE:
Dann brennt ja noch mein Herz, Vater.
(Pause)
OSKAR:
Wo hast du denn den Scherben gefunden, Mädele?
MÄDELE:
Am Schuttplatz bei der Gasanstalt.
OSKAR:
Wird vom alten Eisermann sein, die Weinflasche, der trinkt so feine Marken und läßt seinen Sohn dürsten.
MÄDELE:
Hannibal ...
OSKAR:
Hannibal, das is'n stolzer Name, das ist hebräisch und heißt was mit dem Teufel, mit Baal, weißt du.
MÄDELE:
Ich glaube, Hannibal trinkt die feinen Marken und der Vater muß dürsten – kann er seinem Vater nichts abgeben?
OSKAR:
Nein, Mädele. Der hat ja gar kein Glas zum Trinken.
MÄDELE:
Wenn ich ihm nun diesen Scherben gäbe?
OSKAR:
Er würde dich auslachen, Mädele.
MÄDELE:
Du, Vater, den Scherben hier, den hab ich erst aus der Erde buddeln müssen, alle Scherben, die so schön in der Sonne glitzern, muß man sich erst aus der Asche graben. Glaubst Du nicht auch, Vater, daß die Scherben zu unrecht in der Asche liegen, wo die Sonne sie gar nicht sieht? Und die Sonne mag sich doch so gern in den Scherben spiegeln, die haben doch beide so viel von einander, die Sonne und die Scherben. Deshalb leg ich alle meine Scherben jeden Mittag, die roten und die blauen und die grünen und die gelben auf's Fensterbrett in die Sonne, Vater (kleine Pause. Mädele tritt vor eine Photographie im Rahmen, die links von der Tür hängt). Du – Vater

OSKAR:
Ja?
MÄDELE:
Übermorgen hat sie Geburtstag ...
OSKAR:
(seufzend) Ich weiß ... ich weiß ...
MÄDELE:
Ich werde auf die Aue gehen und Vergißmeinnicht suchen und einen Kranz für sie flechten ...
OSKAR:
Tu es, Mädele, sie wird dir im Himmel danken.
MÄDELE:
Ist sie im Himmel, Vater?
OSKAR:
Wie du nur fragst, Mädele! Sie war so gut.
MÄDELE:
Und schön.
OSKAR:
Und traurig ...
MÄDELE:
Und krank ...
OSKAR:
Ja; aber erst später, Mädele, nicht als sie mir dieses Bild brachte ...
MÄDELE:
Erzähl doch mehr von ihr ... Wie hast du sie kennen gelernt ... Vater ...
OSKAR:
O ... da war ich noch jung ... und hübscher als jetzt, das kannst du mir glauben ... Deine Mutter, die braune Marie, Gott hab sie selig, war mir noch nicht begegnet ... jung war ich ... und lustig ... und schlief sommers des Nachts am liebsten draußen auf freiem Felde, unter einem Weidenbusch, nur den dunkeln Himmel und Gottes Sternaugen über mir ... Freilich ... der Stadtlump war ich schon damals ... mein Vater war ja auch Stadtlump gewesen ... und so was vererbt sich ... diese Würde vererbt sich wie die Kaiser- und Königswürde ... da lag ich eines Abends, es mochte gegen zehn Uhr sein, im Grase an der Schweinslache – du weißt ja diesen Teich, er ist sehr tief, tiefer als die Oder und die Schlinggewächse wuchern auf seinem Grunde, die keinen loslassen, wenn sie ihn erst mal haben. – Die Grillen zirpten nur noch vereinzelt – da knackt plötzlich das Gebüsch neben mir, ich höre leise Schritte ... ich dachte, es wäre ein Reh, das zur Tränke wollte ... es war eine Frau ... und was sie vorhatte ... das kann man sich denken ...

sie wollte ins Wasser springen ... Ich war wie der Blitz auf meinen beiden
Beinen und riß sie zurück ... „Mit welchem Recht zerren Sie mich in dies
verhaßte Leben zurück?" sagte sie. „Mit dem Recht, das ich mir nehme!"
sagte ich. Da erkannte ich sie plötzlich ... Und sie erkannte mich ... Ich
war der Stadtlump ... und sie ... sie ... – Aber sie hatte keine Furcht vor
mir. Wir setzten uns ins Gras. Dann sprach sie allerlei ... stammelte ...
fluchte ... weinte ... auf einmal küßten wir uns und waren sehr glücklich.
Dann ging sie in die Stadt zurück. Ich wußte, sie würde leben bleiben ... leben wollen ...
(Pause)
Ich mein, der Hannibal war lange nicht hier.

MÄDELE:
Mindestens vierzehn Tage nicht.

OSKAR:
Wenn Hannibal das nächste Mal kommt ... wir werden sehr lange Gespräche miteinander haben, philosophische Gespräche, ich weiß gar nicht, ob du dabei sein darfst. Vielleicht mußt du in die Kammer.

MÄDELE:
Bitte Vater, laß mich dabei sein, ich will auch ganz still sein.

OSKAR:
Hannibal, alle Achtung, Mädele, das ist ein Mann, der's Leben richtig versteht und's (zeigt auf's Herz) hier hat.
(Es klopft)

MÄDELE:
Es hat geklopft, Vater. (Mädele geht an die Tür, öffnet)
(Hannibal tritt ein, ohne Monokel)

MÄDELE:
(erfreut) Hannibal! Eben sprachen wir von dir.

HANNIBAL:
Seid mir gegrüßt, meine Freunde, guten Tag, Mädele, laß dich auf die Stirne küssen, meine kleine Schwester! (küßt sie)

OSKAR:
(er steht auf, gibt ihm die Hand) Nun, Hannibal, wie geht's?

HANNIBAL:
Leidlich. Mir ist nur eben ein häßliches Mißgeschick zugestoßen – – –

MÄDELE:
Mir wird ängstlich, Hannibal ...

HANNIBAL:
Denkt Euch, ich gehe grade am Schulgebäude vorüber und denke, Gott hab sie selig, meine Schulzeit – da ...

MÄDELE:
Da ...

OSKAR:
Da ...

HANNIBAL:
Da springt mir das Monokel aus dem Auge wie ein Tier ... wie ein selbständiges Wesen, fällt auf's Pflaster und zerschellt!

MÄDELE:
(hält ihm den Scherben hin, lachend) Da, nimm das dafür, Hannibal.

HANNIBAL:
Danke dir, Mädele, für deine Teilnahme. Übrigens ist an dem Unfall, wie an so manchem Unglück heutzutage, nur das humanistische Gymnasium schuld.

OSKAR:
Da hast du sehr recht, ich bin bis Sexta gegangen und kann das beurteilen. In Sexta haben sie mich hinausgeschmissen, weil ich eines Tages krank wurde.

HANNIBAL:
Ja, Alkoholvergiftung.

OSKAR:
Ist das vielleicht keine Krankheit?

HANNIBAL:
Das Monokel scheute sozusagen vor dieser widerwärtigen, ihm im Innersten feindlichen Einrichtung, wollte persönlich und prinzipiell dagegen ankämpfen – aber zerbrach an der Gewalt des Schicksals. – Hast du einen guten Korn, Oskar?

OSKAR:
Gleich ... gleich ... Mädele, geh doch mal in die Küche.

MÄDELE:
Sofort, Vater (ab. Gleich zurück mit einer Flasche und zwei Gläsern).

HANNIBAL:
Da, ich habe dir auch einige Importen gebracht.

OSKAR:
Ah! Dein Alter ist doch zuweilen ganz brauchbar.

HANNIBAL:
Ja, wenn er Zigarren einkauft, sonst nicht. Im übrigen pfeife ich auf meine gottgewollte Abhängigkeit von ihm, die ich sehr bald abstreifen werde.

MÄDELE:
Hier bitte, Hannibal, bediene dich.

HANNIBAL:
Danke sehr, Mädele.

OSKAR:
Wieso?
HANNIBAL:
Das werdet Ihr sogleich erfahren. – Dein Wohl, Mädele!
MÄDELE:
Danke, Hannibal.
OSKAR:
Prost, Hannibal!
HANNIBAL:
Ihr werdet heute noch (sieht nach der Uhr) und zwar in zehn Minuten ... Besuch erhalten.
OSKAR:
Besuch? – Wir?
MÄDELE:
Von wem denn?
HANNIBAL:
Von einer Dame!
MÄDELE:
Einer Dame?
OSKAR:
Will sie ihre Uhr bei mir reparieren lassen?
HANNIBAL:
Das weniger, aber ihre Weltanschauung, sozusagen. Ich habe ihr von dir erzählt und was für ein bedeutender philosophischer Kopf du wärest ...
MÄDELE:
Hast du ihr auch von mir erzählt, Hannibal?
HANNIBAL:
Aber gewiß; ich habe dich meine kleine Schwester genannt und habe ihr erzählt, wie hübsch du wärst und gut. Da hat sie große Sehnsucht gezeigt, Dich kennen zu lernen.
MÄDELE:
Ist sie – jung, die Dame, Hannibal?
HANNIBAL:
Ja, Mädele.
MÄDELE:
Und schön?
HANNIBAL:
Sehr schön.

MÄDELE:
Und blond?
HANNIBAL:
Außerordentlich blond.
MÄDELE:
Und gut?
HANNIBAL:
So gut.
OSKAR:
Und reich?
HANNIBAL:
S e h r reich!
OSKAR:
Warum heiratest du sie denn nicht?
HANNIBAL:
Das will ich ja!
OSKAR:
Aber sie will nicht?
MÄDELE:
Vater, das ist doch ganz unmöglich, daß eine Dame, die Hannibal heiraten will, ihn nicht mag.
HANNIBAL:
Ich habe dir auch was mitgebracht, Mädele, hier fang!
(Holt aus der Tasche das gestohlene Portemonnaie und wirft es Mädele zu)
OSKAR:
Was ist denn das?
MÄDELE:
Ein Portemonnaie und ganz gefüllt mit Papier! Wie komisch!
HANNIBAL:
Das ist von der jungen, blonden, schönen, guten, reichen Dame, Mädele. Sie schickt dir's als Willkommensgruß im voraus und als Beitrag zu deiner künftigen Aussteuer.
OSKAR:
Zeig her, Mädele!
MÄDELE:
(reicht Oskar die Börse) Da.
OSKAR:
(untersucht die Börse) Aber das sind ja …: eins … zwei … drei … vier …

fünf ... sechs ... sieben ... acht ... neun ... zehn ... elf Tausendmarkscheine.
HANNIBAL:
Sie sind sogar echt. – Nicht etwa von den falschen, wie wir sie einmal – leider ohne Erfolg – herzustellen versuchten.
OSKAR:
(entzückt) Elf Tausendmarkscheine! Mädele! Und das gehört dir? Das muß einen großartigen kalten Grog geben heute abend!
HANNIBAL:
Ja, es gehört Mädele. Aber vielleicht gibt sie dir einen ab.
MÄDELE:
(umhalst ihren Vater) Alles, wenn du willst, alles. Ich weiß gar nicht, was ich damit anfangen sollte. – Du hättest mir lieber die Korallenkette mitbringen sollen, Hannibal, die du mir schon lange versprachst.
HANNIBAL:
Die bekommst du auch noch, Mädele, und mit den zehntausend Mark Mitgift – ich bin geneigt, die Mitgift gegebenenfalls noch zu erhöhen – einen hübschen Mann dazu.
MÄDELE:
Ich will gar nicht heiraten, Hannibal, ich trete in deinen Hausstand als Dienstmädchen.
HANNIBAL:
Ich denke, das wird sich einrichten lassen, Mädele, wenn du mir versprichst, die Eier immer pflaumenweich zu kochen, hörst du, pflaumenweich.
MÄDELE:
Aber gewiß.
HANNIBAL:
Oder noch besser, Eier im Glas und sehr viel Kognak!
MÄDELE:
Ich werde alles tun, wie du es willst. Aber ich möchte bei dir bleiben, Hannibal.
HANNIBAL:
Aber dann magst du plötzlich doch heiraten. Zum Beispiel meinen Diener, einen blutgierigen schwarzen Mohren oder zinnoberfarbenen Feuerländer.
MÄDELE:
Pfui, Hannibal, pfui!
HANNIBAL:
Oder meinen Chauffeur, der in seinem Pelzmantel wie ein Grizzlybär ausschaut.

MÄDELE:
Brrrrrrr.

HANNIBAL:
Oder meinen Friseur! Am Sonntag läßt du dir dann von ihm die Locken drehen und dich mit Parfüm bespritzen.

MÄDELE:
Du bist abscheulich, Hannibal, wenn ich jemand heiraten würde, würde ich höchstens dich heiraten.

HANNIBAL:
Bedaure sehr. Ich bin nun leider schon vergeben. Ich begreife ja, daß dann für dich eine mir gleichwertige Partie schwer zu finden ist. Siehst du, so hoch stelle ich dich, daß ich dich, abgesehen von mir – eigentlich keinem gönne.

MÄDELE:
Nun reden wir hier allerlei Dummheiten und haben schon ganz vergessen, daß wir ja Besuch bekommen. Ich will nur flink nebenan in die Küche und etwas Kaffee kochen.

OSKAR:
Kuchen kannst du auch holen, aber nicht beim alten Schmücke mit seinen Dreierwecken, sondern bei Hofmann in der Konditorei, aber nicht zuviel. – Höchstens für hundertfünfzig Mark, Du kannst von der Mitgift zahlen.

MÄDELE:
Adieu, Hannibal, adieu Vater, auf Wiedersehen in fünf Minuten.
(Mädele ab)

HANNIBAL:
Sie ist entzückend, Oskar. Sie entwickelt sich immer mehr zu meiner Schwester.

OSKAR:
Warum heiratest du sie nicht? Ich an deiner Stelle täte es.

HANNIBAL:
Sie ist mir noch zu jung ... sechzehn Jahre. Außerdem soll man auch seine Schwester nicht heiraten, es gibt eine schlechte Rasse. Und meinen Sohn will ich mir nicht verpfuschen lassen.

OSKAR:
Da hast du recht. Und ein Mann wie du kann ohne Geld nicht heiraten.

HANNIBAL:
(lachend) Nicht einmal leben. – Das ist doch aber sehr fatal, daß ich mein Monokel nicht hab. Ich beginne, meinen Gesichtsmuskeln zuviel Freiheit zu gestatten und zu lachen ... ein Mann wie ich sollte nur lächeln ... und auch sein Lächeln selten machen.

OSKAR:
Es ist jemand draußen an der Tür.

HANNIBAL:
(geht an die Tür, öffnet) Hereinspaziert, bitte sehr ... Sie kommen pünktlich, gnädiges Fräulein.
(Die Miß ist eingetreten)
Darf ich Ihnen meinen Vater vorstellen, den schönen Oskar, so benannt noch von seiner Jugend her und den Gassenbuben. – Fräulein Mary – Ihren Nachnamen hab ich vergessen, wie hießen Sie doch gleich?
MISS:
Mary Eleonore Tunderstam, Dr. jur. et phil.
HANNIBAL:
Ah, Tunderstam! Richtig. Miß Mary Tunderstam, meine Braut!
OSKAR:
Sehr erfreut, mein Fräulein, Sie in meiner bescheidenen Häuslichkeit begrüßen zu können.
MISS:
Ihren zweiten Vater, Hannibal, habe ich auch mitgebracht.
(In die Tür hinausrufend): Herr Eisermann ...
(Eisermann erscheint, mit mißgünstigem Gesichtsausdruck)
HANNIBAL:
Verzeih, Papa, daß ich meine Enttäuschung schlecht verhehle, dich ebenfalls hier begrüßen zu müssen.
EISERMANN:
Das ist doch unerhört!
MISS:
Hannibal!
HANNIBAL:
Mary? – Übrigens gestattet, daß ich Euch beide miteinander bekannt mache. Der schöne Oskar, mein Vater – Herr Eisermann, mein Papa. Bitte, wollen es sich die Herrschaften nicht bequem machen? Der Tee wird sogleich von gallonierten Dienern – in grüner Livree natürlich, grün wie mein Frack – aufgetragen werden.
(Sie setzen sich)
OSKAR:
Es gibt aber nur Kaffee – und allzustark wird er auch nicht werden. Wir haben ihn persönlich geerntet und getrocknet.
HANNIBAL:
Der schöne Oskar ist nämlich Besitzer einer Kaffeeplantage in Hinterindien. Dort züchtet er den feinsten Mokka der Welt. Und Mokka werden wir heute trinken, eigenbereiteten, in der Maschine bereiteten Mokka.

EISERMANN:
(zur Miß) Daß Sie mich in dieses ... Haus führten! Grade gegenüber vom "Vater Rhein"!
OSKAR:
Ich glaube, ich habe Sie schon einmal in der Prangergasse gesehen, Herr Eisermann. Wenn ich mich recht erinnere, hatten Sie dem Haus gegenüber zu ziemlich später Stunde, es war ein Uhr nachts, einen Besuch abzustatten?
EISERMANN:
Das ist Verleumdung ... das ... das ... das verbitte ich mir.
HANNIBAL:
Schade, Papa, daß du nicht wirklich da warst. Ich hatte gehofft, dir doch einmal ein Kompliment machen zu können.
EISERMANN:
(zur Miß) Wenn mich nur niemand gesehen hat! Mir war so, als hätte der Herr Vizebürgermeister am Eingang der Gasse gestanden, als ich ins Haus schlüpfte! Ich kann es nur damit entschuldigen, daß ich sage, ich hätte Studien machen wollen ... in den Armenwohnungen ... ich bin nämlich Ratsherr – und habe außer dem Dezernat für die Gasanstalt das Armendezernat.
MISS:
Das dürfen Sie ruhig sagen. Sie sagen ja damit hoffentlich nicht die Unwahrheit.
HANNIBAL:
Hoffentlich nicht? Leider nicht!
EISERMANN:
(zur Miß) Wie meinen Sie? Nein! Gewiß nicht!
OSKAR:
Werden Sie länger in unserer Stadt verweilen, mein Fräulein? Oder sind Sie nur hergekommen, um sich mit Hannibal zu verloben?
MISS:
Von der Verlobung weiß ich noch nichts, Herr ...
HANNIBAL:
Er hat keinen richtigen Namen, Mary. Sie müssen ihn schon den schönen Oskar nennen ... oder Vater.
MISS:
Dann schon lieber ... Vater.
EISERMANN:
Wie?? Wie????
MISS:
Ich bin hierher gereist, um das Grab meiner Mutter zu besuchen, welche auf dem Bergfriedhof, es war ihr Wunsch, bestattet liegt.

OSKAR:
Ja, neben dem General Friedrichs des Großen. Ihre Frau Mutter und der General, das sind die beiden Sehenswürdigkeiten des Kirchhofs.
HANNIBAL:
Sie haben sogar in dem vom Verschönerungsverein herausgegebenen Fremdenführer einen Stern, ich glaube sogar, Ihre Frau Mutter hat zwei Sterne.
OSKAR:
Immer noch nicht soviel, wie ein guter Kognak. – Wenn Hannibal sich mal hier begraben läßt, mit Ihnen, in einem eichenen Doppelsarg, haben wir noch eine Sehenswürdigkeit mehr.
HANNIBAL:
Danke für deine gütige Anregung. Ihr wird zu gegebener Zeit näher getreten werden. Zum Begraben ist dieser Ort gar nicht ungeeignet. Aber vorläufig leben wir noch. Gott sei Dank. Und s e h r . Nicht wahr, Miß Mary?
MISS:
Gott sei Dank!
HANNIBAL:
Wohin machen wir eigentlich unsere Hochzeitsreise? Ich denke Japan. Zu den Geishas. Was halten Sie davon?
MISS:
Sie fangen an, ein wenig ... kurios zu werden.
HANNIBAL:
Bitte sehr, ich kann meiner Braut
MISS:
Braut!?
HANNIBAL:
Braut, diesen Ton mir gegenüber nicht erlauben. Übrigens sind Sie nur eifersüchtig. Wegen der Geishas. Es sind in der Tat berauschende Geschöpfe. Überhaupt dieses Japan: Das Hotelwesen steht auf einer einzigartigen Höhe. Es ist bei weitem weiter entwickelt als das europäische. In Japan mietet man sich das Zimmer inklusive Licht, Frühstück, Bedienung bei Tag und Nacht – Bedienung: weibliche natürlich, im schönsten Sinne des Wortes. Auch die Liebe ist inklusive.
EISERMANN:
Hannibal! Laß diese obszönen Geschmacklosigkeiten.
HANNIBAL:
Also, ich kann mir nichts Schöneres denken, als eine solche ... bezaubernde ... kleine ... ach so kleine Japanerin. Die Japanerinnen sind ja so klein. (Die Miß wendet sich ab. Hannibal hält inne, sieht sie an)

HANNIBAL:
Doch, ich kann mir noch etwas Schöneres denken: Sie Mary, Sie!!!
MISS:
O, ich glaube Ihnen nicht.
EISERMANN:
Glauben Sie ihm nicht, Miß.
OSKAR:
Glauben Sie ihm, Fräulein. Es gibt keinen Menschen auf der Welt, der ehrlicher ist als Hannibal. In seiner Art.
MISS:
In seiner Art! Kennen Sie überhaupt die Treue den Frauen gegenüber?
HANNIBAL:
Bisher noch nicht! Aber die sollen Sie mir ja beibringen!
MISS:
Vermöge meines ... Geldes?
HANNIBAL:
Ja ...
EISERMANN:
Hannibal!
HANNIBAL:
Und vermöge Ihrer ... Menschlichkeit ...
MISS:
Ihre Schmeicheleien mißglücken!
HANNIBAL:
Im Gegenteil. Ich sehe es an Ihren Augen!
MISS:
Was tun denn meine Augen?
HANNIBAL:
Sie leuchten, – wie das Meer zuweilen in einer Sommernacht.
MISS:
Sind Sie weitsichtig?
HANNIBAL:
O nein! Aber ich sehe in die Zukunft. In unsere Zukunft, Mary.
MISS:
Gehört die zusammen?
HANNIBAL:
Ja.

MISS:
Woher wissen Sie das?

HANNIBAL:
Weil Ihre Hände ihr entgegenzittern.

MISS:
Sie Prophet!

HANNIBAL:
Ich ... Wahrsager (ergreift ihre Hände, küßt sie. Mädele kommt mit dem Kaffee von links).

HANNIBAL:
Meine Schwester Mädele –

EISERMANN:
Schwester? Schwester? Bin ich blödsinnig?

HANNIBAL:
(zu Eisermann) Ja!
(zu Mädele) Meine Braut Mary.

MÄDELE:
(steht verlegen mit dem Tablett vor Mary)

MISS:
Wie alt sind Sie denn?

MÄDELE:
Sechzehn Jahre ...

MISS:
Kommen Sie, zeigen Sie mir Ihre Augen! – Gib mir deine Hand, du sollst auch meine Schwester sein. Und sage du zu mir.

EISERMANN:
(ist bestürzt)

MISS:
Ich heiße Mary und du?

MÄDELE:
Mädele.

MISS:
Komm, ich werde dir helfen, den Kaffeetisch zu decken.

MÄDELE:
Ich habe aber noch keinen Kuchen! Denke dir, Vater, als der Bäcker das Papier gesehen hat, was ich ihm gegeben hab zum Zahlen, und du sagtest, es wäre tausend Mark wert, da hat er mir nichts geben wollen dafür und gesagt, es wäre unecht oder gestohlen.

HANNIBAL:
Gestohlen? Der Bube verleumdet mich.

147

EISERMANN:
Tausend Mark, woher hatten Sie die tausend Mark, Mädele?
MÄDELE:
Von Hannibal.
EISERMANN:
Hannibal?
MÄDELE:
Er hat sie mir geschenkt als einen Gruß (zur Miß) von ... von ... dir!
MISS:
(küßt Mädele) Da hat er recht getan. – Wir brauchen Gott sei Dank keinen Kuchen zu kaufen bei dem Bäcker, der dich so schlimm geärgert hat, ich habe selber welchen mitgebracht. (geht in den Flur hinaus, kehrt mit einer großen Tüte Kuchen zurück, den sie auf einen Teller ausschüttet) So, und nun gieß den Kaffee ein, Mädele.
(Mädele tut es)
EISERMANN:
Hannibal ... Du, ich weiß nicht, soll man es lachend oder weinend sagen: Lump.
HANNIBAL:
Willst du einen Likör, Papa ... auf den Schreck?
EISERMANN:
Danke ... nach dem Kaffee ... Übrigens Du scheinst auch hier den Gastgeber zu spielen.
HANNIBAL:
Der Gastgeber zu sein! Nicht wahr, Oskar?
OSKAR:
Ja! Überall, wo Hannibal hinkommt, ist er der Gastgeber!
MISS:
Bist du fertig mit Einschenken, Mädele?
MÄDELE:
Ja, gleich.
MISS:
Dann setz dich hier neben mich, so ... nun werde ich einmal eine Rede halten, die erste Rede in meinem Leben.
Hannibal, mein Verlobter, gib mir die Hand.
EISERMANN:
(wischt sich den Schweiß von der Stirne) Bin ich bei Trost?
HANNIBAL:
Papa, faß dich, unterbrich die geschätzte Rednerin nicht.

MISS:
Wie Diogenes, so bin ich mit der Laterne meines Instinktes – verzeihen Sie das kühne Bild – umhergezogen, um mir einen Mann zu suchen, der mir, philosophisch ausgedrückt, adäquat wäre. Vater wird mich schon verstehen.
OSKAR:
Ganz und gar.
EISERMANN:
Ich nicht.
MISS:
In dir, Hannibal, habe ich ihn gefunden, den Mann meiner Art und meiner Zeit, das habe ich schon gewußt, als du mir heute morgen den sonderbaren Besuch machtest, ich habe es wenigstens geahnt, aber ich habe gezögert, weil ich dich in einer mir fremden Umgebung wirken sehen wollte.
HANNIBAL:
O Dr. phil.!
MISS:
Deshalb kam ich hierher. Ich traf dich noch einmal in deinen Geschwistern an: in Mädele und in deinem Vater. Ich weiß, du wirst mir treu sein, du mußt es ja, sind wir doch Kinder eines Geschlechtes, das in so wenig Exemplaren über die Erde verbreitet ist und manchmal fast auszusterben scheint: des Geschlechtes der Naturmenschen. Mutig bist du, heiter, problemlos, unverschämt, unverfälscht, Träumer und Abenteurer, verliebt in jede Wirklichkeit. Küsse mich, Hannibal!
(Hannibal küßt sie)
HANNIBAL:
Ich bitte die Herrschaften, sich zu erheben und auf das Wohl des Brautpaares anzustoßen (alle tun es).
EISERMANN:
(kopfschüttelnd) Also doch, wenn ich nicht etwa blödsinnig bin. Weiß Gott, der Bengel hat Glück.
HANNIBAL:
Soviel als er verdient. Und mehr, als du verdienst.
EISERMANN:
Wie meintest du?
HANNIBAL:
Ja.
EISERMANN:
Wirst du nun dein faules Leben weiterführen – so ganz ohne Beschäftigung, ohne jede geistige Beschäftigung?
(Hannibal und Miß stehen umschlungen)

HANNIBAL:
O nein, daran habe ich auch nicht gedacht. Ich werde z. B. immer sehr gut frühstücken. Gut Frühstücken ist eine durchaus geistige Beschäftigung. Die Leute sind bloß noch nicht darauf gekommen.
EISERMANN:
So?
HANNIBAL:
Ja! ... Du zum Beispiel.
MISS:
Komm, Mädele ... Komm, Vater.
(Oskar und Mädele treten zu Hannibal und der Miß, die, alle vier sich umschlungen haltend, wie eine Kette Eisermann gegenüberstehen)
HANNIBAL:
Außerdem werde ich das Lustspiel meiner Brautfahrt schreiben ...
EISERMANN:
Was, du dichtest?
MÄDELE:
Ach, so schön!
HANNIBAL:
Das Lustspiel meiner Brautfahrt in drei Akten. Du sollst sehen, der Kontinent wälzt sich vor Lachen, obgleich die einzige komische Figur, die darin vorkommt – du bist, du, mein so überaus ernster und ernstgenommenseinwollender Papa.
EISERMANN:
Ich glaube, Du machst dich über mich lustig.
HANNIBAL:
Du meinst, weil das Parkett lacht? O! das lacht noch über viel dümmere Witze, als du einer bist.
MISS:
(sanfter Vorwurf) Hannibal!
MÄDELE:
Hannibal!
EISERMANN:
Hannibal!!! – Wir sind miteinander fertig (wendet sich zum Gehen, sein Blick fällt zufällig auf eine Photographie im Rahmen, die links neben der Tür hängt. Er stutzt. Wendet sich noch einmal um): Wie ... wie kommt das Bild hierher?
HANNIBAL:
Du meinst das Bild meiner Mutter?

OSKAR:
Ja ... das ist sozusagen Frau Eisermann ... Frau Eisermann ... das läßt sich nicht leugnen ...

EISERMANN:
Wie kommt das Bild in diese Spelunke? (in Wut)

OSKAR:
Nun ... Spelunke ...

EISERMANN:
Hast du es hergeschleppt, Hannibal? Du solltest das Andenken deiner Mutter, die dich über alles geliebt hat, besser in Ehren halten ...

HANNIBAL:
Ich habe nichts mit dem Bilde zu tun. Es ist von selbst hergekommen.

EISERMANN:
Was ist das für ein Unsinn? Es hat keine Füße ...

HANNIBAL:
Nein ... aber das Urbild hatte Füße ... sehr schöne Füße sogar ...

EISERMANN:
Und ...

HANNIBAL:
Und mit diesen Füßen ist es hierhergelaufen ... in diese Spelunke ist meine Mutter vor dir und aus dem reichen Hause am Markt geflohen ... wenn ihr das Herz weh tat und sie doch nicht weinen konnte ...

EISERMANN:
Meine ... meine ... Frau war in diesem ... Loch ...

HANNIBAL:
Dieses Loch schien ihr das Paradies ... gegen deine Krämerbude.

EISERMANN:
Was ... was ... wollte meine Frau hier? (langsam begreifend. Wimmernd)

HANNIBAL:
Sie ... liebte meinen ... Vater ...

EISERMANN:
Wen? Wen? Wen?

HANNIBAL:
Sie liebte den – schönen Oskar. – Der schöne Oskar war ihr Geliebter ...

OSKAR:
Ja ... ja ... ja ... das ist nun wohl so ...

EISERMANN:
(dumpf) Der Stadtlump?

HANNIBAL:
Der Stadtlump ... mit ihm hat sie dich betrogen, nicht nur aus Liebe ... auch aus Rache hat sie dein Bürgertum bespieen. Sie wußte, was sie dir antat, wenn sie es dir auch nicht gestand. Der Stadtlump ist mein Vater. Sie selbst hat auf dem Totenbette es mir noch geschworen ... ohne Kummer voller Freude. Denn der schöne Oskar ist ein Kerl ... und du bist ... nichts.
MISS:
Hannibal! (besänftigend)
EISERMANN:
Meine Frau ... meine Frau ... (wimmernd): O meine Ehre! Was bin ich noch? Man wird mich aus dem Magistrat werfen (stürzt hinaus).
HANNIBAL:
Adieu, bitte komm nicht so bald wieder – Oskar, jetzt sind wir ganz unter uns. Laß doch von Mädele ein paar Flaschen Champagner holen. (Wirft ihm einen Hundertmarkschein zu)
(Tritt mit der Miß Arm in Arm unter das Bild seiner Mutter) Sieh, wie süß sie auf uns herablächelt! ...
(Vorhang)

Nachspiel.

(Weg an der Schweinelache am Stadtpark. Hängende Weiden. Links Bank. Vorn freie Wiese. Bäume.
Von rechts betritt der alte Eisermann die Bühne. Er trägt einen Strick in der Hand und sieht sehr derangiert aus in Kleidung und Haltung)
EISERMANN:
... als ich den Strick kaufte, sagte Seilermeister Kilian: Wozu benötigen Sie einen Strick, Herr Stadtverordnetenvorsteher? Ich sagte, ich brächte der Jugendbewegung, wie sie auch in unserer Stadt Fuß gefaßt hat, wärmstes Interesse entgegen und wollte den Wandervogel und Jungdeutschlandbund nächsten Sonntag Tau ziehen lassen. Kilian meckerte schadenfroh wie ein Geißbock, als ahne er, daß ich die Konsequenzen meiner Handlungsweise ... (überlegt) ... hm ... Handlungsweise ... meiner Handlungsweise? ... Was man heutzutage für eine verdrehte Sprache spricht, merkt man erst kurz vor seinem Tode, wenn man mit sich abgeschlossen hat ... abgeschlossen hat? Bin ich ein Geldschrank? ... Sobald man in einem Satz wie „Konsequenzen meiner Handlungsweise" drinsteckt, kann man einfach nicht mehr heraus, wenns auch seine Handlungsweise war, die einem den Strick in die Hand drückte ... Kann ein Es einem etwas in die Hand drücken? ... O Gott, warum bin ich so lange Jahre nicht in die Kirche gegangen? ... Ich habe meine Entlassung aus dem Verbande der städtischen Körperschaften

und eine Disziplinaruntersuchung gegen mich beantragt ... Ich bin längst tot ... Manchmal spielt man sehr schön die Orgel ... in der Kirche ... Ich weiß es von meiner Einsegnung her ... Bei unserer Trauung spielte die Orgel einen sehr stimmungsvollen Choral ... Wie hieß er doch gleich? ... Im „Vater Rhein" braut man ein merkwürdiges Getränk, welches Türkenblut heißt. Sekt, Rotwein, rohe Eier und frisches Bier vom Faß ... Das Leben geht eigentlich immer nebenher ... Kleider machen Leute ... Wenn ich jetzt einen grünen Frack hätte, wäre ich mein Sohn ... Wessen Sohn? ... Nicht mal bis zu einem eigenen Kind hat man es gebracht ... Bäume stehen so sonderbar hier ... wie ... es ist sehr unanständig, daß ich so etwas denke ... Ich bin eine Vogelscheuche, aber ich scheuche keine Vögel mehr ... Ich müßte über dem Wasser baumeln. Kann man sich nicht am Himmel aufhängen? ... Aber der Himmel ist kein Baum ...
(Er beugt sich über das Wasser)
Ich habe mich heute noch gar nicht rasiert.
(Fährt entsetzt zurück)
Meine Frau ...
(Ein Schwan schwimmt an das Ufer. Eisermann streichelt ihn. Er kramt nach Brot in seiner Tasche)
Hast du Hunger? ... Ich habe nichts ... Rein gar nichts für dich ... Habe nie etwas gehabt ... Ich habe selber Hunger ...
(Der schöne Oskar in schlecht sitzendem Smoking betritt leise schwankend von rechts die Bühne. Er ist betrunken. Er sucht nach etwas. Bleibt hinter Eisermann am Weiher stehen)

OSKAR:
(singt) Hier ist die Stelle, wo ich selig war ...

EISERMANN:
(erschrocken) Der Herr Landrat!

OSKAR:
(betroffen) Ein Strolch!

EISERMANN: Herr ... Herr ... Oskar ...
(erkennen sich)
OSKAR: Erlaube mir ... Herr ... Stadtverordnetenvorsteher ...

EISERMANN:
Suchen Sie mich?

OSKAR:
Nein.

EISERMANN:
Wen suchen Sie denn?

OSKAR:
Ihre ... Frau Gemahlin ... mit Permission ...

EISERMANN:
Sie war eben noch hier ...

OSKAR:
Ich hatte sie bestellt.

EISERMANN:
Sie sind nicht nur der Stadtlump, sondern überhaupt ein Lump ...

OSKAR:
(bemerkt den Schwan, tritt an das Ufer, kramt in seinem Smoking und wirft Brocken von Kuchen in den Teich) Wenn ich mir erlauben darf, Herr Stadtverordnetenvorsteher: Es kann Ihnen von der Bürgerschaft nicht hoch genug angerechnet werden, was Sie als Vorsitzender des Verschönerungs- und Fremdenverkehrsvereins für die Stadt getan haben. Auch die Schwäne hier im Stadtpark sind, wenn man so sagen darf, Ihr Werk.

EISERMANN:
(sieht nach der Uhr) Es ist bereits fünf Minuten vor sieben. Ein schöner Sommerabend. In diesem Augenblicke hält der Herr Bürgermeister mein Entlassungsgesuch mit der gleichzeitigen Anzeige meines Todes in der Hand. Er wird sofort die ganze Stadt alarmieren. Entschuldigen Sie ... Herr ... Herr Oskar, wenn ich Sie bitte, einige Schritte weiter zu gehen. Es ist höchste Zeit, daß ich mich aufhänge ...
(Es tutet in der Ferne)

OSKAR:
Hören Sie? ... Die Feuerwehr! ... Wir haben eine direkt großstädtische Feuerwehr ... Alles Ihr Werk, Herr Stadtverordnetenvorsteher ... Undank ist der Welt Lohn ... Hat Ihre Frau auch immer gesagt, wenn sie von Ihnen sprach, Herr Stadtverordnetenvorsteher ... In Berlin wird die Feuerwehr auch immer alarmiert, wenn sich ein Kater in der Dachrinne ersäufen will ...

EISERMANN:
Schnell ... schnell ... (Er steigt auf die Bank, knüpft den Strick an einem Ast fest)

OSKAR:
(beobachtet ihn gelassen) Weshalb wollen Sie sich denn aufhängen, Herr Stadtverordnetenvorsteher?

EISERMANN:
Weil Sie ... Sie ... Lump ... mich unmöglich gemacht haben. Ein Ehrenmann zieht seine Konsequenzen.

OSKAR:
Was zieht er?

EISERMANN:
Seine Konsequenzen ...

OSKAR:
Ich verstehe. Es ist nicht nobel, einen Handwagen zu ziehen.

EISERMANN:
Sie sind ein Mensch, zu dem man eigentlich du sagen müßte ... Wenn doch wenigstens ein Kavalier meine Frau verführt hätte ... Ich will ja gar nichts sagen ... Leutnant Knallwitzer zum Beispiel ... Sehen Sie ... er hat sie geliebt ... Ich weiß es ... Er hat es mir einmal in der Besoffenheit gestanden ... Aber (hebt den Finger) er war ein eiserner Charakter. Ein echt kriegerischer Geist.

OSKAR:
Ich kenne nur eiserne Öfen ... und auch die heizen noch schlecht ... Hoppla, soll ich Ihnen in die Schlinge helfen? Hängen Sie sich ruhig auf ... Ich habe gar nichts dagegen ... Ich habe so etwas schon öfter gesehen ... Die Leute, die sich aufhängen, sind die besten Komiker.

EISERMANN:
Sie sind ja besoffen!

OSKAR:
Und Sie sind nüchtern ... allzu nüchtern ... So ein Glas guter Korn schadet selbst vorm Tode nichts ... Oder sollte ich mir die Rettungsmedaille verdienen? ... Ich habe schon mehr Menschen das Leben gerettet ... Ihrer Frau Gemahlin zum Beispiel.

EISERMANN:
Scheren Sie sich zum Teufel ... Ich muß meine Konsequenzen ziehen ...

(Er steckt den Kopf durch die Schlinge und hängt vom Baume runter. Geschrei. Geklingel. Von rechts die Feuerwehr, an der Spitze A. Schulz. Von links Schützengilde, an der Spitze B. Schultz. Viel Volk. Darunter eine Musikkapelle, C. Schulze, Fräulein Pompe, Maxl Beerbaum und Plüddecke)

GESCHREI:
Wo ist er? ... Wo hängt er? ...

OSKAR:
(ruft) Zu Hilfe! Zu Hilfe! (ist beschäftigt, ihn loszuknüpfen)

(Feuerwehrleute machen sich daran, mit Beilen den Baum zu fällen, an dem Eisermann hängt. Kommandorufe von <A. Schulz> und <B. Schultz>. Zweckloses Durcheinander. Endlich fällt Eisermann herunter, kerngesund. Liegt am Boden)

STIMMEN:
Ist er tot? Ist er tot? Wo steckt denn ein Arzt?

OSKAR:
Lassen Sie mich man machen ...

(Alle treten zurück)

OSKAR:
Eisermann ... (lauter): Eisermann ... Eisermann ... (spuckt ihm in die Augen und verreibt den Schleim darin) ... das ist so ein altes bewährtes Hausmittel, schon seit Jesus Christus ... Der hat auch immer allen Leuten in die Augen gespuckt. (Mit Geste): ... Eisermann, du Hund, steh auf und wandle ...

(Eisermann reibt sich die Augen, erhebt sich, steht betroffen da)

STIMMEN:

Hoch der Herr Stadtverordnetenvorsteher! ... Hoch der Herr Stadtverordnetenvorsteher.

ANDERE STIMMEN:

(übertönend) Hoch der schöne Oskar! Hoch der schöne Oskar! Hoch, Hoch! (Der schöne Oskar und Eisermann verbeugen sich Arm in Arm. Ein Auto tutet heran. Erst ferner, jetzt näher. Hannibal, die Miß und Mädele am Arm, bahnen sich einen Weg durch die Menge. Hinter ihnen der Bürgermeister und Liddy)

HANNIBAL:

Was gibt's? Ist er tot?

A. SCHULZ:

Der Herr Stadtverordnetenvorsteher lebt! Herr ... Herr ... Oskar hat ihn vom Baume geschnitten und in Ermangelung eines Arztes von den Toten erweckt.

B. SCHULTZ:

Ohne die geringsten mechanischen Instrumente. Rein durch die Kraft seines Willens und seines ... seines ... Mundes.

HANNIBAL:

Ja, er hat einen sehr kräftigen Willen ... zu alkoholischen Getränken.

EISERMANN:

(tritt mit Haltung auf Hannibal zu) Ich lege mein Schicksal in Ihre Hand, Herr ... Eisermann.

HANNIBAL:

Tietmonick ist mein Name. Meine Mutter war eine geborene Tietmonick. Ich bin ein außereheliches Kind. Ich habe diese kleinen Formalitäten soeben im Standesamtsregister revidieren lassen. Nicht wahr, Herr Bürgermeister.

BÜRGERMEISTER:

Gewiß, ganz gewiß, Herr –

HANNIBAL:

Tietmonick.

BÜRGERMEISTER:

(verbeugt sich) Tietmonick.

HANNIBAL:

Es paßt mir gar nicht, daß du lebst, Eisermann. Ich hatte schon telegraphisch ein Begräbnis erster Klasse im Krematorium in Gotha für dich bestellt – um sicher zu gehen, daß auch wirklich nichts von dir übrig bleibt. Es käme mir übrigens auch nicht darauf an, dich persönlich zu begraben und den Totengräber zu spielen. Lieber Bürgermeister, was stellen wir nun mit dem Herrn Eisermann an?

BÜRGERMEISTER:
Ganz wie Euer Hochwohlgeboren beliebt.

HANNIBAL:
Du mußt wissen, Eisermann ... ich bin dir vielleicht diese Erklärung schuldig
... wir haben heute anläßlich unserer Verlobungsfeier in aller Eile noch ein
öffentliches Volksfest inszeniert und bei dieser Gelegenheit unserer lieben
Stadt Krossen eine Million Dollar für wohltätige Zwecke gestiftet.
(Bürgermeister verneigt sich mehrmals emphatisch)

MISS:
Ich habe geruht, einige tausend Dollar in kleinen Münzen unter das Volk zu
werfen. Was weiß das Volk von wohltätigen Zwecken?

OSKAR:
Stiefelzwecken ...

MISS:
Es kennt nicht einmal wohltätige Ziele.

<B. SCHULTZ:>
Wer nicht zielt, trifft auch nicht.
(Stimmen: Hoch Hannibal! Hoch Miß Tunderstam! Die Kapelle spielt einen Tusch)

HANNIBAL:
Aus Anlaß dieses Volksfestes ist auch unser schöner lieber Oskar derart besoffen, daß er dich, mein Eisermann, wieder vom Baume geschnitten hat. Infolge der oben erwähnten Stiftung wurde meine liebe Braut zur Ehrenvorsitzenden der hiesigen Abteilung des vaterländischen Frauenvereins, sowie der Frauengruppen des Kolonial-, Wehr-, Flottenvereins und der Ortsgruppe des internationalen Jungfrauenbundes ernannt.

FRÄULEIN POMPE:
Hoch Miß Tunderstam!

HANNIBAL:
Was mich betrifft, so hat man mir die Ehrenbürgerschaft und gleichzeitig, lieber Eisermann, das durch dein Ausscheiden erledigte Stadtverordnetenmandat angetragen. Ich bleibe vorläufig in dieser Stadt wohnen, solange, bis ich sie ganz verrückt gemacht habe. (Bürgermeister verbeugt sich emphatisch. Geschrei: Hoch Hannibal! Unser Wohltäter! Hoch der edle Spender!)

HANNIBAL:
Lieber Eisermann: Was tut man nun mit dir?

EISERMANN:
Ich verkaufe meine Fabrik. Verlasse die Stadt.

BÜRGERMEISTER:
Es ist die Stelle eines Polizeisekretärs zu vergeben.

HANNIBAL:
Ich bitte Sie, diesen Posten können wir nur mit einem intelligenten und tatkräftigen Manne besetzen. Oskar ...
OSKAR:
Hannibal?
HANNIBAL:
Bitte, komm mal einen Moment her. Ich möchte dir den Herrn Bürgermeister vorstellen. Der Herr Bürgermeister ... der schöne Oskar.
BÜRGERMEISTER:
(verbeugt sich) Angenehm ... Sehr erfreut ...
OSKAR:
Ich glaube, wir kennen uns schon. Von der Polizeiwache.
BÜRGERMEISTER:
Sehr angenehm ... Erfreut ...
HANNIBAL:
Sehen Sie, lieber Bürgermeister, das wäre ein Mann wie geschaffen für die Stelle eines Polizeisekretärs. Treu, fleißig, nüchtern, intelligent, zuverlässig und zielbewußt.
BÜRGERMEISTER:
Ich werde nicht verfehlen, Herrn Oskar dringend zu empfehlen.
OSKAR:
Ich werde ein strenges Regiment führen! Wer sich besäuft, wird aufgeschrieben und ins Loch gesteckt, einfach ins Loch gesteckt.
MISS:
Verehrter Herr Eisermann, unter unseren Stiftungen findet sich auch eine solche für gerettete Selbstmörder. Würden Sie uns die Freude machen, der erste zu sein, der sie in Anspruch nimmt und dem sie zugute kommt?
EISERMANN:
Ich verkaufe die Fabrik. Verlasse die Stadt.
(Ein junger Mann mit Photographenapparat erscheint rechts auf der Bildfläche, er spricht mit Mädele, drückt ihr die Hand)
MÄDELE:
Hannibal – ein junger Mann will dich sprechen.
HANNIBAL:
Ich stehe zur Verfügung.
DER JUNGE MANN:
Ich begrüße Sie! (drückt ihm die Hand) Sie machen Ihre Sache ausgezeichnet. Lassen Sie sich bitte nicht stören, ich möchte nur schnell eine Gruppenaufnahme machen ... (Er stellt seinen Apparat auf)

HANNIBAL:
Es wird mir ein Vergnügen sein. Können wir nicht nachher eine kleine Privatfeier veranstalten? Im kleinsten Kreise: meine Braut, der schöne Oskar, Mädele, ich und Sie. Mädele ist ein ausgezeichnetes Mädchen, ausgezeichnet durch mancherlei Vorzüge des Körpers und des Geistes, möchten Sie sie nicht heiraten? Sie bekommt – was bekommt sie mit, Mary?
MISS:
Zwanzig Millionen!
HANNIBAL:
Zwanzig Millionen! Denken Sie! Was verdienen Sie jetzt?
DER JUNGE MANN:
Hundert Mark im Monat.
HANNIBAL:
Bitt Sie! Und um ein solches Schandgeld haben Sie mich geschrieben?
DER JUNGE MANN:
Verzeihung, Hannibal, wenn ich Sie unterbreche … ein Augenblick Ruhe bitte, einen Augenblick Ruhe die Herrschaften!
(Alles drängt sich um den jungen Mann)
Ich will nur schnell eine Gruppenaufnahme machen. Möchten sich die Herrschaften bemühen? Hannibal in die Mitte … Miß Tunderstam und Mädele bitte links und rechts …
MÄDELE:
Ich möchte bei Dir bleiben.
DER JUNGE MANN:
Später, Mädele, später, jetzt geh da neben Hannibal … So, links die Feuerwehr … rechts die Schützengilde … Oskar, faß Herrn Eisermann unter … Herr Eisermann, haben Sie auch Ihren Strick? Der Strick muß mit aufs Bild … Bitte recht freundlich … Schauen Sie nicht so unfreundlich drein, Miß Tunderstam … Es tut mir leid, daß Sie in diesem vierten Akt so wenig zu sagen haben, aber ich wüßte nicht was. Darf ich Sie auf ein späteres Stück vertrösten? … Herr Bürgermeister, mehr Profil! … Man muß Ihre griechische Nase besser sehen … Herr Schulz, rücken Sie doch den Baum der Erkenntnis da etwas weiter weg, wenn er Sie stört … So … so, jetzt bitte alles auf den Apparat sehen … So, recht freundlich, ja? (drückt ab) So. Fertig. Besten Dank. Sie können gehen. (Feuerwehr, Schützengilde, Volk unter Musik links ab) Komm, Mädele! Hannibal! Oskar! Wir nehmen Ihr Auto, Miß Tunderstam!
(Die Genannten mit dem jungen Mann ebenfalls rechts ab. Die Szene bleibt einige Augenblicke leer. Die Dämmerung sinkt hernieder. Am Himmel stehen Sterne. Der junge Mann mit dem Photographenapparat betritt noch einmal von rechts die Szene. Er geht am Weiher entlang. Er sucht etwas)

159

DER JUNGE MANN:
(leise) Ich habe den Schwan vergessen ...
(Er sieht nach den Sternen)

(Der Vorhang fällt langsam)

KASPAR

Ein Trauerspiel

Der Bauer
Die Bäuerin
Beider Tochter, genannt das Fräulein
Kaspar
Die Magd
Der Küster
Der Doktor
Der Richter
Der Gefängniswärter

Heidelberg 16.V.20.

1. Bild

(Auf dem Acker)

BAUER:
Feierabend, Kaspar.

KASPAR:
Ja, Herr.

BAUER:
Worauf wartest du?

KASPAR:
Ich weiß nicht, Herr.

BAUER:
Willst mit oder bleibst noch auf dem Acker?

KASPAR:
Ich bleib noch, Herr.

BAUER:
Milch und Brot stellt die Bäurin dir in den Schrank.

KASPAR:
Ja, Herr.

BAUER:
Gute Nacht, Kaspar.

KASPAR:
Gute Nacht, Herr.

(Bauer ab)

KASPAR:
Die Sonne – geht. Mir wird kühl um die Stirn. Weiß nichts. Kann nichts. O ich.

(Magd kommt)

MAGD:
Wußt, daß du noch auf dem Acker bleibst, zu sinnieren. Leist dir Gesellschaft. Es wird eine heiße Nacht. Es wetterleuchtet allenthalb.

KASPAR:
Was denn willst von mir?

MAGD:
Dich – dich.

KASPAR:
Hast nit viel, wann mich hast.

MAGD:
Viel – viel – alles.

KASPAR:
Glaubs nit.
MAGD:
Ich schwörs.
KASPAR:
Schwör's nit.
MAGD:
Mein Eichkatzel.
KASPAR:
Machst dich lustig über mein rot Haar.
MAGD:
Mein roter Reiter. Mein Feuerkopf.
KASPAR:
Mir ist wohl wann du mich küßt. Ich lieg ganz still bei dir. Reg mich nit auf.
MAGD:
Kaspar –
KASPAR:
Hast du die Sternschnuppe gesehn?
MAGD:
Hast dir was gewünscht? Was denn?
KASPAR:
Es war keine Sternschnuppe. Es war ein Blitz. Der zuckte grad durch mein Herz.
MAGD:
Du – liebst das Fräulein, Kaspar. Ists wahr oder nit?
KASPAR:
Ich lieb niemand. Keinen Menschen und kein Tier.
MAGD:
Sell ist nit wahr. So gottlos bist nit. Gehst doch heimlich, ich habs oft gesehn, in die Kirche.
KASPAR:
Es ist so still in der Kirche. Und die Fenster sind so bunt bemalt. Und es duft gar anders als im Ziegenstall.
MAGD:
Vor jedem Kruzifix nimmst deine Mütze ab.
KASPAR:
Weil dort am Holz ein armer Mensch hängt, der schwer leid't. Ich nehm vor jedem die Mütze ab, der Schmerz trägt. Vor jeder Frau, die ein Kind trägt. Sie trägt doppelten Schmerz.

MAGD:
Kaspar: ich krieg ein Kind von dir, du weißt's. Bin im dritten Monat.
KASPAR:
Wer ein Kind erzeugt, ist ein Mörder.
MAGD:
Du hast mich verführt im Heu.
KASPAR:
Das ist nit wahr. Ich hab dich nicht verführt. Du hast mich nicht verführt. Es war die Nacht.
MAGD:
Vergiß nit, das Aufgebot zu bestellen. Ich wart nit länger mit der Hochzeit als bis zum vierten Monat. Es wär ein Schand.
KASPAR:
Jetzt – blitzt es wieder. Und jetzt donnert es. Das Gewitter rückt näher. Wie eine heiße Frau die an einen heran rückt. Küsse mich. Laß den Himmel über uns zusammenstürzen. Jetzt regnets Schloßen. Es wird ein wilde Nacht.
MAGD:
O du.

2. Bild.

(Bauernstube)

MAGD:
Laßt mich zufrieden, Bauer.
BAUER:
Nur nicht gar so spröd. Sind Menschen alle beide: du und ich.
MAGD:
Legt Euch zur Bäurin ins Bett. Tut ihr's.
BAUER:
Mag's aber grad einmal dir tun. Hast feste Schenkel und feste Brüste. Die Bäurin geht auseinander wie ein Pfannenkuchen.
MAGD:
(lacht) Hättst ihr halt nie die Eier zerschlagen sollen.
BAUER:
Weibsstück.
MAGD:
Still – das Fräulein kommt. (ab)
DAS FRÄULEIN:
Vater –

BAUER:

FRÄULEIN:
Ich bin so unruhig. Die ganzen Tage schon. Gehe hierhin und dorthin. Finde keine Ruhe.

BAUER:
Soll ich den Doktor –

FRÄULEIN:
(lächelnd) Ach, der Doktor, was soll der Doktor. Ich weiß schon eher als er, was er sagen muß. Die Brust halt. Und Ruhe. Und Milch trinken und Eier essen. Und schlafen, viel schlafen. Wo ist der Kaspar? Er hat mir gestern ein Waldkraut in die Suppe getan, davon schlief ich schön wie im Märchen.

BAUER:
Der Kaspar ist auf dem Feld.

FRÄULEIN:
Er ist stark. Er gräbt die ganze Erde um und um.

BAUER:
Ich hab viel Freud und Stütze an ihm. Er dankt mir's daß ich ihn von der Straße auflas.

FRÄULEIN:
Er ist ein Waisenkind. Aber ich glaub: er hat nie Vater oder Mutter gehabt. Er ist von einem Stern herunter auf die Erde gefallen.

BAUER:
Sieht nit gar so himmlisch aus, so sternmäßig. Hat Pranken wie ein Tiger. Und er fällt dir den dicksten Baum im Revier wohl ganz allein.

FRÄULEIN:
Wo ist die Mutter?

BAUER:
Im Stall bei den Kühen. Melkt. Geht aber dann aufs Feld, den Knechten und Mägden die Vesper bringen.

FRÄULEIN:
Ich such sie im Feld, Vater. Hab heut Lust, tausend Meilen weit zu gehn.

BAUER:
Mein Engel!

3. Szene.

BÄUERIN:
Kaspar –

KASPAR:
Bäuerin –

BÄUERIN:
Legt den Spaten einmal beiseite.
KASPAR:
Es ist noch nicht Vesperzeit.
BÄUERIN:
Ich geb Euch Pardon. Tut's nur.
KASPAR:
Ihr seid gut zu mir.
BÄUERIN:
Kommt ... hier zu mir – in den Schatten. Setzt Euch zu mir.
KASPAR:
Es ist eine arge Hitz.
BÄUERIN:
(zieht ihn an sich) Wollt Ihr mich nit lieben?
KASPAR:
Ich hab Euch immer lieb, Bäuerin.
BÄUERIN:
Es sieht's niemand hier am Schober. Ich heb die Kleider, und Ihr tuts schnell. Hitzige Liebe ist am schönsten.
KASPAR:
Ich täts Euch gern zu Gefallen, Bäuerin, aber die Magd möcht mir's übelnehmen, ich bin ihr versprochen.
BÄUERIN:
Einmal ist keinmal. Und die Magd erfährt's ja nit.
KASPAR:
Aber es ist noch jemand da, vor dessen Augen könnt ich nit treten wann ich gesündigt hätt mit Euch. Und diese Augen sind wie Sterne und ich stürb, wenn ich sie meinethalb erbleichen säh.
BÄUERIN:
Wer ists?
KASPAR:
Das Fräulein.
(Das Fräulein kommt)
FRÄULEIN:
Mutter, ich bin heut so lustig wie all die Tag nit. Ich hab am Weg am Bach Vergißmeinicht gepflückt und einen Kranz geflochten und gesungen dabei. Ich setz ihn dir auf dein braunes Haar.

BÄUERIN:
Ich bin nit wert, gekrönt zu werden; setz dem Kaspar die Vergißmeinichtkrone auf.
FRÄULEIN:
Der Kaspar hat schon eine Krone aus Gold. So leuchten seine Haare in der Sonne. Guten Tag, Kaspar.
KASPAR:
Guten Tag, Fräulein. Ich bin froh, daß Ihr so munter seid.
FRÄULEIN:
Ist doch Sommer und die Vögel singen und die Blumen blühen und die Menschen – lieben.
KASPAR:
Zeigt mir, wie Ihr's macht, daß Ihr alle Kreatur liebt.
FRÄULEIN:
So mach ichs. (nimmt seinen Kopf und küßt ihn auf die Stirn)
KASPAR:
(erschrocken) Fräulein.
BÄUERIN:
Dirn, du bist nit recht gescheit. Verrückst dem Kaspar noch den Kopf.
KASPAR:
Bin nur ein Knecht des Fräuleins, Bäuerin.
FRÄULEIN:
Kaspar, wann du zu End bist, mußt du an den Bach kommen und mir eine Weidenflöte schnitzen. Du mußt mich in den Schlaf <singen>. Musik und Schlaf sind mir die liebsten Geschwister.

4. Bild.

(Am Bach)

KASPAR:
Ich hab Euch eine Kröte gefangen, Fräulein, wollt Ihr mit ihr spielen?
FRÄULEIN:
Zeig her, Kaspar. – Sie sitzt mir ruhig im Schoß und sieht mich mit ihren goldnen Augen an wie ... wie ... du, Kaspar.
KASPAR:
Ich wünscht, ich wär eine Kröte, Fräulein.
FRÄULEIN:
Ein Mensch sein ist auch nit schlecht. Das ist all gleich: ob du ein Mensch, eine Kröte, eine Wolke oder ein Baum bist.

KASPAR:
Ich bin ein Bach. Verrinne. Verfließe.
FRÄULEIN:
Ich bin eine Birke. Schwanke nur leicht.
KASPAR:
Ihr faßt Wurzeln: überall. Bin wurzellos.
FRÄULEIN:
In meinem Herzen, Kaspar, hast du Wurzeln geschlagen.
KASPAR:
Fräulein!
FRÄULEIN:
Sing mir ein Lied, Kaspar.
KASPAR:
Ich geh – wohin?
Ich kam – woher? u.s.w.
FRÄULEIN:
Die Weide streichelt meine Stirn. Der Himmel lächelt mir zu. Ich möchte schlafen. Spiel auf der Weidenflöte, Kaspar.
(K a s p a r spielt. Das Fräulein entschläft. Die Magd kommt geschlichen)
MAGD:
Kaspar –
KASPAR:
Sei still – das Fräulein schläft.
MAGD:
Kaspar: du spielst ein arges Spiel. Du trügst mich.
KASPAR:
Liebes Mädchen – das ist nit wahr. Ich hab das Fräulein in den Schlaf gesungen.
MAGD:
So tief schläft nur die Liebe, die erfüllet ward.
KASPAR:
Das Fräulein ist krank.
MAGD:
So krank nit, daß sie die Beine nit auseinandertun könnt.
KASPAR:
Du schimpfst das Fräulein. Sie ist heilig wie eine Heilige.
MAGD:
Heilig sind wir alle wann wir lieben. Ich liebe dich.

KASPAR:
Du liebst meine Schwäche.
MAGD:
Ich liebe deine Stärke.
KASPAR:
Wann ich recht lang bei dir bin, das liebst. Das Fräulein liebt mich ohne Sinn, ohne Ziel wie ich das Fräulein liebe. Wir sind da und also lieben wir.
MAGD:
Sei auf der Hut, Kaspar, daß nichts geschieht, was dich und mich gereuen könnt. Ich – hasse das Fräulein. Ich bin gesund. Sie ist krank. Ich bin hart. Sie ist zart. Ich bin böse. Sie ist gut. Tag und Nacht vertragen sich nit.
KASPAR:
Geh – geh – das Fräulein rührt sich. Stör ihr den Traum nit.

5. Bild

(Auf dem Felde)
BAUER:
Wo ist das Mädchen?
BÄUERIN:
Am Bach. Der Kaspar ist bei ihr.
BAUER:
Kupplerin.
BÄUERIN:
Du geiler Bock. Schleichst der Magd nach. Sah dich einmal, wie du ihre Brüste packtest und sie dir eins ins Gesicht fetzte.
BAUER:
Du alte Hure. Möchtest, daß der Kaspar dich von hinten bespringt wie ein Hund. Bist immer läufig.
BÄUERIN:
Das ist deine Schuld. Kannst ja nimmer ohne Nachhilf. Wann ich mit der Hand dich nicht bearbeit.
BAUER:
Warum hast du mir keinen Sohn geschenkt? Keinen Erben? Ein krankes Kind, dem der Tod auf der Stirn steht?
BÄUERIN:
Wirst wohl wissen, was du dir geholt hast als du bei den Soldaten warst in der großen Stadt.

BAUER:
Lügnerisches Weib!
BÄUERIN:
Mensch.
BAUER:
Wirst mir auch mein Kleinod, mein Heiligtum noch beschmutzen: mein engelhaftes Mädchen –
BÄUERIN:
Ich lieb sie nit weniger als du. Sie ist kein Mensch wie du und ich. Deshalb darf sie auch seelenruhig beim Kaspar am Bach liegen. Hab gar kein Furcht oder Bedenken.
BAUER:
Sie – liegt – beim – Kaspar – am Bach?
BÄUERIN:
Was tut's. Gib sie dem Kaspar doch zur Frau. Hast gleich einen Erben für den Hof.
BAUER:
Spekulierst wohl auf meinen Tod, daß du den Kaspar heiratest und du dein Pläsier hättest auf dein Alter.
BÄUERIN:
Es wär nit schad um dich, wann du verrecken tätst.
BAUER:
Ungeheuer.
BÄUERIN:
Die Magd kriegt ein Kind von Kaspar, daß du's weißt. Er und sie heiraten. Er ist schon das Aufgebot bestellen gangen.
BAUER:
Wo ist mein Engel, daß ich ihn schütze.
BÄUERIN:
Acht auf dich selbst, Bauer.

6. Bild.

(Dorf-Kirche.
Die letzten Töne der Orgel verklingen. Die Kirchgänger verlassen die Kirche: darunter der Arzt, der Bauer, die Bäuerin, die Magd. Als die Leute der Magd ansichtig werden: Getuschel und Fingerzeigen. Kaspar, den Kopf in die Hände vergraben, ist auf der Kirchenbank sitzen geblieben. Das Fräulein, als letztes)
FRÄULEIN:
(zum Küster auf der Empore) He, Küster –

KÜSTER:
Was soll's?
FRÄULEIN:
Ihr müßt mir einen Gefallen erweisen, Küster, tu Euch auch wieder einen. Wolltet die Arien und Cantaten von Bach und Haydn besitzen. Schenke sie Euch.
KÜSTER:
Fräulein!
FRÄULEIN:
Spielt mir etwas –
KÜSTER:
Gern, Fräulein.
FRÄULEIN:
Nur für mich, eine himmlische, selige Musik – nur für mich.
KÜSTER:
Was soll es sein: von Palestrina –
FRÄULEIN:
Nichts Frommes, nichts Strenges, nichts Herbes, Küster – eine süße bezaubernde Musik: spielt mir ein Menuett, eine Gavotte.
KÜSTER:
Bedenkt, Fräulein, dies ist ein Gotteshaus.
FRÄULEIN:
Und ich bin ein Menschenkind.
KÜSTER:
Wenn's der Pfarrer erführe –
FRÄULEIN:
Pfarrer hin, Pfarrer her, ich steh mit dem lieben Gott auf du. Spielt: ich will tanzen, ihm zu Ehren.
KÜSTER:
(schüttelt den Kopf) Ich tu's Euch zu Gefallen, weil ich Euch achte und weiß, daß Euer Gedanke nit schlecht ist. (spielt eine heitere Gavotte. Das Fräulein dreht sich leicht im Tanz. Kaspar hat den Kopf erhoben und sieht ihr zu. Sie bricht atemlos ab, faßt sich an die Brust)
FRÄULEIN:
Ach, die Lust – schmerzt.
KASPAR:
Ich hätt niederknien mögen wie vor der heiligen Frau.
FRÄULEIN:
Ich hab getanzt – auch für dich, Kaspar.

KASPAR:
Der Doktor hat Euch jede Erregung verboten. Ihr seid ihm nit gehorsam. Ihr wütet gegen Euer schönes junges Leben, dran so viele Menschen Freude haben, wie gegen ein widerspenstiges Fohlen.
FRÄULEIN:
Ich werde jung sterben – Kaspar, und darum will ich gern sterben.
KASPAR:
Wißt Ihr, was heut nacht ist?
FRÄULEIN:
KASPAR:
Johannisnacht – die Knechte werden Feuer auf den Hügeln rings entzünden.
FRÄULEIN:
Ihr habt Tränen in den Wimpern hängen – warum?
KASPAR:
(senkt den Kopf) Ich sah, wie die Leute auf die Magd zeigten, weil sie schwanger sei von mir, und ich kann's nit ändern.
FRÄULEIN:
Es wird alles gut werden, Kaspar.

7. Bild.

(Johannisnacht
Rings Feuer auf den Hügeln)
DIE KNECHTE UND MÄGDE:
Wir schlingen den Johannisreihn
(dann ab, Kaspar mit der Magd bleibt zurück)
MAGD:
Du hast kein Feuer mehr, Kaspar. Bist kalt wie Stein.
KASPAR:
Brennt Feuer genug auf den Hügeln.
MAGD:
Komm hinter das Gebüsch, ich brenn.
KASPAR:
Ich bin verbrannt. Nur Asche noch. Bin grau. Streu' mich in den Wind.
MAGD:
Wann du mich heut nacht nit liebst, betrüg ich dich.
KASPAR:
Dein schwanger Bauch findt Liebhaber genug. Braucht keiner Angst zu haben, daß er ein Kind macht.

MAGD:
Höhnst mich noch in meinem Unglück, weil ich auf dein Wort gebaut. Pfui Kaspar, bist kein ehrlicher Bursch. (Man hört Harmonikaklänge)
KASPAR:
Ich geh, muß unter Menschen sein, finde mich nit zurecht. (ab)
MAGD:
(bleibt, bricht dann in Schluchzen aus)
(Das Fräulein kommt)
FRÄULEIN:
Warum weinst du? Komm, ich streichle dich.
MAGD:
Ach, Fräulein, Ihr seid gut zu mir.
FRÄULEIN:
Nicht gut genug. Ich bin zu schwach, dir gutes zu tun. Warum weinst du? Alle sind fröhlich in dieser Nacht.
MAGD:
Der Kaspar liebt mich nimmer. Er ist zu den tanzenden Mädchen gegangen.
FRÄULEIN:
Er liebt dich. Er weiß es nicht.
MAGD:
Nein, Fräulein, Euch liebt er. Und nur Euch. Wer sollte Euch nicht lieben.
FRÄULEIN:
Komm, wir wollen zu den tanzenden Burschen und Mädchen gehen. Und wenn der Kaspar mit einem fremden Mädchen tanzt, so tanzt du mit einem fremden Burschen.
(Harmonikaklänge. Ab. Nach einer Weile: Kaspar mit dem Fräulein auf die Bühne)
KASPAR:
Fräulein, länger ertrag ich's nicht. Ihr habt mit mir getanzt, und der Kopf donnert mir, als wären tausend Gewitter in ihm losgelassen. Laßt mich zerstampfen von einem rasenden Stier, erwürgt mich, ich weiß, ich bin selbst des von Euch verhängten Todes nicht wert: aber erlöst mich aus der Qual meines unwissenden Seins und meines dumpfen Herzens, meines höllischen Herzens, das zu Euch, mein Himmel schreit. Ich bin der Teufel, ja leibhaftig der Teufel, der Euch, Engel liebt, weil Ihr all das seid, was er nicht ist: weil ihr gut, schön, sanft seid. Er selbst aber ist ein stinkendes Tier. Ein rotznäsiges.
FRÄULEIN:
(kniet vor ihm nieder) Kaspar, ich bin deine Dienerin, tue mit mir, was dir beliebt. Ich knie vor deiner namenlosen Qual in Demut. Denn ich bin die ewige Seligkeit, du aber bist verdammt und sollst erlöst werden – durch mich.

8. Bild.

(Stube)

DER DOKTOR:
Ich hab's dem Fräulein immer gesagt: ihre schwache Lunge verträgt das Tanzen nit. Keinerlei Aufregung. Auch das Herz ist angegriffen. Nur leichte Diät. Auch der Magen ist angegriffen. Was soll man tun? Die Warnung der Wissenschaft wird nicht beachtet.

BAUER:
Das Mädchen fühlte sich all die Tage so leicht, so heiter. Schwebte nur so durch den Tag. Sang wie eine Schwalbe.

DOKTOR:
Die der Wissenschaft wohlbekannte Euphorie! Ein ganz verdächtiges Anzeichen. Je wohler sich der Mensch fühlt, desto näher ist er dem Tod. Media in vita morte.

BÄUERIN:
Ach Gott wir sind ihr so viel Liebe noch schuldig.

DOKTOR:
Gehen wir zur Patientin, greifen wir den Pulsschlag. Sie hustet?

BÄUERIN:
Wenig.

DOKTOR:
Verdächtig, höchst verdächtig. Geschlossene Tuberkulose wirkt um so bedenklicher.
(ab)

BAUER:
Laß uns Frieden schließen an ihrem Sterbebett.

BÄUERIN:
(schluchzt)

BAUER:
Ich fühl's: unser Glück stirbt. Uns bleibt: das gemeinsame Alter. Der stille Abend. Der gemeinsame Tod.

(Kaspar kommt)

KASPAR:
Bäuerin, Bauer.

BÄUERIN:
Kaspar, Ihr seht ja totenblaß aus.

KASPAR:
Bauer – wie geht's dem Fräulein?

BAUER:
Nit gut, Kaspar.

KASPAR:
Ich – bin – schuld, Bauer – an ihrem Leid.

BAUER:
Red nit Unsinn, Kaspar. Das Fräulein war immer krank.

KASPAR:
Ich – bin – schuld – Bauer – kanns Euch nit so sagen – ich bin schuld ganz allein.

BÄUERIN:
Wir sind alle schuld, Kaspar, weil wir schlecht waren.

KASPAR:
Ich – bin – allein – schuld – ich tanzte mit dem Fräulein, – da brach ihr das Blut aus dem Mund.

(Der Doktor aus dem Zimmer)

DOKTOR:
Wenn Ihr Euer Kind nochmals lebend sehen wollt, kommt, Bauer, Bäuerin.
(Bauer und Bäuerin ab in das Zimmer)
(Kaspar verharrt unbeweglich. Die Magd kommt:)

MAGD:
Kaspar, verzeih mir: ich tanzte mit dem Knecht vom – Bauer. Wir gingen in den Wald – und er zwang mich – (sie fällt vor ihm nieder)
(Ein zarter Ruf des Fräuleins aus der Kammer) Kaspar, komm, sag mir Lebewohl.
(Kaspar, ohne die Magd beachtet zu haben, ab)

9. Bild.

(Gericht)

RICHTER:
Drei Jahre Zuchthaus, Aberkennung der bürgerlichen Ehrenrechte. Der nächste.

(Ein Verurteilter ab. Der nächste tritt ein)

RICHTER:
Zehn Monate Gefängnis, davon drei auf die Untersuchungshaft angerechnet. Der nächste.

(Wie oben)

RICHTER:
Sieben Jahre Zuchthaus, 5000 Mark Geldstrafe, zehn Jahre Aberkennung der bürgerlichen Ehrenrechte. Der nächste.

(Wie oben)

RICHTER:
Zum Tode durch den Strang. Der nächste.
(Wie oben)
Zum Tode durch den Strang. Der nächste.
(Kaspar tritt auf)
KASPAR:
Richtet mich, Richter! Ich habe gefehlt.
RICHTER:
Wo kommt Ihr her?
KASPAR:
Aus dem Leben. Und will in den Tod.
RICHTER:
Was habt Ihr begangen? Diebstahl? Raubmord? Notzucht? Schema A, B, C –?
Es gibt nur eine engbegrenzte Anzahl Motive, aus denen man handelt. Also?
KASPAR:
Ich tat nichts dergleichen.
RICHTER:
So stehlt Ihr mir wenigstens meine Zeit – schert Euch weiter, Ihr seid unschuldig. Der nächste.
KASPAR:
Ich bin schuldig – schuldig wie nie ein Mensch.
RICHTER:
Ich habe noch nie einen Menschen sich zum Urteil drängen sehn. Weswegen und wozu soll ich Euch verurteilen?
KASPAR:
Ich habe einen Menschen mit meiner Liebe – getötet.
RICHTER:
Papperlapapp. Man tötet: mit einem Messer, einem Beil etcetera. Aber nicht mit Liebe. Die Liebe ist keine Waffe.
KASPAR:
Ich habe einen Engel mit meiner Umarmung geschändet. Mein böser Kuß war ihr Tod. Ich bin tausendmal schuldiger als der arme Dieb, der aus Hunger stahl, oder der arme Mörder, der aus Verzweiflung mordet. Ich mordete: aus dem eingeborenen Haß des Bösen gegen das Gute.
RICHTER:
Papperlapapp. Einige Menschen sind nur darum gut, weil viele so schlecht sind. Die Guten sind am Bösen schuldig.
KASPAR:
Ich versteh Euch nicht. Ich habe das Fräulein getötet, die Tochter des Bauern.

RICHTER:
Ihr bezichtigt Euch selbst?
KASPAR:
Ja.
RICHTER:
(schellt. Ein Wärter erscheint) Abzuführen in Untersuchungshaft bis zur Klärung der Sachlage. – Der nächste: Zwölf Jahre Zwangsarbeit – –

10. Bild.

(Gefängniszelle)

KASPAR:
Ein Jahr besohle ich schon die Schuhe. Ich leide gern. Nein: ich leid garnit. Ich arbeit gern. Ob's wieder Sommer ist? Ich mein, ich spür, durch das Gitterfenster droben einen Ruch vom Kastanienbaum im Hof.
WÄRTER:
Nr. 311: Zelle fegen, Eimer leeren. Es ist Besuch angemeldet.
KASPAR:
Besuch? Von wem? Ich hab seit einem Jahr von der Welt nit mehr vernommen.
WÄRTER:
Nr. 311! (sperrt Zelle auf: läßt Magd, ein kleines Kind auf dem Arm, eintreten)
MAGD:
Guten Tag, Kaspar. Ich hab Erlaubnis bekommen, dich zu besuchen. Willst deinem Kind nit guten Tag sagen?
KASPAR:
Guten Tag, Frau. Guten Tag, Kind.
MAGD:
Was bist so verstört, Kaspar. Sieh mich an: ich bin heiter, daß ich dich erblicken darf. Und daß ich gute Nachricht hab: brauchst nit mehr im Gefängnis bleiben. Ist eine arge Lüge von einem bösen Menschen gewesen, daß du das Fräulein sollst getötet haben. Haben der Bauer, die Bäuerin und alle für dich gezeugt, daß du ein braver Mensch bist und nit fähig zu solcher Untat.
KASPAR:
Es kann – nicht – sein ... der Richter – meint – ich bin schuldig ... fühl ich's nit selbst im tiefsten –
MAGD:
Kaspar: einer ist am anderen schuldig. Wer weiß, wieviel. Wer weiß, wozu. Mußt leben und im Leben wirken. Der Acker wartet. Die Scholle dampft. Die Ochsen stehen schon unruhig an der Pflugschar und der Hund bellt hinter

den Lämmern. Kaspar: sieh hier dein Kind! (Kaspar nimmt das Kind auf seine Arme)

KASPAR:
(glücklich) Hoppla – Hoppla – – das ist einmal ein starker Knecht – der wird Eichbäume ausreißen.

MAGD:
Komm, hörst du die Gefängnisglocke läuten? Ich hab den Pastor gleich in die Kirche her bestellt: er soll uns trauen: dich und mich – und das Kindlein taufen auf den Namen des Fräuleins: Maria. Denn es ist –

DER ARME KASPAR

Ein Volksstück
in
zwölf Bildern

Personen des Spiels:

Der Bauer
Die Bäuerin
Beider Tochter, genannt das Fräulein
Kaspar
Die Magd
Der Küster
Der Doktor
Eine Magd
Eine andere Magd
Knechte und Mägde
Die lichte Gestalt
Die dunkle Gestalt
Der Richter
Ein Zeuge
Erster ⎫
Zweiter ⎬ Angeklagter
Dritter ⎭
Der Gefängniswärter
Eine Dirne
Ein Gefangener
Eine junge Gefangene.

Spielt zu irgend einer Zeit.

Schauplätze der Handlung:

1. Bild: Auf dem Acker
2. Bild: Bauernstube
3. Bild: Auf dem Feld
4. Bild: Am Bach
5. Bild: Auf dem Feld
6. Bild: Dorfkirche
7. Bild: Johannisnacht auf dem Feld
8. Bild: Bauernstube
9. Bild: Totenkammer
10. Bild: Gerichtssaal
11. Bild: Gefängniszelle
12. Bild: Vor dem Bauernhaus.

1. Bild: Auf dem Acker.

BAUER:
Feierabend, Kaspar.
KASPAR:
Ja, Herr.
BAUER:
Worauf wartest du?
KASPAR:
Ich weiß nit, Herr. Der Abendstern duftet wie eine Holunderblüte.
BAUER:
Hab's nit gewußt, daß man Sonn' und Mond und Stern riechen und schmekken kann wie Rhabarbermus und Apfelkraut.
KASPAR:
Die Sterne sind Blüten am Himmelsbaum. Darum strahlen's bei Tag und Nacht. Denn die Sterne strahlen auch am Tag, wenn wir sie auch nit sehen mit unsren geringen Augen. Ich hab's gelesen, in einem Buch.
BAUER:
Bist gescheit, Kaspar.
KASPAR:
Aber die Erde kann aus sich heraus nit mehr leuchten. Sie ist erloschen. Borgt all ihr Licht von Sonn und Mond. Sie ist eine wurmstichige faule Frucht, die in einer Septembernacht vom Himmelsbaum fiel.
BAUER:
Willst mit oder bleibst noch auf dem Acker, Kaspar?
KASPAR:
Ich bleib noch, Herr.
BAUER:
Milch und Brot stellt die Bäuerin dir in den Schrank.
KASPAR:
Ja, Herr.
BAUER:
Gute Nacht, Kaspar.
KASPAR:
Gute Nacht, Herr.
(Bauer ab)
KASPAR:
Die Sonne ging. Mir wird kühl um die Stirn. Weiß nichts. Kann nichts. O ich.
(Magd kommt)

MAGD:
Wußt, daß du noch auf dem Acker bleibst, zu sinnieren. Leist dir Gesellschaft. Es wird eine heiße Nacht. Es wetterleuchtet allenthalb.
KASPAR:
Was denn willst von mir?
MAGD:
Dich – dich!
KASPAR:
Hast nit viel, wann du mich hast.
MAGD:
Viel – viel – alles!
KASPAR:
Glaub's nit.
MAGD:
Ich schwör's.
KASPAR:
Verbrenn dir den Finger nit beim Schwur. Es hat geblitzt.
MAGD:
Mein Eichkatzel.
KASPAR:
Machst dich lustig über mein rot Haar!
MAGD:
Feuerkopf!
KASPAR:
Mir ist wohl wann du mich küßt. Ich lieg ganz still bei dir. Reg mich nit auf.
MAGD:
Kaspar – hast du die Sternschnuppe gesehn? Hast dir was gewünscht? Was denn?
KASPAR:
Es war keine Sternschnuppe. Es war ein Blitz, der zuckte grad durch mein Herz.
MAGD:
Du – liebst das Fräulein, Kaspar. Ist's wahr oder nit?
KASPAR:
Ich lieb niemand. Keinen Menschen und kein Tier.
MAGD:
Sell ist nit wahr. So gottlos bist nit. Machst dich ärger als du bist. Gehst doch heimlich, ich hab's oft gesehn, in die Kirche.

KASPAR:
Es ist still in der Kirche. Und duft' anders als im Ziegenstall. Und die Fenster sind bunt bemalt. Und die Heiligen, die an die Fenster gemalt sind, sind durchsichtig ganz und gar. Sie sind rot und blau und gold. Das Licht geht durch sie hindurch und sie können kein Versteck spielen mit Seel und Leib. Sie können nit lügen und heucheln wie wir Dunkelwesen, um die das Licht herumgeht: aber es geht nit in uns ein. Sie sind klar und wahr. Wir aber dämmern.

MAGD:
Du bist fromm, Kaspar. Vor jedem Kruzifix nimmst deine Mütze ab.

KASPAR:
Weil dort am Holz ein armer Mensch hängt, dem man Nägel durch Hände und Füße geschlagen und der schwer leid't. Ich nehm vor jedem die Mütze ab, der Schmerz trägt. Vor jeder Frau, die ein Kind trägt. Sie trägt doppelten Schmerz.

MAGD:
Kaspar?! ich krieg ein Kind von dir: du weißt's. Bin im dritten Monat.

KASPAR:
Wer ein Kind erzeugt, ist ein Mörder.

MAGD:
Du hast mich verführt im Heu.

KASPAR:
Das ist nit wahr. Ich hab dich nit verführt. Du hast mich nit verführt. Es war die Nacht.

MAGD:
Vergiß nit, das Aufgebot zu bestellen. Ich wart' nit länger als bis zum fünften Monat mit der Hochzeit. Es wär' eine Schande.

KASPAR:
Jetzt – blitzt es wieder. Und jetzt donnert es. Das Gewitter rückt näher. Wie eine heiße Frau, die an einen heranrückt. Küsse mich. Laß den Himmel über uns zusammenstürzen. Jetzt regnet's Schloßen. Es wird eine wilde Nacht.

MAGD:
O du!

2. Bild: Bauernstube.

BAUER:
Holla!

MAGD:
Laßt mich zufrieden, Bauer.

BAUER:
Nun: nicht gar so spröd. Sind Menschen alle beide: du und ich.
MAGD:
Legt Euch zur Bäuerin ins Bett. Tut ihr's.
BAUER:
Mag's aber grad einmal dir tun. Hast feste Schenkel und feste Brüste. Die Bäuerin geht auseinander wie ein Pfannenkuchen.
MAGD:
(lachend) Hättst ihr halt nit die Eier zerschlagen sollen.
BAUER:
Weibstück!
MAGD:
Still: das Fräulein kommt.
(Magd ab)
FRÄULEIN:
Vater!
BAUER:
Kind!
FRÄULEIN:
Ich bin so unruhig den ganzen Tag. All die Tage schon. Geh hierhin und dorthin. Finde keine Ruhe.
BAUER:
Soll ich den Doktor –
FRÄULEIN:
(lächelnd) Ach, der Doktor, was soll der Doktor. Ich weiß schon früher als er, was er sagen wird. Die schwache Brust halt. Und Ruhe muß das Fräulein haben, und Milch soll es trinken und Eier essen. Und schlafen, viel schlafen. Vor dem Essen, nach dem Essen: immer schlafen. – (Pause) Ich schlaf so gern. – Wo ist Kaspar? Er hat mir gestern ein Waldkraut in die Suppe getan, davon schlief ich schön wie im Märchen.
BAUER:
Der Kaspar ist auf dem Feld.
FRÄULEIN:
Er ist stark. Er gräbt die ganze Erde um und um.
BAUER:
Ich hab viel Freud und Stütze an ihm; er dankt mir's, daß ich ihn von der Straße auflas.
FRÄULEIN:
Er ist ein Waisenkind. Aber ich glaube: er hat nie Vater oder Mutter gehabt. Er ist von einem Stern herunter auf die Erde gefallen.

BAUER:
Sieht nit gar so himmlisch aus, so sternmäßig, der Kaspar. Hat Pranken wie ein Tiger. Und fällt dir den dicksten Baum im Revier wohl ganz allein.
FRÄULEIN:
Wo ist die Mutter?
BAUER:
Im Stall bei den Kühen. Melkt. Geht dann aufs Feld, den Knechten und Mägden die Vesper bringen.
FRÄULEIN:
Ich such sie im Feld, Vater. Hab heut Lust, tausend Meilen weit zu laufen, zu rennen, zu fliegen.
BAUER:
Schmetterling!

3. Bild: Auf dem Feld.

BÄUERIN:
Kaspar.
KASPAR:
Bäuerin.
BÄUERIN:
Legt den Spaten einmal beiseite.
KASPAR:
Es ist noch nicht Vesperzeit.
BÄUERIN:
Ich geb Euch Pardon. Tut's immerhin.
KASPAR:
Ihr seid gut zu mir.
BÄUERIN:
Kommt ... hier zu mir ... in den Schatten. Setzt Euch zu mir.
KASPAR:
Es ist eine arge Hitz'.
BÄUERIN:
(zieht ihn an sich) Wollt Ihr mich nit lieben?
KASPAR:
Ich hab Euch immer lieb, Bäuerin.
BÄUERIN:
Es sieht's niemand hier am Schober. Ich hebe die Kleider, und Ihr tut's schnell. Hitzige Liebe ist am schönsten.

KASPAR:
Ich täts Euch gern zu Gefallen, Bäuerin, aber die Magd möcht mir's übel nehmen. Ich bin ihr versprochen.
BÄUERIN:
Einmal ist keinmal. Und die Magd erfährt's ja nit.
KASPAR:
Aber es ist noch jemand da, vor dessen Augen könnt ich nit treten, wann ich mit Euch gesündigt hätt. Und diese Augen sind wie die ewigen Sterne und ich stürb', wenn ich sie meinethalb erbleichen säh.
BÄUERIN:
Wer ist's?
KASPAR:
Das Fräulein.
(Das Fräulein kommt)
FRÄULEIN:
Mutter, ich bin heut so lustig wie all die Wochen nit. Ich hab am Weg beim Bach Vergißmeinnicht gepflückt und einen Kranz geflochten und gesungen dabei. Ich setz ihn auf dein braunes Haar.
BÄUERIN:
Ich bin's nit wert, gekrönt zu werden, setz dem Kaspar die Vergißmeinnichtkrone auf.
FRÄULEIN:
Der Kaspar hat schon eine Krone aus Gold. So leuchten seine Haare in der Sonne. Guten Tag, Kaspar.
KASPAR:
Guten Tag, Fräulein. Ich bin froh, daß Ihr so munter seid.
FRÄULEIN:
Ist doch Sommer und die Vögel singen und die Blumen blühen und die Menschen – lieben.
KASPAR:
Zeigt mir, wie Ihr's macht, daß Ihr alle Kreatur liebt.
FRÄULEIN:
So mach ich's (nimmt seinen Kopf und küßt ihn auf die Stirn).
KASPAR:
(erschrocken) Fräulein!
BÄUERIN:
Dirn, du bist nit recht gescheit. Verrückst dem Kaspar noch den Kopf.
KASPAR:
Ich bin nur ein Knecht und Diener des Fräuleins, Bäuerin.

FRÄULEIN:
Kaspar, wenn du mit der Arbeit zu Ende bist, mußt du an den Bach kommen und mir eine Weidenflöte schnitzen. Du mußt mich in den Schlaf singen. Musik und Schlaf: sind mir die liebsten Geschwister.

4. Bild: Am Bach.

KASPAR:
Ich hab Euch eine Kröte gefangen, Fräulein. Wollt Ihr mit ihr spielen?
FRÄULEIN:
Zeig her, Kaspar. – Sie sitzt mir furchtlos und ruhig im Schoß und sieht mich mit ihren Bernsteinaugen an wie – – wie – – wie du, Kaspar.
KASPAR:
Ich wünschte, ich wär eine Kröte, Fräulein.
FRÄULEIN:
Ein Mensch sein ist auch nit schlecht. Das ist all gleich: ob du ein Mensch, eine Kröte, eine Wolke oder ein Baum bist.
KASPAR:
Ich bin ein Bach. Verrinne. Verfließe.
FRÄULEIN:
Ich bin eine Birke. Schwanke nur leicht.
KASPAR:
Ihr faßt Wurzeln: überall. Bin wurzellos.
FRÄULEIN:
In meinem Herzen hast du Wurzeln geschlagen, Kaspar.
KASPAR:
Fräulein.
FRÄULEIN:
Sing mir ein Lied, Kaspar.
KASPAR:
Ich geh – wohin?
Ich kam – woher?
Bin außen und inn'
Bin voll und leer.
Geboren – wo?
Erkoren – wann?
Ich schlief im Stroh
Bei Weib und Mann.
Ich liebe dich
Und liebst du mich?

Ich trübe dich
Betrübst du mich?
Ich steh und fall
Ich werde sein
Ich bin ein All
Und bin allein.
Ich war. Ich bin.
Viel leicht. Viel schwer.
Ich geh – wohin?
Ich kam – woher?

FRÄULEIN:
Die Weide streichelt meine Stirn. Der Himmel lächelt mir zu wie ein fröhlicher alter Herr. Ich möchte schlafen. Spiel auf der Weidenflöte, Kaspar, dann singen alle Weidensträucher mit.

(Kaspar spielt auf der Flöte dasselbe Lied, das er eben gesungen)

FRÄULEIN:
Ich geh – wohin? (entschläft)

(Die Magd kommt geschlichen)

MAGD:
Kaspar –!

KASPAR:
Sei still – das Fräulein schläft.

MAGD:
Kaspar: du spielst ein böses Spiel. Du trügst mich.

KASPAR:
Liebes Mädchen, das ist nit wahr. Ich hab das Fräulein in den Schlaf gesungen.

MAGD:
So tief schläft nur die Liebe, die erfüllet ward.

KASPAR:
Das Fräulein ist krank.

MAGD:
So krank nit, daß sie die Beine nit auseinandertun könnt.

KASPAR:
Du schimpfst das Fräulein. Sie ist heilig wie eine Heilige.

MAGD:
Heilig sind wir alle wenn wir lieben. Ich liebe dich.

KASPAR:
Du liebst meine Schwäche.

MAGD:
Ich liebe deine Stärke.

KASPAR:
Wenn ich dich stark in den Armen halte und die Nacht bei dir bin, das liebst. Das Fräulein liebt mich ohne Sinn, ohne Sinne, ohne Ziel, wie ich das Fräulein liebe. Wir sind da und also lieben wir.

MAGD:
Sei auf der Hut, Kaspar, daß nichts geschieht, was dich und mich gereuen könnt. Ich – hasse das Fräulein. Ich bin gesund. Sie ist krank. Ich bin hart. Sie ist zart. Sie ist gut, ich bin böse. Tag und Nacht vertragen sich nit.

KASPAR:
Geh – geh – das Fräulein rührt sich. Stör ihr den Traum nit.

5. Bild: Auf dem Felde

BAUER:
Wo ist das Mädchen?

BÄUERIN:
Am Bach. Der Kaspar ist bei ihr.

BAUER:
Kupplerin.

BÄUERIN:
Bock. Schleichst der Magd nach. Sah dich einmal, wie du ihre Brüste packtest und sie dir eins ins Gesicht fetzte.

BAUER:
Du alte Hure. Möchtest, daß der Kaspar dich von hinten bespringt wie ein Hund. Bist immer läufig.

BÄUERIN:
Das ist deine Schuld. Kannst ja nimmer ohne Nachhilf.

BAUER:
Warum hast du mir keinen Sohn geschenkt? Keinen Erben? Wozu der helle Hof? Die vielen Tagwerk? Kuh und Ochs im Stall, die Hühner auf der Stiege? Wer soll nach mir das Waid- und Fischereirecht ausüben? die Pflugschar führen? Aus deinem strotzenden Leibe warfst du ein krankes Kind, dem der Tod auf der Stirn steht.

BÄUERIN:
Wirst wohl wissen, was du dir geholt hast, als du bei den Soldaten warst in der großen Stadt. Sonntags von den Soldatenmetzen.

BAUER:
Lügnerisches Weib.

BÄUERIN:
Mensch!

BAUER:
Wirst mir auch mein Kleinod, mein Heiligtum noch beschmutzen: mein engelhaftes Mädchen.
BÄUERIN:
Eben noch war sie dir nit recht und hast ihr den Tod gewollt.
BAUER:
Ich wünscht, sie wäre nie gekommen, und dennoch lieb ich sie über die Maßen.
BÄUERIN:
Ich lieb sie nit weniger als du. Sie ist kein Mensch wie du und ich. Darum darf sie auch getrost beim Kaspar am Bach liegen. Hab gar kein Furcht oder Bedenken.
BAUER:
Sie – liegt – beim – Kaspar – am – Bach?
BÄUERIN:
Was tut's? Ihre Unschuld kann ihr kein Mensch und kein Teufel rauben. Sie ist so wie ich sein möcht, wenn ich an das Fegefeuer denke.
BAUER:
Zuweilen mein ich, der Kaspar sei m e i n besser Selbst.
BÄUERIN:
Gib sie, so lang sie zu leben hat, dem Kaspar zur Frau. Da hast gleich einen Erben für den Hof. Und vielleicht find't sich ein Enkel ein.
BAUER:
Die Magd kriegt ein Kind vom Kaspar, daß du's weißt. Er muß sie heiraten. Er ist schon das Aufgebot bestellen gegangen. Der Kaspar ist ein Stier und mein Kind ist ein Schmetterling. Ich muß seiner acht haben, daß keine vorwitzige Hand ihm den Puder von den Flügeln stäubt.
BÄUERIN:
Acht auf dich selbst, Bauer.
BAUER:
Spekulierst wohl auf mein und ihren Tod, daß du den Kaspar heiratest und du dein Pläsier hättest auf dein Alter?
BÄUERIN:
Wann du solchen Greuel denkst, wär's nit schad um dich, wenn du verrecken tätst.
BAUER:
Ungeheuer!
(Die Aveglocke beginnt zu bimmeln)
BÄUERIN:
Das Ave läutet.

BAUER:
(nimmt den Hut ab, beide falten die Hände und murmeln) O Gott, du Quelle des Lichtes, wegen deiner ewigen Liebe zu uns bitten wir dich, erleuchte unsre Seelen wie Altarkerzen, damit wir erkennen, wie wir uns deinen Wohltaten gegenüber am heutigen Tage verhalten haben. Rühre unsre Herzen, damit wir die bekannten Fehler innig bereuen und für die Zukunft gute Vorsätze fassen. O Gott, himmlischer Vater, suche unsre Wohnung heim. O Jesus, Heiland der Welt, sieh gnädig herab auf uns. O heiliger Geist erbarme dich. O Maria, ohne Makel empfangen, bitte für uns, heilige Maria, bitte für uns, geheimnisvolle Rose, elfenbeinerner Turm, Arche des Bundes, goldenes Haus, o Maria, bitt für uns.
(Das Fräulein schreitet am Horizont über den Acker)

6. Bild: Dorfkirche.

GESANG:
Du bist des Lebens Süßigkeit
Maria
Du bist des Lebens Innigkeit
Maria
Du Makellose
Lilienrose
Dir singen Lob die Cherubim
Dir singen Preis die Seraphim
Salve, salve, Regina ...
(Die letzten Töne der Orgel verklingen. Die Kirchgänger verlassen die Kirche: unter ihnen der Bauer, die Bäuerin, die Magd, der Arzt. Als die Leute der Magd ansichtig werden: Getuschel und Fingerzeigen. Kaspar, den Kopf in die Hände vergraben, ist auf der Kirchenbank sitzen geblieben. Das Fräulein kommt als letzter Kirchenbesucher)
FRÄULEIN:
(zum Küster, auf der Empore) He, Küster, guter Freund –
KÜSTER:
Ihr noch hier? Wie darf ich Euch dienen?
FRÄULEIN:
Ihr müßt mir einen Gefallen erweisen, Küster, tu Euch auch wieder einen. Wolltet immer die Arien und Cantaten von Bach und Händel besitzen. Ich schenk sie Euch.
KÜSTER:
Wie soll ich's Euch danken, Fräulein?
FRÄULEIN:
Spielt mir etwas –
KÜSTER:
Gern, Fräulein.

FRÄULEIN:
Nur für mich: eine himmlische, selige Musik – nur für mich.
KÜSTER:
Was soll es sein: vom Palestrina?
FRÄULEIN:
Da müßt ich singen dazu. Es strengt mich gar zu an.
KÜSTER:
O Haupt voll Blut und Wunden?
FRÄULEIN:
Kein strenges, kein herbes, kein schmerzliches Lied. Laßt die Orgel lachen, die Kadenzen hüpfen, ich will verzaubert sein. Spielt mir ein Menuett oder eine Gavotte.
KÜSTER:
(erschreckt) Bedenkt, Fräulein, dies ist ein Gotteshaus.
FRÄULEIN:
Und ich bin ein Menschenkind.
KÜSTER:
Wenn es Hochwürden, der Herr Pfarrer erführe –
FRÄULEIN:
Ich steh mit dem guten Gott nit schlechter als der Herr Pfarrer. Spielt: ich will tanzen: ihm zu Ehren.
KÜSTER:
Verzeiht mir, Fräulein, daß ich Euch zurechtweise: dies ist kein Dorfkrug, wo man zur Kirmes Baß und Geige streicht.
FRÄULEIN:
Ihr sollt nit Baß und Geige streichen: Ihr sollt mir Orgel spielen.
KÜSTER:
Die Wiese ist der rechte Tanzplan für Euch. Tanzt auf der Wiese.
FRÄULEIN:
Kennt Ihr die Geschichte vom Tänzer unsrer lieben Frau? So will ich sie Euch kurz berichten. Es war ein Gaukler in Frankreich, der ging in ein Kloster und wurde aufgenommen in die Gemeinschaft der heiligen Brüder. Da er aber das Kirchenlatein nicht verstand und nicht verstand zu singen und zu beten wie die heiligen Brüder: so ehrte er die Madonna, so gut er es vermochte: mit seiner Kunst. Er kniete nicht nieder vor ihrem Altarbildnis: sondern er tanzte und sprang vor ihr, ihr zu Ehr und Preis. Der göttlichen Frau gefiel dieser Gottesdienst über die Maßen, daß sie vom Sockel herniederstieg: ihm die elfenbeinerne Hand reichte und mit ihm die Figuren schritt.
KÜSTER:
(schüttelt den Kopf) Ich tu's Euch zu Gefallen, weil ich Euch ehre und achte

und weiß, daß kein schlechter Gedanke in Euch wohnt. Verratet mich nicht beim Hochwürden. Er möcht's nit verstehn. (Er spielt eine heitere Gavotte. Das Fräulein dreht sich leicht im Tanz. Kaspar hat den Kopf erhoben und sieht ihr zu. Sie bricht atemlos ab, faßt sich an die Brust)

FRÄULEIN:
Ach, die Lust – schmerzt.

KASPAR:
Die Mutter Gottes in der Nische lächelte. Die Heiligen in den Kirchenfenstern sind niedergekniet vor Gottes Tochter. Ich hätte niederknien mögen wie sie. Aber ich bin zu gering selbst zum Kniefall.

FRÄULEIN:
Ich hab getanzt – auch für dich, Kaspar.

KASPAR:
Der Doktor hat Euch jede Erregung verboten. Ihr seid ihm nit gehorsam.

FRÄULEIN:
Man muß Gott mehr gehorchen als den Menschen. Wenn Gott spricht: Tanze – so muß ich tanzen.

KASPAR:
Ihr wütet gegen Euer schönes junges Leben, daran so viele Menschen Freude haben, wie gegen ein widerspenstiges Fohlen.

FRÄULEIN:
Ich werde jung sterben, Kaspar: und darum will ich gern sterben wie ich gern gelebt habe.

KASPAR:
Wißt Ihr, was heute für ein Tag ist?

FRÄULEIN:
Ein Sonnentag, Kaspar.

KASPAR:
Und eine Sonnennacht wird diese Nacht sein. Die Sonne geht heute Abend nit unter. Viele Sonnen werden die Nacht durch auf den Hügeln brennen. Es ist Johannisnacht. Die Knechte werden Feuer rings entzünden.

FRÄULEIN:
Auch Du, Kaspar?

KASPAR:
(schüttelt den Kopf) Ich möchte am liebsten alles Licht und alle Kerzen verlöschen, daß es dunkel sei wie in mir.

FRÄULEIN:
(streichelt seine Stirn) Ihr habt Tränen in den Wimpern hängen, Kaspar – warum?

KASPAR:
(senkt den Kopf) Ich sah, wie die Leute auf die Magd zeigten, weil sie schwanger sei von mir, und ich kann's nit ändern.
FRÄULEIN:
Sieh, der heilige Sebastian dort im Kirchenfenster hebt an trotz all seiner Martern und der Pfeile und Schwerter im Leib hell zu strahlen, weil die Sonne aus den Wolken getreten ist. Es wird noch alles gut werden, Kaspar.

7. Bild: Johannisnacht.

(Rings Feuer auf den Hügeln. Knechte und Mägde im Kreis)

EINE MAGD:
(singt)
    Ach Mutter, liebe Mutter
    Ich möchte schlafen gehn.
    Ich hör in meinen Ohren
    Die Abendwinde wehn.

ANDRE MAGD:
    Ach Tochter, liebe Tochter,
    Geh auf die Gartenbank.
    Da tönt in deinen Ohren
    Der reifen Äpfel Klang.

EINE MAGD:
    Ach Mutter, liebe Mutter,
    Die Grille zirpt so sehr
    Ich schlag die Augen aufwärts
    Und kann nicht schlafen mehr.

ANDRE MAGD:
    Ach Tochter, liebe Tochter,
    Verlaß den feuchten Rain
    Geh auf dein warmes Zimmer,
    Die Lampe wartet dein.

EINE MAGD:
    Ach Mutter, liebe Mutter,
    Den Rat, den geb ich dir
    Ich schlaf in meinem Bette –
    Mein Liebster schläft bei mir.

(Gelächter und Juchzen. Knechte und Mägde bilden eine Kette. Links die Magd, rechts Kaspar abseits)

KNECHTE UND MÄGDE:
(singend)
    Wir schlingen den Johannisreihn,

Was stehst du, Maidlein, so allein?
Die Feuer auf den Bergen stehn,
Es muß der Bursch zum Tanze gehn.
(Knechte und Mägde lachend ab)

MAGD:
Du hast kein Feuer mehr, Kaspar. Bist kalt wie Stein.

KASPAR:
Brennt Feuer genug auf den Hügeln.

MAGD:
Komm hinter das Gebüsch, ich brenne.

KASPAR:
Ich bin verbrannt. Nur Asche noch. Streu mich in den Wind.

MAGD:
Wann du mich heut nacht nit liebst, betrüg ich dich.

KASPAR:
Dein schwangrer Bauch find't Liebhaber genug. Braucht keiner eine Furcht haben, daß er dir ein Kind macht.

MAGD:
Höhnst mich noch in meinem Unglück, weil ich auf dein Wort gebaut. Pfui Kaspar, bist kein ehrlicher Bursch.

(Man hört Harmonikaklänge)

KASPAR:
Ich geh, muß unter Menschen sein, ich find mich nit zurecht. (ab)

MAGD:
(bleibt, bricht dann in Schluchzen aus. Das Fräulein kommt)

FRÄULEIN:
Warum weinst du? Komm, leg deinen Kopf in meinen Schoß.

MAGD:
Ach, Fräulein, Ihr seid gut zu mir.

FRÄULEIN:
Nicht gut genug. Ich bin zu schwach, dir Gutes zu tun. Warum weinst du? Alle sind fröhlich in dieser Nacht.

MAGD:
Der Kaspar liebt mich nimmer. Er ist zu den tanzenden Mädchen gegangen.

FRÄULEIN:
Kaspar liebt dich. Er weiß es nur nit.

MAGD:
Nein Fräulein, Euch liebt er, Euch allein. Und nur Euch. Wer sollte Euch auch nicht lieben. (ab)

FRÄULEIN:
Komm, wir wollen zu den tanzenden Burschen und Mädchen gehn. Und wenn der Kaspar mit einem fremden Mädchen tanzt, so mußt du mit einem fremden Burschen tanzen.
(Doktor kommt)
DOKTOR:
Fräulein –
FRÄULEIN:
Was soll's?
DOKTOR:
Auf ein Wort –
FRÄULEIN:
Nun –
DOKTOR:
Auf drei Worte –
FRÄULEIN:
Die wären?
DOKTOR:
Fräulein – ich – liebe – Sie.
FRÄULEIN:
Gottes- und Menschengesetz gebietet, daß wir einander lieben: Gott den Menschen, Mensch den Gott, Mensch den Menschen, dazu jegliche Kreatur: Tier, Stein, Baum, Wind, Wolken.
DOKTOR:
Sie hören an meinen Worten vorbei.
FRÄULEIN:
Ich sehe durch sie hindurch.
DOKTOR:
Durch die Worte?
FRÄULEIN:
Auch durch Sie!
DOKTOR:
Bin ich gläsern?
FRÄULEIN:
Jeder Mensch ist durchsichtig. Jeder Mensch ist wie Glas: mehr oder weniger trübe.
DOKTOR:
Sie betrüben mich.
FRÄULEIN:
Wie wollte ich!

DOKTOR:
Ich habe mein gutes Auskommen.
FRÄULEIN:
Ich werde immer mit Ihnen gut auskommen.
DOKTOR:
Frau Doktor – ist das kein Titel?
FRÄULEIN:
Ein schöner zumal.
DOKTOR:
Vierzig Jahr bin ich: aber fassen Sie mich recht ins Auge: bin ich nicht jung genug noch zum Ehgemahl?
FRÄULEIN:
Jede Frau wird sich glücklich schätzen, die Ihre zu sein –
DOKTOR:
Ich könnte Sie pflegen, Sie hegen, –
FRÄULEIN:
Sie tun es immer.
DOKTOR:
Wollen Sie die Meine werden?
FRÄULEIN:
So weit ich die Ihre sein kann, bin ichs schon – mehr kann ich nicht werden. Lieber Doktor: zürnen Sie mir nicht – geben Sie mir Ihre Hand (ergreift sie, küßt sie schnell) Auf Wiedersehen –
DOKTOR:
(verbirgt sein Haupt in den Händen) Veneris voluntas, suprema lex. (ab)
(Man hört Harmonikaklänge. Nach einer Weile Kaspar mit dem Fräulein zurück)
KASPAR:
Fräulein, länger ertrag' ich's nit. Ihr habt mit mir getanzt, und der Kopf donnert mir, als seien tausend Gewitter in ihm los gelassen. Laßt mich zerstampfen von einem rasenden Stier, werft mir eine Schlinge um den Hals und hängt mich an den nächsten Baum, zündet mich wie einen dürren Heuschober an und laßt mich lebendigen Leibes verbrennen, erwürgt mich mit Eueren zarten Händen, stoßt mir ein Messer in den Leib: ich weiß, ich bin eines von Euch verhängten Todes nit im geringsten wert: aber erlöst mich von der Qual meines unwissenden Seins, meines dumpfen Herzens, meiner jämmerlichen Wildheit, meiner Kraft, die mir zuwider ist. Macht mich schwach, macht mich schwach: macht mich sanft, still, zart, wie Ihr seid: denn nur der Schwache ist gut. Mein höllisches Herz schreit zu Euch, mein Himmel. Ich bin der Teufel, der Euch, Engel, liebt, weil Ihr all das seid, was er nicht ist: weil Ihr gut, schön, still, sanft, zart seid, weil Ihr den Frieden habt, den ewigen Frieden. Er aber treibt umher wie ein Staubkorn im Winde. Ich stinke wie der Fuchs.

Tretet nicht zu nahe an mich heran, mein Atem verpestet Euch. Mein Blick besudelt Euch. Ich jaule wie ein Hund. Setzt mir den Fuß auf den Nacken und zertretet mich.

FRÄULEIN:

(kniet nieder vor Kaspar) Kaspar, ich bin deine Dienerin. Tue mit mir, was dir beliebt. Ich knie vor deiner namenlosen Qual in Demut und Andacht. Du bist verdammt und sollst erlöst werden – durch mich. Denn ich bin die ewige Seligkeit. Nenne mich Maria, und nimm mich hin ...

8. Bild: Stube.

DOKTOR:

Ich hab's dem Fräulein immer gesagt, hab ihr immer wieder ins Gewissen geredet – schließlich hat jeder Mensch Pflichten gegen seine Mitmenschen, der Mensch hat nicht nur Rechte, wie die Jugend es uns zu exemplifizieren versucht: kurz und gut: immer wieder hab ich das Fräulein gewarnt: Keinerlei unnütze Aufregung. Ihre schwache Lunge verträgt das Tanzen nit. Man kommt auch ohne Tanzen und Springen durch's Leben. Sehen Sie mich: ich habe in meinem ganzen Leben nicht einen Walzer- oder Polkaschritt getan. Und es ist auch gegangen. Mußte in der Johannisnacht getanzt werden? Konnte man diese Späße nicht den Knechten und Mägden überlassen? Sie sind wie Trakehner Pferde, denen schaden sieben Stunden Galopp nichts. Beim Fräulein ist nicht nur die Lunge angegriffen. Auch das Herz. Auch das Herz. Auch der Magen. Nur leichte Diät: ein wenig Hühnersuppe. Ein Glas Rotwein mit Ei zur Kräftigung.

BAUER:

Das Mädchen fühlte sich all die Tage so leicht, so heiter. Sie lächelte immerdar und schwebte schier körperlos durch den Raum. Sie sang wie eine Schwalbe.

DOKTOR:

Bedenklich, höchst bedenklich. Mich deucht, dies sei die der Wissenschaft nur allzu wohlbekannte Euphorie. Dieses Wohlgefühl scheint mir ein recht verdächtiges Anzeichen. Je wohler sich der Mensch fühlt, desto näher ist er dem Tod. Est modus in rebus, sunt certi denique fines. Media in vita morte.

BÄUERIN:

Gott, wieviel Liebe sind wir ihr noch schuldig. Wir haben die Zeit nicht genutzt. Sie ist verflossen wie ein Bach im Sand.

DOKTOR:

Carpe diem.

BAUER:

Sie litt – und leidet.

BÄUERIN:
An uns.
DOKTOR:
Nemo ante mortem beatus.
BAUER:
Wir gehen mit dreckigen, erdigen Händen und schmutzigem Herzen durch's Leben.
BÄUERIN:
Sie ist die Unschuld und die Reinheit selbst.
DOKTOR:
Integer vitae scelerisque pura.
BAUER:
Sie ist Gottes Braut. Wir sind des Teufels Kreaturen.
DOKTOR:
Omnia praeclara rara.
BAUER:
Ich schwöre dir, Allgütiger, Allweiser, Allmächtiger in jedem Tag des Jahres dir eine Messe lesen zu lassen, an den großen Feiertagen aber deren drei: wenn du das Mädchen uns erhältst, das nach der heiligen Jungfrau ihren Namen trägt und unheiliger nit ist denn sie.
BÄUERIN:
Spiegel der Gerechtigkeit, Königin des hochheiligen Rosenkranzes, höre uns, erhöre uns ... (schluchzt)
DOKTOR:
Est quaedem flere voluptas, gute Frau. Gehen wir zur Patientin, fühlen wir ihr den Puls. Sie hustet?
BÄUERIN:
Wenig.
DOKTOR:
Höchst verdächtig. Die geschlossene Tuberkulose ist ein hinterlistiger Feind. Gehen wir.
(Arzt ab)
BAUER:
Laß uns Frieden schließen an ihrem Sterbebett.
BÄUERIN:
Herr, vergib uns unsre Schuld, wie wir vergeben unsren Schuldigern.
BAUER:
Denn dein ist das Reich
BÄUERIN:
Und die Kraft und die Herrlichkeit

BAUER:
Und die Ewigkeit
BÄUERIN:
Amen.
BAUER:
Ich fühl's unser Glück stirbt, unsre Seele.
BÄUERIN:
Unser Herz.
BAUER:
Uns bleibt das gemeinsame Alter.
BÄUERIN:
Der stille Abend, wenn die Vögel zur Ruh gegangen und nur die Grillen noch zirpen.
BAUER:
Aber die Sterne leuchten uns: in die Hoffnung.
BÄUERIN:
In den gemeinsamen Tod.
(Kaspar kommt)
KASPAR:
Bäuerin – Bauer –
BÄUERIN:
Ihr seht ja totenbleich aus, Kaspar.
KASPAR:
Bauer, wie geht's dem Fräulein?
BAUER:
Nit gut, Kaspar.
KASPAR:
Ich – bin – schuld – Bauer – an – ihrem – Leid.
BAUER:
Red nit Unsinn, Kaspar. Das Fräulein war immer krank.
KASPAR:
Ich – bin – schuld – Bauer – kanns – Euch – nit – sagen – ich bin – schuld – Bauer – ganz – allein – ich – allein – bin – schuld –
BAUER:
Wir sind alle schuld, weil wir schlecht waren.
BÄUERIN:
Weil ich dir nachgestellt, Kaspar –
BAUER:
Weil ich der Magd um die Schürze gestrichen – weil ich das Angesicht eines

Engels vor mir blinken sah, und war doch geil wie ein Bock.
BÄUERIN:
Und ich war lüstern wie eine junge Henne –
KASPAR:
Ich – bin – allein – schuld – ich – bin – ein – Mörder – ich – bin – ein – Verbrecher – ich – habe – das – Fräulein – zum – Tanz – verführt – da – brach – ihr – das – Blut – aus – dem – Mund – ich – habe – die – heilige – Jungfrau – geschändet – ich habe – die – geheimnisvolle – Rose – gebrochen – ich – habe – das Gefäß – der – Andacht – beschmutzt – indem – ich – meinen – Unrat – darein entleerte – ich – habe – die – Unbefleckte – befleckt – den – Turm – Davids – gestürzt – die – Pforte – des Himmels – zerbrochen – die Trösterin – der – Betrübten – auf – den – Tod – betrübt –

(Der Doktor aus der Kammer)

DOKTOR:
Bäuerin, Bauer, wenn Ihr Euer Kind noch lebend sehen wollt – Ducunt volentem fata, nolentem trahunt. Non est ad astra mollis e terris via.

(Ferner Gesang wie von oben)
    Du bist des Todes Süßigkeit
    Maria
    Du bist des Todes Innigkeit
    Maria
    Du Makellose
    Du Lilienrose
    Dir singen Lob die Cherubim
    Dir singen Preis die Seraphim
    Salve, salve, Regina ...

(Bauer und Bäuerin während des Gesanges in die Kammer ab. Kaspar verharrt unbeweglich. Die Magd kommt)

MAGD:
Kaspar, vergib mir: ich tanzte mit dem Knecht vom Hafnerbauern, gestern in der Johannisnacht. Wir gingen in den Wald – und – er zwang mich –

(Sie fällt vor Kaspar nieder. Ein zarter Ruf des Fräuleins aus der Kammer: Kaspar! Kaspar stürzt, ohne die Magd beachtet zu haben, in die Kammer ab)

9. Bild: Totenkammer.

(Es ist Nacht. Flackernde Kerzen. Das Fräulein liegt in einem gläsernen durchsichtigen Sarg aufgebahrt. Kaspar hält die Totenwache)

KASPAR:
    Ich stand auf hoher Zinne
    Und sah hinab zum Markt,
    Da wurde eine schöne Zauberin
    Vom Gräber eingesargt.

Ach lieber Totengräber,
Ich bitt dich, bleibe stehn:
Laß mich noch einmal die Zauberin,
Die schöne Zauberin sehn.

Ach, lieber Totengräber
Dies Wort, das sag' ich dir:
Ich liebe die tote Zauberin
Und lasse nicht von ihr.

Und willst du sie begraben,
Leg mich zu ihr auf die Bahr.
Mich hat die tote Zauberin
Verzaubert ganz und gar.

(Er sinkt in sich zusammen)

(An das Kopfende des Sarges sind gleichzeitig eine dunkle links, und rechts eine lichte Gestalt getreten)

DIE LICHTE GESTALT:
Jungfrau aller Jungfrauen

DIE DUNKLE GESTALT:
Du Abgrund aller Hurerei

DIE LICHTE GESTALT:
Du leiser Duft der weißen Rose

DIE DUNKLE GESTALT:
Gestank du der Verwesung

DIE LICHTE GESTALT:
Du Gotteskind

DIE DUNKLE GESTALT:
Du Götzenkind

DIE LICHTE GESTALT:
Du Tau am Morgen: hell und klar

DIE DUNKLE GESTALT:
Du Pfützenwasser grün und gelb verschlammt

DIE LICHTE GESTALT:
Du knietest immer im Gebet

DIE DUNKLE GESTALT:
Du tanztest in der Kirche

DIE LICHTE GESTALT:
Geh ein ins ewige Morgenrot

DIE DUNKLE GESTALT:
Versinke in der ewigen Nacht

DIE LICHTE GESTALT:
Du weiseste Jungfrau
DIE DUNKLE GESTALT:
Du törichte Jungfrau
DIE LICHTE GESTALT:
Du gütige Jungfrau
DIE DUNKLE GESTALT:
Du schlechte Metze
DIE LICHTE GESTALT:
Du ehr- und preiswürdige, du getreue Jungfrau
DIE DUNKLE GESTALT:
Du unwürdige, unehrenhafte, ungetreue
DIE LICHTE GESTALT:
Du liebtest die Menschen, du liebtest die Menschheit mit der Schönheit deiner Seele
DIE DUNKLE GESTALT:
Du reiztest die Menschen mit der Schönheit deines Leibes zur Begierde und Unzucht
DIE LICHTE GESTALT:
Du neigtest dich dem Geringsten, und wardst erhöht, indem du dich erniedrigtest
DIE DUNKLE GESTALT:
Du zogst den Tiefsten noch zu dir herab, und schlangst dich um ihn: Schlange, Natter, sei verflucht!
KASPAR:
Ich höre deine zischende Stimme, Satanas. Ich seh deine gräuliche Bocksgestalt mit den Widderhörnern. Deine Wolfsaugen schillern grünlich, und giftiger Dunst träuft heiß wie siedendes Blei aus deinem Ochsenmaul. Das Zimmer ist voll Molchen und Feuersalamandern. Spinnen regnet es auf meine Stirn und an meinen Füßen kriechen Asseln und Tausendfüßler empor. Nun reckst du deine Klaue, die edelste, reinste, süßeste Seele zu rauben: daß du Gott überzeugest von der Bosheit auch des besten Menschen. Du lügst, Du lügst ... (hebt ein Gerät, einen Hammer etwa, von der Wand) Steh mir zum Kampf, damit ich dich zerschmettere ... (Er schwingt den Hammer gegen die schwarze Gestalt, die zusammenbricht) Dem Himmel Dank, Madonna, daß ich dich beschützen durft, daß du zum Gottesstreiter mich begnadet und erkoren ...
DIE LICHTE GESTALT:
(aufrecht zur Rechten des Kopfendes am Sarge, streicht der Toten über die Stirn) Königin der Engel – sei gesegnet.
(Der Hintergrund zergeht: man sieht in den Himmel, wo drei heilige Jungfrauen einen leeren goldenen Stuhl hüten)

DIE LICHTE GESTALT:
Diesen Stuhl wird Maria einnehmen, um ihrer Keuschheit willen ...
GESANG DER 3 ENGEL:
Du bist des Himmels Süßigkeit
Maria
Du bist des Himmels Innigkeit
Maria
Du Makellose
Du Lilienrose
Dir singen Lob die Cherubim
Dir singen Preis die Seraphim
Salve, salve, Regina ...

10. Bild: Gericht.

RICHTER:
Der Zeuge im Raubmordprozeß F.... – Wo steckt er?
ZEUGE:
Hier, Euer Gestrengen.
RICHTER:
Sprechen Sie die Eidesformel. Ich spreche sie Ihnen vor: Ich schwöre bei Gott dem Allmächtigen und Allwissenden, daß ich die reine Wahrheit sagen, nichts verschweigen, nichts hinzusetzen werde, so wahr mir Gott helfe. – Heben Sie die Hand zum Schwur. Schwören Sie.
ZEUGE:
Ich schwöre bei Gott dem Allmächtigen und Allwissenden, daß ich die reine Wahrheit sagen, nichts verschweigen, nichts hinzusetzen werde, so wahr mir Gott helfe.
RICHTER:
Was haben Sie ad hoc zu bemerken?
ZEUGE:
(Man hört nur eintönig murmeln)
RICHTER:
Das genügt. Der Ring des Beweises ist geschlossen. Zeuge ab.
(Zeuge ab)
RICHTER:
Angeklagter –
ANGEKLAGTER:
Hier, Euer Gestrengen. (Der Angeklagte ist in Handfesseln)
RICHTER:
Sieben Jahre Zuchthaus. Aberkennung der bürgerlichen Ehrenrechte auf Le-

bensdauer. (Der Angeklagte stöhnt) Der nächste.

(Der Verurteilte ab)

RICHTER:
Angeklagter haben Sie noch etwas zu bemerken?

2. ANGEKLAGTER:
Ich tat es aus bittrer Not – meine Frau lag im Wochenbett. Die Kinder schrien nach Brot.

RICHTER:
Sie sind geständig?

2. ANGEKLAGTER:
(nickt schwer mit dem Kopf)

RICHTER:
Zehn Monate Gefängnis, haben drei auf die Untersuchungshaft angerechnet. Der nächste.

RICHTER:
Angeklagter –

3. ANGEKLAGTER:
Hier, Euer Gestrengen – (Der Angeklagte schwer gefesselt)

RICHTER:
Ah – ich sehe an der Art der Fesselung: ein Mörder?

3. ANGEKLAGTER:
(schreiend) Ich mordete, aber der Ermordete ist schuld ...

RICHTER:
Im Namen des Gesetzes. Das Gericht erkennt zu Recht und Gerechtigkeit, wie folgt: Wer tötet, der soll getötet werden. Der Angeklagte wird verurteilt zum Tode durch den Strang.

3. ANGEKLAGTER:
(schreit auf)

RICHTER:
Der nächste. (Angeklagter ab)

(Kaspar tritt auf)

KASPAR:
Richtet mich, Euer Gestrengen. Richtet mich, Richter. Ich habe schwer gefehlt.

RICHTER:
Wo kommt Ihr her? Vorwitziger?

KASPAR:
Aus dem Leben. Und will in den Tod. Ich war zu – feige, ihn freiwillig auf mich zu nehmen, wie es sich wohl geziemt hätt für mich.

RICHTER:
Was habt Ihr begangen? Diebstahl? Raubmord? Notzucht? Unterschlagung? Urkundenfälschung? Schema A, B, C? Es gibt nur eine engbegrenzte Anzahl von Motiven, aus denen heraus man handelt. Also?

KASPAR:
Ich tat nichts dergleichen.

RICHTER:
So stehlt Ihr mir wenigstens meine kostbare Zeit. – Schert Euch weiter. Beschreitet den Instanzenweg, den vorgeschriebenen. Fallt der Justiz nicht in den erhobenen Henkerarm. (sieht auf die Taschenuhr) In den zehn Minuten, die Ihr mich hier belästigt, hätte ich mit Leichtigkeit fünf Menschen zum Tode verurteilen können. – Ihr seid unschuldig. Der nächste.

KASPAR:
Verurteilt mich zum Tode. Ich bin schuldig – schuldig wie nur je ein Mensch.

RICHTER:
Ich habe noch nie einen Menschen sich zum Urteil drängen sehn. Weswegen und wozu soll ich Euch verurteilen?

KASPAR:
Ich habe einen Menschen mit meiner Liebe getötet.

RICHTER:
Papperlapapp. Man tötet: mit einem Messer. Mit Gift. Etcetera. Aber nicht mit Liebe. Die Liebe ist keine Waffe.

KASPAR:
Ich habe mit der heiligen Jungfrau Maria getanzt –

RICHTER:
Ihr seid wahnsinnig. Ich beantrage Untersuchung Eures Geisteszustandes.

KASPAR:
Ich bin kein Mensch. Ich bin ein Tier. Ich habe einen Engel mit meiner Umarmung geschändet.

RICHTER:
Vermutlich Defloration? Verschont mich gefälligst mit Eueren privaten rebus sexualibus.

KASPAR:
Ich bin tausendmal schuldiger als der arme Dieb, der aus Hunger stahl, als der arme Mörder, der aus Verzweiflung mordete. Ich mordete aus dem eingeborenen Haß des Bösen gegen das Gute, des Häßlichen gegen das Schöne, des Dumpfen gegen das Klare, des Unreinen gegen Reinheit und Lauterkeit selbst.

RICHTER:
Papperlapapp. Die einen Menschen sind gut, weil die andern Menschen

schlecht sind. Die einen Menschen sind schlecht, weil die andern Menschen
gut sind. Das Gesetz der Wage, welche Themis in der Hand wägt, erhält die
Welt in der Schwebe. Die Guten sind am Bösen schuldig. Und umgekehrt.

KASPAR:
Ich martere mir den Kopf. Ich verstehe Euch nicht.

RICHTER:
Der Schöpfer ist der Mörder, der Mörder ist der Schöpfer geworden. Ein
Henker war der Welt Richter. Auf daß das Blutbeil nicht roste, schlachtet er
Menschen.

KASPAR:
Ich habe das Fräulein getötet. Die Tochter des Großbauern.

RICHTER:
Ihr bezichtigt Euch selbst?

KASPAR:
Ja.

RICHTER:
Beweise.

KASPAR:
Mein Wort.

RICHTER:
Zeugen?

KASPAR:
Die Sterne.

RICHTER:
(schellt mit einer Glocke; ein Wärter erscheint) Abzuführen in Untersuchungshaft
bis zur Klärung der Sachlage. – Der nächste.

(Kaspar mit Wärter ab)

11. Bild: Gefängniszelle.

(Mondnacht. Kaspar schläft auf der Pritsche.
Ganz ferne leise Musik. Durch die Tür weht wie ein Schleier die Vision des Fräuleins in
ihrem Totenhemd)

FRÄULEIN:
(ganz zart)
    Willst du erfahren, wer ich bin?
    Ich bin die Himmelskönigin.
    Mein weißer Blick ist Diamant,
    In Feuer steht das ganze Land.
    Ich heb die Hand und sie entzünd't

Die Stern und löst den Tod und Sünd.
In Feuer steht das Firmament
Und jedes Menschen Herz entbrennt.
Die Flamme brennt, die Flamme steigt,
Bis sie vor Gottes Thron sich neigt.
Die Liebe bringt die Hoffart um.
Die Liebe macht die Schwätzer stumm.
Die Liebe brennt wie Sonn' so sehr
Die Liebe rauscht wie Sturm im Meer.
Die Liebe bringt den Tod zu Fall –
Und Liebe Liebe überall.

(Morgengrauen. Kaspar erwachend)

KASPAR:
Mir träumte. Was träumte mir doch gleich? Erde fiel über mich, als läge ich in einem Sarg, und man würfe mir die letzten drei Handvoll Krume in die Unterwelt. Aber dann wurde mir plötzlich leicht. So leicht, daß ich wie ein Vogel aufschoß und auf einer Wolke niederfiel. Da lebte ich wohl tausend Jahre: ich hatte Hunger – und ich ward gespeist. Ich hatte Durst – und ich ward getränket. Wenn ich müde wurde, strich eine sanfte Hand mir über die Wangen. Immer schien die Sonne. Auch war ich immer heiter und guter Dinge. Ein Jahr nun wohne ich schon in diesem sonderbaren Haus. Ich leid es gern. Nein: ich leide garnit. Ich büße. Es ist süß, gerecht zu büßen. Ob's wieder Sommer ist? Ich mein, ich spür durch das Gitterfenster droben einen Ruch vom Kastanienbaum im Hof.

WÄRTER:
(an die Tür pochend) Aufstehen, Kaspar, aufstehen. Sieben Uhr. (Er sperrt die Zelle auf und erscheint in der Tür, die Tür offenlassend) Dalli, dalli, fix fix. Eimer leeren. Zelle fegen.

KASPAR:
(hat sich vom Lager erhoben. Der Wärter klappt das Bett auf. Dann ab. Kaspar geht mit dem Eimer auf den Gang. Kehrt zurück. Beginnt das Zimmer zu fegen)

(Eine Dirne erscheint in der Türöffnung)

DIRNE:
(singt)
Im Gefängnis ist gut leben,
Da ist mein Quartier.
Da gibt's eine warme Suppe
Und ein kaltes Klistier.

Sapperment, werd ich froh sein,
Bin ich erst wieder drauß.
Ich möcht ein Floh sein,
So hüpft' ich hinaus.

>Ich ging auf die Straße,
>Ja das gäb ein Gefrett,
>Da käme der Herr Staatsanwalt
>Und nähm' mich ins Bett. (ab)
>
>(Ein Gefangener erscheint in der Türöffnung)

GEFANGENER:
(spricht)
>Ich bin ein armer Kauz,
>Und hab nicht Haus noch Stall
>Der Wald, der ist mein Haus,
>Die Luft ist mein Gemahl.
>
>Ein altes Hemd mein Fell,
>Der Wind pfeift durch das Bein.
>Hilf, daß ich in der Höll
>Nicht auch muß Schnapphans sein. (ab)

(Junge Gefangene erscheint in der Türöffnung)

GEFANGENE:
>Ich armes Mädchen
>Bin so alleine
>Ich weine, ach keine
>Mutter weint mit mir.
>
>Sie liegt begraben
>Wohl unter der Erde.
>Wohl nur zwei Schuhbreit,
>Wohl tausend Klafter ... (ab)

(Wärter erscheint)

WÄRTER:
Nummer 711. Es ist Besuch für Euch gemeldet.

KASPAR:
Besuch? Von wem? Ich habe seit einem Jahr von der Welt draußen nichts vernommen und habe sie nit vermißt. Ich bin mir selbst genug, und mag nichts, keinen Menschen und kein Ding, von da draußen hören und sehen.

WÄRTER:
(läßt die Magd mit Kind auf dem Arm eintreten)

MAGD:
Guten Tag, Kaspar. Freust dich gar nit? Ich hab Erlaubnis erhalten vom Herrn Gefängnisinspektor, dich zu besuchen. Willst deinem Kind nit guten Tag sagen?

KASPAR:
Guten Tag, Frau. Guten Tag, Kind.

MAGD:
Was bist so verstört? Kaspar? Sieh mich an. Sieh mir offen ins Auge. Ich bin glücklich, daß ich dich erblicken darf (faßt seine Hand), daß ich dich halten darf. Willst mir keinen Kuß geben?

KASPAR:
(küßt sie schweigend)

MAGD:
Ich habe gute Botschaft. Brauchst nimmer mehr im Gefängnis bleiben. Sind arge Lügen und Verleumdungen von bösen Menschen gewesen, daß du das Fräulein sollst getötet haben. Es haben der Bauer, die Bäuerin und alle guten Menschen für dich gezeugt, daß du ein braver Mensch bist und nit fähig zu solcher Untat.

KASPAR:
Es – ist nit so, wie du sagst. Der Richter irrt. Ihr alle irrt. Ich bin schuldig. Fühl ich's nit selbst im tiefsten Herzen –

MAGD:
Kaspar: einer ist am andern schuldig. Wer weiß, wieviel. Wer weiß, wozu. Keiner lebt schuldlos unter der Sonne. Hör auf den Schlag deines Herzens: bist du erst wieder frei, wird es der Schlag der Nachtigall sein. Du sollst leben und im Leben wirken. Der Acker wartet der Bestellung. Die Scholle dampft. Die Ochsen scharren schon unruhig am Pflugschar, die Ziegen mekkern im Stall und der Hund bellt hinter den Lämmern her. Erde und Sonne warten auf dich, und ihrer beider Geschöpf, hier, das Kind, dein Kind! (Hält ihm ekstatisch das Kind entgegen)

KASPAR:
(nimmt das Kind von ihren Armen) Ich fühle, wie der Blutstrom aus diesem Wesen in mich, aus mir in dieses Wesen hinüberfließt. Ja: wir sind einig.

MAGD:
Eins und zwei und drei. – Komm, hörst du die Gefängnisglocke läuten? Ich hab den Pfarrer gleich in die Gefängniskirche bestellt, er soll uns trauen; zwischen Tür und Angel, zwischen Kerker und Freiheit, zwischen Nacht und Tag: Dich und mich. Und er soll uns das Kindlein taufen auf deinen Namen und auf den Namen des Fräuleins. Der Bube soll Kaspar Maria heißen. Denn er ist auch ihr Kind.

KASPAR:
Der wird einmal ein starker Knecht.

MAGD:
Er soll ein Herr werden.

KASPAR:
Wie Simson soll er die Philister schlagen, zu Tausenden, mit eines Esels Kinnbacken.

Letztes Bild: Vor dem Bauernhaus.

(Links vorn die Magd, jetzt Kaspars Frau, mit dem Kind spielend. Im Hintergrund Kaspar, noch bei irgend einer Arbeit. Sommerabend)

KASPAR:
(im Hintergrund)
Wer will in einen tiefen Brunnen sehn,
Der soll in meine Augen sehn.
Wer will mit einem Sturme wehn,
Der soll mit meinen Schritten gehn.

Wer will ein lebend Engel sehn,
Der muß zu meinem Weibe gehn,
Wer will im Paradiese sein,
Der ist zu mir geladen ein.

KASPARS FRAU:
(das Kind auf dem Arm)
Rosmarin und Nägelein
Wer will mein Geliebter sein?
Sonnenblum und Tulipan
Mein Kind will einen Vater han.
Weißer Klee und roter Mohn –
(jubelnd) Es hat ihn schon –

KASPAR:
(ist herzugetreten, lächelnd) Ich war dumpf. Nun bin ich klar. Ich war dunkel. Nun bin ich hell.

FRAU:
Ich bin glücklich. Seitdem ich glücklich bin, bin ich gut.

KASPAR:
Wem danken wir unser Glück?
(Ein Regenbogen wölbt sich über den Horizont)

KASPAR:
Seht – sie ist alle Tage und Abend bei uns. Die Brücke wölbt sich von uns zu ihr, von ihr zu uns.
(Die Aveglocke beginnt zu läuten)
Wölbe dich, bunter Bogen. Blühe, geheimnisvolle Rose. Abendfalter, der um unsre Stirnen weht: segne, segne uns.

(Vorhang)

DAS LASTERHAFTE LEBEN DES WEILAND WELTBEKAÑTEN ERZZAUBERERS CHRISTOPH WAGNER GEWESENEN FAMULI UND NACHFOLGERS IN DER ZAUBERKUNST DES DOKTOR FAUST

Ein altes deutsches Volksstück
in einem Vorspiel und
5 Akten

Neu ans Licht gezogen von
Klabund

Figuren des Vorspiels

Kasperle
Kinder

Figuren der Akte

Wagner
Kasper
Herzog von Parma
Herzogin
Montezuma, Kaiser der Inkas
Ima, seine Schwester
Cortez
Päpstin Jutta
Kardinal Bellarmin
Kardinalstaatssekretär
Wagners Mutter
Kupido
Kickelhahn
Fo ⎫
Vischnu ⎬ Götzen
Jehova ⎭
Kaspar ⎫
Melchior ⎬ drei Rüpel
Balthasar ⎭
Erster Oberpriester
Zweiter Oberpriester

Anna Backedudel
Gelehrter
Juwelenhändler
Mönch
Student
Maria
Erscheinung von Wagners Mutter
Der Tod
Erscheinung des Teufels
Statue der schönen Helena
Ein Mädchen
Hure
Stimmen guter und böser Geister
Stimmen von oben
Inkas
Gespielinnen der Ima
Spanische Soldaten
Masken aller Art
Gäste
Musikanten

Szenenfolge

Vorspiel
Vor dem Kasperle-Theater

Erster Akt
Wagners Studierzimmer

Zweiter Akt
Erste Szene
Garten des Schlosses von Parma

Zweite Szene
Festsaal des Schlosses von Parma

Dritte Szene
Schlafgemach der Herzogin

Dritter Akt
Mexiko. Tropische Landschaft am Meer

Vierter Akt
Rom, Vatikan

Fünfter Akt
Straße, die am Friedhof vorbeiführt

Vorspiel

(Kasperle-Theater
vor dem Theater stehen und sitzen viele Buben und Mädchen
der Kasperle erscheint auf der Bühne)
KASPERLE:
Seid ihr alle do?
KINDER:
Jo!
KASPERLE:
Fehlt auch keiner?
KINDER:
Nicht einer!
KASPERLE:
Hört zu!
KINDER:
(untereinander)
Gebt Ruh!
KASPERLE:
Heute, Freitag den 4. November, wird auf diesem Schauplatz mit hoher obrigkeitlicher Bewilligung eine extraordinär intrigante, vollkommen moralische Hauptaktion, das unvergleichliche und weltbekannte Stück präsentiert, genannt: Ex doctrina interitus. Oder: Das lasterhafte Leben und schreckensvolle Ende des weiland vielbeschrieenen Erzzauberers und Schwarzkünstlers
Christoph Wagner,
gewesenen Famuli und Nachfolgers in der Zauberei des Doktor Faust, mit vortrefflicher Kaspers Lustigkeit von Anfang bis Ende.
In dieser Hauptaktion wird mit Verwunderung unter anderem zu sehen sein:
1. Der Höllenfürst in eigener Person, in mancherlei Gestalt, assistiert von einem kleinen zottigen Teufel namens Kickelhahn.
2. Christoph Wagners Zauberei und Beschwörung der Geister.
3. Der Schauplatz eines fernen exotischen Landes, Mexiko genannt, mit echten Palmen, Bananen und Kokosnüssen.
4. Die schönsten Frauen der Welt, allesamt dargestellt von Demoiselle ...
Die Person gibt auf den ersten Ranglogen 1 Mark, auf den andern Ranglogen 8 Schilling, Parterre 5 Schilling, Galerie 2 Schilling.
(klingelt)
Es wird vielleicht heißen, man führe ein altes, bekanntes Werk auf, wir versichern aber und wollen uns aller Gnade entzogen wissen, wenn die Ausarbeitung nicht auf eine neue und besondere Art eingerichtet, auch mit guten, bei keiner Vorstellung dieses Stückes noch gesehenen Auszierungen versehen.
Es wird auch ein neuer Prologus vorgestellt und werden alle Komödianten

sich die größte Mühe geben, in ihren verschiedenen Rollen zu exzellieren. –
Wir versichern, daß heute niemanden weder die Zeit noch das Geld gereuen
wird.
(klingelt)
Das Spiel beginnt!

1. Akt.

Figuren des ersten Aktes

Wagner
Kasper
Student
Der Tod
Wagners Mutter
Kickelhahn
Gelehrter
Vischnu ⎫
Fo ⎬ Götzen
Jehova ⎭
Juwelenhändler
Stimmen guter und böser Geister
Statue der schönen Helena

(Wagners Studierzimmer
Schränke mit Büchern, physikalische, medizinische Geräte, ein Gerippe, Gipsabgüsse antiker Statuen, darunter eine Helena)

WAGNER:
Er ist also gewillt, in meinen Dienst zu treten, mir stets treu und gewissenhaft zu dienen?

KASPER:
Zu Befehl.

WAGNER:
Er sieht ein wenig derangiert aus. Warum hat Er keine ordentlichen Kleider?

KASPER:
Ja, wo ich herkomme, da ist's verboten, daß keiner keine Kleider anziehen darf, der keine hat; da ich keine Kleider hab, darf ich auch keine anziehn –

WAGNER:
Wo kommst du her?

KASPER:
Aus der großen Welt und aus drei Städten, und das sind die drei größten Städte in der großen Welt.
WAGNER:
Was sind das für drei große Städte? Paris, Wien, Konstantinopel?
KASPER:
Die sind's nicht. Die drei größten Städte sind Lumpendorf, Bettelhausen und Lausig.
WAGNER:
Von diesen Städten hab ich mein Lebtag nichts sagen hören.
KASPER:
Das glaub ich. Lumpendorf ist so eine große Stadt, die nimmt gar kein End, denn wo Ihr hinseht, da findet Ihr Lumpen genug. Aber ein berühmter Ort ist's; denn in Lumpendorf, da gibt's Leute, wenn man kein Geld hat, so führen's einen gleich nach Bettelhausen, und von da hat man gar nicht weit zur Festung Lausig, wo's einem armen Mann, der etwa aus Hunger gestohlen hat, weil ihn die Lumpen in Lumpendorf nichts haben verdienen lassen, lausig geht.
WAGNER:
Also mach Er sich gleich an seinen Dienst. Ich habe noch eine ärztliche Visite. Die Pest ist wieder im Land. –
KASPER:
Jawohl, Eure Pestilenz.
WAGNER:
Staube Er hier das Arbeitszimmer tüchtig ab. Ich bin gleich zurück.
(ab)
KASPER:
(abstaubend)
Das ist ein Leben! Das ist ein Leben! Ist mir auch was Besseres an der Wiege gesungen worden, als den ganzen Tag alte Bücher und Klamotten abzustauben, daß man aus dem Husten nimmer herauskommt. Ach du liebes Herrgöttle, alles für zehn Taler Lohn jährlich und zu Weihnacht ein Wams. Hätt ich doch meine geliebte Anna Backedudel geheiratet, ein Prachtweib, eine Seele, ein Herz, ein Mensch, zwei Kinder hatte sie, und eines war bestimmt von mir. Es geht doch nichts über ein geregeltes Familienleben. – Da liegt ein Buch aufgeschlagen – da ist ein Buchstabe, der ist so groß wie unser Scheunentor zu Hause – a – aha – erstes Schnapittel: Wie kann man machen alte Weiber wieder jung – Sapperment, das muß ich lernen.
(liest)
Man nehme – man nehme: das ist ein gutes Rezept – man nehme einen halben Schoppen Jungfernmilch, ein halbes Maß Flöhzungen, ein Dutzend ge-

dörrte Fliegenschwänze, die Hälfte von einem halben Quentchen Weibertreu
– Sapperment – Weibertreu – die Ware muß verdammt rar sein –
(es klopft)
Herrrrein!
(herein tritt ein jämmerlich aussehender ärmlicher Student)
Was ist denn das für eine Jammergestalt?

STUDENT:
Ach Eure Magnifizenz –

KASPER:
(großartig im Lehnstuhl, eine Hornbrille aufsetzend)
Faß Er sich. Vor großen Männern wird man leicht verwirrt.

STUDENT:
Rogo rogo hominibus
Sum pauper studiosus.

KASPER:
Himmel A... und Wolkenbruch. Laß Er sein Kauderwelsch. Hier wird nicht französisch parliert. Ein teutscher Jüngling nimmt des welschen Erbfeinds Zunge nicht ins ungewaschene Maul. Sprech Er deutsch, Kerl.

STUDENT:
Ich bin ein armer Student und wollte Eure Eloquenz gebeten haben um ein kleines Viatikum –

KASPER:
Bist du verstopft? Die Apotheke ist nebenan.

STUDENT:
Ach, Herr, wenn ich Euch bitten dürft um ein kleines Almosen.

KASPER:
Wie kommt es, daß du, ein Student, dich mit Betteln befassest wie ein gewöhnlicher Landstreicher, he?
(Student fährt zitternd zusammen)
Die Studiosen verdienen sich sonst ihren Unterhalt durch Musizieren. –

STUDENT:
In der Musik bin ich noch ziemlich weit zurück. –

KASPER:
Kannst du singen?

STUDENT:
O ja, aber im Diskant war ich nicht sehr gut, dann hab ich den Tenor angefangen zu singen, und nun bin ich in den Baß wie in ein Faß gefallen, und da, wenn ich singe, werd ich gleich heiser, besonders heut geht so rauhe Luft.

KASPER:
Ja, ich glaube selbst, es geht kein guter Wind, weil du einen schlechten Wind

hast fahren lassen, Schweinekerl. Er wird dich gleich hinauswehn. – Aber wenn du mir ein schönes Lied singst, will ich dir was schenken. –
(Student räuspert sich)
So sing, zum Teufel. –

STUDENT:
(singt)
Die Juden nehmen überhand,
Es kommt ein kalter Winter,
Es freut mich nur mein Hosenband,
Wir sind all Adams Kinder,
Adams Kinder.
(spricht)
Adams Kinder ist der Refrain.

KASPER:
Was geht mich dein Schnetterengteng an. Du heulst ja zum Steinerweichen. Das soll Gesang sein? Hinaus!
(jagt ihn mit einem Tritt hinaus. Student jammernd ab)
So ein Stoffel. Den hat seine uneheliche Mutter im fünften Monat aus der Achselhöhle verloren.
(stäubt ab, kommt an die Statue der Helena)
Beim seligen Kupidel: ist das ein Weib von einem Weib, die Figur bei der Figur! Wenn ich die anseh, weiß ich erst, was für ein Geschlamp ich an meiner Anna Backedudel hatte.
(stäubt zärtlich ab, kommt an das Gerippe, das sich zu bewegen und zu sprechen beginnt)

DER TOD:
Ich bin der Tod, der Menschenfresser. –

KASPER:
(erschreckt)
Wärst du zu Haus geblieben, wär's besser. –

DER TOD:
Ich hab kein Haus. –

KASPER:
So bleibst du draus. –

DER TOD:
Ich bleib stets inn. –

KASPER:
Versteh ein vernünftiger Mensch den Sinn. –

DER TOD:
Bursch, du mußt sterben. –

KASPER:
(faßt sich)
         Nur nicht so barsch!

Blas mir gefälligst in den A...
DER TOD:
Du beträgst dich nicht wie ein Herr von Welt. –
KASPER:
5 Um mich so zu betragen, hab ich kein Geld.
Ich verspüre auch keine Lust zu sterben,
Fürchte die Habsucht meiner Erben,
Ein filziger Hut, drei Groschen Kurant,
Ein löchriges Wams, ist allerhand. –
10 Sagt, Herr von Tod, warum tragt Ihr keine Kleider?
DER TOD:
Der Tod braucht keine Kli-kla-kleider.
KASPER:
Dann braucht Ihr auch keinen Schni-Schna-Schneider.
15 DER TOD:
Gott sei Dank!
KASPER:
      Li-la-leider!
Denn Euer Gerippe schaut gräßlich drein,
20 Ihr werdet darin kein Mädchen frein.
Euch tät eine Hose, ein Rock à la mode,
Ein Seidentuch und Zylinderhut not,
Und um den Zylinder ein wehendes Band,
Und rotes Glacé um die Hand. Wie charmant!
25 Statt des Stundenglases schwingt den Pokal,
Dann schmeckt Euch das Leben erst! Teufel noch mal!
Statt der Hippe ein elegantes Rohr:
Dann kommt sich der Tod höchst lebendig vor!
(hilft ihm in herumliegende Kleider)
30 Hier Hose, Rock, Mantel, Stock und Hut. –
Verteufelt noch mal, das steht Euch gut!
(zeigt ihm einen Spiegel. Der Tod dreht sich eitel)
Ein ausgesprochen schöner Mann!
DER TOD:
35 Wogegen man nicht viel sagen kann.
KASPER:
Nur im Gesicht ein wenig dürr. –
Aber macht nichts. Ihr kriegt die Weiber schon kirr! –
DER TOD:
40 (stolzierend)
Wie mir die präsentablen Kleider passen,
Ein englisch Tuch, französischer Schnitt, –

Der Tod geht mit der Mode mit.
Für diesmal will ich dich laufen lassen
Und mir ein junges Schätzchen suchen,
So knusprig wie Rosinenkuchen.
(abgehend)
Ich bin der Tod, der Menschenfresser.
KASPER:
Friß du Speck mit Klöße, das schmeckt besser!
(Wagner tritt auf)
WAGNER:
Bist du fertig mit Aufräumen?
KASPER:
Jawohl, Eure Malefizenz.
WAGNER:
Laß mich allein!
(Kasper mit Handküssen zur Statue der Helena ab)
Immer zwischen zweien Feuern
Mußt du kämpfend dich erneuern:
Zukunft und Vergangenheit –
Niemals bist du, immer schwankst du
Und zu keinem Hieb gelangst du.
Hier der Schildspruch deiner Wehre,
Den des Zweifels Gott dir gönnte
Unterm lodernden Geschicke:
Jeder ist im Augenblicke,
Was er gern gewesen wäre,
Was vielleicht er werden könnte ...
(kleine Pause)
Wenn ich zu tief getrotzt, zu weit gewollt,
Wenn manche Scherbe in den Staub gerollt,
Die heiliger Opferschale angehörte,
Eh sie mein götterloser Arm zerstörte,
Wenn manche Blume, die auf Sommerbeeten
In Prangen stand, mein frevler Fuß zertreten,
Wenn mancher Falter, frohem Flug erkoren,
In meinen Händen seinen Schmelz verloren,
Wenn manche Frucht, die sonnenmählich reifte,
Ich vor der Zeit von ihren Ästen streifte, –
Verzeih mir! Doch du hast die Welt
Als Spielzeug deinen Kindern hingestellt.
Und Kinder suchen ihres Spielzeugs Wesen
Bald zu ergründen und den Sinn zu lesen.
Und geht es nicht auf gutem Wege immer,

So schlagen sie das Rätselwerk in Trümmer,
Daß ihnen so die Offenbarung werde.
Dies wußtest du – und gabst uns doch die Erde!
(es klopft)
Wer kommt? Ach, du bist es, Mutter.

WAGNERS MUTTER:
Ja, mein Sohn, ich bin es. O mein Sohn, dieser Gang ist mir schwer geworden. Ich komme, dich zu warnen, wie es meine Pflicht als Mutter gebietet.

WAGNER:
Wie meinst du das, Mutter?

WAGNERS MUTTER:
Mein Sohn, mein Sohn, es geht üble Nachrede über dich um, du wollest dich dem Teufel verschreiben. O mein Sohn, sei nüchtern und wachsam! Denn dein Widersacher, der Teufel, geht umher wie ein brüllender Löwe und suchet, wie er dich verschlinge.

WAGNER:
Geschwätz – nichts weiter.

WAGNERS MUTTER:
Höre auf die Worte deiner alten Mutter! Jeden Pfennig hab ich für dich gespart, von frühmorgens bis Sonnenuntergang gearbeitet, mein Brot mit saurem Schweiß verdient, nur damit du studieren konntest. Denn deine Lehrer sagten, daß du einen höheren Geist besitzest. Willst du deiner Mutter Arbeit, Mühe, Sorgen so schmählich belohnen? O komm mit mir, auf unser kleines Bauerngut, nimm den Ackerpflug in die Hand, hilf mir das Feld deinen Ahnen bestellen, laß deine leere Gelehrsamkeit, laß Gold und Weiber fahren, und rette deine Seele aus dem Verderben des höllischen Pfuhls!

WAGNER:
Geh, Mutter, ich habe jetzt keine Zeit, deine Ermahnungen anzuhören. Ich bin zwar dein Sohn, aber ich bin kein kleines Kind mehr. Ich weiß, was ich will.

WAGNERS MUTTER:
Du weißt nur, was er, der Teufel, will. Du bist verloren, Unglücklicher. Ich werde für dich beten.
(ab)

WAGNER:
Ich brauche dein Gebet nicht –

KASPER:
(eintretend)
Eure Insolvenz werden verzeihen, wenn ich dero Studium unterbreche –

WAGNER:
(ärgerlich)
Was willst du?

KASPER:
Es ist ein vornehmer Gelehrter, der Euch zu sprechen wünscht und Euer Insuffizienz ein Traktat zu überreichen gedenkt.
WAGNER:
Jetzt – zu dieser späten Stunde ein Besuch?
KASPER:
Der Herr, stolz und voll vornehmen Gebarens, ließ sich nicht abweisen –
WAGNER:
Führ ihn herein –
(Kasper hinaus, läßt einen Gelehrten eintreten)
GELEHRTER:
Ich bin entzückt und hochgeehrt, die Bekanntschaft Eurer Magnifizenz zu machen, deren Ruf weit über Wittenberg, weit über Deutschlands Grenzen hinaus selbst bis zum Papst nach Rom gedrungen ist –
WAGNER:
Wer seid Ihr, Herr?
GELEHRTER:
O – ein bescheidener Gelehrter, sein Name ist zu unbedeutend, als daß es sich lohnte, ihn auszusprechen –
WAGNER:
Womit kann ich Euch dienen?
GELEHRTER:
Ich bitte devotest, Euch meine Doktor-Dissertation, an der Hohen Schule zu Bologna eingereicht, übermitteln und widmen zu dürfen – als ein geringes Zeichen meiner Dankbarkeit für die weihevollen Stunden, die ich dem Studium der Schriften dero Magnifizenz verdanke –
WAGNER:
(nimmt das Buch entgegen, schlägt die Titelseite auf, liest verwundert)
Der Schlüssel der Magie, Nigromantie und Schwarzkunst – Wer seid Ihr, Herr?
(Gelehrter zieht sich unter vielen Verbeugungen in die Kulisse zurück
Wagner schlägt das Buch auf)
Das ist das Buch, nach dem ich lange fahndete,
Der Schlüssel der geheimen Wissenschaft,
Die Offenbarung aller dunklen Kräfte.
Ich will die Kraft des Pergaments erproben
Durch eine Zitation.
Denn die Planetenstunde ist mir günstig.
(schreibt magische Zeichen in die Luft)
Im Namen der mächtigen Dreizahl
Und Neunzahl, ihr gewogen,
Zum Himmel auf,

Zur Höll herabgezogen –
Die Erde auch inmitten
Wie Vater, Sohn und Geist;
Der Kreis nun abgeschnitten,
Der zum Quadrat sich weist.
Die Quadratur des Zirkels,
Perpetuum mobile.
Erscheint: Jehova Vischnu Fo!
Jesu Christ – apage!
(an der Wand das Kruzifix überm Studiertisch fällt klirrend zu Boden. Als Wagner aufblickt, stehen vor ihm drei Erscheinungen: die Götzen Jehova, Vischnu, Fo)
Wer seid ihr, schreckliche Gestalten?

ALLE DREI:
Wir sind die Fürsten der Hölle. Du hast uns beschworen und gerufen –

WAGNER:
Wohlan – so will ich eure Tauglichkeit für meine Zwecke prüfen, ihr höllischen Majestäten. Du zu meiner rechten Seite, gelbe Fratze, bezopfter Bursche – wie heißt du, und wie schnell bist du?

FO:
(in chinesischer Tracht)
Ich heiße Fo und bin so schnell wie die Schnecke auf dem Zaun.

WAGNER:
Hinweg von mir, du Fürst der Faulheit!
Fahre von hinnen!
Apage male spiritus!
(Fo schleicht langsam von dannen)
Du zu meiner linken Seite – wie ein jüdischer Handelsmann aus dem Ghetto anzusehen – wie heißest du?

JEHOVA:
(als Jude im Kaftan)
Wie werd ich heißen? Jehova heiß ich!

WAGNER:
Und wie schnell bist du?

JEHOVA:
So schnell wie der Weg von den Wucherzinsen zum Zuchthaus.

WAGNER:
Zu langsam! Entweiche!
Apage male spiritus!
(Jehova ab)
Und wie heißt du?

VISCHNU:
(ein Inder)
Vischnu.

WAGNER:
Und wie schnell bist du?

VISCHNU:
Ich bin so schnell wie ein abgeschossener Pfeil.

WAGNER:
Für mich zu langsam. Apage! Entweiche!
(Vischnu schnell ab. Als die drei verschwunden sind, entdeckt man plötzlich einen kleinen zottigen Teufel, der übriggeblieben ist lachend)
Ja, wer bist denn du?

KICKELHAHN:
(zieht höflich sein Hütchen mit der Feder)
Mein Name ist Kickelhahn – ich bin der kleine Teufel Kickelhahn – falls Eure Magnifizenz von mir gehört haben sollten –

WAGNER:
Nicht daß ich wüßte.

KICKELHAHN:
(dreht sein Hütchen in den Händen)
Ja – ich bin auch noch ein junger, unbedeutender Teufel. Aber man wird einmal von mir hören! Ich werde Karriere machen. Man nimmt mich in der Hölle noch nicht ganz ernst – man verwendet mich zu allerlei Botengängen – ich muß den Oberteufeln die Stiefel putzen, was mir wenig Spaß macht. Es sind abscheuliche Burschen darunter – anmaßend, hochmütig, die auf einen kleinen Teufel wie unsereins herabsehen – und dumm – dumm. Ihr macht Euch keinen Begriff, wie dumm die meisten Teufel sind.

WAGNER:
Ich bin dir sehr dankbar für deine instruktiven Mitteilungen.

KICKELHAHN:
Darf ich fragen, warum Ihr uns zitiert habt?

WAGNER:
Nein, das darfst du nicht fragen –

KICKELHAHN:
Wir Teufel sind sehr neugierig.

WAGNER:
Wie schnell bist denn du, Kickelhahn?

KICKELHAHN:
So schnell wie der Flug des schnellsten Vogels –

WAGNER:
Schon schneller als die andern drei – aber gibt es denn keine schnelleren Geister in der Hölle, als ihr seid?

KICKELHAHN:
O gewiß – da haben wir einmal den Erz- und Oberteufel, Seine feurige Pestilenz Herrn Mephistopheles –
WAGNER:
So bringe ihn mir –
KICKELHAHN:
Bedauere – so weit geht mein Einfluß nicht – er ist ein hoher Herr – er will gebeten sein – ruft ihn selbst –
(Kickelhahn flink ab)
STIMME:
Wagner! Wagner! Komm zu mir! Ich bin die Demut! Wahres Wissen macht demütig!
STIMME:
Wagner! Komm zu mir! Ich bin die himmlische Liebe! Die Liebe macht selig schon auf Erden –
WAGNER:
Wer seid ihr, unsichtbare Geister, die ihr meine Gedanken belauscht?
STIMME:
Ich bin der Stolz! Komm in meine Arme! Die höchsten Ehrenstellen harren dein!
STIMME:
Ich bin die Habsucht! Komm in mein Haus! Alles Gold sei dein!
WAGNER:
Hinweg! Ihr lockt mich nicht!
STIMME:
Ich bin die Wollust –
STIMME:
Der Zorn –
STIMME:
Der Neid –
ALLE BÖSEN GEISTER:
Nimm uns in deinen Dienst, Wagner! In allen Lüsten sollst du schwelgen!
WAGNER:
Wer seid ihr?
STIMMEN:
Wir –
WAGNER:
Seid ihr Männer?

STIMMEN:
Keine Männer –
WAGNER:
Seid ihr Weiber?
STIMMEN:
Keine Weiber –
Wir haben kein Geschlecht –
WAGNER:
Seid ihr Seelen?
STIMMEN:
Keine Seelen –
WAGNER:
Seid ihr Leiber?
STIMMEN:
Keine Leiber –
WAGNER:
Seid ihr Verstorbene?
STIMMEN:
Wir sind nicht gestorben –
WAGNER:
Lebt ihr?
STIMMEN:
Wir leben nicht –
WAGNER:
Wer zeugt euch?
STIMMEN:
Der, der uns ruft –
WAGNER:
Welche Gestalt habt ihr?
STIMMEN:
Jede Gestalt, in der man uns zu sehen wünscht – Wir werden immer aussehen wie deine Gedanken, deine Wünsche, deine Träume –
WAGNER:
(aufbrausend)
Hinweg von mir!
(vor dem Spiegel)
Wer bist denn du, der mit so häßlichem Gesicht
Aus dieses Spiegels fahlem Bilde spricht,
Noch grünlichgrau vom Lampenschirm verdunkelt?
Ich reiße ihn herab – und mich durchfunkelt

230

Ein Haß, wie ich ihn nie am Menschen sah,
Und haßerfüllt stehn alle Dinge nun im Spiegel da:
Mein Bett, mein Tisch, mein Glück – es hat die Wand
Sich wie der Spiegel weiß gespannt,
In dem es toll vorübertollt
In rot und blau und violett und gold.
Doch keine Farbe gibt sich mir gewiß,
Sie sausen funkelnd in die Finsternis,
Und hielt ich eben noch mein Herz so rot,
Schon tritt ein weißer Hengst es knirschend tot;
Den Hengst erlegt ein Schuß. Den Schützen trifft der Strahl
Des Blitzes, auf dem Gott selber fuhr zu Tal.
Er sieht am Boden das zerstampfte Herz
Und lacht und wirft es himmelwärts.
Dort kreist es nun in wunderlicher Wonne
Als ewiger Trabant um dich, o Sonne!
(es schlägt zwölf Uhr
eine Gestalt ist eingetreten als Juwelenhändler gekleidet)
Seid Ihr der, den ich brauche?

JUWELENHÄNDLER:
Ich bin's –

WAGNER:
Wie schnell seid Ihr?

JUWELENHÄNDLER:
Schneller als der menschliche Gedanke –

WAGNER:
Was habt Ihr da für ein Kästchen?

JUWELENHÄNDLER:
Juwelen. Ich bin Edelsteinhändler, Euer Gestrengen –

WAGNER:
Zeigt mir Eure Schätze –

JUWELENHÄNDLER:
Zu Diensten –
(öffnet)

WAGNER:
(hält einen Ring ans Licht)
Dieser grüne Smaragd –

JUWELENHÄNDLER:
verspricht Reichtum –

WAGNER:
(nimmt einen andern)
Der violette Amethyst –

JUWELENHÄNDLER:
schützt vor Krankheit –
WAGNER:
Der weiße Mondstein –
JUWELENHÄNDLER:
hält Euch bei zarter Gemütsart –
WAGNER:
Der Diamant –
JUWELENHÄNDLER:
bringt seinem Träger Macht und Einfluß –
WAGNER:
Aber dieser brennende Rubin – was ist mit ihm – tausend Flammen züngeln aus ihm – ich fühle magisch mich von ihm gezogen.
JUWELENHÄNDLER:
Es ist der Ring der ewigen Jugend. Solang Ihr ihn am Finger habt, werdet Ihr nicht altern. Ihr werdet bleiben jung, strahlend, schön, wie Ihr heute seid.
WAGNER:
Und der Preis dieses Ringes?
JUWELENHÄNDLER:
O, er ist wohlfeil. Er kostet nicht viel –
WAGNER:
Wieviel?
JUWELENHÄNDLER:
Eure Seele, wenn's beliebt –
WAGNER:
Was muß ich tun, um durch den Ring aller irdischen Seligkeit: ewiger Jugend, Liebe und Macht teilhaftig zu werden?
JUWELENHÄNDLER:
Ihr braucht nur einen kleinen Kontrakt zu unterschreiben – mit Eurem Blut –
WAGNER:
So diktiert. Ich schreibe.
JUWELENHÄNDLER:
(diktiert)
Ich, Christoph Wagner, bekenne mit meiner eigenen Hand in Kraft dieses Briefes: Nachdem ich mir vorgenommen, die Elemente zu erforschen, aus den Gaben, die mir von oben herab gnädig beschert sind, solche Geschicklichkeit und Wissenschaft nicht erwachsen und solches von Menschen und Göttern nicht zu erlernen sei: so habe ich gegenwärtigem höllischen Geist mich untergeben, auch denselben solches zu berichten und zu lehren mir erwählt, der mir auch versprochen hat, in allem mir untertänig und gehorsam

zu sein. Dagegen verspreche ich ihm wiederum, daß er nach 11 Jahren, 11 Monaten, 11 Tagen, 11 Minuten, 11 Sekunden nach seinem Gefallen mit mir zu schalten und walten gute Macht haben solle, mit allem, es sei Seel, Leib, Fleisch, Gut in Ewigkeit. Dazu ich absage allem Heiligen, Hohen, Edlen, Guten, Wahren, absage Gott, dem Heiligen Geist, Christus, der Mutter Maria und dem himmlischen Heer insgesamt.

Zu fester Urkunde und mehrerer Bekräftigung habe ich diesen Revers mit eigener Hand und mit meinem eigenen Blut geschrieben und unterschrieben.

Christoph Wagner.

WAGNER:
Die Welt ist mein –

JUWELENHÄNDLER:
Und mein die Seele –

WAGNER:
Ich brauche, um mich auszuleben,
Das weiteste besonnte Feld.
Ich kann nicht an der dürren Einzelscholle kleben
Mein Acker ist die Welt.
Ich dulde auf den weiten Fluren
Die rote Rade bei den Garben gern.
Mir glänzt der rote Stern,
Wenn Winterstürme längst durchs Brachfeld fuhren.
Und fließt im Überdrange des Geschehens
Viel Ziel- und Wesenloses ein –
Die Zeitenwinde, sie verwehen's;
Es bleibt das schwere, goldne Korn allein.
(Pause)
Es wird schon hell. Die Vögel singen in den Zweigen. Mir ist so leicht. Es duftet nach Hyazinthen, Aurikeln, Primula veris. Ist Frühling? Ich habe Sehnsucht – nach Liebe – nach einer Frau –

JUWELENHÄNDLER:
(deutet lächelnd auf die Statue der Helena)
Hier habt Ihr eine Frau, die schönste Frau der Welt dazu; die schöne Helena –

WAGNER:
In Stein –

JUWELENHÄNDLER:
Der Stein wird leben – wenn Ihr wollt –

WAGNER:
Ich will!

JUWELENHÄNDLER:
Hier mit dem Pergament, das Ihr mit Eurem Blut beschrieben, berühre ich den Stein.
(berührt die Statue, die sich zu regen beginnt)

WAGNER:
Sie lebt! Sie lebt! Das Wunder wird zur Wirklichkeit! Die Wirklichkeit zum Wunder!

JUWELENHÄNDLER:
Sie ist in nichts gekleidet als in ihre unsterbliche Schönheit. Ich darf mich wohl empfehlen –
(ab)

STATUE DER SCHÖNEN HELENA:
Träum ich?
Wach ich?
Bist du's, der mich dem Leben,
Dem Licht,
Der Liebe wiedergab?
Ja, dir danke ich's,
Daß meine sonnengierigen Augen
Das goldne Licht des Tags noch einmal trinken –
Noch einmal diese Füße
Von hier nach dorthin gehn,
Daß diese kalten weißen Lippen
Noch einmal brennendrot wie Mohn erglühn,
Daß diese Arme, ach, in dir
Noch einmal dich, geliebtes Leben,
Umschlungen halten!
Wie finster war's und kalt in Tod und Stein:
So nimm mich, Zauberer, hin – denn ich bin dein.

WAGNER:
Das Lachen hatt ich, Lieblichste, verlernt.
Du wirfst es neu mir zu – daß hell es rollt nun
Gleich einer Silberkette, und es tollt nun
Bis in die Nächte, die kein Gott besternt.
Und deine gütigzarten Hände lasen
Die Lichterperlen, die der Tag verschwendet.
Es hat die Nacht, die tote, sich gewendet,
Und Sonne flammt in zitternden Topasen.
(die Sonne ist strahlend aufgegangen)

(Vorhang)

2. Akt.

Figuren des zweiten Aktes

Wagner
Kasper
Herzog von Parma
Herzogin
Kupido
Kickelhahn
Gäste, Musikanten

Erste Szene

(Garten des Schlosses in Parma)
HERZOG VON PARMA:
Der Tag, der endlich uns vereint, Geliebte,
Ist angebrochen. Heller scheint
Die Sonne heut zu strahlen –
HERZOGIN:
                Süßer duften
Die Blumen.
HERZOG VON PARMA:
        Und ich schreite nicht,
Ich fliege taumelnd über diese liebe,
Geliebte Erde,
Der Biene gleich,
Die allzuviel des Blütensafts getrunken
Und nun den Weg zum Korbe nicht mehr weiß –
HERZOGIN:
Hast du den Weg zu mir verloren?
HERZOG VON PARMA:
Es führte jeder Weg mich noch zu dir –
HERZOGIN:
Ich bin so glücklich, daß ich fast mich fürchte
Vor so viel Glück – es möchte einer
Der niederen Geister zwischen Erd und Himmel
Mir neidisch werden – und mit schweflem Blitze
In unserer Liebe Frühlingslandschaft fahren,

Die junge Saat mit Hagel zu vernichten.
HERZOG VON PARMA:
Scheuch diese trüben Träume! Sieh, der Himmel
Lacht blau auf unsre Seligkeit herab,
Und keine kleinste Wolke ist zu sehen –
HERZOGIN:
Gott wahre uns vor jeglicher Gefahr.
HERZOG VON PARMA:
Fortuna trage uns auf Flügeln immerdar.
(Kasper aus einer Hecke)
KASPER:
O pardautz –
HERZOG VON PARMA:
(zur Herzogin)
Erschrick nicht, liebes Herz.
(zu Kasper)
Wer bist du, Kerl? Was willst du?
KASPER:
O steckt den Degen nur ein, Euer Hochniedriggeboren, ich kann kaltes Eisen auf den nüchternen Magen nicht vertragen.
HERZOG VON PARMA:
Was hast du hier zu suchen?
KASPER:
Ich suche meinen Herrn, mit Verlaub –
HERZOG VON PARMA:
Und wie schreibt sich dein Herr?
KASPER:
Mit Feder und Tinte aufs Papier, mit gütiger Permission. Ja, er schreibt nicht nur sich, sondern auch sonst allerlei dummes Zeug aufs Papier; denn er ist ein gelehrter Tropf, ein leerer, ein völlig ausgeleerter Kropf, wollt sagen: ausgelernter Kopf. Er ist ein Studierter, ein magischer Magistrat oder Magister.
HERZOGIN:
(lacht)
Das ist ein lustiger Bursche –
HERZOG VON PARMA:
Und wie nennt sich denn sein Herr?
KASPER:
(kratzt sich hinterm Kopf)
Das – darf ich nicht verraten –

HERZOG VON PARMA:
Mir darfst du's schon sagen – ich bin der Herzog von Parma.
KASPER:
(aufgeregte Kratzfüße)
O Eure erhabene Reminiszenz – ich würde es gern sagen, wenn ich's dürft. Aber ich darf wirklich nicht. Mein Herr ist ein ganz Geheimer, Geheimnisvoller.
HERZOGIN:
Willst du's mir nicht sagen?
KASPER:
O, Frau Herzogin sind schön wie die Morgenröte und leuchten wie eine Heilige im Kirchenfenster – aber verraten darf ich den Namen meines Herrn nicht. Aber Sie können ihn leicht erraten, wenn ich's Ihnen pantomimisch zeige. Und wenn Sie's erraten, verrate ich's ja nicht –
HERZOGIN:
Also laß einmal deine pantomimischen Künste sehn –
KASPER:
(streckt den rechten Arm aus)
Was ist das?
HERZOG VON PARMA:
Das ist dein Arm.
KASPER:
Richtig – und was ist das da vorn?
HERZOGIN:
(lächelnd)
Eine Hand.
KASPER:
Und wenn man diese Hand zumacht, so heißt man es – ?
HERZOGIN:
Faust –
KASPER:
Nun – bei dessen Famulus dien ich, beim Christoph Wagner. Er war der Knecht des Faust, wie ich der Knecht des Wagner bin. Deshalb hab ich auch noch eine glänzende Zukunft hinter mir.
HERZOGIN:
Wie, der berühmte und weitbeschriene Christoph Wagner, der Schüler Doktor Fausts, ist sein Herr – ?
HERZOG VON PARMA:
Der große Gelehrte und Zauberer?

237

KASPER:
Derselbe oder vielmehr: akkurat der gleiche. Die Hexerei und Zauberei, das hat er alles von mir gelernt –
HERZOGIN:
(lächelnd)
Wagner von dir?
KASPER:
Ganz gewiß. Perlikke perlakke humsti bumsti.
HERZOG VON PARMA:
Was faselst du da?
KASPER:
Das sind gewisse Zaubersprüche. Die ganze Hexerei besteht zum Teil aus Zaubersprüchen, zum Teil aus Geschwindigkeit. Geschwindigkeit aber ist keine Hexerei, und ein blindes Huhn legt auch manchmal ein Ei.
HERZOG VON PARMA:
So. Dann gib doch mal ein Zeichen deiner Kunst.
KASPER:
Sogleich. Oder vielmehr: sofort. Ich werde den atlantischen Ozean beschwören und alsbald wird Schloß und Umgegend hier tief unter Wasser stehn.
HERZOG VON PARMA:
(lächelnd)
Das ist mir zu gefährlich. Zeig lieber etwas anderes –
KASPER:
So werde ich einen großen Meteor zitieren, der soll aus heiterem Himmel herunterfallen und uns alle tausend Klafter tief in die Erde schlagen. Das ist ein eindrucksvolles Stück.
HERZOGIN:
(lächelnd)
Da wäre ja mein Leben in Gefahr. Und ich möchte noch recht lange glücklich leben. Nein, laß das lieber, das möcht ich lieber nicht sehn –
HERZOG VON PARMA:
Aber geh jetzt, bitte deinen Herrn und Meister zu uns in den Palast – daß er das Fest unserer heutigen Vermählung mit seiner Gegenwart beehre und verschöne.
KASPER:
Das wird sofort geschehn, Eure Durchlaucht. Mein Herr wird nicht verfehlen, Sie zu beehren und zu verschönen. Aber wo bleibe ich?
HERZOGIN:
Du kannst an der Tafel mit aufwarten –
KASPER:
(mit Kratzfüßen ab)
Untertänigsten Dank!

(Musik)
HERZOGIN:
Im Festsaal stimmen schon die Musikanten die Instrumente.
HERZOG VON PARMA:
Komm, liebes Herz. Das braucht es bei uns nicht.
Wir sind schon aufeinander abgestimmt,
Und unsrer Seelen holde Harmonie
Tönt wie ein Orgelkantus durch die Sphären.

Zweite Szene

(Festsaal. Bankett
Sitzordnung: Wagner – Herzogin – Herzog)
WAGNER:
(bringt einen Trinkspruch aus)
Die kleinen Füße der graziösen Fraun
Entzücken gern, wenn sie den Nacken streifen.
Und wir ertragen wohl den goldnen Reifen,
Der um das Herz sich schließt. Denn wir vertraun,
Daß sie Erbarmen gnadenreich gewähren,
Und nicht zu schwer die Liebesgeißel saust –
Der Lebensstrom, der in den Tiefen braust,
Trägt uns nach Avalun auf Flügelfähren.
(hebt den Pokal)
Das Füllhorn aller Seligkeiten schütte
Phöbus herab auf Euch!
(setzt sich, zur Herzogin leiser)
Ich bin entzückt,
Daß mich die Gegenwart der Frau begnadet,
Vor deren Reizen Venus selbst verblaßt,
Vor deren Flammenblick die Sonne sich
Beschämt und neidisch hinter Wolken flüchtet,
Und die mit einem Lächeln ihrer Lippen
Den ganzen Kosmos durcheinanderbringt,
Daß die Planeten ihre Bahn verlassen
Und ihr wie Pagen sanft die Schleppe tragen.
(Herzogin errötet
zum Herzog)
Euer Wohl, Herr Herzog! Möge Eurer Hoheit
Das Glück des heutigen Tags in alle Ewigkeiten blühn –
HERZOG VON PARMA:
Ich danke Euch. Ich bin sehr enchantiert,

In Parma Euch zu sehn, und hoffe nur,
Daß Ihr den Aufenthalt nicht allzu karg bemeßt.

WAGNER:
(leise zur Herzogin)
Der Mond, als er in einer Nacht Euch sah,
Da Ihr im Weiher badetet –
Hat sich in Euch verliebt –
Er nahm seither von Nacht zu Nächten ab
Und steht nur noch ein schmaler Strich am Himmel,
So sehr hat sich der Narr um Euch gegrämt –

HERZOGIN:
(zum Herzog)
Habt Ihr auch nicht vergessen,
Die Komödianten zu bestellen,
Daß sie mit Tänzen, munteren Sprüngen
Und einer artigen Komödie
Uns kurze Weil bereiten?

HERZOG VON PARMA:
Ich vergaß es nicht, mein Herz, – Herr Christoph Wagner
Versprach, für das Programm zu sorgen.

WAGNER:
Ich werde nicht verfehlen,
Euch ein Spektakel sonderer Art zu zeigen –
(leise)
Wenn mich wie Südwind warm Eu'r Atem streift,
Komm ich von Sinnen fast.

HERZOGIN:
Wenn Ihr ein Magier seid,
Wie die Frau Fama von Euch sagt:
Laßt mich den Ätna sehn,
Den tobenden Vulkan –
Denn also sieht's in meinem Herzen aus.

WAGNER:
Für mich ist Euer Wille stets Gesetz –
(die Musik, die ein Rondo intoniert hatte, bricht jäh ab. Alles starrt entsetzt dorthin, wo Wagner hinzeigt. Das Publikum sieht nichts)

HERZOG VON PARMA:
Welch fürchterlicher Anblick! Brennt das Schloß?

HERZOGIN:
Die Flamme steigt empor – die Lava stürzt herab,
Im Feuerstrom die Landschaft zu ertränken –
O gebt mir Kühlung! Löscht die Leidenschaft,

Die mich verbrennt wie einen Span von Kien.
WAGNER:
(wischt mit der Hand gleichsam die Vision hinweg)
Hinweg, du feuerspeiender Titan!
Komm! Walle, welle, woge: Meer!
HERZOG VON PARMA:
Ich sehe Segel taumeln im Orkan.
Das große Schiff dort – kentert.
WAGNER:
(leise)
Das seid Ihr –
HERZOGIN:
Die Blitze zucken und der Donner grollt.
Die Wogen rollen haushoch über mich dahin –
Ich bin ein Spielball nur der Elemente –
WAGNER:
Wollt Ihr in die Vergangenheit noch sehn?
Ich zeig Euch gern, wie Judith Holofernes
Den Kopf abschlug –
HERZOGIN:
Ich werde schwindlig. Laßt.
HERZOG VON PARMA:
Genug der Gaukelein. Ich hätt sie nie geglaubt,
Hätt ich sie nicht mit meinem Aug gesehn.
(zur Herzogin)
Du bist so blaß – du bist erschrocken, Kind,
Wagner, laßt etwas Lieblicheres sehn,
Damit wir fröhlich von der Tafel gehn.
(Wagner winkt der Musik, die ein zärtliches Rondo anschlägt, aber nach den ersten Worten des auftretenden Kupido abtönt. Aus dem Hintergrund tritt Kupido)
KUPIDO:
(von einem Mädchen zu spielen)
Ihr holdseligen Kreaturen, Ehren- und Liebreiche, durcheinander verknüpfte Gesellschaft, die ihr an diesem Ort versammelt, meine präsentierte Gestalt also begierlich anschauen tut: vielleicht kennt ihr mich nicht, sondern begehret solches zu wissen, wer ich sei. Wohlan, ich will es euch entdecken: Ich heiße Kupido, bin ein Sohn der Göttin Venus, selber ein Gott, und nicht zwar unter den gehörnten Faunen oder Waldgöttern, die in den dicken und finstern Wäldern ihre Zeit mit Tanzen und Springen, Heulen und Singen zu vertreiben pflegen. Auch bin ich nicht aus dem geringen Orden der niederen Götter, sondern unter den Gewaltigsten und Großmächtigsten der Allermächtigste, der Gott der Liebe, ja die Liebe selbst. Durch die Spitzen meiner güldenen

Pfeile, so auf dem Berge Ätna durch Antrieb meiner Mutter geschmiedet, muß es geschehen und ergehen, wie es mir gefällt, und ob sie gleich mit weichem Golde gespitzt, sind sie doch übernatürlicher Härte, und wo sie etwas berühren oder verletzen, macht bald im Blut die honigsüße Bitterkeit der Liebe sich bemerkbar, und kein Mensch kann ihr widerstehen. Ich bin zwar klein von Person, Leib und Ansehen, aber groß in meinen Wirkungen. Ich bin schwach, und doch der Allerstärkste. Ich mache zuschanden jeden Schild und Harnisch. Ich suche heim alle hohen Prinzen und Potentaten. Sie sind vor mir nicht sicher in ihren sonst unüberwindlichen Burgen und Palästen. Sie regieren viele tausend Menschen, herrschen über Länder, Städte, Dörfer – ich besitze keine Dörfer, Städte, Länder, Schlösser und Paläste, und regiere doch in allem. Ich bin ganz allein, habe keinen Diener um mich, und führe doch alle Kreaturen, vernünftige und unvernünftige, als meine Sklaven und Gefangenen in meinen Händen. Ja, und noch mehr, ich bin hier – und bin dort, bin allenthalben. Die Götter auf dem Berge Parnaß können vor mir nicht bestehen, der ich oft dem Mars sein blutiges Schwert, dem Neptun seinen Dreizack, Jupiter seinen Donnerkeil aus den Händen schlug mit dieser zarten Faust. Aber doch bin ich auch der Allerdemütigste, Allerfreundlichste, Allerzärtlichste – hege keinerlei Standeshochmut und Standesvorurteil, konversiere mit den Personen des Mittelstandes, auch Bauern, Tagelöhnern und Bettlern wie mit den allerhöchsten Herrschaften. Um meine Reputation und Autorität im richtigen Stand zu halten, dringe ich mit lieblicher und anmutiger Gewalt in die Herzen der Menschen, daß sie mich nicht sehen, hören, sondern allein fühlen müssen. Ich richte jetzt meinen Pfeil auf eine Person dieses Hofes, schnelle ihn vom Bogen – der Pfeil saust –

HERZOGIN:
(seufzt leise auf)
Ach –

KUPIDO:
Und hat sein Opfer schon gefunden. Da ich mein Ziel hier erreicht, verabschiede ich mich mit aller Devotion von den schönen Damen und eleganten Kavalieren. Groß ist die Macht des Kupido! Lebt wohl!
(ab)

HERZOG VON PARMA:
Scharmant, scharmant, wer war die reizende Aktrice?

HERZOGIN:
Ich glaub, Kupido selbst in eigener Person –

HERZOG VON PARMA:
Die Tafel ist aufgehoben.

WAGNER:
(der Herzogin den Arm reichend)
Darf ich bitten, Fürstin?
(Vorhang)

Dritte Szene

(Schlafgemach der Herzogin
die Herzogin kommt mit allen Anzeichen des Entsetzens, aufgelösten Haaren, stierem Blick, rückwärts von links auf die Bühne getaumelt. Sie hat ein blutbeflecktes Schwert, das sie in der Mitte der Bühne fallen läßt)

HERZOGIN:
Mein Hirn ist voller Schlangen ...
Geier fressen
Die Eingeweide mir ... in meinem Herzen
Ein Nest von Ratten ... spie das Meer
Wie einen Krake mich nach oben?
Hat der Totengräber,
Als er ein Grab grub,
Versehentlich mit einer Schaufel mich
Aus unterer Welt emporgeworfen?
Was da leuchtet –
Das grüne Auge –
Ist das der Mond? Ist's nicht das geile Auge
Des Höllenfürsten? War ich je ein Mensch?
Ein Mensch, der durch den Garten ging,
Von hier nach da,
Dem Amseln sangen, Hunde sprangen?
Dem Veilchen dufteten?
Hat diese Brust je Zärtlichkeit gefühlt?
Und diese mörderische Hand –
Hat einen Mann – gestreichelt!?

WAGNER:
(steht im Gemach)
Bianka!

HERZOGIN:
Wer ruft mich?
Ruft den Namen,
Mit dem ich christlich am Altar getauft –
Das ist wohl lange her – Jahrtausende –

WAGNER:
Bianka – süßes Satanskind –

HERZOGIN:
Bin ich des Satans Kind? Wenn du es sagst,
Muß es wohl sein – ich trug
Den Himmel einst nicht nur in meinem Blick.
Nun bin ich in den Tartarus gestürzt –

WAGNER:
Reich mir die Hand. Ich werde dich erheben
Zu jener eisigen Höh, auf der ich throne,
Dem Adler gleich, für den so Gut wie Böse
Nur ein Gelächter aus der Tiefe ist.

HERZOGIN:
(auf ihn zuschreitend)
Ich habe meinen Gatten – in – der – Hochzeitsnacht
Getötet – wie es Judith tat mit Holofernes.
Ich tat – nur – was Ihr wolltet, das ich täte.
Was – Ihr – gedacht – das – habe – ich – getan –
So – tat – ich – Eure – Tat –

WAGNER:
(sie in die Arme schließend)
Wenn die dunklen Schollen schwanken
Und die Erde schwanger ächzt,
Will ich fester dich umranken ...
Zuckend bin ich selbst die Erde,
Von der Egge schwarz durchwühlt,
Von den Winden hart gekühlt,
Von den Raben plump umkrächzt,
Daß es endlich Winter werde ...
Streu den Samen, nimm es wahr,
Wie die Vögel Samen schwangen,
Und im Frühling übers Jahr
Wird es glühen, wird es prangen,
Sind die herbstesschweren bangen
Wehn zu Blüten aufgegangen –
(trägt sie auf das Ruhebett im Hintergrund. Der kleine Teufel Kickelhahn ist plötzlich da und zieht kichernd die Vorhänge des Bettes zu)
(Vorhang)

3. Akt.

Figuren des dritten Aktes

Wagner
Kasper
Montezuma, Kaiser der Inkas
Ima, seine Schwester
Cortez
Kickelhahn
Erster Oberpriester
Zweiter Oberpriester
Inkas, Gespielinnen der Ima, spanische Soldaten

(Mexiko. Tropische Landschaft am Meer)
IMA:
Hierher den Ball! Gib schneller ihn zurück!
Hat euch der heiße Tag so träg gemacht,
Daß, da die Arbeit willig nun vollbracht,
Die Wäsche blendendweiß den Boden deckt,
Die Sonne nun das ihre helfen mag, –
Euch jede Lust zu muntrem Spiele fehlt?
GESPIELIN:
Fürstin, du irrst, wir sind mit vollem Herzen
Beim Spiel, das uns den Kampf und Krieg ersetzt
Der Männer, die in allem uns voraus.
Doch waltet nicht in jeglichem Gemüt,
Im zarten weiblichen ein gleich unbändig
Verlangen nach des Lebens Hast und Wechsel,
Das du nicht nur in deinen Träumen hegst –
IMA:
So laß uns jeden Sonnentag genießen,
Wie er erscheint. Er schwindet allzuschnell.
Die Schale, die ich an die Lippen setze,
Ist in zehntausendstel Sekunden leer –
Wer will den Ball?
GESPIELINNEN:
Ich! Ich! Ich! Ich!
GESPIELIN:
Du bist ihn mir noch schuldig!

IMA:
Da nimm den Ball noch einmal. Fang ihn recht!
GESPIELINNEN:
O weh, der Ball! Wo ist der Ball?
IMA:
Er flog links über deine Schulter. Sucht ihn,
Ihr Mädchen! Dort im blühenden Gebüsch
Am Rand des Pinienhains! Wer ihn mir bringt,
Dem sei mein Armring hier! Eilt! Eilt!
(die Mädchen suchen; plötzlich Schreie)
GESPIELIN:
Zu Hilfe!
IMA:
Was gibt's?
GESPIELIN:
Ein fremder Mann.
IMA:
Ihr Hasenfüße!
Ein Schlänglein raschelte im dürren Laub,
Und eure Phantasie hört Männertritte.
Daß ihr auch immer gleich an Männer denkt.
Warum nicht eine Frau? Ihr seid verliebt!
(Getümmel)
GESPIELIN:
(mit allen Zeichen des Schreckens)
Kommt, Fürstin, laßt die Wagen uns besteigen.
Ihr ließet Wächter doch zurück, daß sie
Zur Stadt uns fahren.
IMA:
Was nur fuhr in euch?
Warum?
GESPIELIN:
Ein fremder, weißer Mann hob sich vom Boden
Dort des Gebüsches, wo er augenscheinlich
Die Nacht gelagert, widrig anzusehn.
GESPIELIN:
Mit struppigen Haaren!
GESPIELIN:
Wilden Augen!
GESPIELIN:
Flieht!

IMA:
Und wenn dem so?

GESPIELIN:
Ich fleh dich, Jungfrau, an:
Es könnten Räuber sein, die uns der Gott des Meeres
Im Zorne um versäumte Opfer sandte,
Auf seinen Fischen sicher sie geleitend,
Den silbernen Delphinen –

IMA:
Sind's denn viele?

GESPIELIN:
Nein, nur ein einzelner –

GESPIELIN:
Doch könnten's viele sein –

IMA:
(lachend)
Sind's aber nicht –
Doch meinetwegen kommt und laßt den Mann,
Der keinem etwas tut. – Wo ist der Ball?

GESPIELIN:
Ich hab ihn nicht –

GESPIELIN:
Ich nicht –

GESPIELIN:
Ich aber sah, daß er ihn trug –

IMA:
Wer?

GESPIELIN:
Er, der Unbekannte –

IMA:
Ich muß ihn haben. Geh, Korina,
Zum fremden Mann und hole mir den Ball –

GESPIELIN:
Fürstin – verzeih – ich fürchte mich – wer weiß,
Welch Unheil er in seinem Herzen brütet,
Der weiße Teufel.

IMA:
Aber wenn es nun
Ein weißer Gott? Von jenen weißen Göttern,
Von denen unsere Priester uns erzählen,

247

Daß einst in grauen Zeiten weiße Götter
In unserem Lande herrschten? Daß nach Norden
Sie zogen, aber daß sie heilig schwuren,
Zurückzukehren, wenn die Zeit erfüllt?

GESPIELIN:
Der Mann im Busch sah wie ein Gott nicht aus.

IMA:
Hol mir den Ball!

GESPIELIN:
Ich habe nicht die Kraft –

IMA:
So geh ich selbst,
Da mir die treueste Gespielin
Den Dienst verweigert –

GESPIELIN:
Tu es nicht!

GESPIELIN:
Bleib! Bleib!

GESPIELIN:
(ausspähend)
Er lenkt den Schritt hierher, er naht.

GESPIELIN:
Der Fremde,
Gleich ist er hier!

IMA:
(verächtlich)
So lauft nur zu den Wagen,
Und laßt sie von den Dienern immer schirren,
Ich komme nach.

GESPIELINNEN:
Wir holen schnelle Hilfe,
Wenn er dir ungebührlich naht.
(ab)

IMA:
Hündinnen –
(Wagner kommt langsam näher in der Tracht eines spanischen Konquistadors)

WAGNER:
(beugt das Knie)
Wer bist du, holdeste Erscheinung, die
Wie Aphrodite aus den Wellen steigt?
Denn wahrlich, immer faß ich es noch nicht,

Daß fester Boden meine Füße netzt,
Da siebzig Tage mich das Meer behielt
Und ich schon meinte, daß es nichts als Meer
Mehr auf der Erde gäbe: daß wie einst
Zur Zeit der Sintflut unser ganzer Globus
Ertrunken und versunken wäre –
(Ima steht unbeweglich und antwortet nicht)
Nenn ich dich Mensch? Bet ich dich Göttin an?
Mich packt der Zweifel, ob der Unsterblichen
Nicht eine vom Olymp herniederschwebte –
Denn deine Schönheit faßt die Erde kaum,
Dem Wandersmanne doppelte Erquickung,
Der nie ein Weib gesehen, das dir gleich.
Segne mich, Göttin, zürne nicht dem Frevler,
Der deinen Pfad zum zweitenmal nicht kreuzt –

IMA:
Steht auf und laßt mich knien – denn Pflicht der Gläubigen
Ist's, vor den Göttern in den Staub zu sinken.
Doch knien Götter nicht vor Sterblichen.
Ihr seid der weiße Gott, von dem uns die Legende
Der Priester spricht! Seht mich im Staube knien!
Den Ball, den Ihr am Meeresufer fandet,
Gebt ihn als Erdball mir zurück!

WAGNER:
Ich werf ihn in die Sonne!

IMA:
Seht, er ward zur Sonne!

WAGNER:
So fangt die Sonne!

IMA:
Hier, ich fing sie schon!
(ab, Wagner ihr nach)
(zwei Inkas schleppen in einem Netz Kasper über die Bühne)

ERSTER INKA:
Das ist ein sonderbarer Fisch, den wir da gefangen haben. Von dieser Sorte hab ich noch keinen gesehn –

ZWEITER INKA:
Er lebt noch – er schnappt immer nach Luft –

ERSTER INKA:
Wir werden ihn nachher ganz totschlagen, denn er soll noch heute gebraten und bei dem großen Festschmaus verzehrt werden.
(Kasper zuckt im Netz wie ein Fisch)

ZWEITER INKA:
Der Fisch gibt Töne von sich wie ein Mensch.
KASPER:
(schlägt die Augen auf)
Wo – bin – ich – denn? – Was – ist – denn – mit – mir – geschehn?
ERSTER INKA:
Wunder über Wunder! Der Fisch spricht!
ZWEITER INKA:
Er richtet sich auf –
ERSTER INKA:
Er geht auf seinen Flossen –
(die Inkas und Kasper staunen sich gegenseitig an)
KASPER:
Entschuldigen Sie gütigst: wer sind denn Sie, wenn ich fragen darf?
(Erster Inka schlägt ihn)
Man wird doch noch fragen dürfen! Gestatten Sie mir eine michbezügliche Frage: Bin ich tot oder lebendig?
ERSTER INKA:
Du bist noch nicht ganz tot.
ZWEITER INKA:
Aber wir werden dich schon nachher ganz tot schlagen. –
KASPER:
Um aller Heiligen willen: warum denn?
ERSTER INKA:
Weil du gebraten und verzehrt werden sollst –
ZWEITER INKA:
Ich freue mich schon auf dein zartes, weißes Fleisch –
KASPER:
Meine Anna Backedudel wollte mich auch immer aus Liebe fressen – hätte ich mich doch von ihr fressen lassen – dann braucht ich mich jetzt nicht von euch fressen lassen – euch Menschenfressern –
ERSTER INKA:
Wir sind keine Menschenfresser – wenn wir dich fressen – denn du bist ja kein Mensch –
ZWEITER INKA:
Das bilde dir nur ja nicht ein – du bist ein Fisch – wir haben dich im Meer gefangen – mit dem Netz – und im Meer leben nur Fische.
KASPER:
Ja, wie ein rechter Stockfisch komm ich mir schon vor – ich muß aus dem Schiff meines spinneten Herrn ins Meer gefallen sein –

INKAS:
(haben sich das Netz mit Kasper drin wieder aufgeladen)
Vorwärts – zum Oberpriester – der wird uns diesen feisten Fisch danken –
(ab)
(Wagner in goldener Rüstung zurück, macht unter einer breitblättrigen Palme halt, auf der Kickelhahn als Affe sitzt)
WAGNER:
Hier ist das Paradies! Das goldne Zeitalter!
KICKELHAHN:
Das goldne Zeitalter! Ihr werdet von dem Gold nicht viel übriglassen, wie ich euch kenne. Dieses Land hat zu viel Gold, und die Menschen hier sind zu anständig, als daß ihr sie in Frieden lassen könntet. Gold – Gold – Gold – ihr Menschen könnt nicht genug von dem goldnen Sch... dreck kriegen – wir in der Hölle können so viel Gold gar nicht prägen, wie ihr Habsüchtigen braucht. Um fünf Batzen hat mancher schon seinen besten Freund erschlagen – warum sollt ihr nicht um viele tausend Tonnen Gold, die es besitzt, das edle Volk der Inkas ausrotten bis zum letzten Hauch von Mann und Roß?
WAGNER:
Ich sah ein schönes Inkamädchen – mich dauern die schönen Kinder – aber politische, kulturelle Notwendigkeiten zwingen mich leider – man muß sie zivilisieren –
KICKELHAHN:
Das heißt: mit Schnaps und Franzosenkrankheit beglücken –
WAGNER:
Man muß sie zum allein seligmachenden christlichen Glauben bekehren –
KICKELHAHN:
Indem man das Kreuz über sie schlägt, ihnen das ihre nimmt, und sie dann totschlägt, oder umgekehrt. Erst meucheln, dann heucheln. Wir Teufel können noch allerlei von euch Menschen lernen.
WAGNER:
Es ist ein wenig feucht hier. Sind Sümpfe in der Nähe?
KICKELHAHN:
Ja, von der Sorte Sümpfe, wie der Sumpf war, in dem die Herzogin von Parma sich ertränkte –
WAGNER:
Wo bleibt mein Diener?
KICKELHAHN:
Gefangen von den Inkas.
WAGNER:
Wo bleibt Cortez?

KICKELHAHN:
Er ist zum Kaiser der Inkas, zum Knaben Montezuma, gegangen. Ihr könnt Euch darauf verlassen, daß er eine amüsante Teufelei aushecken wird, an der Ihr Eueren Spaß haben werdet. Er wird den Indianern vorreden, daß der Sonnengott persönlich – persönlich – auf die Erde niedergestiegen ist, und daß sie sich bereiten mögen, ihm zu huldigen –
WAGNER:
Und wer ist dieser Sonnengott?
KICKELHAHN:
Ihr! Seid Ihr's nicht zufrieden, daß Euch der Teufel zum Gott macht? Mehr könnt Ihr billig nicht verlangen!
WAGNER:
Mein Gott!
KICKELHAHN:
Mein Teufel!
(Cortez in silberner Rüstung tritt schnell auf)
CORTEZ:
Sie werden gleich hier sein – das Lager ist benachrichtigt – auf ein Zeichen von Euch werden unsere spanischen Soldaten die Indios umzingeln – von den Fürsten und Obersten und Priestern darf auch nicht einer übrigbleiben –
(spanische Soldaten bringen einen Thronsessel, auf den Wagner sich niederläßt, neben ihm stehend Cortez; Kickelhahn im Baum kichernd. Eintönige Musik ertönt von Trommeln und Flöten – ein Zug von Inkas erscheint; an der Spitze die Oberpriester, danach der Kaiser Montezuma, ein schöner Knabe von siebzehn Jahren, neben ihm seine gleichaltrige Schwester Ima. Fanfaren der Spanier. Montezuma und die Inkas fallen vor Wagners Thron auf die Knie)
MONTEZUMA:
Gott der Sonne
Gott des Glanzes
Gott der Liebe
Gott des Lichts
Sieh, wir heben unsere Hände
Unsere Herzen
Voller Demut zu dir auf!
Leuchte, Leuchte unserer Tempel!
Strahle, Leuchte unserer Herzen!
Flamme, o entflamme unsere
Tugenden zum reinsten Licht!
Wärme unsere kalten Seelen!
Unseren Äckern
Rebenhügeln
Unseren Gärten
Unseren Müttern

Schenke ewige Fruchtbarkeit!

WAGNER:
Steht auf! Warum zittert ihr? Ich bin nicht gekommen, euch Böses zu tun oder Gericht über euch zu halten. Eure Demut, eure Armut bewog mich, die höheren Regionen, die ich bewohne, zu verlassen und sichtbar Teil an euren Freuden zu nehmen – steht auf – freut euch des Glückes, das euch durch mich geworden ist –
(die Inkas stehen auf)

IMA:
Er ist's, der aus den Fluten stieg
Die Sonne, die im Meere unterging,
Ging heut uns allen strahlend auf.
Der Gott – welch liebliche Erscheinung!
Mächtig wie der Löwe,
Stolz wie der Perlhahn.
Sein Sonnenauge blendet mich –

INKAS IM CHOR:
Gott der Sonne
Gott des Glanzes
Gott der Liebe
Gott des Lichts
Sieh, wir heben unsere Hände,
Unsere Herzen
Voller Demut zu dir auf!

MONTEZUMA:
Nimm das Opfer unserer Felder.

IMA:
Nimm das Opfer unserer Seelen.

INKAS IM CHOR:
Nimm das Opfer deines Volkes gnädig an!
(die Priester haben Weihrauch entzündet. Die Indianer legen Weihgeschenke, Perlen, Federn, Felle am Thron Wagners nieder)

WAGNER:
Liebe Kinder! Ich bedarf nicht eurer Geschenke! Ich will mich laben an eurer Freude! Ich will froh sein mit den Frohen, betrübt mit den Betrübten, reich mit den Reichen – doch arm mit den Armen –

IMA:
Ich will dir opfern, Gott, doch bin ich eine Jungfrau nur, besitze nichts, als nur mich selbst, ich opfere mich –
(sinkt am Sessel nieder)

WAGNER:
Wie schön du bist! Du könntest unter Göttern Göttin sein –

IMA:
O du Mächtiger!
O du Gütiger!
Dein Anblick erfüllt mich mit Wonne!
Angenehm ist mir deine Stimme
Wie der Gesang der Nachtigall,
Süß dein Angesicht wie die Morgenröte!

ERSTER OBERPRIESTER:
(seitwärts zu einem zweiten)
Dieser goldstrotzende Gott – kommt mir verdächtig vor – ich, der ich gewohnt bin, mit Göttern umzugehen, kann ein leises Mißtrauen gegen ihn nicht unterdrücken.

ZWEITER OBERPRIESTER:
Ich hörte von Fremdlingen – die weit im Süden an unseren Küsten sich gelagert – und unsere Völker unglücklich gemacht haben – sie sollen der wunderbaren Künste viele besitzen und erstaunliche Dinge ausüben. Sie sollen einen Menschen auf hundert Schritt Entfernung mit einem kleinen Rohr töten können, in dem Blitz und Donner verborgen sind, die sie vom Himmel stahlen –

ERSTER OBERPRIESTER:
Wenn dieser weiße Gott ein weißer Teufel wäre – er einer von den Fremdlingen – seine Macht und Verwandtschaft mit der Sonne schreckliche Täuschung, er nur unsere Stärke und Burgen und Wohnungen erspähe, und nun eile, seine Gefährten herzubringen und uns zu unterjochen und unserer Schätze, unserer Herrscher, unserer Götter uns zu berauben?

MONTEZUMA:
Laß mir die Schwester,
Meine Zwillingsschwester,
Die mein Geschwister und mein zärtliches Gemahl!
Laß mir mein Glück,
Erhabener Fürst der Sonne,
Und nimm sie von der Erde nicht zu dir!

WAGNER:
(zu Ima)
Wähl zwischen Gott und Mensch –

(eintönige Musik. Aus den Reihen der Inkas treten immer mehr, die sich zu Reigen und Tanz ordnen
Wagner hat plötzlich den Arm erhoben, die Musik bricht jäh ab. Die Tänzer erstarren in den Bewegungen. Eine dunkle Wand spanischer Soldaten steht da. Wagner läßt den Arm niedersausen. Im gleichen Moment stürzen die Spanier auf die Inkas, die sich wehrenden werden niedergestoßen)

INKAS:
Weh uns! Weh uns! Wir sind verraten!

(die gefangenen Inkas werden abgeführt. Auf der Bühne bleiben nur Wagner, Ima, Montezuma, Cortez)

CORTEZ:
(auf Montezuma zutretend)
Komm mein hübscher Junge – ich habe hübsche Jungen sehr gern – du sollst mir heute nacht die Zeit vertreiben – und dann mein Jüngelchen – rück die Schlüssel zu den unterirdischen Schatzkammern heraus. Der weiße Gott braucht Geld – Geld – sehr viel Geld – noch mehr Geld als Liebe – und Anbetung.

MONTEZUMA:
(mit langem Blick zu Ima)
Schwesterseele –
(Cortez zerrt ihn hinaus)
(Ima hat einen Dolch gezogen, blickt auf Wagner, der sie anlächelt, sie will auf ihn zu – richtet in einer plötzlichen Eingebung den Dolch gegen sich und stößt ihn sich in die Brust)

WAGNER:
(vor ihr niederkniend)
Ach, warum starb ich nicht, eh ich geboren ward?

KICKELHAHN:
(im Baum)
Einmal fünf und dreimal zehn,
Viermal, wenn die Stern sich drehn,
Rappen traben
Dreizehn Raben
Flattern
Schnattern
Schnurren
Knurren
Murren
Wehn,
Wo die sieben kleinen Männlein
Mit den sieben kleinen Weiblein
Hinterm Weizen
Bei den Dreizehn
Hohen
Lichterlohen
Galgen
stehn –
(Vorhang)

255

4. Akt.

Figuren des vierten Aktes

Wagner
Päpstin Jutta
Kardinal Bellarmin
Kardinalstaatssekretär
Kaspar ⎱
Melchior ⎰ drei Rüpel
Balthasar
Vischnu, Fo, Jehova, Kupido und sonstige Masken aller Art

(Rom. Vatikan)
KARDINALSTAATSSEKRETÄR:
Ich gebe mir die Ehre, Eurer Heiligkeit den großen Weisen und gottesgelehrten Theologen, den tief schürfenden Philosophen und gewaltigen Streiter der Ecclesia militans, der macht- und kraftvoll für sie kämpfte mit Schwert und Geist, ich gebe mir die hohe Ehre, Euch Christoph Wagner zu präsentieren –
(Wagner tritt heran und küßt den Saum des päpstlichen Mantels)
WAGNER:
Ich komme aus Mexiko, das ich mit Feuer und Schwert dem alleinseligmachenden Glauben unterwarf.
KARDINALSTAATSSEKRETÄR:
Hm – – –
WAGNER:
Ich komme, Eurer Heiligkeit einen bekehrten Erdteil zu Füßen zu legen und tausend Tonnen Goldes.
PÄPSTIN JUTTA:
(in Mannstracht)
Ich bin entzückt, Euch kennenzulernen. Ich begrüße und beglückwünsche Euch zu Euren militärischen und geistigen Siegen. Der Ruf Eures Ruhmes lief Euch voraus. In meinem Schlafzimmer sitzt auf einer silbernen Stange der fremde Vogel, der der Menschen Sprache spricht, der Papagei, den Ihr aus Mexiko mir sandtet. Er lernte längst den Namen Wagner sprechen. Ich hoffe, er wird den Vorzug haben, Euch selbst begrüßen zu dürfen. – Ihr seid ein Deutscher, Herr?
WAGNER:
Aus Wittenberg.
PÄPSTIN JUTTA:
Ich umfasse alle Schafe meiner Herde

KARDINALSTAATSSEKRETÄR:
(beiseite)
Auch die deutschen Schafe, die ganz besondere Schafe sind –
PÄPSTIN JUTTA:
Mit gleich inniger Liebe –
KARDINALSTAATSSEKRETÄR:
(höhnisches, leises Echo)
Mit – gleich – inniger – Liebe –
WAGNER:
Die Liebe ist die Kardinaltugend.
PÄPSTIN JUTTA:
Und die Tugend der Kardinäle. Darf ich Euch meinen treuen Freund und Mitstreiter, Kardinal Bellarmin, vorstellen?
(Bellarmin und Wagner verneigen sich)
KARDINAL BELLARMIN:
Wie gefällt Euch Rom?
WAGNER:
Eure Eminenz, ich hoffe, Rom zu gefallen. Ich hatte noch keine Gelegenheit, es kennenzulernen, da ich vom Hafen Ostia, das Schiff hatte kaum Anker geworfen, sofort an den päpstlichen Hof eilte, Seiner Heiligkeit Bericht zu erstatten.
PÄPSTIN JUTTA:
Wir sind Landsleute, Signor Wagner. Ich bin in Mainz geboren. In Fulda kam ich in das Kloster, wo ich meinen Freund Bellarmin kennenlernte und mit ihm gemeinsam die ersten Exerzitien unternahm.
(Bellarmin verneigt sich)
Er ist mir treu geblieben bis auf den heutigen Tag –
KARDINALSTAATSSEKRETÄR:
(beiseite)
Jedoch der Papst nicht ihm –
PÄPSTIN JUTTA:
Heut ist der heilige Dreikönigstag.
Heut feiern wir im Vatikan ein frohes,
Ein buntes Maskenfest. Es sei für diesen Tag
Die ernste Würde und der steife Ton,
Der sonst hier zwischen kahlen Mauern herrscht,
Es sei die Strenge, das Gesetz verbannt.
Mit heiteren Menschen will ich heiter sein,
Der ich so oft betrübt mit den Betrübten,
Arm mit den Armen.
KARDINALSTAATSSEKRETÄR:
Und reich mit den Reichen –

Wollüstig mit den Lüsternen,
Teuflisch mit Teufeln –
PÄPSTIN JUTTA:
Heut soll die Glocke nicht zur Messe läuten,
Sie rufe heut zu Spiel, Gesang und Tanz.
Die Mönche mögen der Tonsur vergessen,
Die Nonnen nicht zu streng die Rosenkränze hüten.
Der Kardinäle Purpur sei für heute
Der rote Toskaneser – Christi Tränen sollen
Lacrimae Christi heut als Wein nur fließen. –
Nach alter Sitte werden vor dem Thron
Die heiligen drei Könige jetzt erscheinen:
Die Kaspar, Melchior und Balthasar –

(ein Zeremonienmeister klopft dreimal mit dem Stock. Es erscheinen drei Rüpel als Kaspar, Melchior und Balthasar, und singen:)

ALLE DREI RÜPEL:
Wir sind die drei Weisen aus dem Morgenland,
Die Sonne, die hat uns so schwarz gebrannt,
Unsere Haut ist schwarz, unsere Seel ist klar.
Doch unser Hemd ist besch... ganz und gar.
Kyrieeleis.
ERSTER RÜPEL:
Der erste, der trägt eine lederne Hos',
ZWEITER RÜPEL:
Der zweite ist gar am A... bloß,
DRITTER RÜPEL:
Der dritte hat einen spitzigen Hut,
Auf dem ein Stern sich drehen tut.
ALLE DREI RÜPEL:
Kyrieeleis.
ERSTER RÜPEL:
Der erste, der hat den Kopf voll Grind,
ZWEITER RÜPEL:
Der zweite ist ein unehelich Kind,
DRITTER RÜPEL:
Der dritte nicht Vater, nicht Mutter preist,
Ihn zeugte höchstselbst der heilige Geist.
ALLE DREI RÜPEL:
Kyrieeleis.
ERSTER RÜPEL:
Der erste hat einen Pfennig gespart,

ZWEITER RÜPEL:
Der zweite, der hat Läuse im Bart,
DRITTER RÜPEL:
Der dritte hat noch weniger als nichts,
Er steht im Strahl des göttlichen Lichts.
ALLE DREI RÜPEL:
Kyrieeleis.
Wir sind die heiligen drei Könige,
Wir haben Wünsche nicht wenige.
ERSTER RÜPEL:
Den ersten hungert,
ZWEITER RÜPEL:
Den zweiten dürst,
DRITTER RÜPEL:
Der dritte wünscht sich gebratene Würst.
ALLE DREI RÜPEL:
Kyrieeleis.
ERSTER RÜPEL:
Ach, schenkt den armen drei Königen was.
ZWEITER RÜPEL:
Lake aus dem Heringsfaß,
DRITTER RÜPEL:
Verschimmelt Brot, verfaulter Fisch,
Da setzen sie sich noch fröhlich zu Tisch.
ALLE DREI RÜPEL:
Kyrieeleis.
Wir singen einen süßen Gesang
Den Weibern auf der Ofenbank.
Wir lassen an einem jeglichen Ort
Einen kleinen heiligen König zum Andenken dort.
Kyrieeleis.
Wir geben euch unseren Segen drein,
Gemischt aus Kuhdreck und Rosmarein.
Wir danken für Schnaps, wir danken für Bier.
Anders Jahr um die Zeit sind wir wieder hier.
Kyrieeleis.
(alles klatscht in die Hände. Gelächter. Bravo)
PÄPSTIN JUTTA:
(lachend)
Man soll die Heiligen bewirten! Sie haben von der langen Wanderschaft über die Milchstraße gewiß Durst –

ERSTER RÜPEL:
Und einen rechtschaffenen dazu.
ZWEITER RÜPEL:
Und Hunger auch.
DRITTER RÜPEL:
Auch käme uns ein kleines Douceur oder Sing-Schling-Trinkgeld nicht ungelegen oder unerwartet. Sondern das gerade ungerade Gegenteil dürfte der wahrscheinlichen Wahrheit nahe kommen –
PÄPSTIN JUTTA:
Gebt jedem eine Bouteille Wein, einen Handkäse und ein Handgeld –
(die drei Rüpel unter Kratzfüßen ab)
Wie gefielen sie Euch?
WAGNER:
Ein wenig – rüpelhaft.
PÄPSTIN JUTTA:
Das ist so ihre Art. Man darf von Hunden
Nur fordern, daß sie bellen. Nachtigallen
Und Lerchen mögen zwitschern.
KARDINALSTAATSSEKRETÄR:
(beiseite)
Menschen lästern.
PÄPSTIN JUTTA:
Wir sind in Rom nicht eben zart besaitet.
Die süßen Töne, die die Geige singt,
Entlockt man einem Schafsdarm
KARDINALSTAATSSEKRETÄR:
(beiseite)
Oder Menschendarm,
Wenn ihn die Folter aus dem Bauche dreht.
PÄPSTIN JUTTA:
Die heilige Kirche ist sehr tolerant.
KARDINALSTAATSSEKRETÄR:
(beiseite)
Vorausgesetzt, daß man sie anerkennt
Und nicht an ihrer letzten Weisheit zweifelt.
PÄPSTIN JUTTA:
Heut ist ein Maskentreiben angesetzt.
Der Saal beginnt sich schon zu füllen.
Wir haben alle Götter heut zu Gast
Geladen –

KARDINALSTAATSSEKRETÄR:
(beiseite)
Alle Teufel ebenfalls –

PÄPSTIN JUTTA:
Da ist Dionysos, weinlaubumrankt!
Und neben ihm Kupido als sein Page.
(droht Kupido)
Kupido, richte nicht den Pfeil auf mich,
Mein Herz ist noch vom letztenmal verwundet.
(auf Wagner weisend)
Auf diesen ziele!

WAGNER:
Habe Mitleid, Kind.
Ich habe nichts, mein armes Herz zu schützen. –
Wer sind die Ungeheuer dort? Sie kommen
Mir sonderbar bekannt vor – so, als wäre
Ich ihnen schon in einem Traum begegnet –

PÄPSTIN JUTTA:
Seid froh, wenn es im Traum nur war – es sind
Drei heidnische, drei fürchterliche Götzen:
Der Inder Vischnu, der Chinese Fo,
Der Jude Jehova. – Mischt Euch ins Fest,
Vergnügt Euch da und dort. Ich will
Nur die Soutane auf den Bügel hängen.
(ab)

WAGNER:
Dies ist der päpstliche Hof zu Rom? Würdet Ihr mir sagen, ich befände mich in einem vornehmen Gast- oder Tanzhaus, ich möcht es eher glauben. Die Priester sehen alle aus wie Kavaliere – zum Beispiel dieser Bellarmin –

KARDINALSTAATSSEKRETÄR:
Ist auch ein Kavalier –
Und von der feinsten Sorte –

WAGNER:
Wer sind die bezaubernd schönen Damen?

KARDINALSTAATSSEKRETÄR:
Komtessen, Huren, Nonnen –

WAGNER:
Bin ich bei Trost? Bin ich bei mir?
Ihr zeigt mir wohl die Hölle?

KARDINALSTAATSSEKRETÄR:
O – in der Hölle ist es nicht so unterhaltsam
Wie hier beim Papst in Rom –

WAGNER:
Der Papst – ist jung?
KARDINALSTAATSSEKRETÄR:
Erst fünfundzwanzig Jahr.
WAGNER:
Ein engelhaftes Antlitz –
KARDINALSTAATSSEKRETÄR:
Hm – – –
WAGNER:
Dieser zarte Teint –
KARDINALSTAATSSEKRETÄR:
Hm – – –
WAGNER:
Die kleinen Hände –
KARDINALSTAATSSEKRETÄR:
Hm – – –
WAGNER:
Die schlanken Füße –
KARDINALSTAATSSEKRETÄR:
Hm – – –
WAGNER:
Wär's nicht der Papst – und wär er eine Frau: man könnt sich drein verlieben –
KARDINALSTAATSSEKRETÄR:
Nun – man kann es –
WAGNER:
Was kann man?
KARDINALSTAATSSEKRETÄR:
Sich verlieben in den Papst –
WAGNER:
Als Frau?
KARDINALSTAATSSEKRETÄR:
Als Mann!
WAGNER:
Herr, ich begreif Euch nicht –
KARDINALSTAATSSEKRETÄR:
Der Papst ist –
WAGNER:
Nun?

KARDINALSTAATSSEKRETÄR:
Das, was er eben ist –

WAGNER:
Laßt das Geschwätz –

KARDINALSTAATSSEKRETÄR:
Der Papst ist eine –

(in diesem Moment ist die Päpstin Jutta in der anmutigen Tracht eines italienischen Landmädchens aufgetreten, eine schwarze Maske vorm Gesicht)

PÄPSTIN JUTTA:
(zieht ihn zu sich heran)
Nun, schöner Fremdling, wer seid Ihr? Wollt Ihr mit mir tanzen?

WAGNER:
Wer seid Ihr, schöne Maske? Was verbergt Ihr
Das edle Antlitz mit dem schwarzen Tuch,
Das wie ein Leichentuch das Leben deckt?
Laßt doch den Vorhang fallen, daß die reizendste
Komödie ihren Anfang nehme!

(Bellarmin ist in Tracht eines italienischen Conte herangetreten)

KARDINAL BELLARMIN:
(drohend)
Laß das Mädchen los!

WAGNER:
Sie fing ja mich – und hält mich noch gefangen –

KARDINAL BELLARMIN:
Es ist mein Mädchen! Laßt das Mädchen los!

PÄPSTIN JUTTA:
Mein Bellarmin – heut ist doch Karneval –

KARDINAL BELLARMIN:
Du treibst es ärger als der Teufel.

KARDINALSTAATSSEKRETÄR:
(beiseite)
Nun – bin ich sogar arg.

WAGNER:
Im Karneval ist allerlei gestattet,
Was sonst verboten –

KARDINAL BELLARMIN:
Ich gestatte nichts –

PÄPSTIN JUTTA:
Du hast nichts zu verbieten –

KARDINAL BELLARMIN:
Satansweib,
Mach mich nicht rasend –
PÄPSTIN JUTTA:
Der Deutsche hier gefällt mir – denn er ist
Mein Landsmann – ich will heute nacht mit ihm –
KARDINAL BELLARMIN:
Was willst du heute nacht mit ihm?
PÄPSTIN JUTTA:
Was geht's dich an? Such dir ein anderes Mädchen –
KARDINAL BELLARMIN:
(zieht den Degen)
Wir werden sehn, wer recht behält –
WAGNER:
So achtet Ihr die Heiligkeit des Ortes – ?
KARDINAL BELLARMIN:
Die Heiligkeit des Ortes? Zieht, sonst sterbt!
PÄPSTIN JUTTA:
Halt ein –
(Bellarmin schüttelt sie ab)
WAGNER:
Das Blut auf Euch!
(Wagner und Kardinal Bellarmin fechten. Publikum, das lachend herzuströmt, sieht unter Gelächter zu, da es einen Scheinkampf vermutet. Plötzlich sticht Wagner zu. Bellarmin bricht sterbend zusammen)
KARDINAL BELLARMIN:
Ich – sterbe –
(alles weicht entsetzt zurück. Wagner hat den Degen fallen lassen. Auf der Bühne bleiben nur Wagner und Päpstin Jutta)
PÄPSTIN JUTTA:
(an der Leiche Bellarmins)
Mein Bellarmin, ich werde dir ein Leichenbegängnis wie einem Kaiser halten
– hundert Mönche sollen dir in der vatikanischen Kapelle die Totenmesse lesen – unaufhörlich – hundert Stunden –
(Päpstin Jutta steht auf, reißt sich die Maske herunter und tritt lächelnd auf Wagner zu)
WAGNER:
(zurücktaumelnd)
Der Papst – ist – eine – Frau –
(Vorhang)

5. Akt.

Figuren des fünften Aktes

Wagner
Kasper
Mönch
Anna Backedudel
Der Tod
Hure
Erscheinung von Wagners Mutter
Maria
Stimmen von oben
Kickelhahn
Ein Mädchen

(Straße, die am Friedhof vorbeiführt
an der Friedhofsmauer eine Statue der Maria)
EIN MÄDCHEN:
(kommt mit einem Korb Blumen, davon sie einige zu Füßen des Muttergottesbildes niederlegt)
Madonna, deine Sonnenaugen
Blenden so sehr.
Wirf deiner Gnade Schatten
Über mich her.
Schöne bunte Kerzen
Weih ich dir und Bild und Seidenband,
Sünden und Schmerzen
Leg ich in deine Hand.
Viel tausend Rosenkränze will ich betend runden –
Nur: sieh den Korb hier, schnörkelhaft und zier:
Madonna, es sind meine Liebessünden,
Madonna, laß sie mir!
(ab)
(Wagner und sein böser Geist in der Tracht von Wandermönchen)
WAGNER:
Ich mußte fliehn in eines Bettelmönches Tracht,
Der Pöbel hätte mich ermordet sonst.
MÖNCH:
Seid froh, daß Ihr fliehen mußtet; sonst hätt Euch die Pest erwischt –

WAGNER:
Daß dich die Pest!

MÖNCH:
Der Papst zu Rom ist am Himmelfahrtstag, als er an der Spitze der Prozession auf einem weißen Esel ritt, unweit der Kirche des heiligen Klemens – mit einem gesunden Knaben niedergekommen. Die empörte Menge hat Mutter und Kind gesteinigt. – Es war Euer Kind, Wagner.
(Wagner stöhnt auf)
Es war Euer Meisterstück.
Satanas selber hätt es nicht besser zustande gebracht. Gott im Haupt seiner heiligen Kirche zu treffen! Es war ein Herzstoß! Die Kirche wird sich lange nicht davon erholen. Ich hörte die Cherubim und Seraphim im Himmel schluchzen und wehklagen. Die heilige Cäcilie spielte ein Trauercarmen auf der Orgel, daß es einem ordentlich durch Mark und Bein ging. Aber in der Unterwelt, in der Hölle: ein Jubel und Trubel, Tanz und Frohlocken. Wenn Ihr erst da unten seid, wird Pluto Euch zu seinem Kanzler und Erzkämmerer ernennen.

WAGNER:
O du, mein gefallener Engel, erzähle mir vom Himmel, der mir immerdar verschlossen sein wird, und seinen Auserwählten, deren Freud und Herrlichkeit. Ach, daß ich noch imstande wäre, ein Kind der Seligkeit zu werden –

MÖNCH:
Die himmlische Seligkeit ist so groß, daß, wenn sämtliche Menschenkinder von Anbeginn der Welt nichts weiter getan hätten als schreiben bis an der Welt Ende – sie dennoch nicht imstande wären, nur den kleinsten Teil dieser Freude zu beschreiben.

WAGNER:
Wenn du ein Mensch wärst wie ich: was würdest du tun, um ein Kind der Seligkeit zu werden?

MÖNCH:
Wenn eine Leiter von der Erde bis zum Himmel reichte und statt der Sprossen wären tausend Schermesser und scharfgeschliffene Schwerter, daß ich bei jedem Schritt fürchten müßte, zerschnitten zu werden – ich würde dennoch trachten, den obersten Gipfel zu erreichen, um nur eine Sekunde der himmlischen Seligkeit teilhaftig zu werden.

WAGNER:
(stöhnend)
Wenn ich Hände wüßte,
Die meine Stirne streichelten,
Frieden in meines Hirnes Unrast schmeichelten,
Die das bänderbunt beputzte Gerüst
Meines Lebens füllten mit Mörtel und Stein,
Nie, nie wird meines Hauses Richtfest sein –

MÖNCH:
Einst war ich ein Engel,
Ein Herr der himmlischen Heerscharen,
Von Gott über viele Geschöpfe gesetzt,
Von ihm also erleuchtet,
Daß ich der Planeten Glanz übertraf –
Vollkommen war ich in allen meinen Wegen
Und die Krone ewiger Herrlichkeit –

WAGNER:
Was malst du mein entsetzliches Geschick?

MÖNCH:
Aber ich erhob mich in Hoffart und Übermut
Und wollte wissen Gottes geheimstes Gesetz –
(Wagner stöhnt auf)
Da ward ich aus dem Sitz der Seligkeit verstoßen
Tief in die Tiefe
In den Höllenpfuhl
Und werde ewig brennen –
Wie du –

WAGNER:
(macht das Zeichen des Kreuzes)
Fahr zur Hölle, höllisches Gespenst.
(Mönch hohnlachend ab)
Mir ward das Leben schal und ekel.
Ich sehe überall das Menetekel,
Und laufe durch die Gassen
Spießruten zwischen blassen
Getünchten Häusern hin und her.
Die Nacht weint dunkle Klagen,
Die wilde Wünsche wagen:
Ach, daß ich nicht ich selber wär!

HURE:
(kommt, singt)
Drei wilde Gänse,
Die flogen über See,
Da schoß der Jäger alle drei,
Und was einmal ins Wasser fiel,
Kommt nimmer in die Höh,
Kommt nimmer in die Höh ...

Drei junge Mädels,
Die führte ein Kavalier aus.
Und wenn erst ein Mädel mal genascht,
Liebe genascht, Hiebe genascht,

Die kommt nicht mehr nach Haus,
Die kommt nicht mehr nach Haus ...

Und ich pfeife auf meine Jungfernschaft,
Und ich pfeife auf mein Leben.
5 Der Kerl, der sie mir genommen hat
Um eins und um zwei und um drei bei der Nacht,
Der kann sie mir nimmer geben ...
Der kann sie mir nimmer geben ...

Geh, schenk mir doch 'n Fufziger,
10 Geh, schenk mir doch 'ne Mark.
Ich will mich mit Schnaps besaufen,
Ich will mir 'n Palast kaufen
Oder einen Sarg ...
Oder einen Sarg ...

15 WAGNER:
Laß mich allein –

HURE:
Laß uns zu zweien einsam sein –
Zeig mir die Hand – was ist das für ein Ring?

20 WAGNER:
Ein glitzerndes, ein billiges Jahrmarktsding –

HURE:
Doch mir gefällt der rote Glanz. Ist's ein Rubin?

WAGNER:
25 Es ist der Ring des Lebens – nimm ihn hin –
(Hure zieht ihm den Ring ab und läuft davon. Wagner fällt in sich zusammen)
Weh mir – wie wird mein Haar so plötzlich weiß –
Wie schlottern meine Knochen – bin ich
Schon das Skelett des Todes?
30 Dieser trübe Blick
Sieht kaum drei Schritte weit.
Die Knie wollen brechen.
Die Sohlen brennen mir, als wär ich tausend Meilen weit gegangen.
Die Hände zittern. Eine glühende Kugel
35 Rollt mir im Hirn. Es wölbt mein Kopf
Sich bis zum Firmament. Der Schädel platzt
Und legt mein blutend Hirn den Fliegen frei,
Den Bremsen
Und den Sternen, die schon schwirren,
40 An meinem Aase sich zu mästen –
Weh mir – ich bin verloren

Ein Pfennigstück von einem reichen Herrn im Kot.
Vergessen ganz von Gott, der mich gewollt –
Denn wär ich ohne seinen Willen?
Was wollen diese Beulen an der Hand –
Die blauen Beulen, welche schillernd schwellen,
Wem gab ich meine Hand?
Der Hure! Die – Hure – war – die – Pest –
(stürzt ab)
(die Hure kommt wieder über die Bühne, ihr nach der Tod, gekleidet als Stutzer wie bei seinem Abgang im ersten Akt)

DER TOD:
Ich will mir ein junges Schätzchen suchen
So knusprig wie Rosinenkuchen.
Sprech ich sie an? Wie mach's ich nur?

HURE:
(sich umdrehend)
Entschuldigen Sie, ich bin eine Hur –
Sie brauchen sich nicht vor mir genieren
Und können ganz offen mit mir parlieren.

DER TOD:
(erschreckt)
Wieso?

HURE:
(macht eine Bewegung des Geldzählens)
Wieviel?

DER TOD:
Weshalb?

HURE:
Warum
Fragen Sie altes Gerippe so dumm?

DER TOD:
Nun – altes Gerippe – ich bitte mir aus –

HURE:
Wer nicht zahlen kann, der bleibt zu Haus –

DER TOD:
Ich bin der Tod – – –

HURE:
(nähertretend, ihn erkennend)
Jetzt erkenn ich dich erst; das ist mal ein Fest:
Ich bin deine Schwester –

DER TOD:
Schwester?

HURE:
Die Pest!
DER TOD:
Ich bin entzückt, daß ich dich treff.
Wie geht's, wie steht es, altes Reff?
HURE:
Nun – altes Reff: bin noch aimabel
Und für 'ne Hure ganz passabel.
Aber bleiben wir hier am Friedhof nicht stehn,
Begießen wir unser Wiedersehn –
Trinken wir eine Flasche Wein –
DER TOD:
(grinsend)
Lacrimae Christi soll es sein –
(beide ab)
KASPER:
(singt hinter der Szene)
Hört, ihr Herrn, und laßt euch sagen:
Die Uhr hat zehn geschlagen.
Hütet das Feuer und das Licht,
Daß kein Unheil nicht geschicht.
Ehre sei Gott in der Höhe –
(kommt auf die Szene als Nachtwächter)
Wer ist denn das, der hier noch so spät des Nachts in den Gassen herumläuft?
ANNA BACKEDUDEL:
Ich bin's.
KASPER:
Daß Ihr's seid, das seh ich. Aber wer seid Ihr?
ANNA BACKEDUDEL:
Wer ist Er denn, daß Er's Maul so voll nimmt?
KASPER:
Ich bin der neue Nachtwächter, und wer des Nachts, wo ordentliche Bürger ins Bett gehören, auf den Straßen herumflanieret, der wird kraft meines Amtes arretiert und ins Hundeloch gesteckt.
ANNA BACKEDUDEL:
Er ist der neue Nachtwächter? Ei schau einmal an! Er ist ein hübscher, ein stattlicher, ein wohlaffektionierter Mann.
(sie schnurrt an ihm herauf wie eine Katze. Kasper weicht zurück)
Nun, sei Er doch nicht so garstig. Ach, wenn ich an den alten Nachtwächter denke –

KASPER:
Er soll sich bei einer tugendsamen Jungfrau die sappermentsche Franzosenkrankheit geholt haben und selig in der Frau entschlafen sein.
ANNA BACKEDUDEL:
Er war ein Kavalier vom Scheitel bis zur Sohle. Er ist manchmal zu mir gekommen, und da hab ich einen guten Kaffee gekocht.
KASPER:
Zichorienkaffee.
ANNA BACKEDUDEL:
Nein: echten Bohnenkaffee, und da ist er manchmal die ganze Nacht bei mir geblieben.
KASPER:
Bei Euch – die ganze Nacht?
ANNA BACKEDUDEL:
Die ganze Nacht – o, ich habe Reize, die, wenn sie Euch offenbar wären, Euch nicht mehr losließen.
KASPER:
(schüttelt sich)
Brrrr.
ANNA BACKEDUDEL:
Will Er mich nicht heiraten? Ich hab ein kleines feines Häusel, hundert Taler sächsisch Kourant, und ich bin noch eine Jungfer.
KASPER:
(leuchtet ihr mit der Laterne ins Gesicht)
Ihr noch eine Jungfrau?
ANNA BACKEDUDEL:
I nu, ich habe sieben Kinder gehabt, aber noch keinen Mann.
KASPER:
Ach du meine Güte.
ANNA BACKEDUDEL:
I nu, meine Kinderchen verdienen alle schon ihr Brot, sie liegen mir nicht mehr auf der Tasche: Der Michel geht dreschen, die Liese geht waschen, der Gottlieb ist Knecht, die Lore ist schlecht, die Hanne ist Magd, der Franz, der backt. Nur der Kasper, der Lauser, ist nichts geworden.
KASPER:
Ihr habt einen Sohn namens Kasper?
ANNA BACKEDUDEL:
Gott sei's geklagt, leider, von einem Lumpen namens Kasper, mit dem ich versprochen war vor zwanzig Jahren und der mich sitzen ließ wie eine Fliege am Fliegenpapier.

KASPER:
Und wie heißt Ihr denn, wenn's gestattet ist, zu fragen?
ANNA BACKEDUDEL:
(knixt)
Anna Backedudel.
KASPER:
Anna Backedudel – Anna Backedudel
(leuchtet ihr wieder ins Gesicht)
Himmel, A... und Wolkenbruch:
Es ist meine Änne – Änne!
ANNA BACKEDUDEL:
Woher wißt Ihr meinen Kosenamen?
KASPER:
Änne, ich bin's, dein Kasper ist aus der Fremde zurückgekommen.
ANNA BACKEDUDEL:
(fällt ihm um den Hals)
Kasper!
KASPER:
Hübscher bist ja nicht geworden. Ein bissel ramponiert schaust aus.
ANNA BACKEDUDEL:
Aber meiner Seel, Kasper, die Seele ist die gleiche geblieben.
KASPER:
Die Seele, so so. Dann wollen wir denn also auf das Ende unserer Tage einen Seelenbund schließen.
ANNA BACKEDUDEL:
Ich bin ja so bescheiden,
Ich will nur, daß uns beiden
Ein ganz klein wenig Glück erblüh.
Ich will ja nicht, daß immer
Der Tag im blauen Schimmer
Erglüh.
Nur daß hin und wieder
Durchs Wolkendunkel
Zur Erde nieder
Ein schwach Gefunkel
In unseren Augen Freude wecke.
Ein winzig Häuschen möcht ich –
KASPER:
So auf dem Lande dächt ich –
ANNA BACKEDUDEL:
Für uns allein –

KASPER:
Und einen kleinen Garten,
Um Obst darin zu warten –
ANNA BACKEDUDEL:
Und Blumen –
KASPER:
Und Gemüse –
ANNA BACKEDUDEL:
Und eine kleine Wiese
Für eine Ziege –
KASPER:
Und eine Kuh –
BEIDE:
Und Ruhe, Ruhe, Ruhe, Ruh.
KASPER:
Meiner Treu, aber daß du mir gleich sechs Kinder in die Eh bringst, die nicht von mir sind, das ist doch ein starkes Stück.
ANNA BACKEDUDEL:
Wärst nicht zwanzig Jahre fortgeblieben, dann hättest die sechs selber machen können. Wir Frauen sind halt ein schwaches Geschlecht.
KASPER:
Geh jetzt nach Haus, Änne, koch mir einen starken Kaffee. Wenn ich die zwölfte Stunde abgerufen hab, komm ich zu dir.
ANNA BACKEDUDEL:
Leb wohl, mein Zuckerkasper.
KASPER:
Auf Wiedersehn, mein Pfefferkuchenherz.
(Anna Backedudel ab)
Herrgott, ist die Änne eine alte Schnudel geworden.
(er bläst und singt)
Hört, ihr Herrn, und laßt euch sagen,
Die Glocke hat elf Uhr geschlagen,
Ihr Junggesellen, geht hübsch sacht,
Daß die Haustür nicht so kracht,
Ehre sei Gott in der Höhe.
(Kasper ab)
(Wagner tritt auf. Die Turmuhr schlägt elf)
DUMPFE STIMME:
(anklagend)
Wagner! Wagner!

HELLE STIMME:
(wehklagend)
Wagner! Wagner!
(leiser Donner)
WAGNER:
Weh mir! Wo find ich Trost? Wo find ich Hilfe?
Der Himmel grollt. Die Erde schwankt.
Die Hölle tut sich auf, mich zu verschlingen –
(fällt auf die Knie)
KASPER:
(hört man hinter der Szene singen:)
Hört, ihr Herrn, und laßt euch sagen;
Die Glocke wird bald zwölf Uhr schlagen.
Bewahrt das Feuer und die Kohlen,
Der Teufel wird den Wagner holen,
Ehre sei Gott in der Höhe!
WAGNER:
Keine Rettung? Nirgends Hilfe? Find ich sie bei den Lebenden nicht, so vielleicht bei den Toten –
Hier ist der Eingang zum Friedhof – wie ruhen sie friedlich in dem Herrn, die Toten all – ach, könnt ich Ruhe finden, Frieden, Frieden, wie sie ihn gefunden haben.
(versucht einen Grabstein zu entziffern)
Wer liegt hier begraben?
(buchstabiert)
Johanna Wagner – meine brave, gute Mutter – sie ist bei Gott –
(leiser Donner)
Vergaß ich die Kabbala? Die Geheimlehre Todes und des Lebens? Das Herz aus dem Leibe eines verstorbenen, edlen, frommen Menschen schützt vor den Klauen des Teufels, wenn ihm dieser Talisman entgegengehalten wird. – –
Ein fürchterliches Mittel, aber das einzige, vor dem der Satan weichen muß –
Hier liegt eine Schaufel des Totengräbers – rasch – ans Werk – bevor die nächste, die letzte Stunde schlägt.
(er greift nach der Schaufel, beginnt zu graben)
(Donner. Der Geist der Mutter steigt aus dem Grabe)
ERSCHEINUNG DER MUTTER:
Mein Sohn, was störst du meine Grabesruh?
WAGNER:
(die Schaufel entfällt ihm, er bricht schluchzend in die Knie)
Mutter – Mutter!
ERSCHEINUNG DER MUTTER:
(streicht zärtlich über seinen Scheitel)
Mein armes, wildes Kind! Mein armes Kind!

WAGNER:
Kannst du mir verzeihen, Mutter?

ERSCHEINUNG DER MUTTER:
Ich habe dir längst verziehen! Deine letzte Stunde naht, weihe sie reuig dem Himmel, auf daß dir Gott verzeihe –

WAGNER:
Ich bin in den Klauen des Teufels, Mutter. Es gibt ein Mittel nur, ihn zu beschwören: das Herz eines verstorbenen, reinen Menschen –

ERSCHEINUNG DER MUTTER:
So tu, was du so oft schon tatest, als ich noch lebte: reiß mir das Herz aus der Brust! Nimm mein Herz und halt es dem Teufel entgegen: vor dem Herzen der Mutter wird der Teufel weichen!
(sie will ihm ihr Herz reichen, da beginnt die Turmuhr langsam zwölf zu schlagen)

STIMME VON OBEN:
Wagner! Wagner! Du bist gerichtet!

WAGNER:
Zu spät, Mutter!
(die Erscheinung der Mutter versinkt)

STIMME VON OBEN:
Wagner! Wagner! Du bist in alle Ewigkeit verdammt!

WAGNER:
In alle Ewigkeit?!
Weh mir! Ich kann nicht von der Stelle,
Ich stehe wie angewurzelt am Boden.
Vergangene Zeiten und die Bilder meiner
Untaten jagen an meiner zagenden Seele vorüber.
Brecht, Himmel! Sterne, kracht! Spritzt, schwefelgelbe Flammen!
Ihr Lichter jener Welt, ihr Sterne, fallt zusammen
Und werft den ganzen Grund der harten Erde ein –
Ich stürze, sinke schon – und fühl – der Hölle – Pein –
(schon versinkend zu dem Marienbild am Friedhofstor, das aufleuchtet)
Maria!

MARIA:
(spricht)
Willkommen, lieber Sohn mein,
Du sollst mit uns selig sein.
Genommen sei von dir der Laster Last,
Weil du in deiner letzten Stund
Aus Herzensgrund
Nach mir gerufen hast!

ERSCHEINUNG DES TEUFELS:
Die Seele dieses Sünders ist mein –

MARIA:
Sie wird dir ewig verloren sein.
Ich hab ihr meine Huld gegeben,
Dawider du darfst nicht streben.
(Teufel fauchend ab)
Freu dich, arme Seele, und sei getrost,
Du sollst werden aus deiner Pein erlost,
Maria, die Himmelskönigin,
Ist gewesen deine Fürbitterin!

STIMME VON OBEN:
Ehre sei Gott in der Höhe!

WAGNER:
Nie warst, Madonna, du mir ein Phantom.
Ich fühlte dich wie eine ferne Schwester
Und baute meiner Sehnsuchtsschwalben Nester
In deinen kühlen, heilgen Dom.
Und meine Seele trieb verwunschne Blüten
Zu dir, die krank wie blaue Rosen sind.
Du wirst sie warten, wirst sie hüten
Vor rauhen Gärtnern und vor Welt und Wind.
Dir schwanken Wunsch und Ziel in gleicher Schale,
Dich tötet Nähe nicht wie andre Fraun.
Erlitten hab ich dich in Brunst und Graun:
Nun trägst du meiner Kreuzigung Wundenmale. –

GESANG VON OBEN:
Die Kirchenglocken brommen,
Die heilig Nacht ist kommen.
Der höllsche Tag entfleucht,
Es tobten schwarze Schlangen,
Die Sonne war verhangen,
Nun glänzt des Sterns von Bethlehem Geleucht.

Er ist der erst, der funkelt,
Bald aber durch das Dunkel
Erscheint so Stern bei Stern.
Die Finsternis zerschlagen
Wie schwarzer Marmorschragen,
Und aus dem Sarge schwebt der heilig Geist des Herrn.

Er fährt zur Erde nieder
Mit rauschendem Gefieder.
Das Kindlein in der Wiege lacht.
Zu Häupten ihm die Taube
Regt ihre Schwingen. Glaube
Und Lieb und Hoffnung halten die seraphne Wacht.

(Vorhang fällt langsam)
(vor den Vorhang kommen von links Kickelhahn, von rechts Kasper)
KICKELHAHN:
Der Teufel hat den Wagner, deinen früheren Herrn, geholt. Komm, Kasper, komm, ich soll dich auch holen. Du mußt dich mir verschreiben!
KASPER:
Das laß ich halt bleiben!
KICKELHAHN:
Ich werde dich verschlingen.
KASPER:
Das wird dir schwer gelingen.
KICKELHAHN:
Hu! Hu! Hu!
KASPER:
Du! Du! Du! – Bange machen gilt nicht. Wer bist du denn eigentlich?
KICKELHAHN:
(zieht höflich sein Hütchen)
Ich bin ein kleiner Teufel. Mein Name ist Kickelhahn.
KASPER:
Hör mal, mein lieber Kickelhahn, das mit der Hölle, das wird sich zerschlagen –
KICKELHAHN:
Du willst mich schlagen? Das laß lieber bleiben! Ich bin stärker als du!
KASPER:
Dann ruf ich meine Frau, die Jungfer Änne, die wird dir dein Teufelsfell tüchtig gerben. Sie ist eine gelernte Lohgerberin.
KICKELHAHN:
(ängstlich)
Nein, nein – mit deiner Frau will ich nichts zu tun haben. Mit den Weibern wird kein Teufel fertig. – Aber willst du mir nicht freiwillig in die Hölle folgen? Ich bringe dir ein schönes Kompliment aus der Hölle von deiner herzallerliebsten Großmama.
KASPER:
So so. Ist's die Möglichkeit? Was macht denn meine Frau Großmama in der Hölle?
KICKELHAHN:
Sie tut nichts als heulen und zähneklappen –
KASPER:
Du lügst wie gedruckt. Sagt der, sie tät mit den Zähnen klappen und hat keinen einzigen Zahn mehr im Maul gehabt. Sie müßte grade mit den A...backen klappen.

277

KICKELHAHN:
Also du willst nicht mit in die Höll, deinen Herrn Wagner auch in der Höll bedienen?
KASPER:
Fällt mir nicht ein. Ich weiß es schon, wie's in der Hölle aussieht. Und außerdem bin ich Nachtwächter. Der Teufel holt keinen Nachtwächter.
KICKELHAHN:
Wie sieht's denn in der Hölle aus, du Neunmalweiser? Wenn du mir das genau sagen kannst, will ich dich für diesmal laufen lassen.
KASPER:
Ich bin einmal im Traum in der Hölle gewesen. Sapperment, war das eine kuriose Wirtschaft in der Hölle! Da hab ich Krämer in Papier eingewickelt brennen sehen, die zu einem halben Viertel Kaffee zwei Lot Papier gewogen hatten. Die Schlächter und Metzger haben an den Händen keinen Daumen gehabt und bekamen nur Knochen zu fressen, die sie den Leuten als Beilage zugewogen hatten. Die Weinhändler müssen dort ewig ihren eigenen Wein saufen, ohne doch ihren Durst löschen zu können. Die Feldherren führen gegeneinander Krieg – aber ohne Soldaten. Die armen Soldaten, die sie in den Tod geführt, sitzen auf dem Balkon, im Himmel, und schauen ihnen zu.
KICKELHAHN:
(abgehend)
Du malst die Hölle, als ob du jahrelang selbst drin gewesen. Leb wohl! Ein ander Mal auf Wiedersehn!
KASPER:
Auf Nimmerwiedersehn!
(an die Rampe tretend)
Zuletzt habe ich noch Leute in der Hölle fortwährend springen gesehen, das waren die, die im Theater für den letzten Platz zahlten und nachher auf den zweiten und ersten überstiegen. Nehmt's euch zu Herzen, ihr da unten!
(bläst in sein Nachtwächterhorn)
Hört ihr Herren und Damen und laßt euch sagen:
Des Spieles Ende hat geschlagen.
So endet sich der wahre Bericht
Von des Christoph Wagner Geschicht:
Daraus ein Christ soll lernen wohl,
Daß er die Hoffart fliehen soll,
Nicht haben Lust an Zauberei
Und tausend Sünden nebenbei,
Den Teufel abzusagen gar,
Daß er nicht komm in solche Gefahr,
Vielmehr sich sollt in Gottesfurcht üben
Und Gott von ganzer Seele lieben.
Dies wünsche ich von Herzens Grund

Uns allen und mir zu dieser Stund,
Daß wir mit Maria allzugleich
Erlangen das ewige Himmelreich.
– – – – – – – –
5   Geht friedlich und ordentlich jetzt nach Haus
Und schlaft für den morgigen Werktag euch aus.
Hat unser Spiel euch wohl gefallen,
Erzählt es auch den andern allen,
Wir bleiben euch rekommandiert,
10 Von eurem Beifall enchantiert.
Ihr habt geweint, ihr habt gelacht –

(aus der Kulisse Stimme der)

ANNA BACKEDUDEL:
Kasper! ... Kasper ... Die Suppe wird kalt!
15 KASPER:
Ich komme ja schon! – Lebt wohl! Gute Nacht!

(Ende)

Nachwort

1587 zur Herbstmesse erschien bei Spieß in Frankfurt am Main das Volksbuch vom Doktor Faust. In wenigen Monaten war es schon derart volkstümlich geworden, daß bereits im Januar 1588 drei Tübinger Studenten mit einer gereimten Bearbeitung hervortraten. Nach den Universitätsprotokollen von Tübingen scheint es auch, als ob diese drei Tübinger Studenten die Autoren der ersten Faustkomödie gewesen seien, für die ihr Faust in Versen gewiß eine geeignete Vorlage bot. An der „Historia Fausti" nahm ein frommes Bürgerpublikum sittliches Ärgernis, weshalb den Studenten von der Universitätszensur in Tübingen verboten wurde, „dergleich comedia" weiter aufzuführen. Der Siegeszug des Faustspieles war aber weder durch obrigkeitliche Verbote noch durch den reaktionären Teil des Publikums aufzuhalten. In der Folge wurde das Volksschauspiel vom Doktor Faust das meistgespielte und beliebteste Repertoirstück aller wandernden Komödianten- und Puppenspielertruppen. Sehr bald entstand auch die Legende von Christoph Wagner, dem Famulus Faustens, als zweiter Teil der Faustsage. Der Titel des ältesten, 1594 erschienenen Wagnerbuches lautet: „Ander Teil der Joh. Fausti Historia, darin beschrieben ist Christophori Wagners, Fausti gewesenen Discipels, aufgerichteter Pakt mit dem Teufel. Neben einer feinen Beschreibung der neuen Inseln, was für Leute darin wohnen, was für Früchte darin wachsen, was sie für Religion und Götzendienst haben und wie sie von den Spaniern eingenommen werden." Die Dramatisierung der Wagnersage war ebenfalls im Mittelalter bis in die Neuzeit sehr beliebt. Ein Frankfurter Theaterzettel vom 10. April 1742 berichtet von einer Frankfurter Aufführung:

„Mit gnädiger Bewilligung eines hochedlen und hochweisen Magistrates werden die allhier subsistierenden hochdeutschen Komödianten heute Dienstags eine von uns noch niemals produzierte, durch und durch mit Lustbarkeit, Arien und Auszierungen des Theatri möglichst versehene Action produzieren, betitult: Das lasterhafte Leben und unglückselige, ja schreckensvolle Ende Johannis Christophi Wagners, gewesenen Famuli und Nachfolgers in der Zauberkunst des Fausti. – Ob es ein Gedicht oder die Wahrheit sei, daß ein Doktor Faust in Rerum natura gewesen, will man hier nicht untersuchen, sondern nur die auf dergleichen Lebensart billig folgende Strafe nützlich der Welt vor Augen stellen. Heute betritt das Theatrum Christoph Wagner, ein hinterlassener Diener Fausts, welcher nach dem Tode seines Herrn in denen magischen Büchern gelesen, endlich selbsten mit dem höllischen Geist einen Kontrakt gemacht, unterschiedliche Zauberein verübt, und endlich ein verzweifeltes Ende genommen."

Bei der Wallerotschen Truppe spielte den Wagner merkwürdigerweise ein „Frauenzimmer". Viele der Szenen des Faust- und Wagnerspieles decken sich völlig. Wagner wie Faust beschwört die Geister, Wagner wie Faust schmaust „mit denen Studenten" und zaubert eine schöne große Pastete aus der Erde und bohrt einen Tisch an, aus dem Wein herausfließt. Trotzdem kann man bei der Wagnersage nicht von einer bloßen oder blassen Imitation der Faustsage sprechen. Sie ist, wie Carl Engel mit Recht sagt, „eine freie, neue, aus dem Stoff der Faustsage hervorgegangene Dichtung". Stofflich ganz unabhängig von der Faustsage ist die sehr originelle Reise Wagners nach Amerika. – Manche Parallele mit Faust- und Wagnersage weist die alte Legende von der Päpstin Jutta auf. Es ist zweifellos ein kühner Gedanke, die Päpstin Jutta mit Faust bzw. Wagner kurzerhand zu konfrontieren – wobei der Volksdichter sich um die historische oder wenigstens legendäre Wahrheit den Teufel schert.

Er machte aus der Päpstin Jutta, die die Legende ins neunte Jahrhundert verlegt, eine Renaissanceerscheinung.

Das alte Volksschauspiel von Christoph Wagner wird hier in einer neuen Form dem Publikum unterbreitet, die das geistige Eigentum des Bearbeiters darstellt. Das Spiel will nicht mit dem gewaltigen Weltanschauungsdrama Goethes verglichen werden oder sich gar messen. Es will nur seinen bescheidenen Teil beitragen zur Neubelebung der deutschen Bühne, der neben zeitproblematischen Dramen großen und größten Stils dramatische Spiele (wie auch der „Kreidekreis" eines ist) not tun, die den Beschauer auf eine edle Art im Theater halten und unterhalten. –

Für Philologen sei bemerkt, daß einzelne Dialogstellen aus alten Volksschauspielen wörtlich oder so gut wie wörtlich übernommen sind. So geht die erste Kasperszene des ersten Aktes auf die zweite Szene des fünften Aktes des alten Volksstückes „Der verlorene Sohn" zurück. (Das seinerseits wohl auf den „Londoner verlorenen Sohn", ein apokryphes Drama Shakespeares, zurückgeht.) Die zweite Kasperszene mit dem Studenten ist die Variation der siebten Szene des Volksschauspiels „Auterscheck und Juratscheck" oder „die Räuber in Siebenbürgen" – ein Stück, das auf Schillers Räuber gewiß nicht ohne Einfluß geblieben ist. Aus dem im alten Spiel auftretenden Vater ist bei mir die Mutter geworden. Die Kasperszene des zweiten Aktes erinnert an eine ähnliche Szene des alten Spiels. Die Ermordung des Herzogs im zweiten Akt schien mir aus psycho- und bühnenlogischen Gründen notwendig. Durch Zufall entdeckte ich dann, daß in einer alten Bearbeitung des Volksschauspiels in Versen der Herzog ebenfalls schon ermordet wird; allerdings durch Faust selbst:

FAUST:
Wag dich nicht näher, eitler Tor!
Dein Weib, ich nehme es mit mir.
Ich bin der Faust und trotze dir.

HERZOG:
Ha, Verwegener, das sollst du büßen!
(dringt auf Faust ein)

FAUST:
(mit einem Dolch)
Früher erreicht mein Dolch dich schon.
(er ersticht den Herzog)
So, jetzt liegst du zu meinen Füßen!

Die Kupidoszene des zweiten Aktes entnehme ich der „Comedia von der Macht des kleinen Knaben Kupidinis" (Englische Comedien und Tragedien, 1620). Die Kasperszene des dritten Aktes ist eine Variation einer Szene aus dem dritten Akt des Zauberspiels „Die Wasser- und Feuerprobe". Der vierte Akt ist völlig, der dritte im großen ganzen von mir neu geformt. Der fünfte Akt geht auf das Faustspiel zurück. Die Szene mit der Anna Backedudel ist eine Art Einlage, um die Zeit zwischen den Glockenschlägen neun bis zwölf auszufüllen. Die Verse der Maria sind dem „Spiel von der Frau Jutta" entnommen, einige der letzten Verse des Kasper der gereimten Bearbeitung der Faustsage (Tübingen 1588).

Die Schlußszene nach der Höllen- und Himmelfahrt ist ältesten Datums und stammt aus der Zeit, als die komische Figur traditionell auch die Tragödien beschloß.

Und nun: möge das deutsche Publikum diese Neuformung eines alten deutschen Spieles gnädig aufnehmen und möge das Motto des Wagnerspieles an ihm nicht zur Wahrheit werden: nimia doctrina subinde interitus sequitur – Möge ihm kein Untergang, möge ihm eine Auferstehung beschert sein!

Breslau, am Himmelfahrtstag 1925   Klabund

BRENNENDE ERDE

Drama in 3 Akten

Für Carola Neher

Dieses Drama will ein Drama sein. Sonst nichts. Es spielt in einem heutigen legendären Rußland. Es treibt keine äußere oder innere Politik und wird nicht von ihr getrieben. Es versucht, Menschen auf die Beine zu stellen, Herzen schlagen zu lassen, im Guten und im Bösen, sonst nichts.

Figuren:

Marusja (17–18 Jahre).
Der Lappe To.
Rjurik, Kommissar (30 Jahre).
Semion, Abt der Skopzen (80 Jahre).
Die 7 frommen Brüder.
Afanasiew, Nikolajewitsch (16–17 Jahre).
Bunakow, Wassilij Stepanowitsch (50 Jahre).
Muratow, Professor (60 Jahre).
Turkin, Arzt (40 Jahre).
Erster Toter.
Zweiter Toter.
Jakowlew, ehemaliger zaristischer Gardeoffizier (45 Jahre).
Ein alter Soldat.
Ein Blinder.
Ein Lahmer.
Soldaten.

Ort: Ein legendäres Rußland.

Zeit: Ein mythisches Heute.

Erster Akt.

(Hof eines kleinen, ärmlichen, ummauerten Skopzenklosters, das in tiefster Einsamkeit, von Sümpfen umgeben, am Rand der russischen Steppe liegt, hoch im Norden, dort, wo sich das europäische mit dem lappländischen Rußland berührt. Bevor der Vorhang aufgeht, ertönt eine melancholische Hirtenflöte. Es ist die Flöte des Lappen To. Der Vorhang geht auf. In der Mitte des Hofes hockt Marusja, eine Schüssel mit Haselnüssen vor sich, die sie mit einem primitiven Instrument: zwei gehöhlten Steinen, aufknackt. Sie ist 17 Jahre alt und in Felle gekleidet, wie ein Mädchen jener Breitengrade)

<MARUSJA:>
(Sie summt vor sich hin)
Gottes Mutter, Jungfrau
Weiße Taube Du!
Taube, wunderschöne,
Aller Wunder schöne
Aller Wunder schönste
Sei gebenedeit!

(Der Lappe To steht plötzlich hinter ihr)

MARUSJA:
Du hast mich aber erschreckt – wo kommst Du her, Lappe To? Die Tore sind doch alle verschlossen?

TO:
Hast Du meine Flöte nicht gehört? Sie hat nach Dir gerufen. Ich kroch über den Baum – den Weg der Eichkatze.

MARUSJA:
Was willst Du? Warst Du auf der Jagd?

TO:
(schwenkt ein Fell) Was ist das?

MARUSJA:
(entzückt) Ein Blaufuchs! Schenk' mir den Blaufuchs, To.

TO:
Ist seinen Preis wert, Herrin.

MARUSJA:
Welchen?

TO:
In der Stadt bekomme ich mindestens 10 Tscherwonzen dafür.

MARUSJA:
(geringschätzig) In der Stadt! Die in der Stadt wissen von keinem Ding den wirklichen Wert, habe ich mir von Vater Semion sagen lassen.

TO:
Du meinst – der Pelz ist noch mehr wert?

MARUSJA:
Unsere Freundschaft, To.
TO:
(sich hin- und herwiegend) Freundschaft, Freundschaft zwischen Mann und Weib ist so ein eigen Ding. Ein wenig Liebe wäre er schon wert. Ein ganz ganz klein klein wenig wenig Liebe –
MARUSJA:
Dieses ganz ganz klein klein wenig wenig Liebe sollst Du haben – Du würdest noch ein ganz ganz klein klein wenig wenig mehr mehr Liebe bekommen, wenn Du nicht immer so entsetzlich aus dem Maul stinken würdest –
TO:
Ihr wollt sagen, Herrin, ich dufte aus dem Mund nach Wodka, aber das ist ein angenehmer, selbst Gott wohlgefälliger Geruch, Gott will, daß wir der Güter seiner Erde teilhaftig und ihrer trunken werden, soweit sie trinkbar sind.
MARUSJA:
Woher hast Du nur wieder den Wodka?
TO:
Geheimnis. Ein ganz geheimes Geheimnis! Ein Mann gab ihn mir, ein edler Mann, ein Edelmann gab ihn mir zum Lohne dafür, daß ich ihm den Weg zu seiner Liebsten zeigte.
MARUSJA:
Wenn Du mein Freund bleiben willst, mußt Du das Wodkatrinken bleiben lassen. Wirf Dich mit dem Bauch am Quell nieder, trink' das süße gute Wasser und Du wirst Gottes frischesten Morgen trinken und seinen reinsten Atem haben.
TO:
Wasser berauscht nicht den Geist: aber Wodka berauscht ihn und läßt ihn mit feurigen Zungen reden (fällt vor ihr nieder). Meine feurige Zunge stammelt: Herrin, ich liebe Euch! Habt Mitleid mit dem armen Lappen To! Reibt Eure Nase an seiner Nase zum Zeichen Eures Einverständnisses zu seiner Liebe – und Ihr sollt den Blaufuchs haben –
MARUSJA:
(entreißt ihm den Blaufuchs) Der Blaufuchs wird Dir von den frommen Brüdern entgolten werden. Geh' jetzt. Pack Dich. Den Baum, über den Du in den Hof kamst, werden die Brüder fällen, damit nicht noch mehr ungebetene Gäste uns unverhofft besuchen, wenn das Tor geschlossen ist.
TO:
Meine Flöte will Euch noch etwas sagen, Herrin, was ich mit Worten nicht ausdrücken kann –

MARUSJA:
(öffnet das Tor, stößt den winselnden Lappen hinaus und schließt es wieder. Sie spielt mit dem Blaufuchs wie mit einer Puppe, und summt wieder)
  Gottes Mutter, Jungfrau
  Weiße Taube Du!
  Taube, wunderschöne
  Aller Wunder schöne
  Aller Wunder schönste
  Sei gebenedeit!
STIMME VON AUSSEN:
  Heda! Aufgemacht!
MARUSJA:
  (hält inne, lauscht, wie ein Tier lauscht) Wer ist da?
STIMME VON AUSSEN:
  Gut Freund –
MARUSJA:
  Gut Freund?
STIMME:
  Bester Freund. Allerbester Freund.
(Marusja hat die Schüssel niedergestellt und läuft zur Mauer. An der Mauer, dicht beim Tor, führt eine kleine Steintreppe zur Höhe der Mauer. Marusja läuft sie hinauf und äugt jetzt von oben herab nach außen)
MARUSJA:
  Wer ist denn da?
STIMME:
  Ich.
MARUSJA:
  Ja, das sehe ich, daß Du da bist, aber wer bist Du denn?
STIMME:
  Rjurik.
MARUSJA:
  Rjurik?
RJURIK:
  Kommissar dieses Distriktes.
MARUSJA:
  Und was heißt das?
RJURIK:
  Der mächtigste Mann hier zu Land.
MARUSJA:
  Bei uns hört Deine Macht auf. Hier herrscht der hochehrwürdige Vater Semion.

RJURIK:
Das weiß ich, daß hier der hochehrwürdige Vater Semion „herrscht". Deshalb kam ich ja her.
MARUSJA:
Wie hast Du den Weg zu uns gefunden? Den Weg durch die Sümpfe? Hier kommt nie ein Mensch her – höchstens mal ein Lappe.
RJURIK:
Ein Lappe hat mir den Weg verraten und mich geführt: Gegen einen Schnaps und Zigaretten.
MARUSJA:
Das war der Lappe To. Alle Lappen sind schlecht.
RJURIK:
Ihr seid auch nicht besser.
MARUSJA:
Wieso?
RJURIK:
Ihr handelt gegen das Gesetz.
MARUSJA:
Wir?
RJURIK:
Ja: Ihr. Wie kommst Du übrigens in das Männerkloster, he?
MARUSJA:
Das weiß ich nicht, ich war schon immer da.
RJURIK:
Schämst Du Dich nicht?
MARUSJA:
Ich weiß nicht, was das ist: sich schämen.
RJURIK:
Eine Frau und 8 Männer: das ist schamlos. Was tun sie mit Dir und Du mit ihnen?
MARUSJA:
Ich führe den acht frommen Brüdern die Wirtschaft.
RJURIK:
So! Nennt man das jetzt Wirtschaftführen. Ich nenne das Unzucht und Hurerei.
MARUSJA:
Das sind Worte, die ich nicht verstehe.
RJURIK:
Willst Du mich jetzt endlich einlassen? Ist das eine Art, einen Beamten so vor dem Tor stehen zu lassen?

MARUSJA:
Ich kann Dich nicht einlassen.
RJURIK:
Du mußt.
MARUSJA:
Nein, ich habe nicht die Erlaubnis dazu.
RJURIK:
So, Du wagst es, mir offen Ungehorsam zu bieten?
MARUSJA:
Ich habe keine Ursache, Dir zu gehorchen.
RJURIK:
Wo sind die frommen Brüder?
MARUSJA:
Nicht zu Hause.
RJURIK:
Sieh da, der hübsche Vogel allein im Käfig.
MARUSJA:
Die Brüder sind auf dem Feld und der hochehrwürdige Vater Semion ist in der Kapelle.
RJURIK:
So hole ihn.
MARUSJA:
Ich darf ihn im Gebet nicht stören.
RJURIK:
Ich glaube, wenn ich an diesem Baum, an diesem dicken Ast mich tüchtig schwinge, so schwingt er mich hinüber, hinauf – eins, zwei, eins, zwei.
MARUSJA:
(beobachtet ihn ängstlich)
RJURIK:
(steht plötzlich auf der Mauer) Zu Dir.
MARUSJA:
Gottesmutter – (läuft die Treppe hinab)
RJURIK:
Laß die Gottesmutter aus dem Spiel, Menschenkind.
(springt von der Mauer in den Hof)
Da bin ich.
MARUSJA:
Ja, da bist Du.
RJURIK:
Wie gefalle ich Dir?

MARUSJA:
Groß und stark bist Du.
RJURIK:
Und Du zart und zierlich.
MARUSJA:
Laß mich einmal Deine Arme anfassen.
RJURIK:
Da!
MARUSJA:
Ja, Du bist stark, Du hast stärkere, viel stärkere Arme, als die frommen Brüder. Die frommen Brüder sind mager und dürr, wie Wölfe im Winter.
RJURIK:
Die Tugend sucht sich einen mageren Leib zum Wohnsitz. Ich habe noch nie einen fetten Heiligen gesehen.
MARUSJA:
Glaubst Du, daß Du so stark bist, wie alle 7 frommen Brüder zusammen?
RJURIK:
Das glaube ich wohl.
MARUSJA:
Aber so stark, wie der hochehrwürdige Vater Semion bist Du doch nicht.
RJURIK:
Das käme auf eine Probe an.
MARUSJA:
Nein – der hochehrwürdige Vater Semion ist stärker als Du. Er hat eine andere Stärke. Er hat seine Macht von Gott dem Herrn im Himmel.
RJURIK:
Ich habe meine Macht vom Herrn auf Erden. Ja: Da stehen sich zwei gleichwertige Kempen gegenüber, – aber um zu einem Ende zu gelangen: Wenn Dein altehrwürdiger Vater Semion sich jetzt nicht schleunigst zeigt, gehe ich in die Kapelle und schieße ihn am Altar seines Herrn, von dem er die Macht hat, über den Haufen.
MARUSJA:
Was willst Du tun?
RJURIK:
Ich werde ihn töten – und Dich dazu –
MARUSJA:
Die Eichhörnchen, die Rentiere, die Füchse und Wölfe können sterben. Der Mensch schlägt sie tot und dann bewegen sie sich nicht mehr. Aber der Mensch – Schlägt denn ein Mensch den andern tot?

RJURIK:
(gemütlich grinsend) Das will ich meinen.

MARUSJA:
Du redest zwar die gleiche Sprache, wie wir – aber doch eine ganz andere Sprache.

RJURIK:
Ich rede, wie mir der Schnabel gewachsen ist.

MARUSJA:
Dir ist ein Schnabel gewachsen? Dann kannst Du wohl die Stimmen der Vögel nachmachen? Mach' mal den Frühlingsruf der Schnepfe nach. (macht ihn nach) Oder den Buchfink: Züzüzüjachzis ... züzüzüjachzia. Kannst Du flöten, wie die Ammer am Bach? (flötet) Ich habe keinen Schnabel und kann die Vögel besser nachmachen als Du. Ich kann auch die Nachtigall nachmachen. Nachts schleiche ich mich manchmal aus dem Haus, im Sommer, wenn die Nächte blau sind. Dann flöte ich wie eine Nachtigall, und die Nachtigallen geben mir Antwort. Und so singen und sprechen wir miteinander. Ich singe der Nachtigall mein Lied und mein Leid, und die Nachtigall singt mir ihr Lied und ihr Leid.

RJURIK:
So, was haben denn die Nachtigallen für ein Leid?

MARUSJA:
Das weiß ich nicht. Ich fühle es nur. Die Töne, die sie singen, fallen manchmal wie Tränen in die Dämmerung.

RJURIK:
So, so. Die Nachtigallen weinen bei Euch am Sinsee. Das ist ja naturwissenschaftlich hochinteressant.

MARUSJA:
Na – tur – wissenschaft – lich: Was bedeutet das?

RJURIK:
Du fragst wirklich etwas viel. Naturwissenschaft also, das ist die Wissenschaft von der Natur –

MARUSJA:
Was ist denn das: Natur?

RJURIK:
Himmelherrgottsakrament – jetzt lebt dieses Mädchen mitten in der Natur und weiß nicht, was Natur ist. Natur, das ist das, was Dich umgibt: die Eichhörnchen, die Schnepfen, die Rentiere, die Nachtigallen. Das ist Natur. Aber auch der Sinsee, das Gebirge, die Steppen, das Moos: das ist auch Natur.

MARUSJA:
Aber ich – da bin ich wohl auch Natur.

RJURIK:
Nein, Du bist ein Mensch, ein ganz gewöhnlicher Mensch, zwar ein ungewöhnlich hübscher Mensch, aber ein Mensch, und ein Mensch ist nie Natur.
MARUSJA:
Aber der Mensch, ist doch nichts anderes als ein Wolf oder ein Fuchs. Nur daß der Wolf auf vier Beinen geht und der Mensch auf zwei.
RJURIK:
Du bringst einen wirklich in die Klemme mit Deinem verdammten Fragen. Meinetwegen ist der Mensch auch ein Tier. Vielleicht sogar das blutdürstigste. Er ist der König der Raubtiere, der Mensch. Aber während die Wölfe und Bären nur töten, wenn sie Hunger haben, tötet der Mensch auch, wenn er keinen Hunger hat. Aus Prinzip und aus Prinzipien. Was meinst Du, wie viel Menschen ich schon umgebracht habe?
MARUSJA:
(ungläubig lächelnd) Du hättest schon einen Menschen umgebracht? Nein, das glaube ich nicht. Du hast so gute Augen und eine so freundliche Stimme, ich glaube nicht, daß Du schon Menschen umgebracht hast.
RJURIK:
Ob Du es glaubst oder nicht: Ich habe schon allerlei Menschen hinüberbefördert. Erst im glorreichen Krieg und dann in unserer glorreichen Revolution. Im Krieg, weil es der Hauptmann befahl, und in der Revolution, als ich selbst Hauptmann geworden, weil es das Gesetz so wollte.
MARUSJA:
Ich verstehe nichts von dem, was Du sagst.
RJURIK:
Ja, weißt Du denn nicht, daß wir eine Revolution gehabt haben? Früher herrschte der Zar und jetzt herrschen wir.
MARUSJA:
Hier am Sinsee herrschen die frommen Brüder und als oberster unter ihnen der hochehrwürdige Vater Semion.
RJURIK:
Mit diesem ehrwürdigen Vater Semion habe ich ein Wörtchen zu reden, ein Hühnchen zu rupfen. Und dieses Hühnchen bist sozusagen Du.
MARUSJA:
Du willst mich rupfen? Vielleicht gar braten? Ich habe keine Angst vor Dir. Wenn Du meinst, daß ich ein Vogel bin, so habe ich auch Flügel – und kann davonfliegen.
RJURIK:
Da würdest Du nicht weit kommen (schlägt auf seine Revolvertasche) Ich würde Dich aus der Luft zurückholen.

MARUSJA:
Wie meinst Du das? Was hast Du da?
RJURIK:
Einen Revolver.
MARUSJA:
Einen Revolver nennt man das? Dieses kleine eiserne Ding? Zeig' einmal her.
RJURIK:
Nimm Dich in Acht. Er ist geladen.
MARUSJA:
Was bedeutet das?
RJURIK:
Es ist Zepter und Wahrzeichen des Menschen, des kultivierten Menschen sozusagen, denn es ist eine Erfindung des kultivierten Menschen. Es gehört zum menschlichen Fortschritt.
MARUSJA:
Und was tut der ... „kultivierte" Mensch mit dem grauen Ding da?
RJURIK:
Er tötet, tötet, tötet, tötet. Er kann mit diesem grauen Ding da <auf> 1000 Schritt und mehr einen andern Menschen oder ein Tier töten.
MARUSJA:
Auf 1000 Schritt? Mit dem kleinen Ding da?
RJURIK:
Auf 1000 Schritt. Mit dem kleinen Ding da (er deutet auf den Baum). Siehst Du das Eichhorn da auf dem Baum?
MARUSJA:
Ja.
RJURIK:
(drückt ab)
MARUSJA:
Es fällt vom Baum – (erstaunt, traurig) Du hast das Eichhorn getötet – warum?
RJURIK:
Ich wollte Dir nur die Macht des kleinen grauen Dings beweisen.
MARUSJA:
Zeig' es noch einmal her.
RJURIK:
Da –
MARUSJA:
Wenn ich jetzt etwas töten will, wie muß ich es da machen?

<RJURIK:>
Du legst den Revolver an – so – zielst – und drückst einfach los –

MARUSJA:
Ich verstehe schon – (reißt ihm den Revolver aus der Hand, springt zurück und legt auf ihn an) So – was würdest Du jetzt dazu sagen, wenn ich Dich jetzt töten würde – wie Du das Eichhorn getötet hast?

RJURIK:
(macht eine Bewegung) Mach' keinen Unsinn –

MARUSJA:
Rühr' Dich nicht – sonst drück' ich los –. Du erzähltest vorhin, Du hättest schon viele Menschen getötet. Du prahltest damit. Kennst Du nicht das heilige Gebot: Mensch, Du sollst keinen Menschen töten?

RJURIK:
Woher kennst Du das Gebot?

MARUSJA:
Der hochehrwürdige Vater Semion hat es mich gelehrt.

RJURIK:
Das sind veraltete Anschauungen, kannst Du Deinem ehrwürdigen Vater Semion mit einem schönen Gruß vom Kommissar Rjurik bestellen, falls ich selbst nicht mehr dazu kommen sollte, denn Du fackelst mir bedenklich mit dem Revolver herum. Es gibt keine Bibel, keinen Gott und demzufolge auch keine göttlichen Gebote mehr.

MARUSJA:
Du lügst. Hier am Sinsee, bei den 7 frommen Brüdern, gibt es diese Gebote. Hier gelten sie. Denn hier gilt – Gott.

RJURIK:
Du weißt nicht, was Natur ist, Du weißt nicht, was eine Revolution, was ein Revolver ist, und auf einmal willst Du wissen, was Gott ist.

MARUSJA:
Hier, nimm Deinen Revolver zurück. Ich hätte Dich töten können, aber ich schenke Dir das Leben. Ich schenke Dir Dein Leben, Dein armseliges, denn es muß sehr arm sein, da Du nicht weißt, was Gott ist.

RJURIK:
Jetzt könnte ich Dich töten, denn ich habe meinen Revolver wieder.

MARUSJA:
Nein, das kannst Du nicht. Du kannst mich nicht töten, wie das Eichhorn da im Baum. Denn ich habe eine Seele und die ist unsterblich.

RJURIK:
Wer hat Dir denn diesen Humbug eingeblasen?

MARUSJA:
Der ehrwürdige Vater Semion.

RJURIK:
Die Zeit der ehrwürdigen Väter ist vorbei. Jetzt kommt die Zeit der ehrwürdigen Söhne in Rußland.
MARUSJA:
Rußland – was ist das?
RJURIK:
Ruß – Land: Das ist das Land, auf dem Du stehst, auf dem Deine Füße gehen, von hier nach dort. Alles Land ringsum: 1000 Werst weit und noch mehr: ist Rußland: Unser Rußland, unser weites, breites, geliebtes, gehaßtes Rußland.
MARUSJA:
Ich verstehe. Ich pflanze meine Bohnen auf dem Rußland. Meine Hunde laufen über das Rußland, das, was im Winter mit Schnee, im Frühling mit Blumen bedeckt ist und im Sommer so süß duftet: das ist Rußland.
RJURIK:
Das ist Rußland, da hast Du recht. Du beschreibst es ja ungeheuer gefühlvoll. Das hast Du wohl von Deinen Skopzen gelernt?
MARUSJA:
Skopzen?
RJURIK:
Jetzt lebt das Mädchen mit Skopzen zusammen und weiß nicht, was Skopzen sind. Skopzen, das sind keine Männer und keine Weiber. Es sind Männer, die auf ihr Mannestum Verzicht geleistet haben. Sie haben sich entmannt. Verstehst Du?
MARUSJA:
Nein.
RJURIK:
Ja, weißt Du denn nicht, was ein Mann ist?
MARUSJA:
Natürlich weiß ich, was ein Mann ist. Du bist ein Mann.
RJURIK:
Und Deine heiligen Brüder, die Skopzen, sind keine Männer. Sie sehen nur so aus. Es ist eine Schande, ein Verbrechen, wenn Hämlinge, wie sie, ein junges, blühendes Weib, wie Dich, gefangen halten.
MARUSJA:
(lacht hell auf) Sie halten mich gefangen? Das könnten sie wohl nicht. Ich bin freiwillig bei ihnen, weil ich sie liebe.
RJURIK:
Du liebst sie? Ja, weißt Du denn überhaupt, was Liebe ist? Wie alt bist Du jetzt?

MARUSJA:
Wie alt? Wie meinst Du das?
RJURIK:
Wie lange bist Du auf der Welt?
MARUSJA:
Ich bin immer auf der Welt. Solange ich mich entsinnen kann und noch länger bin ich auf der Welt.
RJURIK:
(geht um sie herum, schätzend) Diese Figur – diese Waden, diese kleinen vollen Brüste – (greift nach ihnen)
MARUSJA:
(schlägt ihm die Hand herunter und faucht ihn an) Willst Du das wohl lassen, Hundesohn.
RJURIK:
Ah, sieh da – fluchen kann die kleine Wildkatze doch, so fromm sie ist – also 17 Jahre bist Du mindestens alt, und da willst Du mir weismachen, ich wäre der erste, der nach Deinen Brüsten greift.
MARUSJA:
Versuche es nur noch einmal und Gottes Blitz wird Dich treffen.
RJURIK:
Du solltest Gott nicht wegen solcher Lappalien bemühen. Er kümmert sich, weiß Gott, nicht darum. Aber ich kann nicht leugnen, daß es mich nach Dir gelüstet. Komm mit in das Haus des Genossen Rjurik und werde seine Genossin, seine Bettgenossin.

(In diesem Augenblick ist Semion, eine uralte würdige Erscheinung mit den 7 Brüdern aus dem Haus getreten. Sie gehen auf Rjurik zu, der sie obenhin begrüßt und verneigen sich tief. Marusja hält sich zurück, nachdem sie auf Semion zugelaufen <ist> und ihm die Hand geküßt hat)

SEMION:
Ich begrüße den Fremdling mit dem Gruß Gottes (schlägt das Kreuz über Rjurik, der abwehrt). Sein Segen über ihn. Darf ich den Fremdling nach Namen und Absicht seines Besuches fragen? Es geschieht so selten, daß unsere bescheidene Siedlung den Anblick eines Gastes empfängt, daß mit der Seltenheit eines Besuches auch stets seine Dringlichkeit verknüpft erscheint.

RJURIK:
Genosse Semion – Sie sehen, ich kenne Ihren Namen. Der meine ist Rjurik. Ich bin der neubestellte Kommissar dieses Distriktes und stehe in dieser meiner amtlichen Eigenschaft vor Ihnen. – Euer Drecknest, oder wie man das hier nennen will, hat bisher Wosdwishenje geheißen, das bedeutet Kreuzeserhöhung. Aber ich will Euch alle zum Kreuz erhöhen, wie Euren Herrn und Meister, Ihr sollt alle 8 am Kreuz hängen, ein Christus und 7 Schächer, wenn

Ihr Eure Bude nicht sofort umtauft. Eure Klitsche heißt von jetzt ab: Proletarskoje. Verstanden?
SEMION:
(verneigt sich höflich mit den Brüdern)
RJURIK:
(gereizt) Warum widersprecht Ihr nicht, Ihr heiligen Strolche?
SEMION:
Warum sollen wir in einem so unwesentlichen Punkt widersprechen, Kommissar. Taufen Sie unsern Ort, wie immer Sie es für gut befinden.
RJURIK:
Und wenn ich Euch hängen lasse?
SEMION:
So hat Gott gewollt, daß wir hängen.
RJURIK:
Sie betrachten mich als einen Eindringling?
SEMION:
Nicht ohne berechtigten Grund.
RJURIK:
Es ist wahr, ich bin nicht durch das Tor gekommen, ich bin über die Mauer gestiegen. Ich habe nicht erst um Erlaubnis gefragt. Aber es sind außerordentliche Zeiten, und außerordentliche Zeiten heischen außerordentliche Maßnahmen.
SEMION:
Das ist auch meine Meinung. Nur daß über die Art dieser Maßnahmen unsere Anschauungen auseinandergehen dürften.
RJURIK:
Kein Zweifel. Sie sind ein Vorkämpfer des Christentums und plädieren für christliche Maßnahmen. Ich bin ein Vorkämpfer der Revolution und neige als solcher zu revolutionären Maßnahmen.
SEMION:
Wovon Sie uns soeben, als Sie ungerufen über die Mauer stiegen, eine kleine Probe gaben.
RJURIK:
Kurz und bündig: Zweck meines Besuches (auf Marusja deutend) ist dieses Mädchen da. – Ich bin hierher gekommen, die Mühsal und Gefährlichkeit des Weges durch die Sümpfe nicht scheuend, um Ihnen, Genosse Semion, Ihr unverantwortliches Benehmen vorzuhalten.
SEMION:
Ich hätte mich unverantwortlich benommen? Ja, wem bin ich denn verantwortlich? Doch nur dem da droben.

RJURIK:
Es mag sein, daß Sie privat für sich, dem Herrn der himmlischen Heerscharen, wie Sie und Ihresgleichen recht militaristisch ihn zu nennen pflegen, verantwortlich sind. Hier auf der Erde sind Sie dem Herrn der irdischen Heerscharen verantwortlich. Dessen Bevollmächtigter steht in meiner Person vor Ihnen.
SEMION:
Worüber also haben Sie sich zu beklagen?
RJURIK:
Das ist ein Männerkloster?
SEMION:
Gewiß –
RJURIK:
Weshalb halten Sie dieses junge Weib widerrechtlich hier gefangen? Die Zeit der Sklaverei und Leibeigenschaft ist auf immer dahin.
SEMION:
Marusja ist keine Leibeigene und keine Sklavin. Wir halten sie nicht wider das Recht gefangen. Sie ist freiwillig bei uns.
RJURIK:
Freiwillig? Ein unmündiges Geschöpf hat keinen eigenen Willen. Da sie keinen eigenen Willen hat, muß der Staat, dem sie angehört, für sie wollen. Der Staat bin in diesem Falle ich.
SEMION:
Was also Sie wollen, –
RJURIK:
Das ist wohlgetan. Basta.
SEMION:
Wir haben Marusja nicht geraubt, wie Sie anzunehmen scheinen. Wir haben Marusja eines Tages vor 17 Jahren in den Sümpfen des Sinsees gefunden. Ihre Mutter, die sie eben geboren hatte, lag halb verblutet in den letzten Zügen neben ihr. Die Mutter starb. Wir nahmen das Kind, das uns vom Himmel zu unserer Freude, zu unserem Trost geschenkt worden war, zu uns.
RJURIK:
Der Vater?
SEMION:
Wir kennen keinen anderen Vater, als den Vater im Himmel droben.
RJURIK:
Das mag sich nun verhalten, wie immer es wolle –
SEMION:
(sanft) Es verhält sich so, wie ich sagte –

RJURIK:
Ich dulde jedenfalls die Anwesenheit des Mädchens hier im Kloster nicht mehr. 8 alte Männer und 1 blutjunges Weib.

SEMION:
Ich sehe hier nur Menschen, die sich lieben – o, nicht auf die Art, die Sie mutmaßen – diese Menschen sind ein Leib und eine Seele, und wenn Sie einen von den anderen reißen, reißen Sie eine zuckende Wunde auf. – Aber wir, die wir hier vor Ihnen stehen, passen nicht in Ihren Menschen- und Staatsbegriff –

RJURIK:
So werde ich Sie in diesen Begriff zwingen.

SEMION:
Das wird Ihnen nicht gelingen. Wir sind vor ihm geflohen. Wir sind so weit nach Norden und Osten geflohen, als uns nur immer gelingen wollte. Denn im Westen ist ein übler Hauch aufgestiegen, der die Luft verpestet, Seuchen, seelische Seuchen machen sich auf und wandern wie Heuschreckenschwärme. Die apokalyptischen Reiter jagen von Westen nach Osten. Die Erde brennt. Im Westen begann's. Nun greift das Feuer immer weiter um sich. Bald werden die Steppen und Tundren Rußlands brennen. Es gibt nur eine Hölle: die Erde. Seht, wie sie brennt, und hört das Geschrei der gemarterten Leiber und Seelen. O meine sieben Brüder: die sieben Engel mit den sieben Posaunen haben sich gerüstet, zu posaunen.

1. BRUDER:
Und der erste Engel posaunte und es fiel Feuer mit Blut gemengt auf die Erde, und der dritte Teil der Bäume verbrannte und alles grüne Gras verbrannte.

2. BRUDER:
Und der zweite Engel posaunte und es fiel ein großer Stern vom Himmel, der brannte wie eine Fackel. Und er fiel in die Quellen und Flüsse und viele Menschen starben, als sie von dem bitteren Wasser tranken, denn es war voller Gift geworden.

3. BRUDER:
Und der dritte Engel posaunte, da fiel die Sonne vom Himmel, und es ward finster über der Erde. Es kam die Nacht der Nächte. Kein Mensch sah den andern Menschen mehr. Der Bruder erkannte den Bruder nicht mehr, der Freund nicht den Freund. Sondern, da es dunkel ward, wurden auch ihre Seelen dunkel und glänzte kein Strahl des Himmelslichts mehr in ihnen. Sondern, was einzig glänzte: das waren Stahl und Dolch, damit sie übereinander herfielen und sich zerfleischten: der Bruder den Bruder, der Freund den Freund.

MARUSJA:
(ist langsam nach vorn getreten und es scheint wie eine fremde Stimme aus ihr zu spre-

chen) O Vater Semion! O Ihr meine Brüder! O Ihr alle! O Ihr Menschen, die Ihr mich hört. Alles hat seine Zeit und alles unter dem Himmel hat seine Stunde. Die Nacht der Nächte wird vergehen und das Morgenrot wird emporsteigen, wie ein Tänzer, und der rote Tänzer wird über die Erde tanzen, und er wird sich eine Flöte schnitzen vom ersten neusprossenden Weidenbaum. (In der Ferne ertönt wieder die Flöte des Lappen To) Über den verkohlten Steppen werden sich wieder die Frühlingswinde erheben. Gras wird wieder sprossen und die Rebhühner werden wieder in den Ackerfurchen sitzen, und die Lerche wird singend aus den Wolken stürzen. Korn wird wieder zum Himmel schießen und alle Menschen werden satt zu essen haben, und aus dem jungfräulichen Leibe einer jungen Frau wird der neue Heiland geboren werden, der wird regieren von Ewigkeit zu Ewigkeit.

(Semion und die 7 Brüder fallen nieder)

DIE 7 BRÜDER:
Wir danken Dir Herr, wir danken Dir, Herr.

1. BRUDER:
Für die Stunde der Erleuchtung.

2. BRUDER:
Für die Worte des Trostes.

3. BRUDER:
Für den Strahl Deiner Gnade.

SEMION:
Du hast durch den Mund jener Jungfrau zu uns gesprochen und sie ist die heilige Jungfrau, die neue Gottesgebärerin, von der geschrieben steht: Sie ist mit der Sonne bekleidet, sie trägt den Mond im Haar und zwei goldene Sternenschuhe.

RJURIK:
Diese Jungfrau, dieses Weib, ist ein ganz gewöhnliches Weibchen, ein Weibstück, ein Stück Weib, wie tausend andere, sie ist mit einem Fuchsfell bekleidet, in den Haaren trägt sie einen Holzkamm und an den Füßen ein Paar schäbige Sandalen. Ich habe Euer Heulen lange genug angehört, Steppenwölfe, und ich werde keineswegs mit den Wölfen, mit Euch heulen. Ich sehe, Ihr habet die Offenbarung Johannes mit Verständnis aufgenommen und gebet sie zwecksentsprechend mit verteilten Rollen wieder von Euch. Aber Schluß jetzt mit der Komödie, Väterchen! Ich hatte in der Stadt von der Schönheit dieses verborgenen Edelsteines (auf Marusja deutend) so viel vernommen, daß ich beschloß, sie mir anzusehen. Ich war in den letzten 25 Jahren einmal in der Kirche und zwar am letzten Sonntag – durch einen Zufall. Ich hatte einen Popen, der dort predigte, aufzuhängen, und so hörte ich hinter der Säule mir erst mal seine Predigt an. Alle Wetter, der ging nicht schlecht ins Zeug mit uns. Weltuntergang, Blitz und Donner. Aber ein kleines Hoffnungslicht steckte der brave Kuttenträger uns doch an. Er offenbarte

sich als Prophet und schrie: Im Kloster am Sinsee bei den Skopzen ist schon die neue Maria erstanden, die uns den neuen Heiland gebären wird, die reinste, süßeste, holdeste Frau der Welt. Hallo, dachte ich mir: Das wäre so ein Braten für Dich. Sonntagsbraten. Den ich mir jetzt selbst schießen werde! (hebt den Revolver und schießt auf Marusja, die sofort zusammenbricht. Die Brüder stürzen auf Marusja zu)

SEMION:
(gegen Rjurik) Mörder!

RJURIK:
(tritt unter die Brüder, sie mit gewaltigen Armstößen auseinander treibend, lachend) Es ist halb so schlimm. Habe sie nur am Ohr gestreift und in Ohnmacht geschossen. (Hebt sie auf seine Arme und wirft sie sich um den Hals, wie der Jäger in der Steppe ein Reh um seinen Hals wirft. Dann schreitet er mit ihr die Treppe am Tor hinauf und springt nach außen hinunter. Man hört ihn davon galoppieren)

DIE 7 BRÜDER:
Wehe, Wehe, Wehe.

1. BRUDER:
Uns ist geraubt die Lilie unserer Felder.

2. BRUDER:
Der Stern unserer Hoffnung.

SEMION:
Wir warten nach des Herrn Verheißung eines neuen Himmels und einer neuen Erde, in welchen Gerechtigkeit und Liebe wohnen und thronen. Ich sehe die Wolken sich teilen, die Sonne hervorbrechen. Die Jungfrau aller Jungfrauen wird wissen den Weg, wird finden den Weg – zurück zu uns, vorwärts mit uns. Amen.

(Die Hirtenflöte klingt wieder ein paar Töne auf und bricht jäh ab)

(Vorhang)

Zweiter Akt.

(Dachzimmer. Wohnung Rjuriks in der Stadt. Alles Mobiliar verwahrlost. Rissige Wände. Links die Gruppe der Männer, trinkend, rauchend, rechts auf dem Kanapee Marusja)

AFANASIEW:
(singt)
    Ich will singen
    Ein altes Lied –
    Es schallt das Lied
    Von den Donschen
    Saporoger

    Grebenzker
    Jaizker Kosaken.
RJURIK:
    Sie sind helle Falken,
    Rote Sonnen,
    Silberne Säbel,
ALLE:
    (einfallend)
    Die Donschen
    Saporoger
    Grebenzker
    Jaizker Kosaken.
BUNAKOW:
    Sie blasen die Rohrpfeife,
    Sie schlagen die Balalaika,
    Sie schlagen ihre Weiber
ALLE:
    (einfallend)
    Die Donschen
    Saporoger
    Grebenzker
    Jaizker Kosaken.
RJURIK:
    Krischa Danilow heißt ihr Hetman,
    Er ist trunken von Schnaps und Liebe.
    Trunken von Liebe und Schnaps sind
ALLE:
    (einfallend)
    Die Donschen
    Saporoger
    Grebenzker
    Jaizker Kosaken.
TURKIN:
    Der schwarze Rabe hat geweissagt
    Viel Schnapsvergießen
    Viel Blutvergießen
ALLE:
    (einfallend)
    Den Donschen
    Saporoger
    Grebenzker
    Jaizker Kosaken.

AFANASIEW:
    Sie nahmen Abschied von ihren Mädchen
    Von Mohn und Pfau und Schwan.
    Die Sträucher hingen voll Tau und Tränen beim Abschied
ALLE:
    (einfallend)
    Der Donschen
    Saporoger
    Grebenzker
    Jaizker Kosaken.
MARUSJA:
    Eine Wassernixe saß am Wege
    Im Sonnenschein,
    Kämmte ihr grünes Haar, sah vorüberreiten
ALLE:
    (einfallend)
    Die Donschen
    Saporoger
    Grebenzker
    Jaizker Kosaken.
RJURIK:
    Sie stampften, sie dampften
    Vor Kampflust, sie brüllten,
    Sie fochten lebensmutig, todesmutig
ALLE:
    (einfallend)
    Die Donschen
    Saporoger
    Grebenzker
    Jaizker Kosaken.
BUNAKOW:
    Die Flüsse schwollen purpurn an
    Von keinem Regen
    Sie schwollen an vom Blut der erschlagenen
ALLE:
    (einfallend)
    Donschen
    Saporoger
    Grebenzker
    Jaizker Kosaken.
AFANASIEW:
    Und als die Schlacht geschlagen war

Von jedem Stamm geblieben war nur einer
Schweigend ritten durch das blutige Morgenrot

BUNAKOW:
Ein Donscher

RJURIK:
Saporoger

BUNAKOW:
Grebenzker

AFANASIEW:
Jaizker Kosak.

RJURIK:
Ach zum Teufel mit diesen sentimentalen Liedern. Tanze, Marusja!

MARUSJA:
(in nationalrussischer Bauerntracht, tanzt, von Rjurik auf den Tisch gehoben, die Arme gekreuzt, in hohen schwarzen Stiefeln einen Solotanz. Die anderen, im Zimmer Anwesenden schlagen mit den Händen den Takt dazu und singen und feuern sie an, bis sie erschöpft innehält) Ach, die Lust – schmerzt.

(Rjurik trägt sie auf ein schäbiges Kanapee)

BUNAKOW:
Bravo, mein Täubchen.

MURATOW:
In tausend Jahren wird von unserer ganzen Kultur nichts mehr übrig sein als die Erinnerung an einen abgebrochenen Tanz.

TURKIN:
(nimmt Marusja beiseite) Auf ein Wort.

MARUSJA:
Nun?

TURKIN:
Auf drei Worte.

MARUSJA:
Nun?

TURKIN:
Ich – liebe – Sie.

MARUSJA:
Gott will, daß wir einander lieben.

TURKIN:
Sie hören an meinen Worten vorbei.

MARUSJA:
Ich sehe durch sie hindurch.

TURKIN:
Durch die Worte?
MARUSJA:
Auch durch Dich.
TURKIN:
Ich habe der Genossin immer wieder ins Gewissen geredet – schließlich hat jeder Mensch Pflichten gegen seine Mitmenschen, nicht nur Rechte, die Genossin hat gar keine so starke Konstitution. Also vermeiden Sie unnütze Aufregung.
MARUSJA:
Ich rege und bewege mich immer. Im sich regen und sich bewegen besteht das Leben. Die Erde dreht sich um die Sonne und ich dreh' mich um mich selbst. Nur was tot ist, regt sich nicht mehr. Erinnerst Du Dich an das Eichhorn am Sinsee, Rjurik? Erst regte es sich auf dem Baum – und dann regte es sich nicht mehr, denn dann hattest Du ihm mit dem Revolver eine Kugel in den Leib gejagt. Dann war es tot. Erinnerst Du Dich noch?
RJURIK:
Ich erinnere mich. –
AFANASIEW:
Gestern hat Genossin Marusja in der Kirche vom heiligen Wladimir vor dem Muttergottesbild getanzt.
RJURIK:
So so.
AFANASIEW:
Ja, und ich habe die Orgel dazu gespielt. Ich kann nämlich ein wenig Orgel spielen. Die Orgelpfeifen hatten allerdings von den revolutionären Kämpfen einige Kugeln sitzen. Es kamen nicht alle Töne rein heraus. Aber sie hat getanzt, wie ich noch nie habe jemand tanzen sehen.
BUNAKOW:
Du mußt am Sonntag in die Vorstadt gehen, da kannst Du lernen, wie man tanzen muß. Die allerneuesten Modetänze. So z. B. (singt und tanzt) Lalalala.
TURKIN:
Man kommt auch ohne Tanzen und Springen durchs Leben. Sehen Sie mich an – ich habe in meinem ganzen Leben nicht einen Schritt getanzt. Und es ist auch gegangen.
MARUSJA:
Nikolaj, ich fühle mich in diesem Zimmer, in dieser Stadt, in dieser Welt so beengt. Ich atme so schwer.
AFANASIEW:
Wassilij Stepanowitsch Bunakow, Du qualmst aber auch zu sehr mit Deinem Stumpen.

MARUSJA:
O das ist es nicht –
RJURIK:
Marusja!
MARUSJA:
Ich bin nicht glücklich.
TURKIN:
Nemo ante mortem beatus.
AFANASIEW:
Sie trägt die Lilie der Unschuld und Reinheit.
TURKIN:
Integra vitae scelerisque pura.
AFANASIEW:
Sie spricht immer davon, daß sie Gottes Braut wäre.
BUNAKOW:
Gottes Braut? Gott ist abgeschafft, also kann er auch keine Braut mehr haben. So viel ich weiß, ist unsere verehrte Genossin die Braut oder vielmehr Frau unseres trefflichen Genossen Rjurik.
MURATOW:
Philosophisch betrachtet kann ein Nichts nicht ein Etwas haben, so wenig wie ein Nichts etwas oder ein Etwas nichts sein kann.
RJURIK:
O ich kenne viele Nichtse, die etwas sind.
MURATOW:
(die Hand am Ohr) Wie meinten Sie?
TURKIN:
Er scherzt, unser allseits geschätzter Genosse Rjurik scherzt, er erlaubt sich einen philosophischen Scherz.
MURATOW:
Aber hypothetisch genommen: Wenn Gott nun doch existierte.
AFANASIEW:
Würde ich an ihn glauben –
RJURIK:
Wenn meine Großmutter vier Beine hätte und einen Schwanz und bellen könnte – wäre sie dann ein Hund?
TURKIN:
Jetzt sind wir schon auf den Hund gekommen. Ich muß mich dieser spannenden philosophischen Diskussion leider entziehen, liebe Genossen. Ich habe noch einige ärztliche Besuche. Einige kleine Fälle von Hungerödem und Typhus, eine Bauchfellentzündung, zwei Blutvergiftungen, ein paar Lùngenspit-

zenkatarrhe und einige religiöse Wahnvorstellungen. Ich kenne in meinem näheren Bekanntenkreis wenigstens 5 Frauen, die sich für die heilige Cäcilie und mindestens 10 Männer und Jünglinge, die sich für den neuerstandenen Christus halten. (Zu Marusja) Kein ungekochtes Wasser und keine rohe Milch trinken! Auf Wiedersehn.
(Turkin ab)

BUNAKOW:
Genosse Rjurik, unser braver Dr. Turkin mag ja ein guter Mensch sein, aber er ist ein schlechter Heilgehilfe. Seine Patienten sterben ihm wie die Fliegen unter den Fingern. Sie sollten die Genossin Marusja lieber besprechen lassen. Von einem approbierten Schäfer. Oder einer Zigeunerin. Ich kenne eine Zauberformel, die gegen alle Krankheiten hilft: Nicht eins, nicht zwei, nicht drei, nicht vier, nicht Ochs, nicht Kalb, nicht Baum, nicht Tier, nicht fünf, nicht sechs, nicht sieben, nicht acht, nicht gut, nicht schlecht, nicht Tag, nicht Nacht.

MURATOW:
(die Hand am Ohr) Wie meinten Sie? Ja, es wird schon Nacht.

MARUSJA:
(richtet sich auf) Ich fühle mich schon wieder besser, seitdem der graue Zauberer das Zimmer verlassen hat. Wenn er ins Zimmer tritt, ist alles gleich grau in grau, und wenn draußen die hellste Sonne scheint.

BUNAKOW:
Professor, hast Du Deine Lebensmittelration, Deinen Pajok schon geholt?

MURATOW:
Das ist kein Pajok, das ist ein Pajockel, ein Pajockelchen, was wir Intellektuellen bekommen –

BUNAKOW:
Pah, diese Intellektuellen und Intelligenzler sollten überhaupt kein Pajok bekommen. Sie sollen krepieren. Denn sie sind an allem Unheil in der Welt schuld.

MURATOW:
Darf ich mir die Frage erlauben, inwiefern?

BUNAKOW:
Ein dummer Mensch kann gar nicht so viel Unheil in der Welt anrichten, wie ein gescheiter. Denn ein dummer Mensch läßt die Welt, wie sie ist. Ein gescheiter aber will sie immer anders, als sie ist. Er will sie verbessern. Wie angeblich Gott die Menschen nach seinem Bilde, will der Mensch die Erde wieder nach seinem Kopfe formen. Pfui Teufel, was ist da für ein Wasserkopf herausgekommen. Nicht die Gescheiten: die Dummen müßten die Welt regieren: die Dümmsten sogar. Wir brauchen keine Aristokratie, wir brauchen keine Demokratie, wir brauchen eine Idiotokratie. Das ist es.

MURATOW:
Idiotokratie, ein kühnes Wort, hehe.
BUNAKOW:
Die Genies haben die Menschheit in Grund und Boden ruiniert. Immer, wenn so ein Heros, so ein Held, so ein Zar Peter, so ein Napoleon, auftritt, müssen hunderttausend arme Teufel statt ins Brot ins Gras beißen. Weil angeblich irgend eine historische Idee verwirklicht werden soll. Pfui Teufel. Ein lebender Mensch ist mehr wert, als tausend Ideen. Lieber soll eine Idee krepieren, als ein Mensch.
MURATOW:
Nun, nun: so kraß möchte ich das nicht ausgedrückt haben. Jede Idee, sogar die religiöse, braucht Menschenblut, um in fleischliche Erscheinung, in Realität zu treten. Jede Idee, auch geistigste, fordert Macht und Macht will den Kampf – und Kampf fordert Blut.
BUNAKOW:
Hier, Bluthund, Bluthündchen, sauf', damit Du Deinen Blutdurst stillst.
MURATOW:
Hat nicht sogar das Christentum, diese Religion der Liebe, Blut gefordert? Hat nicht selbst Christus gesagt: Ich bin gekommen, das Schwert zu tragen.
BUNAKOW:
Euer rostiges Ritterschwert aus den Zeiten Iwans des Schrecklichen wird er nicht gemeint haben. Außerdem entsinne ich mich, daß besagter Christus auch mal eine Bergpredigt gehalten hat und die lautete ungefähr so –
(Marusja spricht leise verzückt:)
MARUSJA:
Selig sind die Friedfertigen, denn sie werden Gottes Kinder heißen. Selig sind, die da hungern und dürsten nach der Gerechtigkeit, denn sie sollen satt werden.
BUNAKOW:
Vom Pajok wird man satt, aber nicht von der Gerechtigkeit.
MARUSJA:
Selig sind, die geistig arm sind, denn das Himmelreich ist ihr.
BUNAKOW:
Auch Gott plädiert für eine Herrschaft der Dummen. Sagt ich's nicht?
AFANASIEW:
Still!
MARUSJA:
Selig sind, die das Leid tragen, denn sie sollen getröstet werden.
AFANASIEW:
(schluchzt auf)

MARUSJA:
Selig sind, die reinen Herzens sind, denn sie werden Gott schauen –
(Alle schweigen betreten)
AFANASIEW:
(leise) Ich ... habe ... Gott ... geschaut ...
RJURIK:
Marusja – wer hat Dich das gelehrt?
MARUSJA:
(läßt die Arme sinken) Der ehrwürdige Vater Semion.
MURATOW:
(sich vor Marusja verneigend) Ich wußte nicht, daß wir eine kleine Heilige hier im Hause haben. Ich muß sofort zum Popen gehen und ihm von ihr erzählen.
(ab, ohne daß die Anderen von seinem Abgange Notiz nehmen)
BUNAKOW:
Sie hat einen religiösen Klaps. Genosse Klempner muß ihr einen blechernen Heiligenschein machen.
AFANASIEW:
Seien Sie still.
RJURIK:
Das ist ein Leben hier!
MARUSJA:
Das nennst Du ein Leben hier?
RJURIK:
Ich bin noch ganz betäubt. Wenn man vom Sinsee aus der nordischen Eiswüste kommt, muß man sich erst fassen. Ein Dach über dem Kopf! Wieder ein richtiges Dach!
AFANASIEW:
Ein Dach schon – aber wie sieht das Dach aus? Die Hälfte Ziegel ist herausgefallen. Wenn's regnet, regnet es uns auf die Tartarenschädel, aber die Schädel sind solche Dickschädel, daß keiner von ihnen auf den Gedanken kommt, einmal auf das Dach zu klettern und das Dach zu flicken.
BUNAKOW:
Wir haben wichtigere Dinge zu tun, als Dächer zu flicken: Die Durchdringung des Gedankens mit lebendiger Tat verlangt unsere ganze Kraft.
MARUSJA:
Was Du redest, ist der reine Unsinn.
BUNAKOW:
Was, Du wagst es, Wassilij Stepanowitsch Bunakow, in Ehren ergrautem Graukopf und glühendem Revolutionär, über den Mund zu fahren?

MARUSJA:
Du hast gar keinen Mund, sondern ein ungewaschenes Maul wie ein Steppenhund. Wenn ich Rjurik wäre, würde ich Dich hinauswerfen, daß Du nie mehr wieder kämst.
RJURIK:
Marusja, Meinungsfreiheit ist ja ganz schön, aber sie darf nicht zu weit gehen. Du warst eben sehr ungezogen. Bitte den Genossen Bunakow um Verzeihung.
MARUSJA:
Nein.
RJURIK:
(faßt sie um das Handgelenk) Wirst Du den Genossen Bunakow sofort um Verzeihung bitten?
MARUSJA:
Nein.
RJURIK:
(schlägt ihr mit der Faust ins Gesicht, die ton- und regungslos verharrt) Wir wollen doch mal sehen, wer hier der Herr ist.
MARUSJA:
(leise) Du hättest lieber sehen sollen, wer hier die Frau ist.
RJURIK:
(mit einem Anflug von Zärtlichkeit) Habe ich Dir weh getan?
MARUSJA:
Ja.
RJURIK:
Ein Weibstück darf mit dem Mundwerk nicht immer vorneweg sein.
MARUSJA:
Und ein Mannsstück nicht mit den Händen. Bunakow hat mit den Händen nach mir gegrapscht, wie ein Bär nach dem Bienenstock.
RJURIK:
Wann?
MARUSJA:
Als Du nicht zu Hause warst, kam er die Treppe heraufgeschlichen, leise wie ein Schakal. Da habe ich ihn die Treppe heruntergeworfen – seitdem haßt er mich –
RJURIK:
Was soll das heißen, Bunakow?
BUNAKOW:
Ich habe mich nicht zu verantworten. Ich habe nichts Unrechtes getan, verehrter Genosse Rjurik. Wo steht geschrieben, daß ich einer Frau, einem

Mädchen nicht ein höfliches Angebot unterbreiten dürfe? Wollte ich sie vergewaltigen? Nein, ich wollte sie nicht vergewaltigen, ich wollte sie zu etwas Lieblichem überreden. Denn die Liebe ist etwas Liebliches. Obwohl ich 53 Jahre alt bin, kein Jahr älter und kein Jahr jünger, wage ich das noch zu behaupten.

RJURIK:
Gott sei Dank, daß die Kleine nur ein Zehntel von Deinem Geschwafel versteht.

MARUSJA:
Er ist ein schlechter Mensch und mit schlechten Menschen will ich nichts zu tun haben.

RJURIK:
Es wird sich empfehlen, Genosse Bunakow, wenn Du in meiner Abwesenheit meiner Wohnung nicht mehr die Ehre Deines rothaarigen Besuches erweist. Sonst könnte es geschehen, daß ich mit einer der von Dir auf meine Kosten ausgesoffenen Bierflaschen Dir Deinen 53jährigen Schädel einschlage. –

BUNAKOW:
Aber Genosse Kommissar, wer wird denn keinen Spaß verstehen. Es war doch nur ein Spaß, ein Späßchen, das ich mir mit der Genossin Marusja erlaubte.

MARUSJA:
Nimm meinen Namen nicht mehr in Deinen Mund. Mein Name, den mir Vater Semion gab, ist ein heiliger Name.

BUNAKOW:
Heiliger Name – sie hat einen heiligen Namen – ja gibt es denn das auch: heilige Namen? – (er hat den ganzen Abend nebenbei immer getrunken und ist jetzt schon ziemlich betrunken) Ich heiße Wassilij Stepanowitsch Bunakow, und so gut, wie es die heiligen Stefan, Wladimir, Pawel gibt, so gut gibt es auch einen heiligen Wassilij. Hier steht der heilige Wassilij, in Ehren ergrauter ehemaliger Kunsttischler der kaiserlichen Hoftischlerei vor Euch. Senkt die Knie und fallet nieder in Anbetung.

AFANASIEW:
Nimm ihm doch die Flasche weg, Rjurik. Er ist ja schon wieder stinkbesoffen.

BUNAKOW:
Ich besoffen? O pfui, pfui, pfui. Trunken bin ich, trunken des heiligen Geistes. Im Anfang war das Wort. Das Wort war der Anfang. Nunmehr heißt es: Fortschreiten. Weitergehen! Nicht stehen bleiben! Wer stehen bleibt, wird erschossen! Es ist der heilige Geist des Geistes, der aus mir spricht, singt, tönt, zwitschert, bellt. Wau wau wau wau.

RJURIK:
Man muß ihn die Treppe herunterschmeißen. Ich bin der Gastgeber. Tu Du's, Nikolaj.

AFANASIEW:
(packt ihn am Rockkragen) Komm, Genosse Kunsttischler. Du mußt jetzt gehen. Zu Hause wartet Deine Frau, sie wird Dich schön vermöbeln.

BUNAKOW:
Darauf kommt es an: Daß Sinn und Sein, Wort und Werk, Tat und Traum unauflöslisch, unentkettbar eines sind. Ich bin trunken des guten Wodka. O wie süß ist es, ihn zu trinken. Ich trinke aus Freude und Leid. Wenn ich friere, wenn ich schwitze, bei Kälte, bei Hitze. Aus Liebeskummer, aus Liebeswonne. Wodka ist gut gegen die Gicht. Wer Steine in der Blase hat, saufe Wodka. Wer süßen Atem haben will, saufe Wodka! Und verrichte ich nicht ein patriotisches staatsdienliches Werk, seitdem das Volk, wie früher der Zar, das Schnapsmonopol in seine Hände genommen hat? Ist das nicht ein Fortschritt. Wir schreiten fort.

RJURIK:
Ja bitte, schreite fort. Schreite sofort fort. Fort. Hinaus.

BUNAKOW:
Ich bitte um die Erlaubnis, von unserer kleinen Heiligen mich mit einem frommen Spruch verabschieden zu dürfen. Prediger Salomonis Kapitel 3, Vers 13: Denn ein jeglicher Mensch, der isset und trinket und hat guten Mut in seiner Arbeit, das ist eine Gabe Gottes ... Darum, wer den 40%igen Staatsmonopolwodka sauft, erfüllt zugleich zu 40% Gottes unerforschlichen Willen, Amen. (ab)

MARUSJA:
Auf Wiedersehen, Nikolaj. Vergiß nicht, wenn Du wiederkommst, daß Du mir etwas mitbringen wolltest von Deiner toten Schwester. (Afanasiew ab. Rjurik geht auf und ab)

RJURIK:
Es ist verdammt kalt. Frierst Du nicht?

MARUSJA:
Am Sinsee war es noch viel kälter. Dort habe ich nie gefroren. Hier friert es mich immer. Was für eine Stadt! Was für Menschen! Keine Gesichter: nur gekalkte Wände. Wenn man hier im Zimmer zu laut schreit, bröckelt Kalk von der Wand. Wenn man den Menschen zu laut die Wahrheit sagt, bröckeln ihre Gesichter ab.

RJURIK:
Gefällt Dir die Stadt nicht? Eine Stadt! Sechsstöckige Häuser! Straßenbahnen! Automobile! Menschen! Nach dieser furchtbaren Einsamkeit am Sinsee: Menschen! Nicht einer, zwei! Tausend, abertausende! Mich beglückt der Anblick der marschierenden Jungsturmbataillone. Menschen, Kämpfer, strahlend auf dem Marsch ins Paradies der Zukunft. Die Sonne selbst schwingt über ihren Häupten als rote Fahne. Oh und dann die Sitzungen im Kommissariat. Streng, nüchtern, sachlich wird hier am Aufbau einer neuen Welt gearbeitet.

MARUSJA:
Die Welt der Wölfe, Füchse, Eichhörnchen, Nachtigallen, die Welt der Steppen und des Sinsees hat mir so, wie sie war, gefallen und so war sie recht.
RJURIK:
Und Deine heiligen Brüder, die Skopzen? Natur schuf den Mann zum Mann, das Weib zum Weib. Den Kastraten schuf sie nicht. Den hat erst der Mensch geschaffen, der unsinnig Widersinnige.
MARUSJA:
Gott ist dem ehrwürdigen Vater Semion erschienen und hat ihm verkündet, daß sie in die Einsamkeit gehen sollen, fort von den Menschen, fort von ihren Begierden, um nicht in Versuchung zu fallen, und den himmlischen Leib desto vollkommener zu gewinnen.
RJURIK:
Der wahre Heilige ist der, der bei vollkommenstem Leibe widersteht.
MARUSJA:
Ich will eine Heilige werden bei vollkommenem Leibe. Ich werde nie einem Mann gehören. Ich werde ewig eine Jungfrau bleiben.
RJURIK:
(ärgerlich) Weißt Du, daß das ein Schimpfwort ist in unseren Tagen: Jungfrau? Früher riefen die Gassenjungen den Mädchen, wenn sie sie beschimpfen wollten, Hure nach. Heute ist Hure eine zärtliche Liebkosung, aber Jungfrau, das ist ein ganz gemeines Schimpfwort. Willst Du Dich noch lange von mir Jungfrau schimpfen lassen?
MARUSJA:
Noch lange. Immer. Ewig. Ich werde ewig eine Jungfrau bleiben, wie die Jungfrau Maria, (ganz leise) denn ich bin erkoren, den neuen Heiland zu gebären.
RJURIK:
Marusja! Mädchen! Du redest irre! Komm' doch zu Dir! Komm' zu mir! Sieh, ich könnte Dich mit Gewalt nehmen und niemand würde Dich schützen –
MARUSJA:
Doch. Der Geist Semions. Er fliegt nachts um mich wie eine Fledermaus. Ich höre sein sanftes Surren.
RJURIK:
Warum zum Teufel habe ich Dich am Sinsee nicht gleich ins Moos geworfen. Wär' besser für Dich und mich gewesen. Aber ich habe mich von Dir beschwätzen lassen. Ich, der Kommissar Rjurik, läßt sich von einem halbwüchsigen, halbnärrischen Tartaren- oder Lappenmädchen übers Ohr hauen, übern Löffel barbieren: Es ist, um an der Wand hoch zu gehen. Aber jetzt will ich mit dem Kopf durch die Wand. Und wenn die Wand dabei einstürzt. Und wenn die Wand uns unter sich begräbt. (macht sich zum Gehen fertig)

MARUSJA:
Rjurik – Rjurik? – Willst Du mich verlassen?

RJURIK:
Ich bin verlassen – von Gott, von aller Welt, von meinem Verstand. Er ist mir davongelaufen. Jetzt muß ich hinter ihm her und ihn wieder haben. Die Erde dreht sich doch um die Sonne, wie? Die Sonne geht im Osten auf, im Westen unter, wie? Im Frühling ist Frühling und im Herbst ist Herbst, wie? Ich bin ein Mann und Du bist ein Weib, wie? Du hast mich verhext, Hexe. Du hast mir Deinen Speichel ins Essen gemischt. Du hast den Apfel, den ich aß, wie Adam Evas Apfel aß, in Deiner Achselhöhle getragen. Nein, nein, – Du bist kein Mensch, Du bist ein Phantom, ein Spiegelbild, ein wüster Traum. Ein Dreck bist Du, damit Du's weißt: ein Stück Dreck wie ich. Du gehörst zu mir, ein Dreck gehört zu Dreck. Ich will mein Recht. Habe ich Dich nicht vor dem Ehekommissar regelrecht und gesetzlich geheiratet, wie?

MARUSJA:
Aber Du hast es doch nur getan, damit ich vor den anderen sicher wäre.

RJURIK:
Vor denen bist Du auch sicher – aber nicht vor mir. Ich, Rjurik, bin Dein Tauber, mein Täubchen, vor Recht und Gesetz. Aber ich werde zum Geier werden, zum Raubvogel, der Dir Deine zarte, weiße Brust aufhackt.

MARUSJA:
Rjurik, bin ich nicht Deine Schwester – und bist Du nicht mein Bruder, wie die frommen Brüder meine Brüder waren.

RJURIK:
In die Hölle mit Deinen frommen Brüdern, den lauwarmen, damit sie endlich Hitze bekommen. Aber ich bin heiß, heiß, heiß von selbst. Ich brenne, wie die Erde brennt. Wie eine lebende Fackel brennt Rjurik. Seine Flamme schlägt bis untern Himmel und wird den kalten Mond noch zum Glühen bringen. Du Marusja, bist der kalte Mond. Du leuchtest, aber Du wärmst nicht. Du strahlst, aber Du glühst nicht. So glühe, glühe, glühe doch: und verbrenne mich, daß ich nur noch Asche bin.

MARUSJA:
Du hast ja Schweiß auf der Stirn. Du fieberst ja, Rjurik. Lieber Rjurik, ich kann Dir ja nicht geben, wonach Dich verlangt. Ich sehe Dich leiden, Rjurik, und ich leide mit Dir. Aber wie dürfte ich Gott untreu werden? Weil so viele Menschen Gott untreu werden, darum sieht es so furchtbar auf der Erde aus. Ich kann in Deiner Brust nicht Wurzel schlagen. Ich würde welken.

RJURIK:
Ich kann so nicht weiter leben. Ich gehe jetzt zum Ehekommissar und hole mir mein Recht. (ab)

MARUSJA:
(flehend) Rjurik! Liebster!

RJURIK:
(von draußen) Der Teufel mag Dein Liebster sein, er wird von Dir, Engel, noch teuflischer werden.

MARUSJA:
(läuft erst zur Tür, dann zum zerbrochenen Fenster, dann mit dem Licht, das in einer Bierflasche steckt, zur Wand, wo ein billiger Öldruck der Muttergottes hängt, ganz zerfetzt. Ein Messer, das durch die Brust der Madonna geht, nagelt ihn an der Wand fest) Mutter Gottes! Gottesmutter! Weiße Lilie! Brich nicht! Weiße Taube Du, Wunderschöne, aller Wunder schöne Taube: entflattere nicht! Sieh', ich bin ein armes Menschenkind, armes Gotteskind! Du hast einst Jesum geboren, jungfräuliche Mutter! Ich bin Deine Schwester, Maria. Ich, Marusja, bin Deine Schwester. O du Quelle des Lichtes, erleuchte meine Seele. Oh suche mein Herz heim, daß ich nach Gottes Willen den neuen Heiland gebäre. Oh Maria, Makellose, bitt' für uns, heilige Maria, bitt' für uns, geheimnisvolle Rose. Oh, Maria, bitt' für uns. Maria hilf! Maria hilf! Maria hilf!

(Die Tür ist aufgegangen und Afanasiew tritt schüchtern ein, in der Hand eine Puppe)

AFANASIEW:
(sie suchend) Marusja – Marusja –.

MARUSJA:
(nach einer Pause) Oh wie lieb von Dir, Nikolaj! Ich danke Dir tausendmal! Die Puppe Deiner toten Schwester – oh wie schön sie ist – wie wunderschön – wie ein kleines Kind.

AFANASIEW:
Am rechten Arm fehlt die Hand und auch das eine Bein ist weggebrochen.

MARUSJA:
Ich habe die Puppe lieb, auch wenn sie ein gebrochenes Bein und keine rechte Hand mehr hat.

AFANASIEW:
Auch wenn sie ein gebrochenes Herz hat?

MARUSJA:
Auch dann. –

AFANASIEW:
(senkt den Kopf)

MARUSJA:
Du bist ein guter Mensch. Ich kenne Dich. Ich habe Dir oft in die Augen gesehen.

AFANASIEW:
(verbirgt das Haupt in den Händen)

MARUSJA:
Du weinst? Nikolaj, warum weinst Du? Warum weinst Du, Nikolaj?

AFANASIEW:
Weil ich Sie liebe, Genossin Marusja.

MARUSJA:
Du liebst mich? Ja das ist doch etwas Schönes, wenn ein Mensch den anderen liebt. Da braucht man doch nicht zu weinen. Ich liebe Dich ja auch, Nikolaj.

AFANASIEW:
Oh, Genossin Marusja, das ist eine andere Liebe, mit der ich Sie liebe. Ich liebe Sie, wie ein Mann ein Weib liebt.

MARUSJA:
Was ist das für eine Liebe?

AFANASIEW:
Ich habe ein Gedicht auf meine Liebe gemacht:

> Wer nannte die Liebe Liebe?
> Wer gab ihr diesen Sondernamen?
> Da sie doch heißen müßte:
> Tränenglück, Schmerzensfreude, Unseligkeit.
>
> Ohne Wurzel treiben die Wasserlinsen auf dem Wasser
> Hin und Her.
> So treibe ich haltlos
> Im Strome der Leidenschaft.

MARUSJA:
Wenn Du mich so liebst, willst Du mir helfen –

AFANASIEW:
Ich will alles tun, was Sie verlangen, Marusja.

MARUSJA:
So komm, laß uns fliehen.

AFANASIEW:
Flieh'n?

MARUSJA:
Fliehen –

AFANASIEW:
Fliehen, wovor?

MARUSJA:
Vor Rjurik ... vor der Welt ... vor dieser Welt –

AFANASIEW:
Wohin?

MARUSJA:
Zum Rand der Welt – in die Steppe zu den Wölfen, Füchsen, Eichhörnchen, Nachtigallen, zu den frommen Brüdern, von wo ich kam. Dort, wo jedes Wesen das ist, was es scheint und scheint, was es ist. Dort, wo es keine Lüge

gibt. Wo nicht das Schaf sich einen Wolfspelz und der Wolf sich einen
Schafspelz umhängt. Wo der Fuchs Fuchs ist und der Wolf Wolf.

AFANASIEW:
Sie haben mir erzählt, Marusja, vom Kloster am Sinsee. Es liegen hunderte
von Meilen zwischen uns und ihm: Frost, Sumpf, Steppen, die streifenden
Kolonnen der Weißgardisten.

MARUSJA:
Hast Du Angst? Bist Du feige? Fürchtest Du die Luft? Die Sonne? Die
Sterne? Die Wölfe? Die Menschen?

AFANASIEW:
Können Sie reiten, Marusja?

MARUSJA:
Auf ungesatteltem Pferde. Wir dürfen keine Zeit verlieren. – Nikolaj, mein
kleiner Erzengel, komm! (Marusja nimmt die Puppe und nimmt Afanasiew bei der
Hand. Sie bläst das Licht aus. Beide rechts ab. Ein paar Sekunden bleibt das Zimmer leer
und dunkel. Dann Gepolter auf der Treppe. Rjurik reißt die Tür im Hintergrund auf)

RJURIK:
Zum Teufel, es ist ja ganz finster. – Niemand hier. (zündet ein Streichholz an,
dann mit dem Streichholz die Kerze in der Bierflasche) Marusja – Marusja. Es war
doch alles halb so schlimm gemeint, Marusja. Ich war ja garnicht beim
Kommissar. Ich habe doch nur Spaß gemacht. Sei mir nicht böse, Marusja,
Marusja. (pfeift, macht den Vogelruf der Ammer nach, wie Marusja im ersten Akt, stürzt
dann nach links ab. Verstört zurück, aber noch gehalten) Sie ist wohl nur ausgegangen.
Sie geht manchmal mit dem Burschen Nikolaj Afanasiew spazieren, einem reizenden Jungen. Kopf hoch, Rjurik, Du bist doch ein Held. Um eines
Weibes willen läßt man den Kopf nicht hängen – wenigstens den eigenen
nicht. (Er zündet sich an der Kerze eine Zigarette an. Nach einer Pause) Marusja ...
kommt ... nicht ... wieder. Sie ... kommt ... nicht ... wieder ... (Fällt der
Länge nach zu Boden)

(Vorhang)

Dritter Akt.

(Rotgardistenlager. Zelte. Links Hügel. Rechts im Hintergrund der Sinsee, und die Silhouette des Skopzenklosters. Es ist noch ganz früh am Morgen. Wind über der Ebene. Beim
Aufgehen des Vorhanges sieht man nur die zwei Toten im fahlen Mondlicht aufeinander
zugehen)

ERSTER TOTER:
Wie heißt Du?

ZWEITER TOTER:
Namenlos – Du?

ERSTER TOTER:
Irgendwer.
ZWEITER TOTER:
Dein Vater?
ERSTER TOTER:
Niemand.
ZWEITER TOTER:
Deine Mutter?
ERSTER TOTER:
Ein Weib.
ZWEITER TOTER:
Genosse.
ERSTER TOTER:
Bruder.
ZWEITER TOTER:
Rotgardist?
ERSTER TOTER:
Weißgardist!
ZWEITER TOTER:
Getrennt marschiert.
ERSTER TOTER:
Vereint gestorben.
(lachen hölzern)
ZWEITER TOTER:
Erkenne Dich wieder. – Dank Dir, daß Du mir das Bajonett in die Rippen stießest.
ERSTER TOTER:
Erkenne Dich wieder. – Dank Dir, daß Du mir eine Kugel ins Hirn jagtest.
ERSTER TOTER:
Hassest den Tod?
ZWEITER TOTER:
Das Leben.
ERSTER TOTER:
Möchtest zurück?
ZWEITER TOTER:
Nicht ums Verrecken. Bin froh, daß ich keinen Hunger mehr habe. Es war immer ein fatales Gefühl zwischen den Rippen.
ERSTER TOTER:
Bin froh, daß ich nicht mehr denken muß. Mein Kopf ist leer wie eine

Trommel. Wind und Mond diskutieren hinter meinen Augenhöhlen. Der Mond brennt wie eine Kerze in meinem Schädel. Der Wind will sie auspusten. Konversation!

ZWEITER TOTER:
So ein leichter, luftiger Schädel: eine Annehmlichkeit. Er schwebt auf einem wie ein Kinderballon. Das Gehirn hat uns hernieder in den Dreck gezogen. Seit wir es verloren haben, sind wir erst so recht glücklich. Tot sein heißt nicht mehr denken brauchen.

ERSTER TOTER:
Was war Dein Beruf?

ZWEITER TOTER:
Flieger. Von oben machte sich die Erde nicht besser, als von hier unten. Eine ausgekochte Lazarettpflaume. Dörrobst.

ERSTER TOTER:
Aber Du warst der Sonne näher.

ZWEITER TOTER:
Und den Wolken.

ERSTER TOTER:
Umfaßtest Millionen mit einem Blick.

ZWEITER TOTER:
Liebend – gramvoll gepeinigt – ich sah Millionen zuckende Herzen, von einem Polypen umkrallt.

ERSTER TOTER:
Es wird Frühling – toter Bruder – riechst Du's?

ZWEITER TOTER:
Veilchen.

ERSTER TOTER:
Und Blut – die Frühlingsoffensive der Weißen gegen die Roten beginnt wieder.

ZWEITER TOTER:
Weiß gegen Rot, Rot gegen Weiß; Mensch gegen Mensch. Frühling, Sommer, Herbst und Winter. Sie spüren es nicht – nur wir Toten –. Sie kennen nur noch eine Jahreszeit: die des Hasses. Immer ist die Sonne von Granatennebel umdunkelt. Immer ist die Erde aufgerissen von Schützengräben – immer atmen sie Gas und Pulverrauch statt Thymian und Linde.

ZWEITER TOTER:
Still.

ERSTER TOTER:
Was ist?

ZWEITER TOTER:
Der Mond steht schon hoch. Die Morgenröte steigt herauf. Bald kräht der erste Hahn, wir müssen schlafen gehen.

ERSTER TOTER:
Das Leben erwacht, um zu sterben – (salutieren hölzern, beide ab. Morgenröte. In der Ferne Ruf und Gegenruf sich begegnender Posten. Vogelgezwitscher. Ein alter Soldat tritt auf, mit einem Pelz, den er ausbürstet. Er hört auf die Vogelstimmen und macht sie nach)

ALTER:
Das Leben erwacht, um zu sterben –

(Von rechts treten auf der Lahme und der Blinde, singend)

<DER LAHME UND DER BLINDE:>
Freut Euch des Lebens,
Freut Euch des Sterbens,
Sterben heißt Leben,
Und Leben heißt –

ALTER:
Guten Morgen, Einbein,
Guten Morgen, Blinder.

LAHMER:
Na, Alterchen, hörst Du noch immer auf den Ruf der Vögel?

ALTER:
Geht doch ins Grab, wo Ihr längst hingehört. Stinkt ja schon. Verpestet uns die gute Morgenluft.

LAHMER:
Ich hoffe, Dich bald von meiner Gegenwart zu befreien. Unser Lazarett soll dieser Tage nach Archangelsk abtransportiert werden.

ALTER:
(lachend) Glaubst Du's? Die nächste Eisenbahn ist 150 km von hier. Wie kommt Ihr dahin, he?

LAHMER:
Du bist ein Schwarzseher! Unser Herz ist so voll Hoffnung, wie unser Pelz voller Läuse, wie diese Weide voller Kätzchen. Komm, Blinder, wir wollen tanzen. Väterchen, Großväterchen, Urgroßväterchen.
Wo hast Du Deine Mundharmonika? Spiel uns zum Tanz auf.

(Alter setzt sich hin und spielt)

ALTER:
Gern, Ihr Narren.

(Blinder und Lahmer tanzen)

LAHMER:
Mehr Schwung, mehr Schwung (brüllt)

BLINDER:
Hopsasa, hopsasa – Wozu ist denn das Leben da?
LAHMER:
(stampft mit dem Holzbein auf) Rhythmus, Rhythmus – ich war früher Holzhacker – da kriegt man Rhythmus in die Glieder – Holzhacken ... das ist Musik.
BLINDER:
Ich hab' es viel lieber, wenn man leiser tanzt. (tanzt für sich allein) n tata, n tata –
(stößt an den Alten) Hoppla. –
ALTER:
Du solltest Dich mal sehen, wie Du so herumhopst.
BLINDER:
Sag mal, was siehst Du heute?
ALTER:
Ich sehe Bäume, Menschen – einen Blinden, einen Lahmen, einen alten Narren. Ich sehe die Steppe, den Himmel – –
BLINDER:
Ich meine, – ist heute ein schöner Tag ...?
Ich rieche die Sonne bis hieher ... sie muß ganz Gold sein – – Gib mir doch etwas Sonne in die Hand ... daß ich die Hand in der Sonne habe. Weißt Du, – weil ich blind bin, – sehe ich mit den Händen, liebe Sonne, – – liebe Sonne – – –
(geht in die Sonne hinein, Lahmer humpelt hinter ihm her)
LAHMER:
Komm, Bruder. (Beide ab)
RJURIK:
(aus dem Zelt) Guten Morgen, Alter!
ALTER:
Guten Morgen, Genosse Kommandant! – Wie geht's?
RJURIK:
Schlecht! – Schlechte Zeiten, schlechte Träume ... ich war einsam, allein auch im Traum. Unendlich einsam und allein – kein Mensch mehr auf der Welt – nur ich – die Erde verwüstet – keine Städte – Dörfer – Wälder – Obstbäume – Kathedralen mehr – nur Granatlöcher und Schützengräben – tausende von Schützengräben – einen hinter dem andern – immer dichter, immer dichter – wie Ringe eines Mondkraters – kein Soldat mehr in ihnen – nur leere Uniformen mit Stöcken und Gewehren wie Vogelscheuchen aufgeputzt. Die Artillerie: nur alte Ofenröhren, auf Bauernkarren gelegt. Die Kanoniere, spaßige Gespenster mit schlotternden Ärmeln im Winde wehend. Kein Spatz fürchtete sich mehr vor ihnen. In ihren Helmen, die kopflos wa-

ren, nisteten die Meisen. Ich schritt von der Front in die Etappe, von der Etappe dachte ich in die Heimat zu gelangen, ich kam an eine neue Front, dann in eine neue Etappe. Überall diese entsetzlichen Vogelscheuchen. Und ich – unendlich einsam und allein: der einzige Mensch –. (Schweigen) Glaubst Du, daß die Weißgardisten dieselben Menschen sind wie wir?

ALTER:
Wie wir –

RJURIK:
Mit Knochen, Sehnsucht und Geschwüren, Lächeln und Darmkatarrh – wie wir.

ALTER:
Wie wir –

RJURIK:
Sie stehen bis übers Knie im Dreck.

ALTER:
Wie wir.

RJURIK:
Sie haben Läuse im Pelz und Flöhe im Hirn.

ALTER:
Wie wir.

RJURIK:
Sie haben Angst –

ALTER:
Wovor?

RJURIK:
Angst vor der Ewigkeit –

ALTER:
Wie wir.

RJURIK:
Sie kämpfen.

ALTER:
Wie wir.

RJURIK:
Wofür?

ALTER:
Für die weiße Fahne.

RJURIK:
Wir für die rote: weiß, das ist das Leichentuch über der Vergangenheit – rot brennt das Morgenrot der Zukunft!

ALTER:
Wir sind am Ende.
RJURIK:
Unseres Zieles?
ALTER:
Unserer Kräfte.
RJURIK:
Bist Du schon so alt?
ALTER:
„Wie die Nachtigall im Fluge
Flog die Jugend mir vorbei."
Mein Gedächtnis hat in letzter Zeit gelitten – ich gerate zuweilen durcheinander und verwechsele mich mit mir. Manchmal in einsamen Nächten, wenn ein Schuß tönt, wenn der Gebärschrei einer Frau die Dunkelheit zerreißt: weine ich über mich, über mein Vaterland, über die Welt. Möchte heim, wie ein alter Troikagaul in den Stall, zu meinen Büchern. Wieder einmal ein Buch lesen – und wenn's die Bibel wär'
RJURIK:
Humbug – alles Geschriebene und Gedruckte ist Humbug. Das einzig Wahre: Fressen, saufen, huren, töten.
JAKOWLEW:
(der kurz vorher schon aufgetreten ist und zugehört hat) Bravo, Genosse Kommandant! Fressen – saufen und lieben!
RJURIK:
Was ist Liebe? Ein Spaß zu Zwein, bei dem jeder allein ist. Weshalb glaubt Ihr, habe ich mich gerade hierher an diese gottverdammte Sinseefront gemeldet? Weshalb hocke ich hier im Dreck? Fresse kalten Brathering und verschimmeltes Brot und saufe Kohlsuppe und Abspülwasser, Tee genannt – lasse den lieben Gott auf mich regnen und schneien, spiele im Sommer den Molch und im Winter den Schneemann?
JAKOWLEW:
Steckt eine Kanaille, ein Weibstück dahinter?
RJURIK:
Eine Kanaille, ein Stück Weib. Eine Hure. Braunes Haar mit roten Kupferlichtern darüber. Zwei schlanke Beine wie Säulen. Ein strahlendes Auge vom Sirius gerissen. Ein Feigenmund. Habe sie geliebt, wie ich die Mutter Gottes im Himmel lieben würde, wenn ich an sie glaubte. Habe sie angebetet wie eine Heilige – auf Händen getragen –. Da in der Skopzenburg habe ich sie einst aufgestöbert.
JAKOWLEW:
(lacht) Da? Immer das Gleiche. War auch einmal in hiesiger Gegend – vor 17

Jahren – als ich noch dem Zaren diente. Damals war ich noch ein pikfeiner Bursche, très élégant und immer hinter den Weibern her. Hatte damals im Manöver pikantes Erlebnis. Eine Nacht gehörte sie mir – war reizend, amüsant, so im Schilf am Sinsee. Habe das Mädchen später nie wieder gesehen. Vielleicht läuft jetzt gar so ein Sprößling von mir hier in der Gegend herum. Wär' nicht so ohne, seinem Söhnchen oder Töchterchen zu begegnen. Die Weiber sind an allem schuld. Daß wir auf der Welt sind – daß wir so sind, wie wir sind, – daß wir da sind, wo wir sind.

RJURIK:
Soll doch den Lappen, der mich dann zu ihr führte, Blitz und Schwefel treffen. Ich, der bärenstarke Kommandant Rjurik, der sie mit seinen Tatzen hätte erdrücken können, ich habe mir von ihr einen Ring durch die Nase ziehen lassen. Ich habe vor ihr getanzt, wie ein Bär auf dem Jahrmarkt. Die Popen und die Bauern, die sieben frommen Brüder und die dummen Lappen hielten sie für eine – – Heilige. War aber nur eine Scheinheilige.

SOLDAT:
(kommt) Genosse Kommandant, melde gehorsamst, daß eine Kompagnie der Weißen das Kloster der Skopzen besetzt hält.

RJURIK:
Befehl an die Batterie: Einschuß auf den Turm – das Kloster ist umzulegen –.

(Ordonnanz ab. Alter ab. Dumpfe Kanonade. Das Kloster geht in Flammen auf. Rjurik und Jakowlew beobachten die Beschießung durch ihre Gläser)

RJURIK:
Nun ist ihr Oberheiliger, der ehrwürdige Vater Semion, in die Luft geflogen zu seinen himmlischen Heerscharen. Glückliche Himmelfahrt! Genosse Jakowlew: Ich revidiere jetzt Vorposten. Das Kommando geht an Sie über. (ab)

(Rotgardisten beginnen ein Lied zu singen, das Jakowlew, der allein auf der Szene bleibt, mitsummt)

    Es waren einmal zwölf Räuber.
    Eine verwegene Schar:
    Es waren einmal zwölf Räuber.
    Stark wie die Adler, klug wie die Täuber.
    An ihrer Spitze stand,
    Berühmt im ganzen Land,
    Der Hauptmann Kudijar.

    Zwölf Räuber waren's.
    Sie schlugen tot den Tartar.
    Gold und Edelstein bahren's,
    Den Don hinunter fahren's.
    Vorn in des Schiffes Bug.
    Ein Segel ihrem Flug,
    Stand Hauptmann Kudijar.

Und als sie nach Kiew kamen,
Ein schönes Mädchen war.
Zwölf Räuber das Mädchen nahmen
In des Dreiteufels Namen.
Sie war 'ne Hur
Und liebte nur
Den Hauptmann Kudijar.

Zwölf Räuber weh'n im Winde,
Der Mond scheint hell und klar.
Betet für ihre Sünde!
Am höchsten in der Linde
Hängt schon verwest,
Im Schädel ein Krähennest,
Der Hauptmann Kudijar.

(Soldaten eskortieren Afanasiew und Marusja: Marusja steckt in Mannskleidern. Kosackenmütze. Patronengürtel umgehängt. Gewehr. Afanasiew trägt u.a. die Puppe)

ROTGARDIST:
Genosse Hauptmann: Diese beiden Burschen haben wir in der Nähe des Klosters aufgegabelt. Gehören, wie es scheint, zu den Weißen. Wurden mit der Waffe in der Hand getroffen.

MARUSJA:
Dieses Gewehr hat noch keinen Schuß abgegeben. Und es wird auch nie einen abgeben.

JAKOWLEW:
Du trägst das Gewehr wohl zum Spaß.

AFANASIEW:
Er ist unschuldig. Ich allein bin an allem schuld. Haben Sie die Gnade, mich anzuhören.

JAKOWLEW:
Schweig. Wer mit der Waffe in der Hand getroffen wird, wird aufgehängt. (Zu Marusja) Du gefällst mir. Bist ja noch ein halbes Kind, ein ganzes Kind. Such' Dir einen Baum hier in der Gegend, an dem Du gerne hängen möchtest.

AFANASIEW:
(schluchzt)

MARUSJA:
Weine nicht, Nikolaj. Hier steht ein Baum, den ich als Kind schon lieben lernte. Ich saß in seinen Ästen und der Regenpfeifer brütete in meiner Hand. Hängt mich an diese Weide hier.

AFANASIEW:
Ich bitte nur um diese Gnade: Hängt mich neben ihn, daß unsere toten Leiber sich im Wind berühren.

JAKOWLEW:
Ist wohl Dein Beischläfer?
MARUSJA:
Ja, er hat die kalten Nächte bei mir geschlafen und hat mich mit seinem Leib gewärmt.
JAKOWLEW:
Er wird wohl noch etwas anderes getan haben.
MARUSJA:
Ich verstehe Dich nicht.
JAKOWLEW:
Stell' Dich hier nicht dumm. Die sogenannte Freundschaft zwischen Soldat und Soldat, die zusammenschlafen, kennen wir. Übrigens verbitte ich mir, daß Du mich duzest. Ich bin ehemaliger kaiserlicher Gardeoffizier.
AFANASIEW:
Heute nacht hörte ich eine Nachtigall singen. Als ich lauschte, woher der Ruf der Nachtigall zu mir kam, sah ich nur eins: die schwarze Nacht, darin der Mond wie der silberne Säbel eines Henkers hing, bereit, uns zu töten.
MARUSJA:
Ich gehe hinter mir her, wie mein eigener Schatten und werde mich niemals finden.
JAKOWLEW:
Das Standgericht wird zusammentreten, um über Euch Verräter zu befinden.
(Rjurik tritt auf)
JAKOWLEW:
(erstattet Meldung) Genosse Kommandant, melde die Einbringung zweier Weißgardisten, Spione offenbar.
RJURIK:
(tritt auf sie zu, sie heben beide den Kopf, sie weichen voreinander zurück)
JAKOWLEW:
Sie kennen die zwei?
RJURIK:
Ich kenne sie.
MARUSJA:
Rjurik – ich bitte Dich um Vergebung, beim Herzen der Madonna bitte ich Dich um Vergebung. Um Gnade bitte ich Dich, um Gnade für Nikolaj.
RJURIK:
Nikolaj: Ich habe Dich in meinem Haus wie einen Sohn gehalten: Warum hast Du mich verraten? Habe ich Dir nicht nur Gutes erwiesen?
AFANASIEW:
Genosse Rjurik – ich tat, was ich tun mußte. Ich liebe Marusja.

MARUSJA:
Er ist unschuldig. Ich habe ihn verführt, daß er mit mir floh – ich wollte zu den frommen Brüdern zurück, – zurück in die Steppe, die mich geboren, zu den Eichhörnchen, Wölfen, Füchsen, zum purpurnen Mond, zum silbernen Sinsee. Ich wollte zurück zur Erde – zu Gott – zu mir.

RJURIK:
Durchgegangen bist Du, um mit dem da zu huren –

AFANASIEW:
(fährt auf)

RJURIK:
(reißt Marusja die Jacke auf, zu Jakowlew) Dieser Bursche ist ein Weib, eine Hure!
(Jakowlew und die Rotgardisten fahren erstaunt zurück)

MARUSJA:
Rjurik – Du hast mich einmal geliebt.

RJURIK:
(zu den Rotgardisten, auf Nikolaj weisend) Führt den da ab.
(Marusja, Nikolaj stürzen sich in die Arme, um von den Soldaten auseinandergerissen zu werden)

MARUSJA:
Mein guter, guter Nikolaj.

AFANASIEW:
Ich kenne eines, das flüchtiger noch, als der Flug der Wildgans, als fernes Wetterleuchten, als rote Blätter im Herbstwind: mein Leben.
(Er wird von den Soldaten abgeführt. Marusja und Rjurik bleiben allein auf der Bühne)

MARUSJA:
Was werden sie über ihn beschließen? Den Tod –? über ihn – und mich ...
(zurückweichend) Willst Du mich töten? Das ist doch gar nicht möglich. Ich habe gar nichts getan. – Ich habe Angst, ich habe auf einmal Angst – und ich habe doch noch nie Angst gehabt.

RJURIK:
Warum hast Du Angst? Du bist doch unsterblich, wenn meine Erinnerung mich nicht täuscht.

MARUSJA:
Du hast recht – ich bin feige. Und ich darf nicht feige sein. Christus ist am Kreuz gestorben. Wie dürfte ich vor einer Kugel oder einem Strick zittern. Ich bitte Dich um eine Gnade: kreuzige mich! Laß' mich kreuzigen, wie einst Christus gekreuzigt wurde. Denn er war Gottes Sohn und ich bin Gottes Tochter.

RJURIK:
Nun: Gott wird seine Tochter nicht im Stich lassen.

(Jakowlew und eine Anzahl Soldaten zurück)

RJURIK:

Den Burschen, der den Strick verdient hätte, begnadige ich – zur Kugel. Und das Mädchen da – schenke ich Euch nach Kriegsrecht. Ihr könnt mit ihr machen, was Ihr wollt. (Eisiges Schweigen)

MARUSJA:

Ihr seid keine schlechten Menschen – ich vergebe Euch allen – wie Gott mir vergeben möge. – Ich habe Euch gefürchtet – ich fürchte Euch nicht mehr – ich habe mich in der Dunkelheit vor Gespenstern gefürchtet – jetzt fürchte ich mich nicht mehr – es ist heller Tag – Ihr seid ja Menschen. – Ihr seid nur in die Irre gegangen, habt Euch nur verlaufen. Ich würde Euch gern auf den rechten Weg führen – aber ich bin zu schwach, ich bin nur eine Ahnung dessen, der kommen wird im Sausen des Windes, im Beben der Erde. Ihr seid so einsam. Jeder von Euch ist ganz allein. Jeder von Euch läuft in einem feurigen Ring. Du bist so einsam, Rjurik, darum tötest Du. Du tötest. Ich sterbe. Hat jeder sein Schicksal. Ein Jegliches hat seine Zeit und alles unter dem Himmel hat seine Stunde: Geboren werden und sterben, lachen und klagen, singen und seufzen. Seligkeit und Qual. Es hat die Liebe ihre Zeit und der Haß hat seine Zeit. Was geschieht, das ist zuvor geschehen, und was geschehen wird, das ist auch zuvor geschehen. Ihr meine Brüder, ihr meine Mörder, ich opfere mich, damit Gottes Gebot erfüllt werde. Ich schenke mich Euch allen – Dir und Dir und Dir und Dir – Euch schenkt sich Gottes Tochter – nehmt von meinem Leib und esset alle davon –

(mit den Soldaten ab, die fast ehrfürchtig folgen. Rjurik bleibt auf der Bühne. Man hört die Flöte des Lappen To erklingen. Sie kommt näher. Der Lappe To betritt die Szene)

RJURIK:

Was willst Du?

TO:

Habt Ihr nicht ein wenig Wodka für mich? Ein paar Zigaretten? Kennt Ihr mich nicht mehr? Kennt Ihr den Lappen To nicht mehr? Habe ich Euch nicht immer gut bedient? Habe ich Euch damals nicht einen guten Weg gezeigt?

RJURIK:

Du hast mir einen schlechten Weg gezeigt – aber zeig' mir heute einen Weg durch den Sumpf – und sei's der schwerste und lebensgefährlichste.

TO:

Herr, die Weißen lauern auf Euch. In den Sümpfen hocken sie, wie Rebhühner in den Ackerfurchen. Sie haben ein Kopfgeld auf Euch ausgesetzt. Sie haben mir zehn Flaschen Wodka und 1000 Zigaretten versprochen, wenn ich Euch ihnen verrate, hehe. Was machen die frommen Brüder? Ihr glaubt, sie getötet zu haben, aber sie hoppeln noch immer wie weiße Kaninchen über die Steppe. Was macht Marusja, unser liebes Täubchen? Habt Ihr sie bekommen? Hundert Soldaten lieben sie jetzt. Als Letzter wird sie der Lappe To lieben, der sie immer schon geliebt hat. Alle Welt bekommt sie – nur Ihr bekommt sie nicht, hehe. (schnell ab)

RJURIK:
Daß Dich der Geier!

(Von links tritt Marusja auf, mit allen Zeichen des Wahnsinns. Sie ist wieder in Frauenkleidung gekleidet: in schnell zusammengerafften Lumpen. Die Haare hängen ihr in die Stirn. Auf den Armen trägt sie wie ein Kind die ihr von Afanasiew geschenkte Puppe)

MARUSJA:
Sie haben mir Frauenkleider angezogen ... sie waren so höflich ... so zärtlich ... so liebevoll ... meine hundert Liebhaber. O ... hundert Liebhaber hatte ich ... aber nur ein Kind habe ich geboren. (Die Puppe herzend) Mein kleines Jesulein ... mein kleiner Heiland der Welt ... Ich habe einen neuen Gott geboren ... O, was für einen schönen, kleinen Gott ... Du bist ja blind ... kleiner Gott. Sei froh, so kannst Du die Qualen der Welt nicht sehen ... Du bist ja taub, kleiner Gott ... Sei froh, so kannst Du die Schmerzensschreie der Menschen nicht hören ... Du bist ja stumm ... Sei froh, so kannst Du Dein eigenes Elend nicht in die Lüfte stöhnen ... Du hast die rechte Hand verloren – sei froh, so kannst Du mit der Hand nicht schlagen – Du hast die Beine gebrochen – sei froh, so brauchst Du nicht über die Erde zu gehen – Du weinst tränenlos ... Du jubelst freudelos. Kleiner Gott ... Du lebst ja nicht ... sei froh, daß Du nicht lebst ... So brauchst Du nicht zu sterben. (Bricht zusammen)

(Rjurik hat sich über Marusja geworfen)

RJURIK:
Gott, mein Gott – Teufel, mein Teufel. – Was ich tat, war Untat, – mein Werk war Teufelswerk – ich habe die heilige Jungfrau geschändet – ich habe die geheimnisvolle Rose gebrochen, die Pforte des Himmels eingestoßen, den Turm Gottes gestürzt.

(Soldat kommt gelaufen)

SOLDAT:
Genosse Hauptmann – melde gehorsamst – es steigen in der Steppe überall graue Wolken auf –

2. SOLDAT:
Die Wolken steigen lautlos aus dem Boden wie grauer Nebel.

3. SOLDAT:
Wir sind von den Wolken schon ganz umhüllt –

SOLDATEN:
(kommen gelaufen) Feuer! Feuer! Feuer! Die Steppe brennt! Die Erde brennt! Rings um uns brennt die Erde! Wir sind verloren! Die Weißen haben die Steppe angezündet.

RJURIK:
Die Erde brennt. Wie eine lebende Fackel brennt Rjurik. Seine Flamme

schlägt bis untern Himmel. Du, Satan, hast die Erde angezündet, hast Rjurik angezündet. Du hast uns die Erde zur Hölle gemacht. – Steh' mir zum Kampf, damit ich Dich zerschmettere. – Achtung – das Regiment hört beim Marsch in die Hölle auf meinen Befehl! Senkt das Bajonett! Vorwärts! Marsch!

(Stürzt mit den Soldaten rechts ab. Die Leiche Marusja's bleibt im Widerschein des Steppenbrandes eine Weile allein auf der Bühne. Dann läßt der Brand nach. Das Rot verlöscht langsam und geht in ein immer strahlenderes Blau über)

(Von links treten auf Semion und die 7 frommen Brüder)

SEMION:

(an der Leiche Marusja's) Marusja – Du Gottesgebärerin – Gott ist in Deinem Leibe gestorben – ehe Du ihn gebären konntest. (Niederknieend, ihr über die Stirn streichend) Du Jungfrau aller Jungfrauen. Du leiser Duft der weißen Rose. Du Gotteskind, geh' ein ins ewige Morgenrot. (erhebt sich) Die Erde brennt – die Steppe brennt – schon hat das Feuer auf den Sumpf übergegriffen – schon hüpft es wie Elmslichter auf dem Sinsee. Der ganze See ist flüssiges Blei. Wir kamen von Westen, vor dem Feuer flüchtend und zogen nach Osten – wir kamen von Osten und ziehen nach Norden, immer weiter nach Norden, in den Schnee, in den ewigen Schnee, in die Eis-, in die Polarwüste. Der Schnee wird das Feuer ersticken. An den blauen Eisblöcken wird die Flamme vergeblich lecken. Am Nordpol werden wir unser Kloster errichten; aus Eisblöcken werden wir unsere Kapelle erbauen. Um Dich aber, Marusja, Jungfrau süßeste, wird ein Eisblock gefrieren und immer wird Dein heiliges Lächeln durch die Eiswand leuchten.

Du warst des Himmels Süßigkeit,
Du warst des Himmels Innigkeit,
Du Makellose,
Du Lilienrose.

(Die anderen Brüder fallen singend im Stil der Liturgie ein, während sie den Leichnam Marusjas auf die Schultern heben:)

Dir singen Lob die Cherubin,
Dir singen Preis die Seraphin,
Salve, salve, regina.

(Ab)

(Vorhang)

XYZ

Spiel zu Dreien in drei Aufzügen

Um die Pointe des ersten und zweiten Aktes nicht zu zerstören, werden die Theaterdirektoren gebeten, die Namen der Mitspielenden nicht wie üblich neben die Figuren zu setzen, sondern in alphabetischer Reihenfolge darunter. Der Theaterzettel soll also so aussehen:

Vorstellung des Burgtheaters

Samstag, den 24. September 1927

X Y Z

Spiel zu Dreien in drei Akten von

Klabund

Figuren:

X

Y

Z

Ein Diener

Es spielen:

Carola Neher – Raoul Aslan – Josef Moser – Otto Treßler

Zeit: Heute.

Regie: Hans Brahm.

Bühnenbilder: Remigius Geyling.

Erster Aufzug

(Man hört Klavierspiel: die kleine Nachtmusik von Mozart. Wenn der Vorhang aufgeht, zeigt er die Halle des Schlosses derer von Y. Im Hintergrund führt eine breite Glastür in den Garten. Vorherbst. Die Bäume draußen brennen in dunkelroten und hellbraunen Farben. Komtesse Henriette von Y sitzt am Klavier, bricht disharmonisch ab, wirft den Klavierdeckel zu, geht, steht, die Hände an den Türpfosten, mit dem Rücken gegen das Publikum, an der geöffneten Tür. Ein sehr alter Diener kommt und deckt den Frühstückstisch)

Y:
Wie früh es dieses Jahr Herbst wird –

DIENER:
Es wird dieses Jahr sehr früh Herbst –

Y:
Voriges Jahr wurde es viel später Herbst. Da blühten um diese Zeit noch die letzten Rosen –

DIENER:
Gnädigste Komtesse müssen sich dieses Jahr mit den ersten Georginen begnügen – (ordnet Georginen in einer Vase)

Y:
Wirf die Georginen zum Fenster hinaus. Ich mag sie nicht. Georginen sind etwas für alte Jungfern. So alt bin ich schließlich doch noch nicht –

DIENER:
Gnädigste Komteß sind die Jugend in eigener Person –

Y:
(dreht sich mit einem Ruck um) Wie alt bin ich, Tom? Es geht die Sage, daß du mich auf den Knien gewiegt hast. Wie alt bin ich also? Du mußt es wissen.

DIENER:
Neunzehn Jahre akkurat, gnädigste Komteß –

Y:
Neunzehn Jahre? Du schwindelst ja, Tom. Bist du schon so alt, daß du das Gedächtnis verloren hast? Achtzehn Jahre bin ich alt und keinen Tag älter. Wenn du noch einmal neunzehn sagst, kratz' ich dir die Augen aus.

DIENER:
Ich bitte tausendmal um Verzeihung –

Y:
(geht zum Kamin. Auf dem Kamin eine als Lautsprecher eingerichtete Buddhastatue)
Schließ die Tür – und leg' einige Scheite in den Kamin – achtzehn Jahre bin ich alt – und ich fröstle – so kalt – so muffig ist es hier – wie in einem Antiquitätenladen –

DIENER:
Aber gnädigste Komteß – (legt Scheite in den Kamin)

Y:

(im Lehnstuhl am Kamin) Hat es telephoniert?

DIENER:

Es hat nicht telephoniert –

Y:

Keine Post gekommen –?

DIENER:

Keine –

Y:

Papa und Mama scheinen in Wien wichtigere Dinge zu tun zu haben, als sich der von ihnen leichtfertig in die Welt gesetzten Sprößlinge zu erinnern –

DIENER:

Gnädigste Komteß gehen zu weit, wenn Sie sich als Sprößling zu bezeichnen belieben –

Y:

Ich meine nicht nur mich, sondern auch die beiden Rangen da oben, das naseweise Zwillingspaar, meine gräflichen Brüder – Wo stecken sie?

DIENER:

Die beiden jungen Herren sind ausgeritten, nicht ohne allerdings zuvor eine chinesische Vase zertrümmert zu haben.

Y:

Welche Vase? Die blauglasierte aus der Tangzeit, die Papa so abgöttisch liebt?

DIENER:

Ebendieselbe!

Y:

Um Gottes willen! –

DIENER:

Das hab' ich den jungen Herren auch gesagt. Aber sie meinten, der Vase schade das nichts. Sie wäre sowieso gefälscht, und der gnädigste Herr Graf hätte sie sich von einem Berliner Kunsthändler als echt anhängen lassen. Der Herr Graf – gnädigste Komteß verzeihen, ich rekapituliere nur – der Herr Graf verstünden von chinesischen Vasen noch weniger als von seinem eigenen landwirtschaftlichen Mist.

Y:

Wie alt sind die beiden jungen Herren?

DIENER:

Zusammen achtundzwanzig.

Y:

Dividiert durch zwei macht pro Stück vierzehn –

334

DIENER:
Es wächst eine neue Jugend herauf, gnädigste Komteß, eine Jugend, über die mich alten Mann manchmal das Staunen ergreift.
Y:
Sie staunt über sich selbst, lieber Tom. Das ist vielleicht ihr liebenswürdigster Zug.
DIENER:
Liebenswürdig scheint sie mir im großen ganzen nicht, gnädigste Komteß. Zum Beispiel war es mein Kopf, der zur Zertrümmerung der chinesischen Vase herhalten mußte.
Y:
Armer Tom, sie haben dir die Vase an den Kopf geworfen?
DIENER:
So ist es –
Y:
Und warum?
DIENER:
Weil ich mir gestattete, das Bibelwort zu zitieren: Vor einem grauen Haupte sollst du Ehrfurcht haben –
Y:
(zeigt ein Buch) Kennst du dieses Buch?
DIENER:
Jawohl. Es ging den gleichen Weg wie die chinesische Vase.
Y:
Es ist ein schweres Buch.
DIENER:
Das habe ich gemerkt.
Y:
Es ist ein heiliges Buch, wie die Bibel.
DIENER:
Dann bin ich beruhigt.
Y:
Es sind die Reden Gotama Buddhos.
DIENER:
Sind sie so amüsant wie die Reden des Herrn Grafen beim Jagdfrühstück?
Y:
Rede keinen Unsinn, Tom. Buddha, das war so was Ähnliches wie ein Gott. Da oben steht seine Büste –
DIENER:
Der Lautsprecher –

Y:
Ja. Papa hat den alten Gott zu einem Lautsprecher umarbeiten lassen. Er sagt, Buddhastatuen wären nicht mehr modern. Aber so als Lautsprecher mache Buddha noch eine ganz gute Figur.

DIENER:
Zweifellos. Der alte Gott, wie Komteß die Büste zu titulieren belieben, hat eine klare, deutliche Aussprache –

Y:
Was wären wir ohne ihn in der Einöde! Er vermittelt uns einen Hauch von der großen Welt draußen. London, Paris, Rom, Wien, Zürich, Berlin, alle Weltteile, alle Sprachen sprechen durch seinen Mund zu uns. Stell' ihn doch einmal an. Wir wollen hören, was er heute zu sagen hat.

DIENER:
(stellt ein)

LAUTSPRECHER:
Achtung! Achtung! Achtung! Hier ist Königswusterhausen auf Welle eintausenddreihundertundacht. Privatdozent Doktor von Krause setzt seinen Vortrag über Gotama Buddho fort –

Y:
Der Gott spricht über sich selbst – lauschen wir ihm!

LAUTSPRECHER:
Meine verehrten Damen und Herren! Die Weise guter Menschen will ich euch zeigen und die Weise schlechter Menschen! Das höret und achtet wohl auf meine Rede. Was ist nun die Weise schlechter Menschen? Da ist ein schlechter Mensch aus einem vornehmen Hause hinausgezogen, der gedenkt bei sich: Ich bin freilich aus einem vornehmen Hause hinausgezogen, diese andern Leute aber sind es nicht. Um seiner vornehmen Abkunft willen brüstet er sich und verachtet die andern. Das ist die Weise schlechter Menschen. Ein guter Mensch aber gedenkt bei sich: nicht doch um einer vornehmen Abkunft willen kann man begehrliche Eigenschaften verlieren, kann man eitle Eigenschaften verlieren. Wenn auch einer nicht aus einem vornehmen Hause hinausgezogen ist und er wandelt der Lehre gemäß auf dem geraden Wege, so ist er darum doch hoch zu ehren, hoch zu preisen. – Also spricht der Erhabene –

Y:
Was sagst du dazu, Tom?

DIENER:
Der alte Herr, wenn ich ihn recht verstanden habe, scheinen gegen den Kastengeist der oberen Klassen zu protestieren, scheinen eine Art Sozialdemokrat. Nur gut, daß der Herr Graf ihn nicht gehört haben, sonst ginge er noch heute den Weg der chinesischen Vase –

Y:
Der alte Herr hat recht, er hat bestimmt recht –

DIENER:
Gnädigste Komtesse haben immer für depravierte und desolate Existenzen eine unstandesgemäße Vorliebe an den Tag gelegt –

Y:
Stell' den Gott ab. Ich möchte jetzt in Ruhe standesgemäß frühstücken. (Diener tut es) Ich unterhalte mich sehr gern mit dir, Tom.
(Y frühstückt. Diener bedient sie)

DIENER:
Sehr schmeichelhaft für mich, gnädigste Komteß.

Y:
Du bist ein gebildeter Mensch, Tom. Du kannst zuhören. Du läßt mich reden, reden, reden – es sind nicht Buddhas Reden und nicht des Herrn Grafen Reden beim Jagdfrühstück – aber ich höre mich gern reden. Es ist so unterhaltend, sich zuzuhören. Doktor Posaulke behauptet immer, ich sei ein egozentrischer Mensch, wie ihm noch keiner vorgekommen. Findest du das auch, Tom?

DIENER:
Ist's was Gutes, so glaube ich es bestimmt, denn gnädigste Komteß können nur gut sein –

Y:
Na, na, na – das ist wohl etwas übertrieben. Ich kann schrecklich böse sein. Zum Beispiel bin ich schrecklich eifersüchtig. Wenn ich einmal heirate, und mein Mann betrügt mich, so hacke ich erst ihr, dann ihm den Kopf ab. Unweigerlich.

DIENER:
Gnädigste Komteß hacken erst ihr, dann ihm den Kopf ab – das ist allerdings entsetzlich.

Y:
Weißt du übrigens, daß ich heiraten soll?

DIENER:
Daß der Plan im Schloß der gräflichen Familie erwogen wurde, ist mir nicht unbekannt –

Y:
Den Grafen Z. – Kennst du ihn?

DIENER:
Er geruhte mir gelegentlich einer Treibjagd einige Schrotkörner in die Verlängerung meines Rückens zu verabfolgen. Ich kenne ihn also nur oberflächlich.

Y:
Er soll ein ganz oberflächlicher Mensch sein. Aber Papa ist ganz begeistert von ihm. Wahrscheinlich, weil er uns sanieren soll. Er spielt mit ihm im Klub immer Poker.

DIENER:
Graf Z ist wohl ein gewiegter Pokerspieler –

Y:
Im Gegenteil. Er soll miserabel spielen. Sonst würde er doch Papa nicht gefallen. Papa gefallen nur Leute, die an ihn verlieren.

DIENER:
Unglück im Spiel, Glück in der Liebe –

Y:
Du kannst abräumen. Du kannst gehen. Ich will jetzt ein wenig nachdenken. Über mich. Den alten Gott. Den Grafen Z, die Liebe im allgemeinen und im besonderen. Gib mir eine Zigarette – Streichhölzer – danke –

(Diener ab. Das Telephon klingelt)

Y:
(hebt ab) Hallo – hal-lo – was? w-a-s? Ob hier eine Leiche abzuholen ist? Nein, wir sind hier alle sehr lebendig. Hier ist keine Leiche abzuholen. – Wer ist denn dort? Friedhofsverwaltung? Wen wollen Sie denn sprechen? Den gestern gestorbenen Förster Klabusch? Dann sind Sie falsch verbunden – falsch verbunden. – Am frühen Morgen eine Leiche – (Hängt ein. Es läutet wieder) Hallo – hallo – ob ich am Telephon bin? Ja, ich bin am Telephon. In eigener Person. Ob ich was? – Ob ich Ihre Frau werden will? Warum nicht? Mit wem spreche ich denn? Hal-lo, hal-lo –. Der Feigling hat eingehängt. Wenn mal einer dran ist, hängt er ein – (Es läutet wieder) Ja – was ist denn los – wer ist dort? Hallo – Wien? (Enttäuscht) Du bist es, Papa? Guten Morgen, guten Morgen. Sehr lieb von dir, anzurufen. Ob ich mich langweile? Na – so-so lala. Man hat ja so allerlei – nein, zu tun hat man gar nichts – aber zu denken – ja, denken ist nicht so einfach. In letzter Zeit denke ich sehr viel. Du willst ein wenig Abwechslung in meine Langeweile bringen – das ist aber scharmant von dir – du hast mir eine überraschende Mitteilung zu machen – willst du dich scheiden lassen? Schon wieder? – Was? Graf Z jagt hier in der Nähe und wird mir heute oder morgen eine Visite machen? Na schön. – Ja, ich bin hocherfreut, ich bin riesig aufgeregt, ich kann's vor Erwartung gar nicht erwarten – Er soll nur kommen – ich werde ihm schon die Flötentöne beibringen – ja, das Flötenkonzert von Menzel im Musiksalon werde ich weghängen lassen – es zerspringt schon – ja: zerspringen werden meine Freundinnen – man versteht aber schlecht heute – du und Mama, ihr versteht euch schlecht – es wird schon wieder gut werden, Papa. Grüß' Mama von mir – versöhnt euch wieder um eurer Kinder willen – an Kindessegen ist alles gelegen – auf Wiedersehn! Auf Wiedersehn! Bring' mir einen Nerz mit! Nein, nicht dein Herz, einen Nerz – Nerrrz – Adio –

(Sie tritt an die Glastür im Hintergrund. In diesem Moment geht draußen ein Mann vorbei. Diener zurück)

DIENER:

Draußen ist ein wunderlich gekleideter Mann voll sonderbaren Gehabens, der Komteß seine Aufwartung zu machen wünscht –

Y:

Wen will er sprechen? Mich persönlich?

DIENER:

Komteß persönlich. Er scheint eine depravierte, desolate Existenz. Seine Absätze sind schief getreten. Soll ich ihn fortschicken?

Y:

Wenn auch einer nicht aus einem vornehmen Hause hinausgezogen ist, und er wandelt der Lehre gemäß, so ist er darum doch hoch zu ehren, hoch zu preisen – laß ihn herein.

(Diener läßt mit einem mißbilligenden Blick X eintreten, der ihm beim Eintritt Regenschirm und Strohhut in die Hand drückt. X ist in einen absurden großkarierten Anzug oder einen ähnlichen Mantel gekleidet. Grelle Krawatte. Strohgelbe Haare. Er hat wundervolle helle Augen. In seinen Bewegungen und Gesten liegt viel Scharme und Anmut. Der lächerliche Eindruck, den er hervorruft, muß sofort verschwinden. Er hat einen ramponierten, mit Bindfaden verschnürten japanischen Bastkoffer bei sich und ein übertrieben elegantes Suitecase. Stellt beides auf den Boden. Er sucht langsam, dann ein wenig nervös in seiner Brusttasche nach einer Visitenkarte)

X:

Ich bitte um Verzeihung – ja – hier –

Y:

(liest) Nathanael Ehrenpreis, Vertreter des Seidenimporthauses Baruch & Coleric, Brünn. (Sieht ihn prüfend von oben bis unten an)

X:

(irritiert) Sitzt meine Krawatte nicht?

Y:

Sie sitzt.

X:

Gefällt sie Ihnen nicht?

Y:

Ausnehmend. – Ist sie auch von Baruch & Coleric?

X:

Jawohl.

Y:

(prüft sie mit den Fingern) Kunstseide –

X:

(lächelnd) Vielleicht –

Y:
Dritte Qualität –
X:
Gewiß –
Y:
Und was ist das? (Zeigt darauf)
X:
Mein Suite-case.
Y:
My home is my suite-castel –?
X:
(lächelnd) Yes.
Y:
Allright.
X:
Parfaitement.
Y:
Vous parlez français?
X:
Ça va de soi-même.
Y:
(betrachtet seine Stiefel)
X:
(irritiert) Gefallen Ihnen meine Stiefel nicht?
Y:
Es geht –
X:
Glauben Sie, daß ich sie gestohlen habe?
Y:
Nein! Dann hätten Sie sich gewiß ein Paar bessere ausgesucht!
X:
Verzeihung –
Y:
Pardon – (Betrachtet die Visitenkarte) Die Visitenkarte hier ist ja nicht einmal gedruckt – sie ist mit der Hand geschrieben –
X:
Visitenkarten mit der Hand geschrieben sind der letzte Schrei der Mode. Sie vermitteln einen persönlichen Eindruck, haben eine individuelle Note, wie gedruckte Karten niemals.

Y:
Diese Karte ist besonders individuell. Sie ist noch extra mit Bleistift geschrieben.
X:
Tintenstift –
Y:
(betrachtet aufmerksam die Karte)
X:
(irritiert) Was interessiert Komteß an der Karte so besonders?
Y:
Die Schrift.
X:
Sind Komteß – Graphologin?
Y:
Zuweilen ...
X:
Und was bemerken Komteß an der Schrift?
Y:
Eine gewisse Flüchtigkeit, Leichtfertigkeit, einen gewissen Übermut, um nicht zu sagen – Hochmut. Dieses „Nathanael" ist mir zu schwungvoll in die Welt gesetzt – dieses hochfahrende N – aber dann –
X:
Aber dann –?
Y:
Kommt der Absturz –
X:
Wieso Absturz?
Y:
Ehrenpreis! Die Buchstaben haben vom großen E ab eine deutliche Tendenz nach unten – Sie sind verrutscht –
X:
Ich bin verrutscht –
Y:
Sie laufen schräg nach unten –
X:
Ich laufe schräg nach unten –
Y:
Wieso Sie? Die Buchstaben laufen schräg nach unten. Sie leiden an Depressionszuständen – Anfällen von Melancholie. –

X:
Die Buchstaben leiden an Depressionszuständen – Anfällen von Melancholie.
Y:
Wieso die Buchstaben? Sie –
X:
Natürlich ich.
Y:
Habe ich nicht recht?
X:
Zu recht.
Y:
In summa: das Ganze: eine Mischung aus Frechheit – und Feigheit –
X:
Ich bin begeistert –
Y:
Von dieser Charakteristik?
X:
Von Ihrer graphologischen Kunst. Von Ihrer Menschenkenntnis. Es stimmt. Es stimmt auffallend.
Y:
Wollen Sie sich nun über den Zweck Ihres Besuches aussprechen? Womit also kann ich Ihnen dienen?
X:
Nicht Sie sollen mir: ich möchte Ihnen dienen –
Y:
Womit?
X:
Mit meiner ganzen Person.
Y:
Zeigen Sie einmal, was Sie haben!
X:
Charakter –
Y:
Nein, ich meine, in dem Ding da. (Zeigt auf den Bastkoffer)
X:
Sie zweifeln vielleicht die Güte meiner Ware an. Tun Sie das bitte nicht. Ich führe nur Qualität. Die Toiletten für die Damen der großen Welt, die früher unbedingt aus der französischen Metropole kommen mußten, werden heute von den Brünner Salons in gleicher Erlesenheit hergestellt. Diese Entwick-

lung wurde besonders durch das große Seidenimporthaus Baruch & Coleric, Brünn, begünstigt, welches seit vielen Jahren an die ersten Modellhäuser die französischen Originalseidenstoffe liefert. Durch die Schaffung einer Detailabteilung machte dieses Haus seine Exklusivmuster und Dessins auch einem größeren, freilich immer noch exklusiven Kreis zugänglich.
(Er schnürt den Bastkoffer auf, dem ganze Ballen feinster Seide entquillen, die er nach und nach mit freigebigen, eleganten Gesten im ganzen Zimmer verstreut, auf Tisch, Stühle, Schränke, Empore)

Y:

(bückt sich, nimmt die Stoffe zwischen ihre Finger) Hören Sie mal, mein Lieber, das ist aber etwas anderes als Ihre Krawatte –

X:

(ausbreitend) Crepe Lisette –

Y:

Fabelhaft –

X:

Faille souple –

Y:

Entzückend –

X:

Crepe Gaze –

Y:

Unbeschreiblich –

X:

Crepe tentale –

Y:

Berauschend –

X:

Crepe Georgette – die apartesten Dessins und Farbenzusammenstellungen. Wie würde dieses zarte Rot zu Ihrem Haar kontrastieren – dieses herbstliche Braun Ihren Frühlingsteint hervorheben –

Y:

Ich bin in der Tat überrascht und entzückt – aber leider habe ich keinen Bedarf – und außerdem kein Geld – Papa und Mama bringen mir meine Wintergarderobe aus Wien mit.

X:

Papa! Mama! Ein Künstler muß Sie kleiden – ein Kleidungskünstler – ein Mann von höchstem Takt, von feinstem Empfinden für Nuancen. Anbeten muß er Ihre Schönheit, lieben muß er Sie, um Sie kleiden zu können, um den zartesten Regungen dieses gottbegnadeten Leibes nachgehen zu können – und er muß Sie kleiden, ohne Rücksicht auf die äußeren Unkosten – er ist genug belohnt, daß er Sie kleiden darf! – Ein wahrer Künstler sieht nicht auf Verdienst. Ihm bedeutet die Schöpfung des Kunstwerkes alles, das Geld – nichts. Gestatten Sie mir, bezaubert von Ihrer Anmut, Ihnen diesen Musterkoffer als bescheidenen Tribut Ihrer Schönheit hochachtungsvoll zu Füßen zu legen, verehren, schenken zu dürfen ...

Y:

Ja, sind Sie wahnsinnig –

X:

(reißt alle Stoffe aus dem Koffer und schlingt einen nach dem andern um sie) Ja, ja, ja – ich bin wahnsinnig, und ich bin froh, daß ich's bin – diesen Crepe Lisette um die Hüften – diese Crepe tentale um den schönsten Nacken – diese Faille souple – um den sanftesten Busen –

Y:

(stößt ihn zurück) Ja, sind Sie vollkommen närrisch –

X:

Ja – ja – ja – ich bin närrisch – ich bin glücklich – ich bin irrsinnig – ich bin irrsinnig glücklich –

Y:

Trinken Sie ein Glas Wasser – (Schenkt ein, stampft mit dem Fuß) Trinken Sie! Gehorchen Sie! (X trinkt) Fassen Sie sich!

X:

Mich fassen? Sie will ich fassen, Sie kostbaren Edelstein in die kostbarste Fassung chinesischer Mandarinenseide – hier hab' ich einen Mandarinenmantel – ein Vermögen wert – hat nichts mit der Stoffabteilung zu tun – ein Erbstück – ich habe es persönlich geerbt – vom Kaiser von China – Sie sollen den Mantel haben – als Bademantel – (hängt ihr ihn um) nehmen Sie ihn – hier aus dem Grunde meines unerschöpflichen Zauberkoffers zaubere ich noch allerlei exquisite Nouveautés: ein weißes englisches Crepe-de-Chine-Kleid mit Hohlfalten in der Farbe des Mantelfutters – ein grüner mit weißem rosa doublierten Hermelinkragen ausgestatteter Mantel – dazu ein grünes Kleid – ein champagnerfarbener Gazemantel, verbrämt mit Naturgoldopossum – ein lila ombrierter Schwimmanzug – ein rosa Georgette Pyjama, mit Gold und Silber kombiniert –

(Das ganze Zimmer liegt voll der kostbarsten Seidenstoffe und Toiletten)

Y:

(klingelt. Diener erscheint) Werfen Sie das hinaus!

DIENER:

(mit einem Blick auf X) Den?

Y:

(mit einem Blick auf die Stoffe und Toiletten) Das da! Nehmen Sie einen Besen und kehren Sie das alles hinaus!

X:
Um Gottes willen!

Y:
Haben Sie's mir nicht soeben geschenkt?

X:
Ja – aber –

Y:
Also – hinaus damit – (wirft dem Diener allerlei Stoffe zu). Den Mandarinenmantel kannst du da lassen, Tom. Der da ist's. Mit dem will ich's mir noch überlegen – (Diener kehrt alles hinaus. Diener ab)

Y:
So, jetzt sind wir ganz unter uns – Was wollen Sie also? Wer sind Sie?

X:
Oh ... ich bin ein einfacher Reisender – sonst nichts. – Ich reise von Ort zu Ort. Mal mit der Eisenbahn. Mal zu Fuß. Auch Aeroplan. Auto. Rolls Royce. Ford. – Wie's gerade trifft.

Y:
Und wie hat es heute getroffen?

X:
Ungrade. Ich hab' es heute schlecht getroffen –

Y:
Sie haben mich getroffen –

X:
Es ist wahr – ich darf nicht undankbar gegen das Geschick sein.

Y:
Sie haben etwas in den Augen –

X:
(reibt sich die Augen) Was denn?

Y:
Was mir gefällt. – Irgend etwas an Ihnen – ein Glanz in Ihren Augen – eine Handbewegung – empfiehlt Sie mir –

X:
Mein Freund, der Graf, hat mich an Sie empfohlen –

Y:
(überrascht) Welcher Graf?

X:
Graf Z –

Y:
Graf Z?

X:

Graf Z –

Y:

Sie kennen ihn?

X:

Ich kenne ihn ausgezeichnet –

Y:

Woher kennen Sie ihn?

X:

Wir haben uns im Gefängnis kennengelernt –

Y:

Im Gefängnis?

X:

Im Gefängnis –

Y:

Das heißt: Sie saßen im Gefängnis, und der Graf besuchte Sie? Oder wie verhält es sich?

X:

O nein – wir saßen beide im Gefängnis –

Y:

Sie lügen. Der Graf ist nie im Gefängnis gesessen. (Kleine Pause) Was hat er denn verbrochen?

X:

Wir waren beide in der gleichen Nacht von der Polizei ausgehoben worden – ich in einer Art Obdachlosenasyl, und der Graf in einem verbotenen Spielklub – wir blieben eine Nacht, bis unsere Personalien festgestellt waren, in der gleichen Zelle inhaftiert. Und da haben wir uns kennen und schätzen gelernt. Ich kann wohl sagen, daß der Graf einer meiner intimsten Freunde geworden ist. Ich erinnere mich seiner oft und gern. Wir haben noch in der Nacht in der Zelle in Ermangelung von Alkohol aus Wassergläsern mit Wasser Brüderschaft getrunken –

Y:

Der Graf und Sie?

X:

Ich und der Graf.

Y:

Sie stellen Ihren Namen dem des Grafen voran?

X:

Ich erkenne die Rangordnung der Stände nicht an. Gott schuf den Mann und aus der Rippe des Mannes das Weib. In holder Nacktheit. Erst die Menschen haben sich mit Uniformen und Abzeichen behängt und die Rangordnung der Natur durchbrochen, in der jedes Geschöpf gleich viel gilt. Machte Gott den Löwen zu einem Grafen? Den Wolf zu einem Geheimrat? Verlieh er der Stechpalme das Großkreuz des Andreasordens und dem Faultier den Roten Adler vierter Klasse? Kennt Gott eine Rangordnung unter den Geschöpfen? – Vielleicht ist ein Zitronenfalter mehr wert als eine Feldmaus – oder wie denken Sie darüber?

Y:
Ich denke mir, Sie werden Hunger haben – oder täusche ich mich?

X:
Komteß täuschen sich nie –

Y:
Also gehen Sie in die Küche, und lassen Sie sich etwas zu essen geben –

X:
(frappiert, dann verlegen) Ich möchte mir den Vorschlag gestatten, daß man mir das Essen hier serviert. Sollte ich, was ja nicht ausgeschlossen scheint, hier im Hause öfter zu tun haben, würde es auf die Dienstboten einen unpassenden Eindruck machen, wenn ich wie ein Domestik mein Essen in der Küche einnehmen müßte.

Y:
Aber Sie sagten doch vorhin, Sie wollten mein Diener sein –

X:
Ihr freiwilliger Diener. Freiwillig dienen kann nur – ein Herr.

Y:
(sieht ihn scharf an) Nun – gut – (Klingelt. Diener erscheint) Herr Ehrenpreis erhält hier ein kleines Frühstück serviert –

DIENER:
(gefaßt) Sehr wohl. Welche Weinsorte befehlen Komteß?

X:
Portwein.

Y:
Portwein. Der Arzt hat mir zum Frühstück Portwein empfohlen –

DIENER:
(entsetzt, dann) Sehr wohl. (Ab)

Y:
Sie tun so, als ob Sie hier zu Hause wären?

X:
Würde ich anders tun, so würde ich Sie und dieses gastliche Haus beleidigen –

(Diener trägt inzwischen auf)

X:
Auf Ihr Wohl, gnädigste Komteß! – Der Diener hat nur ein Glas gebracht. Darf ich Sie zu einem Glase Portwein einladen? (Zum Diener) Ein zweites Glas, bitte –

DIENER:
(Blick zur Komtesse)

Y:
Ein zweites Glas.

DIENER:
Sehr wohl. (Bringt ein zweites Glas, dann ab)

X:
Man serviert mir hier eben Krebse. Ich bedaure sehr, sie nicht essen zu können, da ich mit Krebsmesser und Krebspinzette nicht umzugehen verstehe. Kann man Krebse nicht mit dem Dietrich öffnen?

Y:
Kommen Sie – ich werde Ihnen die Krebse öffnen – (Tut es) Die Krebsschwänze sind eine besondere Delikatesse. Nehmen Sie von der Brester Poularde?

X:
Ah – das schmeckt anders als Suppenhuhn –

Y:
Sehen Sie! Jetzt richten Sie selbst eine Rangordnung unter den Geschöpfen auf! Eine Brester Poularde ist mehr wert als ein Suppenhuhn!

X:
Sie sind beide tot. Unter toten Wesen, besonders den zum Verspeisen geeigneten, mag eine Rangordnung bestehen – unter lebenden nicht!

Y:
Aber unter den Lebenden besteht doch eine Rangordnung! Ich bin zum Beispiel Komteß und Sie sind Reisender –

X:
Ja. Wenn Sie eine gute Komteß sind, und ich bin ein schlechter Reisender – so sind Sie mehr wert. Sind Sie aber eine schlechte Komteß, und ich bin ein guter Reisender – so bin ich mehr wert.

Y:
Nun – sind Sie ein guter Reisender?

X:
Ich bin ein ... armer Reisender –

Y:
Sie werden sentimental. Soll ich Ihnen mit einer kleinen Summe aushelfen –

X:
O danke – darum handelt es sich hier nicht –

Y:
Und worum handelt es sich?
X:
Um mich – um Sie!
Y:
Um mich?
X:
Ja –
Y:
Wieso?
X:
Ich bin feige. Sonst würde ich offen sprechen –
Y:
Reden Sie so offen, wie Sie es für gut befinden!
X:
Ich liebe Sie!
Y:
Nein. Das glaub' ich nicht.
X:
Ich trage Ihr Bild, das neulich in der „Dame" war – eine Schönheit aus der Gesellschaft – immer mit mir herum. (Zieht ein ganz zerknülltes Papier aus der Tasche, das er sorgfältig glättet) – ich habe es im Café Central heimlich herausgerissen, auf die Gefahr hin, wegen Diebstahls auf der Stelle abgefaßt zu werden – was sagen Sie dazu?
Y:
(betrachtet das Bild, erstaunt) Ja, es ist tatsächlich mein Bild.
X:
Sehn Sie!
Y:
Ja, ich sehe es – was soll ich nun davon halten?
X:
Von dem Bild? Es zeigt die schönste Frau der Welt. (Küßt das Bild)
Y:
(entreißt ihm das Papier) Und der, der es mit sich herumträgt, ist der frechste Kerl der Welt –
X:
Nun, so hart möchte ich das nicht ausgedrückt haben.
Y:
Es ist noch viel zu sanft. (Wendet sich abrupt ab)

X:
Komteß –
Y:
(schweigt)
X:
Komteß –
Y:
Sie machen einen ja ganz nervös – was wollen Sie?
X:
Ich will Sie ...
Y:
(springt auf) Mich wollen Sie – sind Sie wahnsinnig?
X:
Sie müssen mich ausreden lassen. Ich will Sie überzeugen.
Y:
Wovon?
X:
Von mir –
Y:
Also doch!
X:
Aber gnädigste –
Y:
Ich bin nicht gnädig. Ich bin sogar sehr ungnädig.
X:
Sie sind auf einmal schlechter Laune. Das ist alles.
Y:
Das ist viel. Und wer hat mich dazu gebracht?
X:
Ich bekenne mich schuldig, schuldig, dreimal schuldig.
Y:
Verlassen Sie sofort das Haus!
X:
Nicht ohne Sie ...
Y:
Unverschämter Bursche!
X:
Bitte ausreden lassen! Nicht ohne Sie um eine Gefälligkeit gebeten zu haben.

Y:
Was wollen Sie? Aber schnell.
X:
Ich weiß nicht, wie ich mich ausdrücken soll.
Y:
Sie sind doch sonst nicht auf den Mund gefallen.
X:
Nein, aber auf den Kopf geschlagen.
Y:
Von wem?
X:
Von Ihnen –
Y:
Ich bin kein Boxer –
X:
Nein, so sanft wie ein Boxer sind Sie wiederum nicht. Denn Boxen ist ein Sport und Spiel, und Sie – machen Ernst –
Y:
Jawohl – machen Sie, daß Sie endlich hinauskommen –
X:
Kommen Sie mit!!!
Y:
Ich mit Ihnen mit? Ich glaube, Sie sind irrsinnig geworden –
X:
Irrsinnig vor Liebe – (Sie geht erregt im Zimmer herum, und er immer hinter ihr her) Hören Sie mich doch an – das Schloß hier – das ist doch eine romantische Ruine – ein alter Prunksarg – wenn man so jung ist wie Sie – begräbt man sich selbst doch nicht lebend in einem Prunksarg – unter Moder, Schutt und Asche – wie es hier riecht – nach Vergangenheit – nach Verwesung – nach Tradition –
(Der Buddha beginnt zu sprechen)
BUDDHA:
Achtung! Achtung! Achtung!
X:
Keine Achtung, mein lieber Gott! Nichtachtung! Ausgesprochene Nichtachtung! (Er wirft den Gott herunter, der in tausend Stücke zerspringt)
Y:
Was tun Sie? Sie – Sie – Anarchist –
X:
Ich zerbreche alte Tafeln –

Y:
Was für große Worte! Sie nehmen den Mund sehr voll!
X:
Ich nehme ihn noch viel voller – mit noch größeren Worten – ich – liebe Sie –
Y:
Das haben Sie mir schon einmal erzählt –
X:
Ich kann es nicht oft genug wiederholen –
Y:
(hat einen großen Lehnstuhl wie einen Schild vor sich) Hören Sie – Sie erzählten vorhin, daß Sie den Grafen Z so gut kennen –
X:
Ja –
Y:
Nun, dann wissen Sie wohl auch, daß ich den Grafen Z heiraten soll, daß ich so gut wie verlobt mit ihm bin –
X:
Natürlich weiß ich das –
Y:
Sie wollen also Ihren Freund, den Grafen Z, schmählich hintergehen, Sie wollen mich ihm abspenstig machen?
X:
Ganz im Gegenteil –
Y:
Im Gegenteil?
X:
Sie kennen den Grafen noch nicht?
Y:
Persönlich? Nein. Nur aus den Erzählungen von Papa und Mama – Ich habe aber heute mit Papa telephoniert – Graf Z jagt hier in der Nähe – er wird mich besuchen – morgen – oder heute – er kann jeden Augenblick die Tür hereinkommen – (Es läutet) Da ist er!
X:
Da ist er!
(Diener tritt ein mit Tablett)
DIENER:
Ein Telegramm! –
Y:
Ein Telegramm – –

X:
Ein Telegramm – – –
(Diener ab)
Y:
(reißt es auf) Von wem, glauben Sie, ist das Telegramm?
X:
Vom Grafen Z –
Y:
Ja.
X:
Er meldet Ihnen für heute seinen Besuch –
Y:
Woher wissen Sie?
X:
Ich selbst habe das Telegramm aufgegeben – in seinem Auftrag –
Y:
Sind Sie sein Kammerdiener?
X:
Im Gegenteil – soll ich Sie mit ihm bekannt machen?
Y:
Mit wem?
X:
Mit dem Grafen –
Y:
Wann?
X:
Sofort –
Y:
Sofort??
X:
Sofort!
Y:
Ich sehe weit und breit keinen Grafen – haben Sie ihn mitgebracht und wartet er draußen im Garten?
X:
Er hatte die Marotte, sich auf eine besondere Art bei Ihnen einzuführen. Er wollte Sie durch mich gleichsam prüfen lassen, ehe er sich definitiv bände. Nun, Sie haben das Examen glänzend bestanden.
Y:
Ich verstehe kein Wort –

X:

Einen Moment – Ich zähle bis sieben –

Y:

Warum zählen Sie bis sieben? (Er ergreift das Suitecase und verschwindet durch die Glastür im Garten. Er zählt: Eins – zwei usw. Er kehrt sofort in einem sehr eleganten Anzug zurück. Der Schauspieler trägt den ersten lose über dem zweiten und kann ihn in der Kulisse blitzschnell abstreifen) Heut ist doch nicht Karneval?

X:

Nein, etwas viel Schöneres: Der Tag unserer Verlobung.

Y:

Ich falle aus den Wolken –

X:

Ich bin in allen Himmeln – Komteß, darf ich mir gestatten, Sie um Ihre Hand zu bitten? Der Einwilligung Ihrer Herren Eltern habe ich mich vergewissert. (Er öffnet das Etui, das eine kostbare Perlenkette enthält, er legt ihr die Kette um, sie betrachtet erstaunt das Etui, liest die Inschrift)

Y:

Hier ist ja etwas eingraviert –

X:

Lesen Sie!

Y:

(liest) Graf Z seiner lieben geliebten Braut Komteß Y zur Verlobung – Sie sind – Graf Z?

X:

Ich bin's. Das läßt sich nicht länger verheimlichen –

Y:

Ich kann's kaum glauben –

X:

(lächelnd) Wünschen Sie polizeilichen Ausweis? (Greift in die Brusttasche) Bitte: Man ist mit allem Nötigen versehen –

Y:

(nimmt den Paß) Graf Z. Ja, es stimmt – das Bild – etwas undeutlich –

X:

Wie alle Paßbilder –

Y:

Augen blau – es stimmt – Mund gewöhnlich – (aufblickend) das stimmt nicht ... (lächelnd) Mund ist ungewöhnlich – hübsch ...

X:

Ich bin entzückt, daß ein so unbedeutender Körperteil wie mein Mund Ihren Beifall findet –

Y:
Sie sind ein reizender Mensch, Graf! (Gibt ihm den Paß zurück, den X irgendwie erleichtert einsteckt) – Sie haben sich so originell bei mir eingeführt – ich müßte Sie darum allein schon lieben – aber ich liebe Sie – überhaupt – Sie waren mir vom ersten Moment an sehr sympathisch – und ich bin froh, daß Sie Graf Z sind, denn ich liebe Sie.

X:
(umarmt sie) Du!

Y:
Du!

X:
Also willst du dein Versprechen halten, daß du mir heute leichtfertigerweise am Telephon gegeben hast –

Y:
Ich hab' dir ein Versprechen gegeben?

X:
Allerdings. Ich hatte dich heute früh angerufen und dich gefragt, ob du meine Frau werden wolltest – und du hast am Telephon geantwortet: Natürlich – mit wem spreche ich denn?

Y:
Und ich habe mit dir gesprochen?

X:
Mit mir!

Y:
Da kann man nichts machen. Sein Versprechen muß man halten.

X:
Du hältst dein Versprechen – und ich halte – dich.
(Halten sich umschlungen)

Y:
(klingelt. Diener erscheint) Kehren Sie den Gott hinaus. Ich habe ihn versehentlich zerbrochen – – das mit dem Hinauskehren vorhin – das mit den Seidenstoffen – und Toiletten da – war natürlich nicht so ernst gemeint – sie liegen doch noch im Garten?

DIENER:
Das weibliche Personal ist gerade dabei, die Toiletten unter sich zu verteilen – das wird nächsten Sonntag ein Hallo im Dorf geben –, die dicke Köchin im Crepe-de-Chine-Kleid mit Hohlfalten und die Kuhmagd im grünen, mit weißem, rosa doubliertem Hermelinkragen verbrämten Mantel. Die Leute werden glauben, die Weltrevolution ist ausgebrochen –

Y:
Sie ist auch ausgebrochen, Tom: ich habe mich verlobt –

DIENER:
Mit dem da?
Y:
Mit dem da. Der da ist nämlich der Graf Z.
DIENER:
Oh, ich bitte tausendmal um Vergebung –
X:
Bitte –
Y:
Bitte doch die Mädchen in der Küche, mir wenigstens den rosa Georgette, mit Gold und Silber kombinierten Pyjama zu lassen. Den wird ja doch Sonntags bei der Dorfmusik keine anziehn. Aber ich möchte ihn gern zur Erinnerung an meine Verlobung – in der Hochzeitsnacht tragen.
DIENER:
Sehr wohl.
(Vorhang)

Zweiter Aufzug

(Eine amerikanische Grammophonplatte ertönt. Der Vorhang geht auf und zeigt ein elegantes Zimmer. Ein Riesendivan. Viel Kissen. Y läuft, im Kostüm einer Streckenläuferin, im regelmäßigen Dauerlauf im Zimmer herum. X steht in eleganter Hausjoppe in einer Ecke mit der Stoppuhr und zählt dann)
X:
Eins – zwei – eins – zwei – eins – zwei – eins – Kopf zurück – Brust heraus – zwei – eins – zwei – eins – zwei – ein Kilometer – Stopp –
Y:
(atemlos) Uff –
X:
Du bist heute fabelhaft gelaufen – (stellt Grammophon ab)
Y:
Wie lange?
X:
(hüllt sie in ein Tuch) Sieben Minuten –
Y:
Na, das ist nicht so besonders – du, ich glaube, ich werde zu dick –
X:
(lacht laut) Zu dick?

Y:
Ja, findest du nicht? Hier zum Beispiel –
X:
Aber Henriette –
Y:
Aber Henriette – aber Henriette – ich werde Paraffinbäder nehmen.
X:
Du bist ja ein ganz paraffiniertes Geschöpf –
Y:
Mach' keine dummen Witze. Hilf mir lieber, die Beine zu strecken – (Stellt sich an einen Stuhl) So – erst von vorn – so – noch weiter – noch weiter – noch weiter –
X:
Aber ich breche dir ja dein hübsches Bein ab –
Y:
Unsinn – so – ach, das tut wohl – so und jetzt – Spakat (macht Spakat) – So, und jetzt kommst du – (streckt ihm das Bein, der sich komisch wehrt).
X:
Du könntest zum Zirkus gehen –
Y:
Das werde ich auch noch tun – und dich nehme ich als Clown mit – (Läuft ins Nebenzimmer und zieht sich schnell um, spricht von dort) Du –
X:
Ja?
Y:
Du – hörst du?
X:
Ja –
Y:
Es war eine fabelhafte Idee von dir, daß wir uns heimlich in der Großstadt trauen ließen. Ich fand das sehr romantisch – besonders die Trauzeugen – aber meinst du nicht, daß es bald an der Zeit wäre, Papa und Mama zu benachrichtigen, wo wir eigentlich stecken? Ich begreife auch nicht, weshalb wir hier inkognito wohnen, nachdem wir auf dem Standesamt doch rechtlich als Graf und Gräfin Z getraut worden sind – was für eine Marotte –
X:
Es war stets mein Hauptgrundsatz im Leben, nicht aufzufallen.
Y:
Nun, da hat bei mir dein Hauptgrundsatz kläglich versagt. Mir bist du erheblich aufgefallen ...

X:
Ja, du hast auch eine besonders feine kleine Spürnase –
Y:
Ich merke alles! Ich komme dir hinter alle deine Schliche! (Tritt auf im Pyjama)
Wenn du mich einmal betrügst und ich erwische dich, so hacke ich erst ihr,
dann dir den Kopf ab. Unweigerlich!
X:
Und dann wirst du uns vermutlich noch braten und verzehren.
Y:
Nein, meinen Hunden werfe ich euch dann vor –
X:
Du bist ja eine Berserkerin!
Y:
Ich habe Blut in den Adern – aber du Limonade, wenn du das nicht verstehst.
Denn ich liebe dich sehr, bedingungslos. Unbedingt.
X:
Bedingungslos? Unbedingt? Ich nehme dich beim Wort – vielleicht einmal –
Y:
(fällt ihm um den Hals) Nimm mich – nimm mich – bei diesen und bei allen
Worten –
X:
Mein Herz – mein Herz – ja du bist mein Herz, denn ich habe keines –
Y:
Renommier nur nicht – du hast viel zu viel Herzen –
(Es klopft)
X:
Herein.
(Herein tritt Z in der Livree eines Dieners)
Z:
Die Zeitung, Herr Graf –
X:
Danke. – Keine Post?
Z:
Keine.
X:
Telegramm?
Z:
Keines!

X:
Gut.
(Diener ab)
Y:
Dieser Diener kommt mir merkwürdig vor – dir nicht?
X:
Mir ganz und gar nicht. Wieso?
Y:
Er ist so schrecklich vornehm –
X:
Alle Diener sind vornehm – sie sind viel vornehmer als ihre Herren.
Y:
Hast du seine Leibwäsche gesehen?
X:
Wie käme ich dazu! Und wie kämst du dazu?
Y:
Ich hab' in seiner Kammer gestöbert, als er Ausgang hatte. Seidene Hemden! Seidene Unterhosen! Fabelhaft! Ein so üppiges Gehalt bezieht er doch nicht, daß er sich davon so was leisten könnte. Weißt du, wofür ich ihn halte?
X:
Nun?
Y:
Für einen Hochstapler –
X:
Ach?!
Y:
Für einen ganz raffinierten Hochstapler! Ich merke alles! Ich komme ihm hinter alle seine Schliche!
X:
Ja, du hast eine besonders feine kleine Spürnase –
Y:
Mit dem werden wir noch was erleben – aber ich halte meine Augen offen, auch wenn du schläfst –
X:
Ich schlafe so gern –
Y:
Du bist ein Faultier.
X:
Willst du die Freundlichkeit haben, mich jetzt mal einen Moment ruhig in die

Zeitung sehen zu lassen. Die politische Lage in Österreich ist derart interessant –

Y:

Da hast du sicher eine alte Zeitung erwischt.

X:

(liest)

Y:

Meine Güte, was gibt es denn bloß so Amüsantes in der Zeitung?

X:

Ich lese einen Artikel über moderne Götzen –

Y:

Ich kenne nur einen Götzen, den von Berlichingen. (Kleine Pause) Du frißt ja förmlich die Buchstaben in dich hinein. An der Stelle, wo du gelesen hast, ist die Zeitung ja schon ganz weiß.

X:

Das ist eine zensurierte Stelle.

Y:

Welcher Oberlehrer hat sie denn zensuriert?

X:

(verzweifelt) Willst du nicht vielleicht so gütig sein – du bist doch mit deinem Kreuzworträtsel noch nicht im reinen –

Y:

(seufzend) Also schön – (redet vor sich hin, klettert auf dem Diwan zwischen den Kissen herum und sucht die Rätselzeitung und einen Riesenbleistift) dazu hab' ich wohl geheiratet, um den ganzen Tag Kreuzworträtsel zu lösen. (Nimmt sich das Rätsel vor, X liest)

Y:

(nach einer Weile) Nat?

X:

Ja?

Y:

Kennst du eine zweisilbige Stadt in Sachsen, die eine Taubstummenanstalt beherbergt?

X:

Wenn sie eine Taubstummenanstalt beherbergt, wird sie wohl sehr einsilbig sein. Taubstumme pflegen sehr einsilbig zu sein –

Y:

Du bist sehr albern, Nat –

X:

Danke sehr –

Y:
Bitte schön – (Pause, dann) Nat ...
X:
Mein Kind?
Y:
Kind – Kind – Ich bin nicht dein Kind – du tust ja geradeso, als ob ich noch ein Backfisch von vierzehn Jahren wäre.
X:
Ich weiß, was ich deinen neunzehn Jahren an Ehrerbietung schulde –
Y:
Neunzehn Jahre? Neunzehn Jahre? Ja glaubst du vielleicht, ich bin schon Großmutter? Untersteh' dich, mir noch einmal neunzehn Jahre vorzuwerfen. Ich bin achtzehn, keinen Tag älter. Wenn du noch einmal neunzehn sagst, kratz' ich dir die Augen aus.
X:
Laß mir meine Augen, und ich laß dir deine achtzehn Jahre, Kind.
Y:
Schon wieder: Kind ...
X:
Also: mein Weib –
Y:
(nimmt einen Handspiegel und spiegelt sich in ihm) Wenn ich in den Spiegel seh', seh' ich, daß ich so schlank bin wie ein Knabe –
X:
Sieh in den Spiegel meiner Augen, Liebling.
Y:
(streckt ihm die Zunge heraus) Bäh!
X:
Aber jetzt laß mich mal in Ruhe einen Moment in die Zeitung sehen.
Y:
Bei uns wird den ganzen Tag Zeitung gelesen. (Schmollend, nach einer Pause) Nat –?
X:
Ja?
Y:
Weißt du ein Säugetier, vorn mit A und hinten mit e?
X:
Amme –
Y:
Du bist unmöglich. (Pause) Nat.

X:
Ja, mein Süßes?

Y:
Kennst du ein fünfsilbiges Beruhigungsmittel für die Nerven?

X:
Alle Nervenberuhigungsmittel, die ich kenne, haben nur drei Silben: Morphium, Kokain, Eu-ko-dal, O-pi-um!

Y:
Na höre mal, du kennst dich in Nervenberuhigungsmitteln aber nicht schlecht aus.

X:
Kein Wunder. Ich habe in meinem kurzen, aber ereignisreichen Leben meine Nerven oft genug beruhigen müssen, wenn eine Frau durch törichte Fragen sie beunruhigt hatte –

Y:
Das wird ja immer reizender. Jetzt stellst du mich mit den andern Frauen, die du vor mir geliebt, schon in eine Reihe – Hältst du mich für eine Hu? Ich bin eine Frau, deine Frau, daß du's weißt.

X:
Danke, ich weiß Bescheid.

Y:
Bitte, ich auch – (Pause) Nat?

X:
(ungeduldig) Ja?

Y:
Jetzt fehlt mir eine einsilbige ausländische Geldsorte –

X:
Liebes Herz: mir fehlen sämtliche ein- und mehrsilbigen in- und ausländischen Geldsorten –

Y:
Weißt du einen zweisilbigen berühmten Juden und Religionsstifter?

X:
Einen zweisilbigen Juden? – Moses.

Y:
Geraten! Es stimmt! Übrigens, Nat –

X:
Mein Herz –

Y:
Du hast ja auch so einen eigenartigen Vornamen – warum heißt du eigentlich Nathanael? Findest du den Namen nicht leicht läppisch?

X:
Ich finde den Namen Nathanael ungewöhnlich dumm.
Y:
Und warum heißt du so?
X:
Weil ich auf den Namen getauft worden bin –
Y:
Getauft – das klingt ja äußerst verdächtig –
X:
Wieso – hältst du mich, den Grafen Z, vielleicht gar für einen Juden?
Y:
Warum nicht? Eventuell könntest du auch ein Jude sein.
X:
Selbstverständlich. Genau so, wie du eine zentralafrikanische Negerin sein könntest.
Y:
Wieso?
X:
Wenn du nicht zufällig eine deutsche Komtesse wärest – denn wenn du die nicht wärst, könntest du ja alles andere sein.
Y:
Selbstverständlich! Sogar ein Gaskocher oder ein Schirmständer.
X:
(küßt sie) Oder ein blühender Birnbaum – oder eine wehende Wolke – oder ein zahmer Zeisig –
Y:
Nun, ein zahmer Zeisig wär' ich gewiß nicht.
X:
Nein – aber eine Wildkatze –
Y:
Oder ein Adlerweibchen. Dann würde ich meine Jungen mit Menschen füttern. Ja, das würde ich.
X:
Auch Kannibalismus traue ich dir unbesehen zu.
Y:
Ich finde, du versuchst das Gespräch abzulenken, machst Ausflüchte –
X:
Wohin?

Y:

(setzt sich auf seinen Schoß, wiegt sich hin und her) Ich habe dich nach deinem Vornamen gefragt –

X:

Nun – und?

Y:

Warum bist du auf den Namen Nathanael getauft?

X:

Weil meine Eltern es so wollten –

Y:

Und warum wollten deine Eltern es so?

X:

Weil mein Großvater in seinem Testament es so bestimmt hatte –

Y:

Was war dein Großvater für ein Mann?

X:

Ein bekoweter Mann.

Y:

Was heißt das?

X:

Ein bekannter Mann, er war ein sehr bekannter Mann, mein Großvater –

Y:

Und warum hatte es dein Großvater so bestimmt?

X:

Aus dem einfachen Grunde, damit du einmal Gelegenheit bekommen solltest, dich so intensiv danach zu erkundigen –

Y:

Wenn ich etwas wissen will, bin ich immer sehr intensiv, Nat.

X:

Du bist sehr wißbegierig und bildungshungrig. Das ehrt dich und zeichnet dich vor deinen Geschlechtsgenossinnen aus. Um deiner Wißbegierde zuvorzukommen und sie a priori zu befriedigen: in unserer Familie haben wir alle biblische Vornamen. Mein Vater hieß Samuel!

Y:

Samuel! Wie im Freischütz!

X:

Mein Großvater Abraham. Und mein Sohn wird Adam heißen. Denn mit ihm soll die Welt wieder von vorn beginnen –

Y:

Dein Sohn soll Adam heißen? Da habe ich auch noch ein Wörtchen mitzureden. Wenn es nach mir geht, so wird er einen guten deutschen Namen bekommen: zum Beispiel Wodan oder Siegfried – (Streichelt über seinen Kopf) Oh, du hast ja hier eine Narbe – ich spür's durchs Haar hindurch.

X:
Einen – Schmiß –
Y:
Hast du das bei einem Duell bekommen?
X:
Ja, bei einem Duell –
Y:
Bei den Bonner Borussen?
X:
Nein, bei den Borussen des Scheunenviertels.
Y:
(springt ihm vom Schoß) Wegen einer Frau?
X:
Ja, eine Frau war auch im Spiel –
Y:
(wütend) Gib doch endlich mal die dumme Zeitung aus der Hand – (Entreißt sie ihm, verblüfft) Du – hier ist ja ein Artikel rot angestrichen –
X:
Rot angestrichen?
Y:
Hast du ihn rot angestrichen?
X:
Aber ich habe die Zeitung ja eben erst bekommen – sollte der Diener –
Y:
Natürlich: der Diener – natürlich der Diener – dein sauberer Diener war's. Wer denn sonst? Nicht genug, daß er deine Zigarren raucht, deine Liköre trinkt und deine Frau so sonderbar ansieht, jetzt liest er auch schon deine Zeitungen zuerst.
X:
Zeig' doch mal her –
Y:
Nein, erst will ich sehn –
X:
Vielleicht ist's das, was ich suche –
Y:
Was suchst du denn?

X:
O ich suche gar nichts.

Y:
Aber du hast doch eben gesagt, daß du etwas suchst.

X:
Unsinn –

Y:
Dann laß mir doch einen Moment die Zeitung, ich will ja nur sehen, was der Diener rot angestrichen hat. Vielleicht ist's was Unpassendes.

X:
Dann darfst du's erst recht nicht lesen –

Y:
Nun gerade. (Y mit der Zeitung davon, über den Diwan usw., X ihr immer hinterher) Nein – nein – laß, du kriegst sie doch nicht – (Sie reißen an der Zeitung, reißen sie ganz entzwei, Y erwischt aber den Fetzen mit dem rot angestrichenen Artikel, springt damit triumphierend auf den Tisch, schwingt ihn wie eine Fahne, liest dann) Steckbrief!

X:
Steckbrief –

Y:
Ein Steckbrief – meine Nase!!!

X:
Wieso deine Nase?

Y:
Das ist sicher der Steckbrief, mit dem sie ihn suchen –

X:
Wen suchen?

Y:
Den Diener natürlich – unsern Diener – (Liest) Der am vierten November in Zopron gebürtige Siegfried Cohary wird wegen fortgesetzten Verbrechens der Hochstapelei, der Urkundenfälschung, Fundunterschlagung und Führung eines falschen Namens gesucht und ist beim Ergreifen der nächsten Polizeibehörde zuzuführen. Nähere Kennzeichen: Gestalt mittel, Gesicht oval, Farbe der Augen: blaugrau, Farbe des Haares: blond. Besonderes Kennzeichen: Muttermal am linken Ohrläppchen – – – Das Ohrläppchen von dem Burschen werd' ich mir jetzt mal betrachten –

X:
Von welchem Burschen?

Y:
(klingelt. Der Diener erscheint)

Z:

Frau Gräfin wünschen?

Y:

Kommen Sie mal her – (Geht um ihn herum, mustert ihn nach dem Zeitungsblatt) Gestalt: mittel. Stimmt. Gesicht: oval. Stimmt. Farbe der Augen: blaugrau. Stimmt. Farbe des Haares: blond. Stimmt. Besonderes Merkmal – Kommen Sie mal etwas näher – noch näher (berührt mit dem Bleistift sein Ohr) – was haben Sie denn da am linken Ohrläppchen? Haben Sie Ohrringe getragen? Es ist gut, Sie können gehn.

Z:

(mit Verbeugung ab)

Y:

(enttäuscht) Er hat kein Muttermal am linken Ohrläppchen.

X:

Vielleicht hat er es woanders.

Y:

Wo denn sonst?

X:

Muttermale kann man überall haben.

Y:

Der sieht mir nicht nach Muttermalen aus. – Der Steckbrief ist ja auch so allgemein gehalten, der paßt auf jeden.

X:

Wir sind eben alle Verbrecher ...

Y:

Komm einmal her – (Geht um ihn herum, mustert ihn) Gestalt mittel. Stimmt. Gesicht oval. Stimmt. Farbe der Augen: blaugrau. Stimmt. Farbe des Haares: blond. Stimmt. Besonderes Merkmal – – komm mal etwas näher – was hast du denn da am linken Ohrläppchen? (Verblüfft) Ein Muttermal! Na, das ist aber mal komisch.

X:

Sehr komisch –

Y:

Was es für Zufälle gibt. Kein Wunder, wenn die Polizei so selten den richtigen erwischt.

X:

Da siehst du, wie leicht ein Ehrenmann in einen falschen Verdacht kommen kann.

Y:

Und sogar eingesperrt werden kann.

X:
: Da sei Gott vor. Das ist eine unangenehme Geschichte.
Y:
: Wieso?
X:
: Sag', hast du mich sehr lieb, das heißt: liebst du mich? Mich?
Y:
: Sehr, Nat, sehr –
X:
: Mich, wie ich hier bin: als Erscheinung, Totalität, Charakter –
Y:
: Ganz und gar. Mit Haut und Haar.
X:
: Du siehst nicht nur Teile von mir; Facetten – mosaikartig – du liebst mich ganz?
Y:
: (lachend) Voll und ganz –
X:
: Liebst du den Grafen Z oder liebst du mich, sozusagen Nat?
Y:
: Ich liebe den Grafen Z, also Nat, also dich –
X:
: Lassen wir den Grafen weg – liebst du mich so wie damals, als ich in dem lächerlich karierten Anzug zu dir kam – als Strolch – als Vagabund – würdest du mich heute, wenn ich in demselben schäbigen, geschmacklosen Anzug zu dir käme, wieder lieben?
Y:
: Wieder? Noch! Der Anzug, den du anhast, ist mir doch ganz egal –
X:
: Würdest du auch den – Strolch lieben?
Y:
: (lachend) Jawohl – du Strolch – (Küßt ihn)
X:
: Es – ist – gut –
Y:
: Du bist ja auf einmal ganz blaß – fehlt dir was, Nat?
X:
: Ich bin so abgespannt heute – ich glaube, die Hitze – erlaube, daß ich mich zurückziehe –

Y:
Soll ich einen Arzt rufen lassen?
X:
So schlimm ist es nicht – (leise) schlimmer –
Y:
Nimm eines deiner dreisilbigen Nervenberuhigungsmittel: A-spi-rin oder Eu-ko-dal. Schlaf gut, Strolch. Gute Besserung!
(X geht ab, Y geht nach hinten zu einem Vogelkäfig, wo ein Kakadu drin sitzt, spricht mit ihm)
Y:
Kakadu – Kakadu – Kakadu –
KAKADU:
Kakadu!
Z:
(ist lautlos eingetreten)
Y:
(dreht sich um) Sie haben mich aber erschreckt –
Z:
So bitte ich tausendmal um Vergebung –
Y:
Einmal genügt. Was wollen Sie?
Z:
Es ist ein Telegramm für den Herrn Grafen angekommen –
Y:
Bringen Sie's dem Herrn Grafen hinein! Oder nein, geben Sie's mir!
Z:
(reicht ihr auf Tablett das Telegramm)
Y:
(wiegt es in der Hand, reißt es dann, einer Eingebung folgend, auf) Geschäft wackelt – – was soll das heißen?
Z:
Vielleicht betrifft es die Börsenspekulation des Herrn Grafen ...
Y:
Gewiß – natürlich – – – Sagen Sie mal: was haben Sie denn da für einen Ring?
Z:
Was für einen Ring?
Y:
Dort am Ringfinger der linken Hand – der glänzt ja so auffällig –

Z:
Oh, das ist ein ganz billiger, unechter Ring –
Y:
Zeigen Sie bitte Ihre Hand –
Z:
Aber Frau Gräfin –
Y:
Ich kann nämlich in den Linien der Hand lesen.
Z:
Ich zweifle nicht daran –
Y:
Genieren Sie sich oder fürchten Sie sich?
Z:
Wie sollte ich Frau Gräfin, die ich verehre und hochschätze, die ich – liebe, fürchten.
Y:
(betrachtet seine Hand) Auf der Dienerschule haben Sie wohl vor allem Maniküre gelernt?
Z:
Ja – ja – allerdings –
Y:
So – und was haben Sie denn noch gelernt?
Z:
Ach – was man so lernt –
Y:
Und was lernt man denn so?
Z:
Zum Beispiel – Tischdecken –
Y:
Tischlein deck' dich – aber mit dem Tischdecken ist es bei Ihnen nicht weit her – Sie legen Messer und Gabel immer prinzipiell – prinzipiell – an die falsche Stelle –
Z:
Ja – ich habe prinzipiell Prinzipien.
Y:
Wo das Messer hingehört, legen Sie die Gabel, und wo die Gabel hingehört, das Messer –
Z:
Es soll nicht wieder vorkommen, Frau Gräfin. (Will abgehen)

Y:
(unerbittlich) Was ist der Unterschied zwischen Dienerjackett und Dinnerjackett –?
Z:
Der Unterschied – der Unterschied – ist – ist ziemlich groß.
Y:
Was trägt der herrschaftliche Diener als Ausgangsanzug?
Z:
Einen – einen Anzug –
Y:
Einen einreihigen Anzug aus dunklem Livreestoff!
Z:
(erleichtert) Jawohl –
Y:
Und was gehört zu diesem Anzug?
Z:
Ein – ein Diener.
Y:
Ein schwarzer steifer Hut. – Übrigens darf die Silhouette des Dieners niemals der seines Herren gleichen. Die Ihre tut das.
Z:
Sie wird es nicht wieder tun.
Y:
(zeigt auf ihre Schuhe) Schuhputzen können Sie ebenfalls nicht –
Z:
(fällt sofort in die Knie, zieht ein Seidentaschentuch und versucht die Schuhe abzuwischen) Ich bitte devotest um Vergebung –
Y:
(behält seine Hand, zieht ihn hoch) Ein seidenes Taschentuch?
Z:
(schlicht) Ja, ich trage nur Seidenwäsche – nach dem Urteil aller maßgebenden medizinischen Kapazitäten ist Seidenwäsche die gesündeste Wäsche –
Y:
Sie sind ja sehr um Ihre Gesundheit besorgt! Was haben Sie denn für ein Gehalt?
Z:
Oh, ich bin absolut ausreichend versehen –
Y:
Sie lieben mich – wie Sie vorhin sagten –

Z:
Natürlich nur in den erlaubten Grenzen –
Y:
Liebe kennt aber keine Grenzen – Was haben Sie für eine schöne schlanke Hand – fast eine aristokratische Hand –
Z:
Frau Gräfin schmeicheln ...
Y:
Sie haben nicht die Hand eines Dieners ...
Z:
Frau Gräfin sind sehr gütig ...
Y:
Auch Ihre Manieren verraten Kultur, oder sagen wir: Zivilisation – von wem haben Sie diesen Ring?
Z:
(schweigt verlegen)
Y:
Von einer Frau?
Z:
(schweigt)
Y:
Ich bin nicht eifersüchtig. Dazu habe ich in diesem Fall kein Recht. Dieser Ring ist sehr kostbar – der grüne Stein ist ein Smaragd –
Z:
Ich hielt ihn für grünes Glas –
Y:
Haben Sie denn kein Unterscheidungsvermögen? Können Sie zum Beispiel mich von anderen Frauen unterscheiden?
Z:
Frau Gräfin sind ein Smaragd, und alle andern Frauen sind grünes Glas.
Y:
Woher wissen Sie das?
Z:
Ich habe Sie leuchten sehen!
Y:
Heben Sie den Smaragd gut auf. Er ist ein kostbares Stück. Wenn Sie ihn verlieren, werden Sie so leicht keinen andern wiederfinden.
Z:
Das ist mir wohl bewußt, Frau Gräfin.

Y:
(zieht ihm das etwas herausstehende Seidentuch aus dem Dienerjackett) N.v.Z. – – – –
das ist ja das Monogramm meines Mannes – hören Sie, mein Lieber, Sie
kommen mir höchst verdächtig vor – wenn Sie mir nicht sofort, auf der
Stelle beichten, wer Sie sind, und was Sie hier wollen – wecke ich meinen
Mann – und er holt die Polizei, und Sie spazieren ein Jahr hinter schwedische
Gardinen – Sie ... Hochstapler – (Wartet die Wirkung ihrer Worte ab, als sie gleich
null ist, wiederholt sie) Sie ... Hochstapler ... Sie Hochstapler ... sind Sie
schwerhörig!?

Z:
Ich höre sehr gut –

Y:
Und was haben Sie darauf zu erwidern?

Z:
Wollen Frau Gräfin wissen, wer ich bin?

Y:
Das will ich in der Tat –

Z:
Nun – wünschen Sie polizeilichen Ausweis. (Greift in die Brusttasche) Bitte!
Man ist mit allem Nötigen versehen: mein Paß. (Reicht der Gräfin den Paß, die
nimmt ihn und prallt zurück)

Y:
Graf Z – das Bild etwas undeutlich –

Z:
Wie alle Paßbilder –

Y:
Augen blau – Mund gewöhnlich. (Aufblickend) Hier stimmt etwas nicht –

Z:
Hier stimmt vieles nicht.

Y:
Sie haben den Paß meines Mannes gestohlen –

Z:
(langsam) Verzeihen Frau Gräfin – er den meinen –

Y:
Sie sind –

Z:
Ich bin Graf Z –

Y:
Unglaublich –

Z:

Aber wahr –

Y:

Unmöglich –

Z:

Bestimmt –

Y:

Und er?

Z:

Der steckbrieflich gesuchte Siegfried Cohary aus Zopron.

Y:

Nein –

Z:

Ja.

Y:

O Gott!

Z:

Es war meine moralische Pflicht, die Schurkerei ohne Behelligung der Polizei und der Gerichte zu liquidieren. Das schuldete ich dem Namen Ihres, dem Namen meines Hauses. Die Öffentlichkeit durfte nicht orientiert werden. Wir mußten den Skandal unter allen Umständen vermeiden. Deshalb nahm ich diese Dienerstelle hier an. Ich handelte im Einverständnis Ihrer Herren Eltern.

Y:

Sie wissen davon?

Z:

Durch mich.

Y:

Mein Gott –

Z:

Ich habe jetzt alle Beweismittel lückenlos in der Hand. Heute fällt sein Haupt.

(X tritt langsam von links auf)

Y:

Du – du – Sie – Sie –

X:

Ich habe alles gehört – ich laufe nicht davon. Ich wußte längst, daß Sie (zu Z) hinter mir her waren – daß Sie sich hier als Diener eingeschmuggelt – ich hätte weggehen können, wie ich gekommen war – aber ich wollte nicht – weil ich liebte –

Y:
Was weißt du – was wissen Sie von Liebe! Wenn Liebe Lüge heißt, Betrug, Niedertracht und jede Schandtat – dann haben Sie herrlich „geliebt". – Liebe, Leben und du – das war für mich eins – ich liebte – aber ich werde nie mehr lieben – Sie haben mir die Liebe mit der Wurzel aus dem Herzen gerissen – in einer einzigen Sekunde. Ich bin aus höchster Höhe in tiefste Tiefe gestürzt. Mein Herz zittert. Meine Hand zittert – Sie zu schlagen, Sie Schurke –

X:
Ein hartes Wort – von einem harten Menschen.

Z:
Ein Wort, das an Deutlichkeit nichts zu wünschen übrig läßt.

X:
Du sagtest mir eben noch –

Y:
Ich bitte Sie, mich nicht zu duzen.

Z:
Die Polizei sucht Sie!

X:
Sie wird mich finden, wenn meine Freunde mich verraten –

Z:
Wir – Ihre Freunde?

X:
Ich glaubte –

Z:
Sie irrten –

X:
So irrte ich gern. Vertrauen ehrt den Vertrauenden. Nur Mißtrauen rechtfertigt Betrug.

Y:
Habe ich Ihnen je mißtraut, daß Ihr Betrug gerechtfertigt wäre?

X:
Sie mißtrauen mir jetzt, wo alles auf dem Spiele steht.

Y:
Ich spiele nicht – ich hasse Sie –

X:
Ich liebe Sie –

Y:
Lassen wir das. Keine Sentimentalität.

X:
Nur Gefühl –

Z:

Neue Sachlichkeit!

X:

Alte Romantik. Unzeitgemäß. Ich bin kein gewerbsmäßiger Hochstapler. Ich liebte. Ich warb um dich in seinem Namen – für meine Person. Rechtlich, namentlich sind Sie also ihm angetraut. Vor dem Gesetze der Ewigkeit mir.

Z:

Sie haben meine Effekten inklusive Paß, Brautgeschenk usw., nennen wir es beschönigend, an sich gebracht, weil Sie von dem Plan meiner Vermählung mit der Gräfin wußten. (X nickt mit dem Kopf) – Sie haben meine Papiere und das Vertrauen dieser Dame zu einem Schurkenstreich benutzt, wie er in der Kriminalgeschichte aller Völker und Zeiten einzig dasteht –

X:

Ich habe mir Ihren Namen nur in Notwehr beigelegt – verstehen Sie denn nicht – weil ich nicht mehr ich selber sein wollte – weil ich mich auslöschen wollte – ein anderer werden – in diesem – durch dieses geliebte Geschöpf – wenn man einen andern Namen trägt, wird man schon von selbst ein anderer – spüren Sie nicht, daß ich eigentlich Sie geworden bin?

Z:

Reden Sie nicht solchen Blödsinn –

X:

Ich mache Ihnen einen Vorschlag: ich kaufe Ihnen Ihren Namen ab.

Z:

W-i-e?

X:

Ich kaufe Ihnen Ihren Namen ab.

Z:

Sie wollen mir meinen ehrlichen Namen abkaufen?

X:

Wenn er nicht ehrlich wäre, würde ich ihn nicht kaufen.

Y:

Er ist wahnsinnig.

X:

Durchaus nicht. Ich kaufe Ihnen Ihren Namen ab – für mein gesamtes Vermögen.

Z:

Das Sie zusammenstahlen.

X:

Nicht unehrlicher als mancher Industriekapitän. Da jene Frau Ihren Namen trägt, ist er mir um alles feil. Er ist mir mehr wert als mein Leben. – Sie kön-

nen dafür meinen Namen gratis und umsonst haben. Ich biete Ihnen jede gewünschte Sicherheit.
Z:
Die Sicherheit, die ich wünsche, können mir nur Handschellen und Fußeisen gewähren.
Y:
Sie – Sie – Mörder –
X:
Mörder?
Y:
Meines Glückes –
Z:
Das Gefängnis wartet. Drei Jahre sind fällig.
X:
Mindestens.
Z:
Sie sind informiert.
X:
Ja.
Z:
(denkt einen Augenblick nach) Es gibt vielleicht einen Ausweg, um den öffentlichen Skandal zu vermeiden. Wollen Sie in – Freiheit bleiben?
X:
Die Freiheit bedeutet die Möglichkeit, mit ihr in einer Luft zu atmen, vielleicht manchmal sie von weitem zu sehn, zu grüßen –
Y:
Auf Ihren Gruß verzichte ich.
X:
Für welchen Preis wollen Sie mich der Polizei nicht ausliefern?
Z:
Eine Bedingung –
X:
Welche –?
Z:
Sie haben die Komteß unter meinem Namen, dem Namen des Grafen Z geheiratet. Ich liebe die Gräfin. Und die Gräfin liebt mich.
X:
Liebt – Sie –?
Y:
(tritt zu Z) Ja!

Z:
Es ist mein, der Gräfin, der Familie, unser aller Wunsch, die Angelegenheit diskret zu arrangieren –
X:
Meiner völligen Diskretion dürfen Sie versichert sein –
Z:
Es sind keine Formalitäten zu erledigen, Protokolle zu ändern, keine Scheidung ist notwendig, wenn ich nunmehr die Gräfin in der Tat eheliche, nachdem die Verbindung auf meinen Namen schon geschlossen ist. Die ehelichen Rechte und Pflichten gehen von Ihnen auf mich über: das ist alles.
X:
Das ist alles –
Z:
Noch nicht alles – S i e werden nun die Rolle weiterspielen, die ich hier spielen mußte. Sie werden künftig mich bedienen.
X:
(mit einem Blick) Ich werde s i e bedienen ...
Z:
Ein Bruch Ihres Dienstvertrages und die Polizei hat Sie beim Kragen.
Y:
Ihr Bubenstück verlangt exemplarische Bestrafung, verlangt Ihre tiefste menschliche Demütigung.
X:
Mit der größten Freude werde ich Ihnen (zu Y) dienen wie bisher. Denn Ihnen zu dienen war immer meine höchste Freude, mein Glück –
Z:
(zieht seine Livreejacke aus) Also wechseln wir die Kleider.
X:
(zieht sein Jackett aus, sie tauschen, X hilft Z ins Jackett)
Y:
Nat –
X:
Frau Gräfin befehlen?
Y:
Packen Sie unsere Koffer. Wir reisen noch heute.
X:
Sehr wohl. Für länger?
Y:
Vier Wochen. Wir machen unsere – Hochzeitsreise – nach Italien – (Zu Z) Komm, Nathanael – (Zu X) Vergessen Sie nicht den lila ombrierten Badean-

zug für den Lido einzupacken – und den rosa Georgette mit Gold und Silber kombinierten Pyjama!

(Z und Y ab)

X:

(bleibt allein auf der Bühne, senkt den Kopf) Sehr wohl. Frau Gräfin –

(Vorhang)

Dritter Aufzug

(Es ertönt eine zerbrochene Grammophonplatte, die gleiche, die den zweiten Aufzug einleitete. Der Vorhang geht auf und zeigt ein hochelegantes Zimmer. Z betrachtet mißbilligend die zerbrochene Platte und hält sich die Ohren zu. Stellt ab)

Z:

(im Smoking) Welcher Lümmel hat denn die ganzen Grammophonplatten zerbrochen?

X:

(ist rechts aufgetreten, trägt mit beiden Händen ein elegantes Abendkleid und geht nach links über die Bühne) Der Herr Graf selbst – haben sich gestern abend nach Einverleibung von zirka zehn Whiskysoda mit der systematischen Zertrümmerung von Grammophonplatten befaßt. (Links ab)

Z:

(sieht ihm nach) Frecher Kerl – (Z beginnt den Likör- und Zigarrenschrank zu inspizieren. Er zieht ein Notizbuch. Er hält Whisky- und Likörflaschen gegen das Licht und mißt mit einem Zentimeterstab den Stand der Flüssigkeit. Enttäuscht) Verdammt – der Kerl säuft nicht – (faßt sich an den Schädel) bloß ich – aus Verzweiflung – (tippt mit dem Zentimeterstab an die Flaschen) sie liebt mich – sie liebt mich nicht – sie liebt mich – sie liebt mich nicht – (enttäuscht) sie liebt mich nicht – (Mißt wieder eine Flasche, sieht in dem Notizbuch nach, in dem er den Likörstand notiert hat) Es stimmt –

X:

(von links auftretend) – bis auf den Millimeter, gnädiger Herr –

Z:

(wütend) Rauchen Sie?

X:

Zuweilen, gnädiger Herr –

Z:

Holen Sie die Kiste mit den Havannas her –

X:

Die mit den Upmans?

Z:

Ja –

X:

Hier bitte –

Z:

(für sich) Jetzt hab' ich den Burschen. (Sieht im Notizbuch nach) Fünfzehn – (Zählt) Eins – zwei – drei – fünfzehn – sechzehn – siebzehn – (verblüfft, sieht wieder in seinem Notizbuch nach) gestern waren doch nur fünfzehn drin – Und heute sind es siebzehn. Die Havannas vermehren sich doch nicht! Wie kommt das?

X:

Ich habe mir erlaubt, zwei aus meinem Bestande hinzuzufügen. Der Herr Graf sind so überempfindlich gegen mich, daß ich seinem Mißtrauen gern zuvorkomme.

Z:

Einen solchen Diener habe ich noch nicht gesehen –

X:

Und ich noch keinen solchen Herrn –

Z:

Was soll das heißen – wollen Sie mich beleidigen?

X:

Aber der Herr Graf sind in letzter Zeit von einer Nervosität – der Herr Graf sollten vielleicht einige Wochen ausspannen –

Z:

Ich bin doch eben erst aus Italien zurückgekommen –

X:

Vielleicht war das nicht die richtige Erholung –

Z:

Damit Sie hier um so ungestörter – – nein, mein Lieber, daraus wird nichts. Sie hängen mir sowieso schon zum Halse heraus. – – Ich werde Ihnen kündigen.

X:

(erschrickt) Der Herr Graf wollen mir kündigen? Sind der Herr Graf unzufrieden mit mir?

Z:

Ich bin absolut unzufrieden mit Ihnen. Ebenso meine Frau – Sie benehmen sich gegen sie – wie ein Irokese –

X:

Und wie benimmt sich ein Irokese?

Z:

Das weiß ich nicht – (Schreiend) Das weiß ich nicht! (Wütend ab)

X:
(beginnt verlegen mit einem Wedel allerlei abzustauben, kommt an ein Bild der Gräfin, nimmt es in die Hand, schüttelt wehmütig das Haupt, drückt es in einer plötzlichen Eingebung an die Lippen. In diesem Moment tritt Y auf: in großer Abendtoilette)

Y:
Was machen Sie denn da?

X:
Ich stäube das Bild der gnädigen Frau ab –

Y:
Mit den Lippen –?

X:
Pardon!

Y:
Bitte schön!

X:
Sind gnädige Frau wirklich so unzufrieden mit mir –?

Y:
Wieso? Ich bin sehr zufrieden mit Ihnen –

X:
Der Herr Graf war anderer Ansicht –

Y:
Der Herr Graf ist immer anderer Ansicht – (Wippt in einem Lehnstuhl) Es war wunderschön in Italien.

X:
(traurig) Wunderschön –

Y:
Na ja – alles Italienische war wunderschön in Italien. Das andere weniger –

X:
(seine Miene heitert sich auf) Das freut mich.

Y:
Was freut Sie?

X:
Daß das andere weniger schön war –

Y:
Warum bist du – warum sind Sie so einsilbig, Nat?

X:
Schweigsamkeit und Verschwiegenheit sind die Kardinaltugenden des Dieners.

Y:
Was haben Sie zu verschweigen?

X:
Mein Herz – (Kleine Pause)
Y:
Was stauben Sie denn da ab?
X:
Das Reichsstrafgesetzbuch. Ich habe es dem Herrn Grafen mit in die Ehe gebracht.
Y:
In welche Ehe?
X:
In seine – in unsere – in Ihre – (Kleine Pause. X manöveriert sich diskret, immer irgend etwas abstaubend, in ihre Nähe)
Y:
Nat, sage mal –
X:
Frau Gräfin wünschen – –
Y:
Sagen Sie mal, Nat – dienen Sie gern?
X:
Von Herzen gern –
Y:
Sie dienen von Herzen gern?
X:
Ja –
Y:
Wem?
X:
Ihnen –
Y:
Mir?
X:
Ihnen!
Y:
Und dem Grafen?
X:
… weniger gern –
Y:
Das kann ich verstehen.
X:
Womit ich nichts gegen den Herrn Grafen gesagt haben will.

Y:
Was für ein Gefühl ist das: dienen zu müssen?
X:
Ich muß ja nicht dienen. Ich diene. Freiwillig.
Y:
Nun ganz so freiwillig wohl nicht –
X:
Es ist ein herrliches Gefühl, einer guten Sache zu dienen.
Y:
Glauben Sie, daß ich eine gute Sache bin?
X:
Ja, Sie sind eine gute – Sache.
Y:
Wenn Sie sich nur nicht täuschen!
X:
Dann habe ich mich eben gern getäuscht.
Y:
Glauben Sie nicht, daß ich nur so eine – Person bin, so obenhin – so oberflächlich –
X:
Sie tun manchmal so – aber ich durchschaue Sie. Denn Sie sind für mich durchsichtig wie Glas –
Y:
Wie grünes Glas vielleicht –?
X:
(neigt sich zu ihr) Wie Kristall! –
(Z tritt auf, X fährt zurück)
Y:
Du, Nathanael, der Diener meint, ich sei durchsichtig wie Glas. Findest du das auch?
Z:
Wieso? Ich finde, du bist heute ausnahmsweise sehr dezent angezogen –
Y:
Du bist ein unmöglicher Mensch!
(X während dieses Dialogs ab, Z treibt ihn zur Tür)
Y:
Was meinst du, benimmt er sich nicht tadellos korrekt?
Z:
Wer?

Y:
Der Diener.
Z:
Zu korrekt!
Y:
Als hätte er sein Leben lang nichts anderes getan als herrschaftlichen Familien aufzuwarten. Er ist auf dem besten Wege, seinen Fehltritt wenigstens einigermaßen zu sühnen. Ich bin sehr zufrieden mit ihm.
Z:
Ich weniger.
Y:
Du! Du hast eben an allem etwas auszusetzen und herumzumäkeln.
Z:
Ich habe ganz im Gegenteil den Eindruck, als ob ich dir nicht mehr ganz genüge –
Y:
Nein. Nicht ganz – du hast mir nie genügt. Bin ich dir nicht schon in der Hochzeitsnacht davongelaufen? Bin ich jemals wirklich deine Frau geworden? (Sie geht zum Grammophon und stellt es ein, das sofort einen amerikanischen Step zu spielen beginnt. Y stept in der Mitte des Zimmers wie für sich. Z sieht ihr betroffen zu. Inzwischen ist X mit dem Teewagen eingetreten. Fährt ihn vor Z, stößt versehentlich gegen Z, da er Y tanzen sieht)
X:
Pardon – Rum?
Z:
Rum.
X:
Cordial Medoc?
Z:
Cordial Medoc.
X:
Milch ohne Haut zum Tee?
Y:
Sahne ...
X:
Plumkek und Toast?
Y:
Yes.
Z:
Sie können gehen.

X:

(verneigt sich)

Y:

Natürlich kann er gehen. Er hat ja zwei Beine ...

Z:

Sei nicht so kindisch.

Y:

Greisisch kann ich nicht sein.

Z:

Stellen Sie die verfluchte Maschine ab.

Y:

(stampft mit dem Fuß) Nein – nein – nein –

Z:

(stellt wütend den Apparat ab) Gehen Sie!

Y:

Bitte gehen Sie!

X:

Frau Gräfin sind sehr gütig – (Mit Verneigung ab)
(Z und Y stehen nebeneinander hinter dem Teewagen)

Y:

Ein komischer Mensch.

Z:

Ein trauriger Mensch. (Sie trinken, Y macht Z alle Bewegungen, Tasse heben, mit dem Löffel rühren, trinken usw. nach)

Y:

Wenn man ihn bittet, tut er alles für einen. Neulich hab' ich ihn gebeten, mich zu küssen, und da hat er mich –

Z:

(auffahrend, verschluckt sich) Geküßt?

Y:

(lacht) Nein – ich habe ihn gar nicht gebeten. Etsch! Aber wenn ich ihn bitten würde, dann würde er –

Z:

Was würde er?

Y:

(spricht in die Tasse) Er würde das tun, worum ich ihn bitte.

Z:

Sei nicht so albern.

Y:
Selber albern.
Z:
Retourkutschen fahren nur Freitags.
Y:
Aber unsere langweilige Ehekutsche jeden Tag.
Z:
Du langweilst dich?
Y:
Unbeschreiblich –
Z:
Ist das der Dank, daß ich deinen unbesonnenen Fehltritt auf so honorige Weise korrigiert habe?
Y:
Fehltritt – und Dank? Dank? Ist das Pferd dankbar, wenn ihm Zügel angelegt werden – von irgendeinem –
Z:
(verliert das Monokel) Irgendeinem?
Y:
Gib mir eine Zigarette und lies mir etwas aus der Zeitung vor – vielleicht steht da etwas Interessantes drin. Du hast's ja nicht geschrieben – vielleicht hat unser Diener etwas rot angestrichen –
Z:
(liest) Die Preußen griffen mit voller Wucht an. Es entspann sich ein erbittertes Ringen, bis nach fünfzehn Minuten der rechte Flügel der Bayern durchbrach und sich mit Vehemenz auf die überraschten Preußen stürzte –
Y:
O Gott! Wie furchtbar!
Z:
Die Preußen hatten mit ihren Schüssen Pech. Es waren fast immer Fehlschläge. Fünf Minuten vor drei kam es zum Handgemenge – ein wüster Knäuel von Leibern wälzte sich am Boden. Blut spritzte –
Y:
Entsetzlich dieser ewige Krieg zwischen Bayern und Preußen –
Z:
Krieg? Krieg? Wer redet denn von Krieg? Hör' doch richtig zu und sperr' die Ohren auf. Ich lese dir doch von dem großen Fußballwettkampf Preußen gegen Bayern –
Y:
Affe –

X:
(auftretend) Frau Gräfin haben gerufen –?
Y:
Nein, ich meinte Sie nicht. Sie können wieder gehen. Ich meinte den da.
(X mit Teewagen ab)
Z:
Den da? Den da? Ich bin kein den da. Ist das eine Art von seinem Mann zu sprechen?
Y:
Es ist meine Art!
Z:
Art! Du sprichst ja Art wir Aht aus. Du könntest mit deinen neunzehn Jahren endlich Deutsch gelernt haben –
Y:
Neunzehn Jahre? Achtzehn Jahre bin ich alt und keinen Tag älter. Wenn du noch einmal neunzehn sagst, kratz' ich dir die Augen aus.
Z:
Vor deinem letzten Geburtstag sagtest du, daß du achtzehn Jahre alt wärst. Also müßtest du heute –
Y:
Ich gehöre nicht zu den Menschen, die heute so und morgen so reden – Ich bin und bleibe achtzehn –
Z:
Wie du auch reden magst, so oder so, du redest ein fürchterliches Kauderwelsch.
Y:
Vielleicht findest du, daß ich mauschle. Vielleicht war mein Großvater Jude –
Z:
Ein Graf Y Jude?
Y:
Na ja, das hat man doch jetzt oft, daß Großväter Juden sind. Hast du nicht den Semigotha gelesen? Sieh mal nach, womöglich stehst du auch drin und hast keine Ahnung davon. Überhaupt geht dich mein Großvater nichts an. Er geht dich einen Schmarren an. Ich kann mit meinem Großvater machen, was ich will. (Schreiend) Es ist mein Großvater und nicht dein Großvater. Ich verbitte mir, daß du etwas gegen meinen Großvater sagst. Das hat der alte Herr wirklich nicht verdient.
Z:
Aber ich habe ja keinen Ton gesagt.

387

Y:
Noch schlimmer. Er ist dir wohl gleichgültig. Er ist dir wohl zu unbedeutend, als daß du eines deiner kostbarsten Worte an ihm verschwenden möchtest.
Z:
Es ist mit dir heute nicht auszuhalten. (Sieht in die Zeitung) – Bei Baruch & Coleric gibt es ein wunderbares Lamékleid –
Y:
Damit fängst du mich heute nicht. Da müßte der Reisende von Baruch & Coleric schon selber kommen –
(Er trommelt nervös mit den Fingern auf den Tisch, sie streichelt, einer plötzlichen Eingebung folgend, mehrmals abrupt seinen Handrücken)
Z:
Was bedeutet das?
Y:
Streicheln –
Z:
So. – Was ist denn los? Du streichelst mich nur, wenn du etwas von mir willst –
Y:
Geschieht das nicht oft genug?
Z:
Was hast du denn auf dem Herzen?
Y:
Ich möchte dich um etwas bitten.
Z:
Bitte –
Y:
Weißt du, um was ich dich bitten möchte?
Z:
Keine Ahnung.
Y:
Bist du mir auch nicht böse?
Z:
Keine Spur!
Y:
Ich meine –
Z:
Nur heraus damit!

Y:
Du verstehst mich doch nicht falsch?
Z:
Gewiß nicht!
Y:
Das würde mir nämlich furchtbar leid tun.
Z:
Aber ich weiß immer noch nicht, worum es sich dreht.
Y:
Es dreht sich noch immer nach dem Winde.
Z:
Was dreht sich nach dem Winde?
Y:
Das Wetterfähnchen.
Z:
Um was handelt es sich eigentlich?
Y:
Um uns.
Z:
Um uns?
Y:
Um dich und mich.
Z:
Da bin ich nun aber neugierig.
Y:
Ich möchte zum Theater gehen –
Z:
Wir kommen ja gerade vom Theater.
Y:
Ich möchte nicht ins Theater gehen – sondern zum Theater. Zum. Z-u-m.
Z:
Ich verstehe kein Wort – was willst du denn mitten in der Nacht vorm Theater machen?
Y:
Kurz und gut: ich möchte zur Bühne –
Z:
Wohin?

Y:
Auftreten möcht' ich –
Z:
Auftreten?
Y:
(tritt mehrmals auf den Boden)
Z:
Du – eine Gräfin Z?
Y:
Ich – eine Gräfin Z!
Z:
Du hast Einfälle –
Y:
Das ist das einzige, was ich noch habe –
Z:
Hast du nicht mich?
Y:
Gehabt!
Z:
Und da willst du – zur Unterhaltung, zum Amüsement – zur Bühne gehen? Einfach so?
Y:
Einfach so –
Z:
Ja, weißt du denn überhaupt, ob du Talent hast?
Y:
Das Haupttalent, das man zur Bühne braucht, habe ich.
Z:
Was für ein Talent?
Y:
Schwindeln –
Z:
Wie schwindeln?
Y:
Gott, bist du schwerfällig, schwindeln muß man können, wenn man Theater spielen will – denn das ganze Theater ist doch nichts als – Theater – und der größte Schauspieler ist der, der am besten lügen kann –
Z:
Dann bist du ein Genie!

Y:
Siehst du! – Ich habe auch schon eine Rolle für mich – eine fabelhafte Rolle – fabelhafte Kostüme –

Z:
Das ist natürlich die Hauptsache –

Y:
Ich trete auf als – verheiratete Frau –

Z:
Originell –

Y:
Ich habe einen Esel von Mann und einen jungen Gott von Freund –

Z:
Du betrügst mich?

Y:
Wieso? Aber das ist doch nur in dem Stück! Ein ausgezeichnetes Stück! Ich habe es in den letzten Tagen, wenn du im Klub warst, studiert –

Z:
Wenn man Theater spielt, muß man studieren? Ich denke, da braucht man bloß zu schwindeln –

Y:
(springt auf) Ich hasse dich – ich hasse dich unsäglich – vielleicht gibt es nur einen Menschen, den ich noch mehr hasse als dich – das bin ich selbst – ich hasse dich, weil ich da bin, weil du da bist – weil diese ganze verfluchte Welt da ist – und wir auf ihr – (Wendet sich nach der andern Seite) Aber dich, Geliebter, dich liebe ich – wir waren uns schon tausendmal begegnet – in tausend Welten – jetzt wurden wir wieder zusammen auf die Erde geschleudert – alle unsere Liebe, wir müssen sie wieder empfinden, müssen küssen, lachen, lächeln, seufzen, weinen, sein – zum tausendundersten Male wie all die tausend Male – tausendundeine Nacht. – (Wieder zu Z) Gibt es denn keine Möglichkeit, dir zu entrinnen? (Nach vorn) Vielleicht gibt es eine Rettung. (Hebt ein imaginäres Glas) – Liebes Gift! Hier ist ein Glas – zwei Körnchen Zyankali hinein, der Schierlingsbecher ist bereit –.Geliebter – dir will ich beichten – und es ist die heiligste Wahrheit – daß ich nur dich geliebt habe – ich gehe ohne dich hinüber – ich will endlich, endlich allein sein – (Ergreift das imaginäre Glas, stürzt es hinunter) Lebt beide wohl – du – und du – ich sterbe gern. – (Fällt zu Boden)

Z:
(entsetzt) Henriette, um Gottes willen?! Man muß dem Arzt telephonieren.

Y:
(richtet sich auf) Wie findest du das Stück?

Z:

(trocknet sich den Schweiß von der Stirn) Sehr aufregend.

Y:

Findest du nicht, daß es mit unserer Situation eine gewisse Ähnlichkeit hat?

Z:

Wieso? Ja, vielleicht eine entfernte Ähnlichkeit – übrigens nein: ich sehe überhaupt keine Ähnlichkeit. Willst du dich vielleicht vergiften –?

Y:

Mich – nein!

Z:

Oder etwa mich?

Y:

Schon eher!

Z:

Du bist gut.

Y:

Noch kannst du dich vor dem fälligen Giftmord retten, noch ist Zeit – zu einer gütlichen Lösung unseres Verhältnisses –

Z:

Wir sind verheiratet –

Y:

Ebendarum – einmal geheiratet ist noch nicht gestorben. Ich möchte dich bitten, dich scheiden zu lassen.

Z:

W-a-s?

Y:

Scheiden. S-c-h-e-i-d-e-n. Scheiden ist doch sehr modern. In Amerika werden jährlich 37421 Ehen geschieden – was hast du also dagegen?

Z:

37421 – woher weißt du das so genau?

Y:

Ich schwärme für Statisterie.

Z:

Du meinst Statistik.

Y:

Mach' doch nicht so ein Karpfenmaul. Ganz einfach: ich liebe dich nicht mehr – oder vielmehr: ich habe dich nie geliebt ...

Z:

Henriette!

Y:
   Nathanael!
Z:
   Welch Abgrund!
Y:
   Es hat mir damals ungeheuer imponiert, wie du diesen X entlarvtest. Der Detektiv, die Idealgestalt aller von mir verschlungenen Kriminalromane stand leibhaftig vor mir. Damals hast du ihn, inzwischen hast du dich selbst entlarvt. Ich muß sagen: mit dem gleichen Geschick!
Z:
   Liebst du einen andern?
Y:
   (schweigt)
Z:
   Ob du einen andern liebst?
Y:
   Ob? Ob? Und ob!
Z:
   Du liebst also einen andern?
Y:
   Ja.
Z:
   Schon lange?
Y:
   Schon ziemlich lange!
Z:
   Und das hast du mir verheimlicht?
Y:
   Ich wußte es ja selbst nicht.
Z:
   Du hast es nicht gewußt?
Y:
   (macht ihn nach) Ich hab' es nicht gewußt.
Z:
   Aber jetzt weißt du's?
Y:
   Eigentlich bist du ziemlich indiskret. Ja, jetzt weiß ich's!
Z:
   Und wer ist's?

Y:
Du kennst ihn.
Z:
Ich kenne ihn?
Y:
Sehr genau.
Z:
Sehr genau?
Y:
Du wirst lachen – es ist auch wirklich komisch – aber ich meine es ganz ernst.
Z:
Jetzt fahre ich aber bald aus der Haut. Wer ist's denn nun? (Geht auf sie zu, sie weicht vor ihm aus und zieht ihn im Lauf des folgenden Dialoges durch das Zimmer hinter sich her)
Y:
Was denn?
Z:
Dein Geliebter!
Y:
Ich habe keinen Geliebten.
Z:
Aber du liebst?
Y:
Ja.
Z:
Wen liebst du?
Y:
Ich liebe nicht mehr den Detektiv, sondern den Verbrecher.
Z:
Einen Verbrecher liebst du?
Y:
Einen Verbrecher.
Z:
Einen Dieb?
Y:
Ja.
Z:
Einen Hochstapler?

Y:
   Ja.
Z:
   Einen Mörder?
Y:
   Warum nicht? Ein sympathischer Mörder ist mir lieber als sein unsympathisches Opfer!
Z:
   Und ich bin dieses unsympathische Opfer?
Y:
   Geraten!
Z:
   Deine Frivolität überschreitet alle Grenzen! Wen liebst du denn nun eigentlich?
Y:
   (kleine Pause) Nat –
Z:
   (bleibt stehen) Nat –
Y:
   X.
Z:
   X.
Y:
   Unsern Diener –
Z:
   Deinen Diener –
Y:
   Ihn –
Z:
   Diesen – diesen
Y:
   Diesen – diesen –
Z:
   Schämst du dich gar nicht?
Y:
   Nein.
Z:
   Hast du denn ganz die Kontenance verloren?

395

Y:
Nein, nur den Geschmack an dir –
Z:
Daß du dich so vergessen konntest –
Y:
Daß ich ihn so vergessen konnte –
Z:
Was soll nun geschehen?
Y:
Das einzig Mögliche –
Z:
Er muß sofort aus dem Haus.
Y:
Wer?
Z:
Der Diener.
Y:
Aber im Gegenteil – (klingelt). Du mußt aus dem Haus.
Z:
Ich???
Y:
Du!!!
Z:
Das ist doch die Höhe!
X:
(erscheint)
Y:
(sehr langsam) Der Herr Graf verreisen. Allein. Packen Sie bitte den Koffer. Ich habe dann später noch mit Ihnen zu sprechen. Unter vier Augen. Verstehen Sie?
X:
Sehr wohl, Frau Gräfin.
Y:
Leb' wohl, Nathanael. Die äußeren Formalitäten, Rechtsanwalt usw. nimmst du wohl auf dich. Ich bin da ein wenig ungewandt. (Sie gibt ihm einen leichten Wangenschlag) Sie sind mir auch zu langweilig. Adio! (Ab)
(X und Z perplex zurück)
X:
Nehmen Herr Graf auch einen Frack mit? Wieviel weiße· Pikeehemden?

Vielleicht genügen für die Reise ein Sportanzug mit langer Hose, Ulster, drei farbige Hemden, ein Dutzend weiche Kragen, ein halbes Dutzend bunte Selbstbinder, ferner ein Sakkoanzug, Cut, Smoking, Paletot, ein steifer, ein weicher Hut, eine Reisemütze, ein halbes Dutzend steife weiße Hemden, schwarze Schleifen, Pumps, Lackhalbschuhe, braune Halbschuhe, schwarze Stiefel ...

Z:

(unterbricht) Zum Teufel, packen Sie, was Sie wollen –

X:

Für länger?

Z:

Für noch länger. Für immer.

X:

Für immer? Das bedaure ich sehr. Ich werde sobald nicht mehr eine Stellung finden, die mir so in jeder Weise konveniert, wie die Stellung beim Herrn Grafen.

Z:

Sie behalten Ihre Stellung.

X:

Wie darf ich das verstehen?

Z:

Die – Gräfin engagiert Sie!

X:

Die Gräfin?

Z:

Mit Aufbesserung.

X:

Aufbesserung? Ich bin nicht um Gehaltserhöhung eingekommen. Herr Graf waren in diesem Punkt immer von einer ungewöhnlichen Generosität.

Z:

Meine Frau behauptete immer, ich sei der geizigste Filz, der ihr je vorgekommen. So verschieden können die Neigungen sein.

X:

Herr Graf sprechen soeben von der Frau Gräfin nicht im Präsenz, wie es natürlich gewesen wäre, sondern im Perfekt. Darf ich mir die Frage gestatten, was das bedeutet?

Z:

Meine Frau ist meine Frau – gewesen.

X:

Gewesen?

397

Z:
: Gewesen – gewesen.

X:
: Wollen Herr Graf sich von ihr – trennen?

Z:
: Trennen? Trennen? Ein viel zu sanftes Wort. V e r s t o ß e n habe ich sie. Auf immerdar.

X:
: Dürfte ich, obwohl in dienender Stellung und also zur Interpellation nicht berechtigt, den Grund erfahren?

Z:
: Sie dürfen. Sie hat einen Geliebten.

X:
: (erbleicht, faßt sich ans Herz) Einen Geliebten?

Z:
: Ist das nicht furchtbar?

X:
: Furchtbar. Wir sind betrogen.

Z:
: Wir? Ich!

X:
: Ja, ich.

Z:
: Sie?

X:
: Nein, Sie.

Z:
: Sagen Sie, Sie kennen meine Frau ja einigermaßen.

X:
: Einigermaßen.

Z:
: Was halten Sie von ihr?

X:
: In welcher Beziehung?

Z:
: In jeder.

X:
: Sehr viel.

Z:
Eine offene Frage.
X:
Ich bitte darum.
Z:
Sie wurden ganz bleich, als ich eben von dem Geliebten der Gräfin sprach. Lieben Sie die Gräfin?
X:
Sie fragen so ehrlich, daß ich ebenso ehrlich darauf antworten will.
Z:
Ja oder nein?
X:
Ja!
Z:
Ich danke Ihnen für dieses offene Eingeständnis. Sie sind zwar ein Schurke, aber ein Gentleman.
X:
Ich danke Ihnen für die gute Meinung, die Sie von mir haben.
Z:
Es bleibt noch die Frage offen, ob die Gräfin S i e liebt.
X:
Diese Frage stellen, heißt sie verneinen. Die Frau Gräfin hat einen Geliebten.
Z:
Wer sagt das?
X:
Sie selbst haben es mir doch eben verraten.
Z:
Ich vergaß einen Moment – aber Sie sollten sie trotzdem einmal fragen, ob sie Sie liebt. Man kann doch zwei Menschen lieben. Es gibt doch derartig ausschweifende Naturen. Katharina von Rußland, Theodora von Byzanz, Aspasia, Ninon de Lenclos und noch so einige Damen haben sogar noch mehr als zwei Personen nebeneinander geliebt. Warum sollte die Gräfin nicht außer ihrem Geliebten auch noch Sie lieben? Wir werden sie, wenn sie zurückkommt, gemeinsam fragen –
X:
Sollte das nicht zu einer für die Gräfin peinlichen Situation führen?
Z:
Ehrlichkeit führt immer zu peinlichen Situationen.
X:
Herr Graf, ich habe Sie sehr schätzen gelernt –

Z:

Ich Sie nicht minder. Sie haben den Pakt, den ich mit Ihnen schloß, auf so honorige Art innegehalten, daß Sie sich bis fast zur Satisfaktionsfähigkeit wieder herausgepaukt haben. Sie haben nicht gekniffen. Sie sind ein tapferer Kerl. Cäsar ließ an gewissen festlichen Tagen seine Lieblingssklaven frei. Nun: Sie waren mein Sklave – Sie sind frei.

X:

Ich danke Ihnen.

Z:

Wissen Sie was? Sie können ja nachher noch packen – holen Sie eine Flasche Sekt – wir wollen gemeinsam zum Abschied eine Flasche Sekt trinken – als Mensch zu Mensch.

X:

Ich bin begeistert.

Z:

Gehen Sie, holen Sie –

X:

(ab, gleich zurück)

Z:

Finden Sie es nicht sehr schwül?

X:

In der Tat sehr schwül. Wir werden ein Gewitter bekommen.

Z:

Wie wäre es, wenn wir unsere Jacken auszögen – wir sind ja unter uns – unter uns Männern – mein Jackett inkommodiert mich – und Ihre Livree irritiert mich –

(Sie haben beide die Jacken ausgezogen und sind nun in Hemdärmeln völlig gleich gekleidet, zwei Gentlemen, die sich einander gegenübersitzen)

Z:

So, jetzt ist die Uniformität zwischen uns hergestellt – und die Etikette durchbrochen, welche verlangt, daß die Silhouette des Dieners niemals der seines Herrn gleicht. – Bitte, wollen Sie Platz nehmen.

X:

Danke sehr.

Z:

(hat eingeschenkt) A votre santé!

X:

A la vôtre!

Z:

Mais monsieur, vous parlez français?

X:
Ça va de soi même.

Z:
C'est une langue charmante.

X:
Très charmante. Surtout l'amour trouve des expressions les plus douces, les plus tendres. Que c'est joli ça: j'aime.

Z:
J'aime. Moi aussi.

X:
Hélas. Nous aimons tous les deux.

Z:
Tous les deux.

X:
Vive l'amour.

Z:
Vive l'amour!

X: Vive Henriette! ⎫
Z: Vive Henriette! ⎬ (gemeinsam ins Glas)

(Hinter der Bühne beginnt Klavierspiel: „Je vous demande un peu d'amour.")

X:
Sie spielt! (Er singt die erste Strophe mit, Z fällt mit der zweiten Stimme ein. Kleine Pause, als das Klavierspiel abbricht)

X:
Sie rauchen? (Reicht Z sein Zigarettenetui)

Z:
(liest eine eingravierte Widmung) Henriette ihrem lieben Nat – Darf ich Ihnen dafür von meinen Zigaretten anbieten? (Reicht sein offenes Etui)

X:
(liest) Henriette ihrem lieben Nathanael. (Sehen sich beide an)

Z:
Prost!

X:
Sehr zum Wohl. (Klappen gleichzeitig die Etuis zu. Wollen sich ihre Etuis zurückgeben – auf der Mitte des Weges halten sie inne und stecken jeder resigniert das Etui des andern ein)

Z:
Sie sind mir so ungeheuer sympathisch – wie heißen Sie eigentlich mit Vornamen?

X:
    Nat –
Z:
    Nat – also, Nat, ich habe eine solche Zuneigung zu Ihnen gefaßt, daß ein un-
    bezähmbares Verlangen mich packt, du zu Ihnen zu sagen – Nathanael – Nat
    – guter alter Junge! Wir wollen du zueinander sagen – wir wollen Brüder-
    schaft trinken. (Trinken Brüderschaft. Z umarmt X, der sich dann setzen will. Z zieht
    ihn nochmal an sich heran und küßt ihn schallend auf beide Wangen, dann zurück an den
    Tisch) Ein Schmollis!
X:
    (weiß nicht, was er sagen soll)
Z:
    Du mußt Fiduzit sagen –
X:
    (hilflos) Ich muß Fiduzit sagen? Also gut: Fiduzit!
Z:
    Aufs Spezielle. Ich löffle mich.
X:
    (verwundert) Sie löffeln sich?
Z:
    Du mußt sagen: Ich löffle mich –
X:
    (lächelnd) Also gut. Ich löffle mich –
Z:
    Aufs Spezielle sine Löfflung. Warst du aktiv?
X:
    Ich war immer aktiv
Z:
    Ich meine, warst du bei einem Korps aktiv? Ich bin Zweibändermann: Bon-
    ner Borusse und Marburger Hessen-Nassauer.
X:
    (verbeugt sich)
Z:
    Weißt du was? Wir wollen einen Salamander reiben.
X:
    (erstaunt) Was ist das, ein Salamander?
Z:
    Einen Salamander auf die deliziöseste, kapriziöseste, amoröseste Frau. Ad
    exercitium salamandris. Sind die Stoffe präpariert?

X:
(deutet aufs Glas) Sind.
Z:
Sind? Sunt!
X:
Also gut: Sunt präpariert –
Z:
Silentium! Ad exercitium salamandris eins – zwei – drei – (Reiben mit Sektgläsern auf den Tisch) Du mußt reiben – eins – zwei – drei – (trinken) – du mußt trommeln – eins – zwei – drei – (trommeln) eins – (hebt das Glas) – zwei – drei – (niedersetzen) eins – zwei – drei – (kurz aufschlagen, X' Glas zerbricht) Salamander ex ist. (Setzen sich wieder beide)
X:
Ich darf wohl sagen, daß ich noch nie einem Menschen von solcher innerlichen Herzensgüte, solcher menschlichen Vorurteilslosigkeit begegnet bin wie Ihnen –
Z:
(weinselig und ein wenig weinerlich) Ich werde es der Gräfin nie verzeihen, daß sie einen solchen Prachtkerl wie dich verlassen hat, um ihn mit mir zu vertauschen – noch ist sie mein mir ehelich angetrautes Weib – Nat – Bruderherz, ich schenke sie dir, nimm sie – du kannst mit ihr machen, was du willst –
X:
Ich werde der Gräfin nie verzeihen, daß sie neben einem solchen vollendeten Kavalier und Edelmann, wie du einer bist, noch einen Geliebten haben konnte – (Steht auf) Liebst du die Gräfin trotzdem und noch immer?
Z:
Trotzdem und noch immer.
X:
(liebenswürdig) So nimm sie wieder zurück –
Z:
(scharmant) Nimm du sie –
X:
Du –
Z:
Nein du.
X:
Nein du.
(Es hat geklingelt)
X:
Es klingelt.

Z:
Es hat geklingelt.
X:
Es klingelt wieder.
Z:
Die Gräfin klingelt. Der Diener wird schon gehen – ah so – pardon – ich mache auf –
X:
Nein, ich –
Z:
Nein, ich –
X:
Ich –
Z:
Ich –
(Sie sind währenddem in die Jacken geschlüpft, aber jeder in die falsche, so daß jetzt Z die Livree trägt. Jeder ist beflissen, den andern nicht hinausgehen zu lassen, herein tritt Y)
Y:
(sieht auf die Livree) Ah – ich habe einen neuen Diener –
Z:
(sieht an sich herunter) Wie – jawohl – und (auf X zeigend) einen neuen Mann – nimm ihn – ich schenke ihn dir –
Y:
Ich danke dir – du bist ein Edelmann –
X:
Henriette – er i s t ein Edelmann –
Z:
Darf ich mir als alter Freund des Hauses gestatten, herzlichst zur Verlobung zu gratulieren?
Y:
Das darfst du – aber zieh doch die unmögliche Livree aus – du hast dich wahrhaft als Herr und Kavalier aus der Affäre gezogen. (Z zieht die Livree aus und trägt sie überm Arm) Zur Hochzeit bist du selbstverständlich geladen – aber vergiß die Scheidung vorher nicht –
Z:
Ich habe noch zu guter Letzt einen Vorschlag zu machen, der mir die beste Lösung unserer verwickelten Beziehungen zu sein scheint.
Y:
Wie meinst du das?

Z:
Du willst dich von mir scheiden lassen?
Y:
Das wird sich nicht umgehen lassen.
Z:
Und dann Nat heiraten?
Y:
Was meinst du, Nat?
X:
Unbedingt.
Y:
Unbedingt.
Z:
(chevaleresk) Diese lästigen Formalitäten: Scheidung – Wiederverheiraten usw. fallen weg, wenn ich userm Freund, userm Nat – meinen Namen gleichsam überweise. (Zu X) Sie wollten – du wolltest – mir einmal – meinen Namen abkaufen – nun! Ich schenke ihn dir heute. Ich adoptiere dich!!!
Y:
Aber bist du denn auch alt genug, um überhaupt adoptieren zu können? Das Gesetz verlangt da ein Mindestalter. Ich glaube vierzig. Du sagtest mir doch immer, du wärst zweiunddreißig.
Z:
Dann dürfte ich gelogen haben. Ich fürchte, ich bin alt genug – –
X:
Ich danke dir von ganzem Herzen für deine große Güte – (Tritt auf Z zu und reicht ihm die Hand) Papa –
Y:
Sag', Nat, hast du etwas dagegen, daß ich zur Bühne gehe, trotzdem ich deine Frau bin, war, werde – ich kenne mich nicht mehr aus –
X:
Wieso willst du zur Bühne gehen? (Blickt umher) Hast du es nötig? Du stehst ja schon auf der Bühne und spielst – mit ihm – und mit mir – das alte Spiel zu Dreien –
Y:
Glaubst du, daß dem Publikum das alte Spiel noch immer gefällt? (Sie treten alle drei eingehakt an die Rampe)
X:
Sie spielen's ja selbst – (zeigt ins Parkett) die mit dem und dem –
Z:
Der mit der – und der –

Y:
Aber wer wird so indiskret sein – (Hält ihnen den Mund mit den Händen zu, die sie küssen) Seid still!

(Vorhang)

Quellenverzeichnis

Die Nachtwandler. Ein Schauspiel von Klabund. Berlin, Erich Reiß Verlag, o.J. *[Herbst 1919]*, 71 S.

Das Erwachen. In: DER REVOLUTIONÄR, II. Jg., Nummer 20, Januar 1920, S. 10–32.

Hannibals Brautfahrt. Ein Schwank in drei Aufzügen und einem Nachspiel von Klabund. Berlin, Erich Reiß Verlag, 1920, 70 S.

Kaspar. Ein Trauerspiel von Klabund. *Eigenhändiges Manuskript mit eigenhändigen Korrekturen, 23 S.; datiert:* Heidelberg 16.V.20. *[Provenienz: Privatsammlung Anne und Bernd Evers]*
Anmerkung: Der fehlende Sprechertext bei 166/1 und 173/9 ist vom Autor nicht ausgeführt worden. Die Edition folgt an diesen Stellen dem Manuskript.

Der arme Kaspar. Ein Volksstück in zwölf Bildern von Klabund. *Eigenhändiges Typoskript mit maschinen- und handschriftlichen Korrekturen, 34 S.; undatiert [1920 oder später]. [Provenienz: Deutsches Literaturarchiv, Marbach a.N., Sammlung Gottfried Benn]*

Das lasterhafte Leben des weiland weltbekañten Erzzauberers Christoph Wagner gewesenen Famuli und Nachfolgers in der Zauberkunst des Doktor Faust. Ein altes deutsches Volksstück in einem Vorspiel und 5 Akten. Neu ans Licht gezogen von Klabund. Verlegt im Jahre des Heils MDCCCCXXV Berlin, J. M. Spaeth, 1925, 165 S. Der Einband- und Titelentwurf stammen von Walter Preißer; desgleichen die Vignetten, die vom Original-Holzstock abgezogen sind.

Brennende Erde. Drama in drei Akten von Klabund. Regie- und Soufflierbuch. Berlin, Alberti Verlag, 1926, 37 Bl., *Typoskript. [Provenienz: Staatsbibliothek zu Berlin. Preußischer Kulturbesitz].*

X Y Z . Spiel zu Dreien in drei Aufzügen von Klabund. Leipzig, Verlag von Philipp Reclam jun., 1928 (= Reclams Universal-Bibliothek Nr. 6836), 68 S. Mit einer Einführung von Otto Stoessl.

***

Die Texte in Band III,1 dieser Ausgabe basieren, soweit nicht anders vermerkt, auf den Erstdrucken. Ausführliche Angaben zu den Quellen sowie textkritische Apparate und Kommentare finden sich in Band III,3 dieser Ausgabe.

Kursive, in spitze Klammern gefaßte Textstellen bezeichnen Emendationen des Herausgebers; sie werden im einzelnen nachgewiesen und begründet in den textkritischen Apparaten in Band III,3.

Inhalt

Die Nachtwandler *(1919)* 7

Das Erwachen *(1920)* 63

Hannibals Brautfahrt *(1920)* 97

Kaspar *(1920)* 161

Der arme Kasper *(um 1920)* 181

Das lasterhafte Leben des weiland weltbekañten Erzzauberers Christoph Wagner gewesenen Famuli und Nachfolgers in der Zauberkunst des Doktor Faust *(1925)* 215

Brennende Erde *(1926)* 283

X Y Z *(1928)* 331